Die Umsetzung der *EG-Richtlinie über missbräuchliche Klauseln in Verbraucherverträgen* im englischen und deutschen Recht

Studien zum vergleichenden und internationalen Recht - Comparative and International Law Studies

Herausgeber: Bernd von Hoffmann, Erik Jayme
und Heinz-Peter Mansel

Band 105

PETER LANG
Frankfurt am Main · Berlin · Bern · Bruxelles · New York · Oxford · Wien

Vera Heine

Die Umsetzung der *EG-Richtlinie über missbräuchliche Klauseln in Verbraucherverträgen* im englischen und deutschen Recht

PETER LANG
Europäischer Verlag der Wissenschaften

Bibliografische Information Der Deutschen Bibliothek
Die Deutsche Bibliothek verzeichnet diese Publikation in der Deutschen Nationalbibliografie; detaillierte bibliografische Daten sind im Internet über <http://dnb.ddb.de> abrufbar.

Zugl.: Köln, Univ., Diss., 2004

D 38
ISSN 0930-4746
ISBN 3-631-53472-8

www.peterlang.de

Inhaltsverzeichnis

Literaturverzeichnis

Anson, Sir William Reynell / Beatson, Jack	Anson's Law of Contract 27. Auflage, Oxford 2000
Anwaltskommentar	Schuldrecht – Erläuterungen der Neuregelungen zum Verjährungsrecht, Schuldrecht, Schadensersatzrecht und Mietrecht Bonn 2002 Zitierweise: AK/Bearbeiter Zitierte Bearbeiter: Hennrichs, Joachim Ring, Gerhard
Baetge, Dietmar	Das Recht der Verbandsklage auf neuen Wegen Zeitschrift für Zivilprozess (ZZP) 1999, S. 329
Beale, Hugh	Legislative Control of Fairness: The Directive on Unfair Terms in Consumer Contracts in: Beatson, Jack / Friedmann, Daniel Good Faith and Fault in Contract Law Oxford 1995, S. 231
Beatson, Jack	The Incorporation of the EC Directive on Unfair Consumer Contracts into English Law Zeitschrift für Europäisches Privatrecht (ZEuP) 1998, S. 957
Becker, Michael	Vertragsfreiheit, Vertragsgerechtigkeit und Inhaltskontrolle Wertpapier-Mitteilungen (WM) 1999, S. 709
Bernstorff, Christoph Graf von	Einführung in das englische Recht 2. Auflage, München 2000

Borges, Georg — Die Inhaltskontrolle von Verbraucherverträgen
Berlin 2000

Borges, Georg — Die Inhaltskontrolle von Verbraucherverträgen
Deutsche Zeitschrift für Wirtschaftsrecht (DZWir) 1997, S. 402

Börner, Andreas — Die „Heilung“ von AGB durch die Berücksichtigung vertragsabschlussbegleitender Umstände nach § 24 a Nr. 3 AGBG
Juristenzeitung (JZ) 1997, S. 595

Brandner, Hans Erich — Maßstab und Schranken der Inhaltskontrolle bei Verbraucherverträgen
Monatsschrift für Deutsches Recht (MDR) 1997, S. 312

Brownsword, Roger / Howells, Geraint / Wilhelmsson, Thomas — The EC Unfair Contract Terms Directive and Welfarism
in: Brownsword, Roger / Howells, Geraint / Wilhelmsson, Thomas
Welfarism in Contract Law
Aldershot 1994, S. 275

Bunte, Hermann-Josef — Die EG-Richtlinie über missbräuchliche Klauseln in Verbraucherverträgen und ihre Umsetzung durch das Gesetz zur Änderung des AGB-Gesetzes
Der Betrieb (DB) 1996, S. 1389

Chitty, Joseph / Beale, Hugh — Chitty on Contracts, Volume 1
28. Auflage, London 1999

Collins, Hugh — The Law of Contract
3. Auflage, London 1997

Collins, Hugh	Good Faith in European Contract Law Oxford Journal of Legal Studies (OJLS) 1994, S. 229
Damm, Reinhard	Europäisches Verbrauchervertragsrecht und AGB-Recht Juristenzeitung (JZ) 1994, S. 161
Dauner-Lieb, Barbara / Heidel, Thomas / Lepa, Manfred / Ring, Gerhard	Das neue Schuldrecht in der anwaltlichen Praxis Bonn 2002 Zitierweise: Bearbeiter in: Neues SchuldR Zitierte Bearbeiter: Hennrichs, Joachim Walker, Wolf-Dietrich
Davidson, Fraser	Unfair Terms in Consumer Contracts Revisited Scottish Law & Practice Quarterly (SQL) 2001, Volume 6, Number 1, S. 1
Dean, Meryll	Unfair Contract Terms: The European Approach The Modern Law Review (MLR) 1993, S. 581
Dörner, Heinrich / Staudinger, Ansgar	Schuldrechtsmodernisierung – Systematische Einführung und synoptische Gesamtdarstellung Baden-Baden 2002
Duffy, Peter	Unfair contract terms and the draft EC Directive Journal of Business Law (JBL) 1993, S. 67

Eckert, Hans-Werner — Die EG-Richtlinie über missbräuchliche Klauseln in Verbraucherverträgen und ihre Auswirkungen auf das deutsche Recht
Wertpapier-Mitteilungen (WM) 1993, S. 1070

Elliott, Catherine / Quinn, Frances — Contract Law
2. Auflage
Harlow 1999

Erman, Walter — Bürgerliches Gesetzbuch, Kommentar
Band II
10. Auflage, Köln 2000
Zitierweise: Erman/Bearbeiter
Zitierte Bearbeiter: Hefermehl, Hendrik
Werner, Olaf

Ervine, W.C.H. — The Unfair Contract Terms Regulations Mark II
Scots Law Times (SLT) 1999, issue 29, S. 253

Frey, Kaspar — Wie ändert sich das AGB-Gesetz?
Zeitschrift für Wirtschaftsrecht (ZIP) 1993, S. 572

Gold, Stephen — Unfair race is on
New Law Journal (NLJ) 1994, S. 1273

Greger, Reinhard — Neue Regeln für die Verbandsklage im Verbraucherschutz- und Wettbewerbsrecht
Neue Juristische Wochenschrift (NJW) 2000, S. 2457

Heinrichs, Helmut — Das Gesetz zur Änderung des AGB-Gesetzes
Neue Juristische Wochenschrift (NJW) 1996, S. 2190

Heinrichs, Helmut — Umsetzung der EG-Richtlinie über missbräuchliche Klauseln in Verbraucherverträgen durch Auslegung
Neue Juristische Wochenschrift (NJW) 1995, S. 153

Heinrichs, Helmut — Die EG-Richtlinie über missbräuchliche Klauseln in Verbraucherverträgen
Neue Juristische Wochenschrift (NJW) 1993, S. 1817

Hommelhoff, Peter / Wiedemann, Kai-Udo — Allgemeine Geschäftsbedingungen gegenüber Kaufleuten und unausgehandelte Klauseln in Verbraucherverträgen
Zeitschrift für Wirtschaftsrecht (ZIP) 1993, S. 562

Howells, Geraint — Good Faith in Consumer Contracting
in: Brownsword, Roger / Hird, Norma J. / Howells, Geraint
Good Faith in Contract
Aldershot 1999, S. 91

Howells, Geraint / Wilhelmsson, Thomas — EC Consumer Law
Aldershot 1997

Kainz, Martin — Die Umsetzung der Verbraucherschutzrichtlinien und ihre Auswirkungen im nationalen Recht
in: Heusel, Wolfgang
Neues europäisches Vertragsrecht und Verbraucherschutz
Köln 1999, S. 63

Koch, Harald — Die Verbandsklage in Europa
Zeitschrift für Zivilprozess (ZZP) 2000, S. 413

Koffman, Laurence / Macdonald, Elizabeth — The Law of Contract
3. Auflage, Trowbridge 1998

Kötz, Hein / Flessner, Axel — Europäisches Vertragsrecht
Band I: Abschluss, Gültigkeit und Inhalt des Vertrages; Die Beteiligung Dritter am Vertrag
Tübingen 1996

Lawson, Richard — Exclusion Clauses and Unfair Contract Terms
5. Auflage, London 1998

Lawson, Richard — Unfair terms in consumer contracts
Solicitors Journal (SJ) 1999, S. 830

Lockett, Nicholas / Egan, Manus — Unfair Terms in Consumer Agreements
Chichester 1995

Macdonald, Elizabeth — Mapping The Unfair Contract Terms Act 1977 and The Directive on Unfair Terms in Consumer Contracts
Journal of Business Law (JBL) 1994, S. 441

Macdonald, Elizabeth / Furmston, Michael — Exemption Clauses and Unfair Terms
London 1999

Markesinis, B. S. / Lorenz, W. / Dannemann, G. — The German Law of Obligation
Volume I – The Law of Contracts and Restitution: A Comparative Introduction
Oxford 2001

McKendrick, Ewan — Contract Law
4. Auflage, London 2000

Michalski, Lutz — Die Berücksichtigung von vertragsabschlussbegleitenden Umständen nach § 24 a Nr.3 AGBG
Der Betrieb (DB) 1999, S. 677

Micklitz, Hans-Werner
German Unfair Contract Terms Act and the EC Directive 93/13
In: Lonbay, Julian
Enhancing the legal position of the european customer
London 1996, S. 173

Micklitz, Hans-Werner
AGB-Gesetz und die EG-Richtlinie über missbräuchliche Klauseln in Verbraucherverträgen
Zeitschrift für Europäisches Privatrecht (ZEuP) 1993, S. 522

Miller, Christopher J. / Harvey, Brian W. / Parry, Deborah L.
Consumer and Trading Law
Oxford 1998

Münchener Kommentar
Bürgerliches Gesetzbuch, Band 1
4. Auflage, München 2001
Zitierweise: MK/Bearbeiter
Zitierte Bearbeiter:
Basedow, Jürgen
Micklitz, Hans-Werner

Neville, Stephen
The Unfair Terms in Consumer Contracts Regulations 1999
In-House Lawyer (IHL) 1999, S. 42

Palandt, Otto
Bürgerliches Gesetzbuch, Kommentar
61. Auflage, München 2002
Zitierweise: Palandt/Bearbeiter
Zitierte Bearbeiter: Heinrichs, Helmut
Heldrich, Andreas

Pick, Eckhart
Zum Stand der Schuldrechtsmodernisierung
Zeitschrift für Wirtschaftsrecht (ZIP) 2001, S. 1173

Remien, Oliver — AGB-Gesetz und Richtlinie über missbräuchliche Verbrauchervertragsklauseln in ihrem europäischen Umfeld
Zeitschrift für Europäisches Privatrecht (ZEuP) 1994, S. 34

Sims, Vanessa — English Law and Terminology, A Guide for Practitioners and Students
Baden-Baden 2001

Sobich, Philip — AGB-Kontrolle in Großbritannien – The Unfair Terms in Consumer Contracts Regulations 1999
Recht der Internationalen Wirtschaft (RIW) 2000, S. 675

Sobich, Philip — Verfahrensrechtliche Kontrolle „unfairer" AGB in Großbritannien – The Unfair Terms in Consumer Contracts Regulations 1994
Recht der Internationalen Wirtschaft (RIW) 1998, S. 684

Thamm, Manfred / Pilger, Gerhard — Taschenkommentar zum AGB-Gesetz
Heidelberg 1998

Tenreiro, Mário — The Community Directive on Unfair Terms and National Legal Systems – The Principle of Good Faith and Remedies for Unfair Terms
European Review of Private Law (ERPL) 1995, S. 273

Teubner, Gunther — Legal Irritants: Good Faith in British Law or How Unifying Law Ends Up in New Divergences
The Modern Law Review (MLR) 1998, S. 11

Treitel, Gunther — The Law of Contract
10. Auflage, London 1999

Tremml, Bernd — The EU Directive on Unfair Terms in Consumer Contracts
Law Journal Extra – International Law 1997
www.ljx.com/practice/internat/tremml.html

Uff, Keith — The Incorporation of the Unfair Terms in Consumer Contracts Directive into English Law
in: Lonbay, Julian
Enhancing the legal position of the european customer
London 1996, S. 163

Ulmer, Peter / Brandner, Hans Erich / Hensen, Horst-Diether — AGB-Gesetz, Kommentar
9. Auflage, Köln 2001
Zitierweise:
Ulmer/Brandner/Hensen/Bearbeiter
Zitierte Bearbeiter:
Brandner, Hans Erich
Hensen, Horst-Diether
Schmidt, Harry
Ulmer, Peter

Ulmer, Peter — Das AGB-Gesetz: ein eigenständiges Kodifikationswerk
Juristenzeitung (JZ) 2001, S. 491

Ulmer, Peter — Zur Anpassung des AGB-Gesetzes an die EG-Richtlinie über missbräuchliche Klauseln in Verbraucherverträgen
Europäische Zeitschrift für Wirtschaftsrecht (EuZW) 1993, S. 337

Upex, Robert — Davies on Contract
8. Auflage, London 1999

Wagner, Claire / Althen, Rolf	Umsetzung der Richtlinie des Rates über missbräuchliche Klauseln in Verbraucherverträgen im Vereinigten Königreich Recht der Internationalen Wirtschaft (RIW) 1995, S. 546
Wilkinson, H.W.	Unfair contract terms – Hydra-headed monsters New Law Journal (NLJ) 1999, S. 773
Weatherill, Stephen	The Implementation and Repercussions of Consumer Protection Directives in Domestic Law in: Heusel, Wolfgang Neues europäisches Vertragsrecht und Verbraucherschutz Köln 1999, S. 117
Willett, Chris	Good Faith and Consumer Contract Terms in: Brownsword, Roger / Hird, Norma J. / Howells, Geraint Good Faith in Contract Aldershot 1999, S. 67
Wolf, Manfred / Horn, Norbert / Lindacher, Walter	AGB-Gesetz, Kommentar 4. Auflage, München 1999 Zitierweise: Wolf/Horn/Lindacher/Bearbeiter Zitierte Bearbeiter: Horn, Norbert Lindacher, Walter Wolf, Manfred
Zimmermann, Reinhard / Whittaker, Simon	Good Faith in European Contract Law Cambridge 2000

Abkürzungsverzeichnis

AC	The Law Reports: Appeal Cases
AGBG	Gesetz zur Regelung der Allgemeinen Geschäftsbedingungen
AK	Anwaltskommentar
All ER	All England Reports
Alt.	Alternative
Anh.	Anhang
Art.	Artikel
BB	Betriebsberater
BGB	Bürgerliches Gesetzbuch
BGHZ	Entscheidungen des Bundesgerichtshofs in Zivilsachen
BLR	Business Law Review
BVerfGE	Entscheidungen des Bundesverfassungsgerichts
bzw.	beziehungsweise
CLC	Commercial Law Cases
CLY	Current Law Yearbook
Con LR	Construction Law Reports
DB	Der Betrieb
Director	Director-General of Fair Trading
DZWir	Deutsche Zeitschrift für Wirtschaftsrecht
EGBGB	Einführungsgesetz zum Bürgerlichen Gesetzbuch
Einf.	Einführung
EMLR	Entertainment & Media Law Reports
ERPL	European Review of Private Law
EuGH	Europäischer Gerichtshof
EuZW	Europäische Zeitschrift für Wirtschaftsrecht
ff	folgende
FSR	Fleet Street Reports
gem.	gemäß
HS	Halbsatz
IHL	In-House Lawyer
i.S.d.	im Sinne des
i.S.v.	im Sinne von
i.V.m.	in Verbindung mit
JBL	Journal of Business Law
JZ	Juristenzeitung
KB	The Law Reports: King's Bench Division
KG	Kammergericht
Lloyd's Rep.	Lloyd's Law Reports

MDR	Monatsschrift für Deutsches Recht
MK	Münchener Kommentar
MLR	The Modern Law Review
NJW	Neue Juristische Wochenschrift
NJW-RR	Neue Juristische Wochenschrift Rechtsprechungs-Report
NLJ	New Law Jounal
No.	Number
Nr.	Nummer
OFT	Office of Fair Trading
OJLS	Oxford Journal of Legal Studies
OLG	Oberlandesgericht
QB	The Law Reports: Queen's Bench Division
Reg.	Regulation
RIW	Recht der Internationalen Wirtschaft
RL	EG-Richtlinie über missbräuchliche Klauseln in Verbraucherverträgen
Rn	Randnummer
S.	Satz
s.	section
ss.	sections
Sched.	Schedule
SJ	Solicitors Journal
SLT	Scots Law Times
SQL	Scottish Law & Practice Quarterly
Tr. LR	Trading Law Reports
UCTA 1977	Unfair Contract Terms Act 1977
UKlaG	Unterlassungsklagengesetz
UTCCR 1994	Unfair Terms in Consumer Contracts Regulations 1994
UTCCR 1999	Unfair Terms in Consumer Contracts Regulations 1999
VersR	Versicherungsrecht
vgl.	vergleiche
Vol.	Volume
Vor.	Vorbemerkung
WM	Wertpapier-Mitteilungen
WLR	The Weekly Law Reports
z.B.	zum Beispiel
ZEuP	Zeitschrift für Europäisches Privatrecht
ZIP	Zeitschrift für Wirtschaftsrecht
ZZP	Zeitschrift für Zivilprozess

1. Teil: Einleitung

Die folgende Arbeit befasst sich mit der inhaltlichen Überprüfung von Vertragsklauseln nach englischem und deutschem Recht, wobei nicht sämtliche Grundlagen der Inhaltskontrolle gegenübergestellt werden. Gegenstand des direkten Rechtsvergleichs ist lediglich die jeweilige Umsetzung der „EG-Richtlinie über missbräuchliche Klauseln in Verbraucherverträgen"(RL)[1], deren Prüfungsmaßstab auf Treu und Glauben basiert.

A) Inhaltskontrolle zur Durchsetzung von Vertragsgerechtigkeit

Ehe jedoch auf den Regelungsgehalt dieser europäischen Bestimmungen eingegangen wird, soll allgemein erörtert werden, inwiefern sich eine inhaltliche Überprüfung von Rechtsgeschäften mit dem Grundsatz der Vertragsfreiheit vereinbaren lässt.

Als Ausdruck der Privatautonomie ist dieses fundamentale Prinzip sowohl in der englischen als auch in der deutschen Rechtsordnung verankert[2]. Dabei umfasst es neben der Abschlussfreiheit zugleich die Befugnis, den Inhalt von Vertragsabreden frei zu gestalten. Das bedeutet, dass es für die Wirksamkeit eines Vertrags grundsätzlich nicht auf dessen Inhalt ankommt[3].

Daraus folgt wiederum, dass die Durchführung einer Inhaltskontrolle einer besonderen Rechtfertigung bedarf. Diese kann jedoch aus dem Grundgedanken, auf welchem die Vertragsfreiheit beruht, abgeleitet werden. So ist regelmäßig davon auszugehen, dass ein geschäftsfähiger Teilnehmer am Rechtsverkehr genügend Urteilsfähigkeit besitzt, um Schäden von sich abzuwenden. Demnach stellt ein Vertrag, auf den sich die Parteien im Rahmen ihrer Selbstbestimmung einigen, prinzipiell einen sachgerechten Ausgleich der gegenläufigen Interessen dar. Grundsätzlich ist die Vertragsfreiheit mithin dazu geeignet, eine Vertragsgerechtigkeit zu gewährleisten[4].

Dieses Ergebnis wird aber gefährdet, sofern sich die Teilnehmer am Rechtsverkehr nicht auf einer Ebene der Gleichordnung befinden, sondern sich die Vertragsbedingungen als Resultat einer strukturellen Unterlegenheit eines Teils erweisen. Das ist insbesondere dann gegeben, wenn eine Partei keinen Einfluss auf den Inhalt der Abreden nehmen kann, da der Vertragspartner die Gestaltungsfreiheit für sich allein beansprucht. In diesen Fällen bringen die Vereinba-

---

[1] EG-Richtlinie 93/13: NJW 93, 1838.

[2] Markesinis S. 28; Sims S. 107; Weatherill in: Heusel S. 117 (118 f); Becker WM 99, 709 (710); Palandt/Heinrichs Einf. zu § 145 Rn 7; BVerfGE 89, 214 (231).

[3] Kötz/Flessner S. 189 f, 200; Markesinis S. 28; Palandt/Heinrichs Einf. zu § 145 Rn 7 f, 13; Becker WM 99, 709 (710, 718).

[4] Kötz/Flessner S. 200; Becker WM 99, 709 (716); Weatherill in: Heusel S. 117 (118 f); BVerfGE 89, 214 (232).

rungen keine Selbst-, sondern eine Fremdbestimmung zum Ausdruck[5]. Demzufolge ist es sachgerecht, Standardverträge bzw. vorformulierte Vertragsbedingungen einer Inhaltskontrolle zu unterwerfen[6].
Ein weiteres Indiz einer strukturellen Unterlegenheit lässt sich aus der persönlichen Stellung der Parteien ableiten. So ist es für einen rechtsunkundigen Verbraucher schwierig, wenn nicht sogar unmöglich, seine Interessen gegenüber einem geschäftserfahrenen Unternehmer durchzusetzen[7].
An diesen beiden Punkten setzt die Klauselrichtlinie an. Um eine Inhalts- kontrolle von Verträgen zu rechtfertigen, knüpft sie zum einen an die Vorformulierung der Bedingungen und zum anderen an die Unterlegenheit eines Verbrauchers im Verhältnis zu einem Gewerbetreibenden an[8].

B) Unterschiede zwischen englischem und deutschem Recht

Eine Gegenüberstellung der englischen und deutschen Umsetzung der Klauselrichtlinie erscheint sodann unter zwei Gesichtspunkten interessant.

I. Tradition der Inhaltskontrolle

Im Unterschied zu England beruht die Inhaltskontrolle von Vertragsabreden in Deutschland auf einer langen Tradition. So haben die deutschen Gerichte im Vergleich zu anderen europäischen Ländern zuerst damit begonnen, den Inhalt von Standardverträgen unmittelbar zu überprüfen. Dieses Richterrecht wurde 1977 durch das „Gesetz zur Regelung der Allgemeinen Geschäftsbedingungen" (AGBG) kodifiziert[9], welches mittlerweile Eingang in das Bürgerliche Gesetzbuch (BGB) gefunden hat. Wegen seiner langjährigen Entwicklung und Anwendung bildete das AGBG, das eine auf Treu und Glauben gestützte Generalklausel enthielt, ein Leitbild für die Ausgestaltung der europäischen Klauselrichtlinie[10].
Im Gegensatz zur deutschen Rechtsprechung waren die englischen Gerichte unter Verweis auf den Grundsatz der Vertragsfreiheit sehr zurückhaltend, den Inhalt von Vereinbarungen zu korrigieren. Dementsprechend wurde in England erst mit dem Erlass des „Unfair Contract Terms Act 1977" (UCTA 1977) eine Rechtsgrundlage für eine direkte Inhaltskontrolle geschaffen, welche mit dem Bereich der Freizeichnungsklauseln nicht auf spezielle Vertragsarten beschränkt

---

[5] Becker WM 99, 709 (710, 711 f, 716); Markesinis S. 211 f; Palandt/Heinrichs Einf. zu § 145 Rn 7, 13; BVerfGE 89, 214 (232-234); BVerfGE 81, 242 (254 f).
[6] Kötz/Flessner S. 210 f; v. Bernstorff S. 91; Becker WM 99, 709 (709, 713); BGHZ 22, 90 (95 f, 97 f); BGHZ 70, 304 (310).
[7] Sims S. 108, 112; Markesinis S. 211 f; Becker WM 99, 709 (717); Borges DZWiR 97, 402 (403).
[8] Kainz in: Heusel S. 63 (63 f); Kötz/Flessner S. 218, 221; Heinrichs NJW 93, 1817 (1818 f); Borges DZWiR 97, 402 (402 f, 405).
[9] Markesinis S. 212; Becker WM 99, 709 (711 f); Kötz/Flessner S. 216 f.
[10] Dean MLR 93, 581 (584); Micklitz ZEuP 93, 522 (523); Markesinis S. 213.

blieb[11]. Die Struktur der europäischen Klauselrichtlinie konnte dieses Gesetz jedoch nicht beeinflussen.

II. Grundkonzeptionen der Rechtsordnungen

Ein weiterer Unterschied zwischen der deutschen und englischen Rechtsordnung besteht in ihrer jeweiligen Grundkonzeption. So wird in Deutschland, ebenso wie in anderen kontinentaleuropäischen Rechtsordnungen, versucht, Problemkreisen mit Hilfe möglichst umfassender, abstrakter Gesetze zu begegnen. Selbige wenden die Gerichte sodann auf den jeweiligen Einzelfall an. Etwaige Lücken kann die Rechtsprechung ausnahmsweise im Wege richterlicher Rechtsfortbildung schließen.

In England hingegen wird regelmäßig das Fallrecht als originäre Rechtsquelle angesehen. Dieses „Case Law" wird im Nachhinein durch Gesetze zusammengefasst, ergänzt oder korrigiert[12].

Allerdings ist diese grundsätzliche Differenz für einen Vergleich der Inhaltskontrolle kaum relevant, da das deutsche AGBG ausnahmsweise auf Richterrecht basierte. Darüber hinaus ist zu bedenken, dass das gesamte englische „Case Law" zunehmend von Gesetzen überlagert wird, was nicht zuletzt durch die Transformation europäischer Richtlinien bedingt ist.

2. Teil: Verfahrensrechtliche Aspekte der Klauselrichtlinie

Bevor die Inhaltskontrolle anhand der Klauselrichtlinie materiellrechtlich erörtert wird, soll ihre verfahrensrechtliche Durchsetzung angesprochen werden.

Als Ausgangspunkt ist zunächst Art 6 (1) RL heranzuziehen. Danach soll eine Vertragsbedingung, welche der inhaltlichen Überprüfung nicht standhält, für den Verbraucher unverbindlich sein.

Fraglich ist allerdings, auf welche Weise der Konsument diese Rechtsfolge effektiv erreichen kann. Zwar könnte er die Unwirksamkeit in einem Individualprozess erzwingen, indes fehlt dem Verbraucher regelmäßig die erforderliche Kenntnis seiner Rechte. Außerdem können mangelnde Entschlossenheit und nicht zuletzt das Kostenrisiko einer Klageerhebung entgegenstehen. Darüber hinaus bietet ein Individualprozess nicht die Gewähr, dass die Klauseln auch in zukünftigen Verträgen nicht mehr verwendet werden. Zur effektiven flächendeckenden Bekämpfung missbräuchlicher Vertragsabreden ist die bloße Möglichkeit des Individualprozesses folglich nicht ausreichend[13].

Aus diesem Grund beinhaltet die Richtlinie in Art. 7 RL besondere verfahrensrechtliche Schutzvorschriften. So verpflichtet Art. 7 (1) RL die Mitgliedstaaten, dafür zu sorgen, dass im Interesse der Verbraucher und der gewerbetreibenden

---

[11] Miller/Harvey/Parry S. 315, 325; Weatherill in: Heusel S. 117 (118 f); v. Bernstorff S. 91, 95; Upex S. 84 f, 89 f.

[12] v. Bernstorff S. 1; Sims S. 23 f, 33.

[13] Uff in: Lonbay S. 163 (171); Kötz/Flessner S. 230; Elliott/Quinn S. 118; Lockett/Egan Rn 3.26, 5.21; Howells/Wilhelmsson S. 111 f.

Wettbewerber angemessene und wirksame Mittel vorhanden sind, um die Verwendung missbräuchlicher Klauseln zu verhindern. Gem. Art. 7 (2) RL müssen diese Mittel auch Rechtsvorschriften einschließen, welche Organisationen, die nach innerstaatlichem Recht ein berechtigtes Interesse am Schutz des Verbrauchers haben, eine abstrakte Klagebefugnis einräumen.
Diese verfahrensrechtlichen Aspekte der Klauselrichtlinie bilden zwar nicht den Schwerpunkt der vorliegenden Arbeit, dennoch soll ein kurzer Überblick über die entsprechenden Bestimmungen im englischen und deutschen Recht gegeben werden.

A) Englische Verfahrensvorschriften (Reg. 10-15 UTCCR 1999)

Die Richtlinienumsetzung in England erfolgte durch den Erlass einer Verordnung, welche die Bezeichnung „Unfair Terms in Consumer Contracts Regulations 1999" (UTCCR 1999) trägt. Zunächst wurden die europäischen Vorgaben allerdings durch die UTCCR 1994 in das englische Recht transformiert. Die UTCCR 1994 wurden jedoch durch die UTCCR 1999 ersetzt, wobei die neuen Regeln unter anderem die verfahrensrechtlichen Vorschriften erweiterten.
Zur Umsetzung von Art. 7 RL sprechen die UTCCR 1999 nun verschiedenen Einrichtungen eine abstrakte Klagebefugnis zu. Von den diversen Organisationen nimmt der „Director-General of Fair Trading" („Director"), dem das „Office of Fair Trading" (OFT) untersteht, die zentrale Position ein.

I. Das Office of Fair Trading (OFT)

1.) Allgemeines

Das OFT und das Amt des „Director" wurden bereits durch den Fair Trading Act 1973 geschaffen. Ihre wesentliche Aufgabe besteht darin, ein faires Gleichgewicht zwischen Handel und Verbraucher herzustellen. Dabei betrifft diese verwaltungsbehördliche Kontrolle grundsätzlich geschäftliche Verhaltensweisen im Allgemeinen[14].
Im Zuge der Umsetzung der Klauselrichtlinie wurde bei dem OFT jedoch eine neue Abteilung eröffnet, „The Unfair Contract Terms Unit". Selbige befasst sich ausschließlich mit der Bewertung einzelner Vertragsklauseln. Sie führt also die Aufgabe aus, welche dem OFT durch die Regeln zugewiesen wurde. Die Ergebnisse ihrer Arbeit werden regelmäßig veröffentlicht, vornehmlich in den „Unfair Contract Terms Bulletins"[15].

2.) Die Arbeit des OFT auf der Grundlage der Regeln

Konkret bewirkt die Transformation der Richtlinie, dass der „Director" gem. Reg. 10 (1) UTCCR 1999 verpflichtet ist, alle ihm gegenüber vorgebrachten Beschwerden von Konsumenten zu verfolgen. Von der Überprüfung einer Klausel

---

[14] Sobich RIW 98, 684 (684, 687); Anson/Beatson S. 199; Treitel S. 259; Kötz/Flessner S. 234.
[15] Lawson S. 181; Sobich RIW 98, 684 (685 f); OFT Unfair Contract Terms Bulletin Nr. 1 S. 5.

ist lediglich in zwei Fällen abzusehen. Zum einen dann, wenn die vorgetragene Beanstandung geringfügig oder schikanös erscheint (Reg. 10 (1) (a) UTCCR 1999). Zum anderen braucht sich das OFT einer Beschwerde nicht anzunehmen, falls sie bereits von einer anderen Einrichtung geprüft wird (Reg. 10 (1) (b) UTCCR 1999).

Hält der „Director" eine Vertragsbedingung für unfair, kann er nach Reg. 12 (1) UTCCR 1999 ein gerichtliches Verfügungsverfahren auf Unterlassung der Klauselverwendung anstrengen. Diesbezüglich ist zu betonen, dass Reg. 12 UTCCR 1999 im Gegensatz zu den UTCCR 1994 auf die Notwendigkeit einer Verbraucherbeschwerde verzichtet. Somit ist es dem „Director" seit Erlass der UTCCR 1999 möglich, auf eigene Initiative eine Unterlassungsverfügung zu beantragen[16].

Die Entscheidung für oder gegen ein derartiges Vorgehen hat das OFT gem. Reg. 10 (2) UTCCR 1999 jeweils zu begründen. Dabei kann es eine vom Verwender abgegebene Verzichtserklärung, die Klausel nicht weiter zu gebrauchen („undertaking"), berücksichtigen (Reg. 10 (3) UTCCR 1999). Dies verdeutlicht, dass sich das OFT zunächst auf dem Verhandlungswege bemühen soll, dem Gebrauch missbräuchlicher Bedingungen entgegenzuwirken[17].

Weitere Befugnisse des „Director", welche ihm ebenfalls erst durch die UTCCR 1999 eingeräumt wurden, ergeben sich aus Reg. 13 (3) UTCCR 1999. So ist es dem OFT nach Reg. 13 (3) (a) UTCCR 1999 möglich, von einem Klauselverwender die Offenlegung eingesetzter Vertragsdokumente zu verlangen. Ferner kann er gem. Reg. 13 (3) (b) UTCCR 1999 sonstige Informationen zum Gebrauch der fraglichen Bedingung anfordern. Diese Mitteilungspflichten in Reg. 13 (3) UTCCR 1999 erleichtern dem „Director" die Bewertung jeglicher Beschwerden. Insbesondere dienen sie jedoch der Überprüfung, ob Verzichtserklärungen tatsächlich eingehalten werden[18].

Es bleibt anzumerken, dass sich die beschriebenen Befugnisse nicht nur gegen den Verwender einer Klausel richten, sondern auch gegen denjenigen, der eine unfaire Vertragsbedingung empfiehlt (Reg. 12, 13 UTCCR 1999).

II. Die sonstigen Einrichtungen und ihr Verhältnis zum OFT

Wie bereits angedeutet, räumen die Regeln nicht nur dem OFT eine abstrakte Klagebefugnis ein.

Dies ist aber erst seit der Einführung der UTCCR 1999 der Fall. So wurde bei der erstmaligen Umsetzung der Klauselrichtlinie einzig dem OFT eine derartige Klagebefugnis verliehen. Es bestanden allerdings Zweifel, ob die UTCCR 1994

---

[16] Ervine SLT 99, issue 29, 253 (257); Davidson SQL 2001, Vol. 6, No. 1, 1 (19).

[17] Treitel S. 260; Lockett/Egan Rn 5.19; Sobich RIW 98, 684 (685); OFT Unfair Contract Terms Bulletin Nr. 1 S. 6, Nr. 2 S. 6.

[18] Ervine SLT 99, issue 29, 253 (257); Sobich RIW 2000, 675 (678); Neville IHL Nov 99, 42 (42 f); Chitty/Beale Rn 15-074; OFT Unfair Contract Terms Bulletin Nr. 8 S. 4, Nr. 14 S. 2; OFT Unfair Standard Terms Briefing S. 4.

damit den Anforderungen von Art. 7 RL gerecht würden[19]. Insbesondere die Consumers' Association hat die Umsetzung als unzureichend angegriffen. Aus diesem Grund hat sie eine gerichtliche Nachprüfung vor dem High Court angestrebt, was zu einer Vorlage dieser Frage beim EuGH führte[20].
Um also eine ordnungsgemäße Transformation der Klauselrichtlinie sicherzustellen, wurden die Verfahrensvorschriften der Regeln mit Erlass der UTCCR 1999 ausgedehnt. Die dabei geschaffenen Kontrollinstrumente des „Director" wurden bereits erörtert. Als weitere entscheidende Neuerung räumen die UTCCR 1999 neben dem OFT auch anderen qualifizierten Organisationen vergleichbare Befugnisse ein[21].
In Reg. 11 (1) i.V.m. Sched.1 UTCCR 1999 werden diese zusätzlich berechtigten Einrichtungen aufgelistet. Dazu zählt als einzige privatrechtliche Organisation auch die Consumers' Association, woraufhin sie ihre Klage vor dem High Court zurückzog.
Ein Unterschied zur Rechtsstellung des „Director" besteht insbesondere darin, dass die Einrichtungen i.S.v. Sched. 1 UTCCR 1999 nicht verpflichtet sind, jeder Verbraucherbeschwerde nachzugehen. Ein derartiges Gebot trifft sie gem. Reg. 11 (1) UTCCR 1999 erst dann, wenn sie eine Beanstandung angenommen und dies dem OFT mitgeteilt haben[22].
Um eine effektive Zusammenarbeit des „Director" und der weiteren qualifizierten Organisationen zu gewährleisten, wurden den zusätzlichen Einrichtungen besondere Mitteilungspflichten auferlegt. Nach Reg. 14 UTCCR 1999 haben sie den „Director" über jede Verzichtserklärung zu unterrichten, welche ihnen gegenüber abgegeben wurde. Gleiches gilt für das Ergebnis einer beantragten Unterlassungsverfügung. Diese Benachrichtigungen hat das OFT sodann zu veröffentlichen (Reg. 15 UTCCR 1999).
Neben der Pflicht zur Überprüfung beanstandeter Klauseln verdeutlicht zudem die beschriebene Art der Kooperation zwischen den Organisationen, dass die UTCCR 1999 dem „Director" die zentrale Kontrollfunktion zuweisen[23].

III. Zwischenergebnis zu den Reg. 10-15 UTCCR 1999

Insgesamt kann zu den Reg. 10-15 UTCCR 1999 festgehalten werden, dass sie dem Verbraucher die Durchsetzung seiner Rechte erheblich erleichtern. Um si-

---

[19] Sobich RIW 2000, 675 (675); Howells/Wilhelmsson S. 112; Koffman/Macdonald S. 223; Lockett/Egan Rn 5.23; Miller/Harvey/Parry S. 381 f, 483 f.
[20] EuZW 96, 195.
[21] Lawson SJ 99, 830 (831); Chitty/Beale Rn 15-073 f, 15-076; Ervine SLT 99, issue 29, 253 (258); OFT Unfair Contract Terms Bulletin Nr. 9 S. 1 f; OFT Unfair Standard Terms Briefing S. 4.
[22] Macdonald/Furmston S. 167; Davidson SQL 2001, Vol. 6, No. 1, 1 (19); OFT Unfair Standard Terms Briefing S. 4; OFT Unfair Contract Terms Bulletin Nr. 8 S. 4.
[23] Davidson SQL 2001, Vol. 6, No. 1, 1 (20); Ervine SLT 99, issue 29, 253 (258); OFT Unfair Contract Terms Bulletin Nr. 8 S. 4 f, Nr. 9 S. 2.

cherzustellen, dass eine Vertragsbedingung dem Fairnesstest unterzogen wird, braucht er lediglich eine Beschwerde beim „Director-General of Fair Trading" einzulegen. Selbiger bemüht sich daraufhin zunächst außergerichtlich, gegen die missbräuchliche Klausel vorzugehen. Das OFT hat dementsprechend auf dem Verhandlungswege zahlreiche Veränderungen oder Rücknahmen unfairer Klauseln erreicht. Führen die außergerichtlichen Gespräche nicht zum Erfolg, kann eine Unterlassungsverfügung angestrengt werden[24].

Außerdem können das OFT und die sonstigen qualifizierten Einrichtungen auch eigeninitiativ gegen die Verwendung unfairer Klauseln vorgehen.

Durch die Verfahrensvorschriften der UTCCR 1999 wird demzufolge eine effektive Bekämpfung missbräuchlicher Vertragsbedingungen erzielt[25].

Diesbezüglich ist jedoch zu betonen, dass das endgültige Urteil über die Fairness einer Vertragsbedingung der Rechtsprechung vorbehalten bleibt[26].

Indes haben die Verhandlungen des OFT dazu beigetragen, Gerichtsverfahren zu vermeiden. So wurde bislang lediglich ein Fall auf der Grundlage der Regeln vor Gericht entschieden[27]. Folglich kommt es in der Praxis entscheidend auf die Bewertung einer Klausel durch den „Director" an. Obwohl das OFT also eine Verwaltungsbehörde darstellt, nimmt es faktisch die Aufgaben der Rechtsprechung wahr[28].

B) Transformation des Art. 7 RL in deutsches Recht

I. Methode der Richtlinienumsetzung

Bevor die Umsetzungsnormen zu Art. 7 RL beschrieben werden, ist darauf hinzuweisen, wie die Klauselrichtlinie in das deutsche Recht transformiert wurde. Im Gegensatz zu England war es nicht erforderlich, ein eigenes Gesetz zu erlassen. Stattdessen konnte auf das damalige „Gesetz zur Regelung des Rechts der Allgemeinen Geschäftsbedingungen" (AGBG) zurückgegriffen werden, welches lediglich einiger Ergänzungen bedurfte.

Da das AGBG die inhaltliche Überprüfung von Standardverträgen betraf, war es ebenfalls mit der Frage der effektiven Durchsetzung der Rechte des Verwendungsgegners konfrontiert. Dabei wurde die alleinige Möglichkeit des Individualprozesses für unzureichend erachtet. Vielmehr sollte eine Breitenwirkung der

---

24 Siehe OFT Unfair Contract Terms Bulletins Nr. 1-15.

25 Sobich RIW 2000, 675 (678 f); Macdonald/Furmston S. 167; Treitel S. 260; Chitty/Beale Rn 15-008; Wilkinson NLJ 99, 773 (774); OFT Unfair Contract Terms Bulletin Nr. 4 S .5, 19.

26 Davidson SQL 2001, Vol.6, No.1, 1 (21); OFT Unfair Contract Terms Bulletin Nr. 2 S. 6, Nr. 12 S. 2; OFT Unfair Contract Terms Guidance S. 1.

27 Lawson SJ 99, 830 (831 f); Director-General of Fair Trading v. First National Bank WLR 2000, 98 (105).

28 Sobich RIW 2000, 675 (678 f); Davidson SQL 2001, Vol. 6, No. 1, 1 (21); OFT Unfair Contract Terms Bulletin Nr. 12 S. 1; Nr. 14 S. 1.

Inhaltskontrolle erzielt werden[29]. Aus diesem Grund eröffneten die §§ 13-21 AGBG die Möglichkeit einer Verbandsklage, womit Deutschland bereits die Vorgaben des Art. 7 (2) RL erfüllte. Folglich bestand zur Umsetzung der verfahrensrechtlichen Aspekte der Klauselrichtlinie kein Änderungsbedarf[30].

II. Vorschriften im Unterlassungsklagengesetz (UKlaG)

Mit der Schuldrechtsreform zum 01.01.2002 ging jedoch die Aufhebung des AGBG einher. Im Gegensatz zu den materiellen Vorschriften des AGBG wurden die verfahrensrechtlichen Regelungen nicht in das BGB integriert. Vielmehr wurden sie ohne wesentliche Änderungen in das Unterlassungsklagengesetz (UKlaG) übertragen, welches ebenfalls am 01.01.2002 in Kraft getreten ist[31]. Daher findet sich die Transformation des Art. 7 RL nun in den Bestimmungen des UKlaG.

So kann gem. § 1 UKlaG derjenige, welcher nach §§ 307-309 BGB unwirksame AGB verwendet, auf Unterlassung in Anspruch genommen werden. Gleiches gilt gegenüber demjenigen, welcher derartige Klauseln für den rechtsgeschäftlichen Verkehr empfiehlt. Letzterer kann neben der Unterlassung auch zum Widerruf verpflichtet werden.

Als ungeschriebenes Tatbestandsmerkmal setzt § 1 UKlaG allerdings noch das Bestehen einer Wiederholungsgefahr voraus[32].

Wer diesen in § 1 UKlaG verankerten Unterlassungs- und Widerrufsanspruch geltend machen kann, ist sodann in § 3 UKlaG festgelegt.

Gem. § 3 (1) Nr.1 UKlaG stehen die Ansprüche insbesondere den qualifizierten Einrichtungen zu, welche nachweisen, dass sie in die Liste qualifizierter Einrichtungen nach § 4 UKlaG eingetragen sind. Selbige wird gem. § 4 I UKlaG vom Bundesverwaltungsamt geführt und soll dem Missbrauch einer abstrakten Klagebefugnis begegnen[33]. Auf Antrag werden dort rechtsfähige Verbände eingetragen, welche die Interessen der Verbraucher durch Aufklärung und Beratung nicht gewerbsmäßig und nicht nur vorübergehend wahrnehmen (§ 4 II UKlaG).

Vorbehaltlich der Eintragung lassen sich rechtsfähige Verbraucherverbände folglich als qualifizierte Einrichtungen i.S.d. § 3 (1) Nr. 1 UKlaG einstufen[34].

Das UKlaG ermöglicht somit eine Verbandsklage, welche dadurch gekennzeichnet ist, dass sie nicht den Schutz eines bestimmten Konsumenten anstrebt.

---

29 Koch ZZP 2000, 413 (432 f, 441); Baetge ZZP 99, 329 (330, 351); Erman/Werner Vor § 13 AGBG Rn 2; Wolf/Horn/Lindacher/Lindacher § 13 Rn 2 ff.

30 Micklitz in: Lonbay S. 173 (182); Ulmer EuZW 93, 337 (346); Damm JZ 94, 161 (175); Wolf/Horn/Lindacher/Lindacher Vor §13 Rn 13; Kainz in: Heusel S. 63 (65).

31 Palandt/Heinrichs Einf. v. § 1 AGBG Rn 10; Walker in: Neues SchuldR § 7 Rn 7.

32 Walker in: Neues SchuldR § 7 Rn 11, 14; Thamm/Pilger § 13 Rn 4; Ulmer/Brandner/Hensen/ Hensen § 13 Rn 29; BGHZ 81, 222 (225); BGHZ 119, 152 (165).

33 Koch ZZP 2000, 413 (430); Ulmer/Brandner/Hensen/Hensen § 22 a Rn 4; Greger NJW 2000, 2457 (2458); Walker in: Neues SchuldR § 7 Rn 21.

34 Greger NJW 2000, 2457 (2459 f); Baetge ZZP 99, 329 (335 f); Palandt/Heinrichs § 13 AGBG Rn 13.

Vielmehr geht sie über den Einzelfall hinaus, indem überindividuelle Interessen wahrgenommen werden. Sofern die Vorschriften des UKlaG also die Umsetzung der Klauselrichtlinie darstellen, bezweckt eine Verbandsklage den Verbraucherschutz insgesamt. Allgemein gesagt soll eine abstrakte Klagebefugnis den Rechtsverkehr vor unzulässigen Vertragsbedingungen bewahren[35].
Dieses überindividuelle Ziel wird ferner durch die besonderen Wirkungen eines Urteils unterstützt. Wurde einer Unterlassungsklage stattgegeben, so treten nach § 11 S. 1 UKlaG spezielle Rechtsfolgen ein. Handelt nämlich der verurteilte Verwender einem auf § 1 UKlaG beruhenden Unterlassungsgebot zuwider, so ist die Bestimmung in den AGB als unwirksam anzusehen, soweit sich der betroffene Vertragsteil auf die Wirkung des Unterlassungsurteils beruft.
Demnach kann sich jeder Verwendungsgegner auf die im Urteil festgestellte Unwirksamkeit einer Klausel stützen. Das gilt insbesondere dann, wenn er gar nicht am Verbandsklageverfahren beteiligt war. Somit kann entweder ein anderer Konsument oder ein weiterer Verbraucherverband auf das Urteil verweisen. Durch diese Erstreckung der Rechtskraft gewährleistet § 11 S. 1 UKlaG mithin eine Breitenwirkung der Verbandsklage[36].
Schließlich dient auch die Veröffentlichungsbefugnis nach § 7 UKlaG der flächendeckenden Bekämpfung unzulässiger Klauseln[37]. Danach kann dem Kläger, sofern der Klage stattgegeben wird, auf Antrag das Recht zugesprochen werden, die Urteilsformel mit der Bezeichnung des verurteilten Beklagten im Bundesanzeiger bekannt zu machen.

C) Vergleich der englischen und deutschen Verfahrensvorschriften

Zusammenfassend lässt sich feststellen, dass Art. 7 (2) RL in Deutschland ausschließlich durch die Möglichkeit einer privatrechtlichen Verbandsklage umgesetzt ist. Diese Unterlassungs- bzw. Widerrufsklage ist im UKlaG geregelt, insbesondere in den §§ 1, 3 UKlaG.
Demgegenüber strebt England eine Breitenwirkung der UTCCR 1999 vornehmlich mit Hilfe des OFT als öffentlicher Stelle an. Zwar ist seit Erlass der UTCCR 1999 eine Verbandsklage durch die Consumers' Association ebenfalls denkbar. Wie beschrieben, nimmt jedoch das OFT von den Einrichtungen, welchen eine abstrakte Klagebefugnis zugesprochen wurde, die zentrale Position ein. Folglich liegt der verfahrenrechtliche Schwerpunkt in England auf einer verwaltungsbehördlichen Überprüfung von Verbraucherverträgen[38].

---

[35] Koch ZZP 2000, 413 (415, 440); Greger NJW 2000, 2457 (2460); Ulmer/Brandner/Hensen/Hensen § 13 Rn 1; Micklitz in: Lonbay S. 173 (178).
[36] Walker Neues SchuldR § 7 Rn 37; Erman/Werner § 21 AGBG Rn 1; Wolf/Horn/Lindacher/Lindacher § 21 Rn 1 f; MK/Micklitz § 21 AGBG Rn 1.
[37] Erman/Werner § 18 AGBG Rn 1; Walker in: Neues SchuldR § 7 Rn 39; Wolf/Horn/Lindacher/Lindacher § 18 AGBG Rn 1.
[38] Baetge ZZP 99, 329 (337); Koch ZZP 2000, 413 (427 f).

Aus diesen abweichenden Ansätzen resultiert ein weiterer Unterschied zwischen der englischen und deutschen Kontrollpraxis. So bemüht sich das OFT zunächst auf dem Verhandlungsweg, dem Gebrauch unfairer Bedingungen entgegenzuwirken[39]. Diese vorprozessuale Bekämpfung missbräuchlicher Abreden vermeidet Gerichtsverfahren. Das bewirkt wiederum, dass das OFT als Verwaltungsbehörde faktisch die Aufgabe der Judikative ausfüllt.
Im Gegensatz dazu kann in Deutschland eine Breitenwirkung der Inhaltskontrolle vorformulierter Klauseln einzig mit der Verbandsklage erreicht werden. Somit ist eine Prozessführung stets erforderlich. Demnach bleibt die Bewertung einer Vereinbarung tatsächlich den Gerichten überlassen.
Neben diesen Differenzen zwischen englischem und deutschem Recht besteht jedoch auch eine Übereinstimmung. So wird in beiden Ländern die Veröffentlichung von Kontrollergebnissen als effektives Mittel angesehen, um die Verwendung unzulässiger Klauseln in der Zukunft zu verhindern. Die Veröffentlichungsbefugnis nach § 7 UKlaG ist in ihren Wirkungen daher mit den Bekanntmachungen des OFT vergleichbar.

3. Teil: Die Inhaltskontrolle nach englischem Recht

A) Einleitung

Auch wenn lediglich die englische und deutsche Umsetzung der Klauselrichtlinie direkt miteinander verglichen werden, ist es für das Verständnis der englischen Transformationsvorschriften unerlässlich, die sonstigen Rechtsgrundlagen einer Inhaltskontrolle darzustellen, welche nicht ausschließlich Einzelaspekte bzw. spezielle Vertragsarten betreffen.

I. Ebenen der Inhaltskontrolle

Generell sind bei der Inhaltskontrolle von Vertragsabreden drei Ebenen zu unterscheiden: Zum einen die Bewertung einer Vereinbarung anhand der Umsetzung der „EG-Richtlinie über missbräuchliche Klauseln in Verbraucherverträgen“, zum anderen die Überprüfung auf Grund der gesetzlichen Bestimmungen, die bereits vor Erlass der Richtlinie gegolten haben, und darüber hinaus eine etwaige Inhaltskontrolle durch die Rechtsprechung.
Eine englische Vertragsbedingung kann also zunächst an den „Unfair Terms in Consumer Contracts Regulations 1999“ (UTCCR 1999)[40] gemessen werden. Diese Regeln stellen die Umsetzung der Klauselrichtlinie dar, weshalb sie lediglich Verbraucherverträge zum Gegenstand haben. Damit betreffen die UTCCR 1999 den speziellsten Bereich der Inhaltskontrolle. Zugleich sind es die jüngsten Vorschriften, welche eine breit angelegte Rechtsgrundlage für eine direkte inhaltliche Überprüfung von Vertragsabreden geschaffen haben.

---
[39] Koch ZZP 2000, 413 (428); Sobich RIW 98, 684 (685).
[40] Statutory Instrument 1999 No. 2083.

Neben den UTCCR 1999 kann eine Inhaltskontrolle weiterhin auf der Basis des „Unfair Contract Terms Act 1977" (UCTA 1977) erfolgen, welcher bereits lange vor Erlass der Klauselrichtlinie in Kraft getreten ist. Anders als die Richtlinie ist der UCTA 1977 nicht auf Verbraucherverträge beschränkt, sondern betrifft die Wirksamkeit sämtlicher Freizeichnungsklauseln. Somit ist diese Stufe der Inhaltskontrolle weniger speziell als die der UTCCR 1999.

Darüber hinaus ist zu klären, ob die englische Rechtsprechung neben den UTCCR 1999 und dem UCTA 1977 eine weitere Ebene einer Inhaltskontrolle von Vertragsbedingungen begründet.

II. Tragweite der Umsetzung der Klauselrichtlinie

Die vorgenommene Beschränkung des Rechtsvergleichs auf eine Gegenüberstellung der englischen und deutschen Transformation der Klauselrichtlinie soll es ermöglichen, den Auswirkungen der Richtlinienumsetzung auf das englische Recht besondere Beachtung zu schenken.

So wurde die Klauselrichtlinie maßgeblich durch das deutsche AGBG geprägt. Selbiges enthielt eine Generalnorm, welche auf den Grundsatz von Treu und Glauben verwies. Eine vergleichbare Vorschrift wurde daraufhin die zentrale Bestimmung der Richtlinie.

Demgegenüber war das allgemeine Prinzip von Treu und Glauben vor der Transformation der Klauselrichtlinie im englischen Recht nicht verankert. Mit dem Erlass der UTCCR 1999 wurde der Maßstab von Treu und Glauben also in das englische Recht eingeführt, womit er erstmals auszufüllen war[41]. Dadurch, dass dabei nicht auf bestehende Auslegungssätze zurückgegriffen werden konnte, kam zum einen den Konkretisierungshilfen der Richtlinie besondere Bedeutung zu. Zum anderen wurde jedoch auch der UCTA 1977 bei der Interpretation der UTCCR 1999 berücksichtigt, da zwischen beiden Gesetzen erhebliche Überschneidungen bestehen. Zwar enthält der UCTA 1977 keine auf Treu und Glauben gestützte Generalklausel. Allerdings schreibt er vor, bestimmte Haftungsbeschränkungen auf ihre Angemessenheit hin zu überprüfen. Damit greift er ebenfalls auf einen unbestimmten Rechtsbegriff zurück.

Um den Einfluss des UCTA 1977 auf die UTCCR 1999 zu klären, werden beide Gesetze zunächst isoliert dargestellt und später direkt miteinander verglichen.

B) Die Inhaltskontrolle von Verbraucherverträgen anhand der UTCCR 1999

I. Einführung

1.) Allgemeines zu den UTCCR 1999

Die Überprüfung von Vertragsbedingungen in Verbraucherverträgen erfolgt in England vornehmlich anhand der „Unfair Terms in Consumer Contracts Regula-

---

[41] Teubner MLR 98, 11 (11 f); Uff in: Lonbay S. 163 (168); Zimmermann/Whittaker S. 15, 39 f; Sobich RIW 2000, 675 (675, 677).

tions 1999" (UTCCR 1999). Diese Regeln wurden im Wege so genannter „secondary" bzw. „subordinate legislation" als nichtparlamentarische Verordnung erlassen. Aus diesem Grund werden sie als „statutory instrument" bezeichnet[42]. Sie stellen die Umsetzung der „EG-Richtlinie über missbräuchliche Klauseln in Verbraucherverträgen" (RL)[43] dar.

Zunächst wurde die Klauselrichtlinie durch die UTCCR 1994[44], welche am 1.7.1995 in Kraft traten, in das englische Recht transformiert. Seit dem 1.10.1999 gelten jedoch die UTCCR 1999, wodurch die UTCCR 1994 aufgehoben wurden (Reg. 1, 2 UTCCR 1999). Im Unterschied zur früheren Verordnung orientieren sich die neuen Regeln stärker am Wortlaut der Richtlinie und erweitern zudem die verfahrensrechtlichen Vorschriften[45].

Anzumerken bleibt, dass Art. 8 RL es den Mitgliedstaaten ermöglicht, strengere Vorschriften zu erlassen, um ein höheres Schutzniveau für Verbraucher zu gewährleisten. Die UTCCR 1999 übernehmen durch ihre so genannte „copy-out-Technik"[46] allerdings weitgehend den Wortlaut der Richtlinie. Somit gehen die Regeln in ihrem Schutzstandard nicht über die Mindestvorgaben hinaus. Sie stellen mithin eine bloße Minimalumsetzung der Klauselrichtlinie dar[47].

2.) Schutzzweck und materiellrechtliche Vorschriften

Die Richtlinie und die UTCCR 1999 beabsichtigen, missbräuchliche Klauseln in Verbraucherverträgen zu beseitigen. Durch Umsetzung der Richtlinie in allen Mitgliedstaaten der Europäischen Gemeinschaft wird zudem eine Rechtsangleichung bezweckt, um Wettbewerbsverzerrungen zu verringern[48].

Ebenso wie die Klauselrichtlinie selbst und die UTCCR 1994 streben die UTCCR 1999 den Verbraucherschutz durch eine offene Kontrolle des Vertragsinhalts an. Die zentrale Bedeutung kommt dabei dem Fairnesstest zu, welchem die Vertragsbedingungen unterworfen werden (Reg. 5 (1) UTCCR 1999)[49]. Aufgrund des Transparenzgebots müssen die Vertragsabreden zudem verständlich verfasst sein (Reg. 7 (1) UTCCR 1999). Ausdrückliche Vorschriften bezüglich der Einbeziehung von Klauseln in eine Vereinbarung enthalten die Regeln demgegenüber nicht.

---

[42] Beatson ZEuP 98, 957 (960); Koffman/Macdonald S. 207; Lockett/Egan Rn 5.1.

[43] EC Directive 93/13: OJL 95/29.

[44] Statutory Instrument 1994 No. 3159.

[45] Chitty/Beale Rn 15-004; Sobich RIW 2000, 675 (675); Lawson SJ 99, 830 (831); Davidson SQL 2001 Vol. 6, No. 1, 1 (1, 18); OFT Unfair Contract Terms Bulletin Nr. 8 S. 3 f; OFT Unfair Contract Terms Guidance S. 1.

[46] Ervine SLT 99, issue 29, 253 (253); Beatson ZEuP 98, 957 (962); Sobich RIW 2000, 675 (675).

[47] Sobich RIW 2000, 675 (675); Collins OJLS 94, 229 (238 f).

[48] Brownsword/Howells/Wilhelmsson S. 275 f; Collins OJLS 94, 229 (229, 234); Willett in: Brownsword/Hird/Howells S. 67 (73 f).

[49] Macdonald/Furmston S. 162; Uff in: Lonbay S.163 (168); Wagner/Althen RIW 95, 546 (546); Sobich RIW 2000, 675 (675 f).

Wird eine Vertragsbedingung dem Fairnessgebot nicht gerecht, so ist sie gem. Reg. 8 (1) UTCCR 1999 für den Verbraucher unverbindlich. Nach Reg. 8 (2) UTCCR 1999 bleibt der Vertrag für die Parteien ansonsten jedoch wirksam, sofern er ohne die missbräuchliche Klausel bestehen kann (vgl. Art. 6 (1) RL)[50].

II. Persönlicher Anwendungsbereich der UTCCR 1999

In Anlehnung an Art. 1 (1) RL ist der persönliche Anwendungsbereich der UTCCR 1999 ausschließlich auf Verbraucherverträge beschränkt (Reg. 4 (1) UTCCR 1999). Darunter sind Vereinbarungen zwischen einem Gewerbetreibenden auf der einen und einem Konsumenten auf der anderen Seite zu verstehen. Somit gelten die Regeln weder für Verträge zwischen zwei Unternehmern noch unter Privatleuten.

Legaldefinitionen der Begriffe „Gewerbetreibender" und „Verbraucher" enthält Reg. 3 (1) UTCCR 1999. Im Gegensatz zu Reg. 2 (1) UTCCR 1994 übernimmt die neue Verordnung darin die Richtliniendefinitionen aus Art. 2 b), c) RL wörtlich.

1.) Gewerbetreibender („seller or supplier")

So ist gem. Reg. 3 (1) UTCCR 1999 ein Gewerbetreibender eine natürliche oder juristische Person, die bei Verträgen, die unter die Regeln fallen, im Rahmen ihrer gewerblichen oder beruflichen Tätigkeit handelt, auch wenn diese dem öffentlichrechtlichen Bereich zuzurechnen ist (vgl. Art. 2 c) RL).

a) Klarstellungen durch die UTCCR 1999

Demgegenüber knüpften die alten Regeln bei der Definition von „seller" an den Verkauf von Waren an. Bei einer weiteren Begriffsbestimmung von „supplier" wurde die Lieferung von Waren oder die Erbringung von Dienstleistungen gefordert (Reg. 2 (1) UTCCR 1994). Die Klauselrichtlinie selbst enthält diese Aspekte in Art. 2 RL allerdings nicht. Ihre Verwendung in den UTCCR 1994 ist vielmehr durch einen Rückgriff auf die Präambel der Richtlinie zu erklären (vgl. 2. Erwägungsgrund)[51].

Die Abweichung vom Richtlinienwortlaut des Art. 2 RL führte jedoch zu Unsicherheiten hinsichtlich des Anwendungsbereichs der Regeln. Insbesondere war zweifelhaft, ob Immobiliarverträge anhand der Regeln zu kontrollieren seien[52]. Wie dargestellt, verweist Reg. 3 (1) UTCCR 1999 nicht mehr auf die Elemente Waren oder Dienstleistungen. Vielmehr übernimmt die Neufassung der Legaldefinition die Formulierung des Art. 2 RL, wodurch ein weites Verständnis des Gewerbetreibendenbegriffs ermöglicht wird. Demnach beseitigt die Einführung der Reg. 3 (1) UTCCR 1999 die beschriebene Unklarheit. Die UTCCR 1999

---

[50] Chitty/Beale Rn 15-067; OFT Unfair Standard Terms Briefing S. 3.

[51] Koffman/Macdonald S. 210; Chitty/Beale Rn 15-012.

[52] Anson/Beatson S. 196; Treitel S. 245, 254 f.

gelten folglich auch für Verträge über unbewegliche Sachen, wie Grundstücksverkäufe, Landpacht und die Bestellung von Grundpfandrechten[53].
Gleiches gilt für Rechtsgeschäfte über Urheber- und gewerbliche Schutzrechte[54].
Durch die Ausdehnung der Definition werden ferner Verträge, deren Vertragsgegenstand eine Unterlassungsabrede ist, von den UTCCR 1999 erfasst[55].
Durch Anfügen des letzten Halbsatzes stellen die neuen Regeln außerdem klar, dass sowohl privatrechtliche Vertragsbedingungen als auch solche staatlicher Behörden kontrolliert werden können[56].

b) Allgemeine Begriffsmerkmale

Darüber hinaus ist festzuhalten, dass es nicht ausreicht, dass eine Person generell ein Gewerbe betreibt. Vielmehr muss der konkrete Vertragsschluss gerade auch geschäftlichen Zwecken dienen. Allerdings sind an eine derartige Verbindung keine strengen Anforderungen zu stellen. Insbesondere begründet dieses Erfordernis keine Beschränkung auf Rechtsgeschäfte, die wesentlicher Bestandteil oder zumindest regelmäßige Nebentätigkeit bei der Ausübung des Gewerbes sind. Stattdessen werden lediglich rein private Vertragsabschlüsse eines Unternehmers von den Regeln ausgegrenzt[57].
Schließlich bleibt zu klären, ob der Gewerbetreibende i.S.v. Reg. 3 (1) UTCCR 1999 mit Gewinnerzielungsabsicht handeln muss. Diese Frage ist vor dem Hintergrund des Verbraucherschutzes zu beantworten, welchen Richtlinie und Regeln anstreben. So ist es für einen Konsumenten nicht immer erkennbar, aus welchen Motiven heraus sein Vertragspartner handelt. Auch können dessen Beweggründe für den Verbraucher unerheblich sein. Angesichts dieser unsicheren Situation dürfen die Motive des Gegenübers dem Konsumenten nicht zum Nachteil gereichen. Umgekehrt gesagt, dürfen Organisationen, die ohne Gewinnerzielungsabsicht handeln, dadurch keinen Vorteil erlangen. Vielmehr trifft auch sie die Pflicht, ihre Vertragspartner fair zu behandeln. Um das Ziel des Verbraucherschutzes effektiv zu verwirklichen, ist es im Rahmen der Reg. 3 (1) UTCCR 1999 folglich unerheblich, ob es dem Gewerbetreibenden auf einen Profit ankommt oder nicht[58].

2.) Verbraucher („consumer“)

Im Gegensatz zum Begriff „seller or supplier“ ist ein Verbraucher nach Reg. 3 (1) UTCCR 1999 eine natürliche Person, die bei Verträgen, die von den Regeln

---

[53] Sobich RIW 2000, 675 (676); Chitty/Beale Rn 15-012 f; Davidson SQL 2001 Vol. 6, No 1, 1 (2); OFT Unfair Contract Terms Bulletin Nr. 8 S. 3.
[54] Chitty/Beale Rn 15-022; Lawson S. 190.
[55] Neville IHL Nov 99, 42 (43).
[56] Chitty/Beale Rn 15-016; Brownsword/Howells/Wilhelmsson S. 277; OFT Unfair Contract Terms Bulletin Nr. 1 S. 41 f.
[57] Macdonald JBL 94, 441 (458); Lawson S. 160; Koffman/Macdonald S. 210.
[58] Chitty/Beale Rn 15-016; Macdonald/Furmston S. 171, 80.

erfasst werden, zu einem Zweck handelt, der nicht ihrer gewerblichen oder beruflichen Tätigkeit zugerechnet werden kann (vgl. Art. 2 b) RL).
Als Konsument ist somit derjenige einzustufen, der einen Vertrag im privaten Bereich abschließt. Allerdings ist dabei nicht ausschließlich die subjektive Absicht des Handelnden entscheidend. Dies führt zum einen dazu, dass die Verbrauchereigenschaft nicht allein deshalb verneint wird, weil die Person lediglich vorgibt, Gewerbetreibender zu sein[59]. Zum anderen muss es für den Gewerbetreibenden objektiv erkennbar sein, dass sein Vertragspartner den Vertragsgegenstand nicht gewerblich oder beruflich verwenden wird. Liegen derartige Anhaltspunkte vor, ist es wiederum nicht erforderlich, dass die Sache üblicherweise zum privaten Gebrauch bestimmt ist[60].
Des Weiteren ist festzuhalten, dass der Vertragsgegenstand nicht einzig zu privaten Zwecken genutzt werden muss. Soll er sowohl gewerblich als auch privat Verwendung finden, kommt es darauf an, welcher Gebrauch überwiegt. Steht die private Nutzung im Vordergrund, kann der Vertragspartner demnach als Konsument eingestuft werden[61].
Schließlich bleibt anzumerken, dass der Erwerb einer Sache auf einer Versteigerung die Verbrauchereigenschaft nicht ausschließt, womit ein solcher Vertrag von den Regeln erfasst werden kann[62].

III. Sachlicher Anwendungsbereich der UTCCR 1999

1.) Beschränkung auf vorformulierte Vertragsbedingungen

In sachlicher Hinsicht gelten Klauselrichtlinie und UTCCR 1999 nur für nicht im Einzelnen ausgehandelte Vertragsbedingungen (Art. 3 (1) RL, Reg. 5 (1) UTCCR 1999).
Wann eine Klausel als nicht individuell ausgehandelt angesehen werden kann, ist in Art. 3 (2) S. 1 RL festgelegt. Diese Definition wird im Kern von den Regeln übernommen. Danach ist eine Vertragsklausel immer dann als nicht im Einzelnen ausgehandelt zu betrachten, wenn sie im Voraus abgefasst wurde und der Verbraucher deshalb keinen Einfluss auf ihren Inhalt nehmen konnte (Reg. 5 (2) UTCCR 1999). Diesbezüglich ist wiederum maßgeblich, ob der Gewerbetreibende den Inhalt der Abrede ernsthaft zur Disposition gestellt und dem Konsumenten dadurch die reale Möglichkeit der Einflussnahme gegeben hat[63]. Kann das bejaht werden, liegt eine ausgehandelte Individualvereinbarung vor, welche nicht unter die UTCCR 1999 fällt.
Durch die Begrenzung auf im Voraus abgefasste Vertragsbedingungen kommt die Regelungsabsicht zum Ausdruck, insbesondere Standardverträge zu kontrol-

---

[59] Treitel S. 247; Tremml S. 2.
[60] Chitty/Beale Rn 15-017; Treitel S. 247; Tremml S. 2.
[61] Tremml S. 2; Duffy JBL 93, 67 (73); Brownsword/Howells/Wilhelmsson S. 277.
[62] Chitty/Beale Rn 15-017; Treitel S. 247.
[63] Lawson S. 162; Tremml S. 3; Howells/Wilhelmsson S. 92 f.

lieren (vgl. Art. 3 (2) S. 1 RL)[64]. So besteht gerade bei dieser Vertragsart die Gefahr, dass der Verbraucher die einzelnen Klauseln gar nicht liest bzw. nicht versteht. Selbst wenn er ihre Tragweite erkennen sollte, fehlt dem Konsumenten die nötige Verhandlungsmacht, auf ihren Inhalt einzuwirken. Mithin besteht bei Standardverträgen eine gesteigerte Notwendigkeit der Inhaltskontrolle[65].
Angesichts dessen, dass die Vorformulierung jedoch den einzig entscheidenden Aspekt darstellt, muss die Klausel nicht zwingend für eine Vielzahl von Verträgen entworfen worden sein, wie es bei Standardverträgen der Fall ist[66]. Stattdessen gelten die UTCCR 1999 auch für Individualvereinbarungen, vorausgesetzt sie wurden im Vorhinein erstellt.
Fraglich erscheint, zu welcher Zeit die Vorformulierung erfolgt sein muss. Schließlich werden Vertragsbedingungen stets vor Abschluss des Rechtsgeschäfts festgelegt. Damit dieses Merkmal nicht leerläuft, ist mithin auf einen Zeitpunkt vor Beginn der Vertragsverhandlungen abzustellen[67].
Bezüglich der Vorformulierung ist zudem festzuhalten, dass es unerheblich ist, durch wen sie erfolgt. Die zu prüfende Vertragsbedingung kann somit durch den Gewerbetreibenden selbst oder einen Dritten, z.B. einen Notar, verfasst worden sein. Derartige Drittklauseln werden dem Gewerbetreibenden zugerechnet, es sei denn, der Konsument hat sie nachweisbar in den Vertrag eingeführt[68].
Ferner steht es der Anwendung der Regeln nicht entgegen, wenn einzelne Klauseln oder bestimmte Elemente einer Vertragsklausel individuell ausgehandelt worden sind, sofern es sich nach einer Gesamtwertung dennoch um einen vorformulierten Vertrag handelt. Gem. Reg. 5 (3) UTCCR 1999 finden die Regeln auf die restlichen Vereinbarungen Anwendung (vgl. Art. 3 (2) S. 2 RL).
Endlich bleibt festzustellen, dass die UTCCR 1999 die Beweislastregel des Art. 3 (2) S. 3 RL übernehmen. Behauptet also ein Gewerbetreibender, dass eine Bedingung eines Standardvertrags im Einzelnen ausgehandelt wurde, so obliegt ihm nach Reg. 5 (4) UTCCR 1999 die Beweislast. Mithin wird in derartigen Verträgen die Vorformulierung der Klauseln vermutet. Diese Norm ist darauf zurückzuführen, dass die Regeln insbesondere Standardverträge erfassen sollen. Durch die dargestellte Beweislastverteilung wird die Anwendung der UTCCR 1999 erweitert und die Position des Konsumenten gestärkt[69].

---

[64] Howells/Wilhelmsson S. 91; Macdonald/Furmston S. 172; Chitty/Beale Rn 15-024.
[65] Beale in: Beatson/Friedmann S. 231 (232 f); Markesinis S. 211 f; Koffman/Macdonald S. 210; Collins OJLS 94, 229 (239); OFT Unfair Contract Terms Guidance S. 2; OFT Unfair Standard Terms Briefing S. 2.
[66] Howells/Wilhelmsson S. 92; Micklitz ZEuP 93, 522 (526, 533); Koffman/Macdonald S. 211; Remien ZEuP 94, 34 (47-49).
[67] Treitel S. 247; Macdonald/Furmston S. 172.
[68] Uff in: Lonbay S. 163 (167); Treitel S. 247; Tremml S. 3.
[69] Howells/Wilhelmsson S. 93; Lawson S. 162; Brownsword/Howells/Wilhelmsson S. 278; Lockett/Egan Rn 3.9.

2.) Ausnahmetatbestände

Ist eine Klausel eines Verbrauchervertrags zwar vorformuliert, so wird sie dennoch nicht anhand der UTCCR 1999 überprüft, wenn ein Ausnahmetatbestand eingreift.

a) Ausgenommene Vertragsbedingungen (Reg. 4 (2) UTCCR 1999)

Eine solche Ausnahmeregel stellt Reg. 4 (2) UTCCR 1999 dar, welche bestimmte Vertragsbedingungen vom Geltungsbereich der Verordnung ausschließt. Dabei folgt die Norm stärker dem Wortlaut des Art. 1 (2) RL, als es die Vergleichsvorschrift der Sched. 1 (e) UTCCR 1994 getan hat.

Gem. Reg. 4 (2) (a) UTCCR 1999 erfassen die Regeln keine Vertragsklauseln, die auf bindenden Rechtsvorschriften („mandatory statutory") oder Verwaltungsvorschriften („regulatory provisions") beruhen. Dazu zählen nach Reg. 4 (2) (a) UTCCR 1999 auch Rechtsnormen der Mitgliedstaaten der Europäischen Gemeinschaft und der Gemeinschaft selbst, sofern sie in England ohne weiteres rechtswirksam sind. Hinsichtlich des Begriffs der „bindenden Rechtsvorschriften" ist außerdem zu beachten, dass darunter sowohl zwingendes als auch dispositives Recht zu verstehen ist (13. Erwägungsgrund, Präambel der RL)[70].

Des Weiteren werden Vertragsklauseln, die auf Bestimmungen oder Grundsätzen internationaler Übereinkommen beruhen, bei denen die Mitgliedstaaten oder die Gemeinschaft Vertragsparteien sind, nach Reg. 4 (2) (b) UTCCR 1999 dem Geltungsbereich der Regeln entzogen[71].

Der Grund für den weitreichenden Ausnahmetatbestand des Art. 1 (2) RL bzw. der Reg. 4 (2) UTCCR 1999 liegt darin, dass bei Rechtsvorschriften der Mitgliedstaaten, in denen direkt oder indirekt die Klauseln für Verbraucherverträge festgelegt werden, davon ausgegangen wird, dass sie keine missbräuchlichen Bedingungen enthalten (13. Erwägungsgrund, Präambel der RL). Allerdings müssen die Mitgliedstaaten dafür sorgen, dass die Rechtsvorschriften tatsächlich keine derartigen Klauseln umfassen (14. Erwägungsgrund, Präambel der RL)[72].

b) Bereichsausnahmen für einzelne Vertragsarten

Neben den Ausnahmen für einzelne Vertragsbedingungen, betreffen die UTCCR 1999 zudem nicht alle Vertragsarten.

So wird im 10. Erwägungsgrund der Präambel der Richtlinie festgeschrieben, dass die Klauselrichtlinie nicht für Verträge des Arbeits-, Erb-, Familien- und Gesellschaftsrechts gilt. Indes erscheint es ohnehin fraglich, ob die genannten Vertragsarten überhaupt als Verbraucherverträge bezeichnet werden können[73].

---

[70] Davidson SQL 2001, Vol. 6, No. 1, 1 (3); Chitty/Beale Rn 15-028; Lawson S. 161.

[71] Lawson S. 161; Macdonald/Furmston S. 169.

[72] Lockett/Egan Rn 3.6; Brownsword/Howells/Wilhelmsson S. 277 f.

[73] Chitty/Beale Rn 15-021; Lockett/Egan Rn 3.4; Macdonald/Furmston S. 168; OFT Unfair Standard Terms Briefing S. 2.

Der Präambel der Richtlinie entsprechend, nahm Sched. 1 (a-d) UTCCR 1994 die aufgezählten Vertragsarten ausdrücklich vom Anwendungsbereich der Regeln aus. Zwar ist Sched. 1 UTCCR 1994 bei Erlass der UTCCR 1999 weggefallen, jedoch ist die Klauselrichtlinie bei der Auslegung der Regeln weiter zu berücksichtigen. Folglich werden die Verträge des Arbeits-, Erb-, Familien- und Gesellschaftsrechts auch nicht von den UTCCR 1999 erfasst[74].

Um aber einer Beeinträchtigung des Verbraucherschutzes entgegenzutreten, ist der 10. Erwägungsgrund der Präambel der Richtlinie als Ausnahmevorschrift eng auszulegen. Dies gilt vor allem unter dem Aspekt, dass die Norm vornehmlich der Beschreibung des persönlichen Anwendungsbereichs der Richtlinie dient. Die Bereichsausnahmen sollen Beispiele darstellen, welche Vertragsarten üblicherweise nicht als Verbraucherverträge einzuordnen sind.

Für Verträge des Gesellschaftsrechts hat eine restriktive Auslegung zur Folge, dass der Verkauf von Gesellschaftsanteilen durchaus unter die Richtlinie und damit auch die UTCCR 1999 fallen kann. So ist die Anwendung der Regeln denkbar, wenn ein Konsument Gesellschaftsanteile von einem Gewerbetreibenden erwirbt[75].

IV. Vermeidung von Umgehungsversuchen

Um eine effektive Wirkung der UTCCR 1999 sicherzustellen, können die Regeln nicht durch Rechtswahl umgangen werden. So bestimmt Reg. 9 UTCCR 1999, dass sie trotz der Wahl des Rechtes eines Staates, der nicht der Europäischen Gemeinschaft angehört, anwendbar sind, wenn der Vertrag einen engen Zusammenhang mit dem Gebiet der Mitgliedstaaten aufweist (vgl. Art. 6 (2) RL).

Zulässig ist es demgegenüber, das Recht eines Staates der Gemeinschaft zu wählen. Die UTCCR 1999 kommen in dem Fall nicht zur Anwendung. Dies lässt sich damit rechtfertigen, dass die Klauselrichtlinie in allen Mitgliedstaaten Wirksamkeit besitzt, wodurch ein Mindestmaß an Verbraucherschutz sichergestellt ist[76].

V. Reichweite des Fairnesstests

Wie bereits angesprochen, nimmt die Überprüfung der Fairness einer Vertragsklausel die herausragende Stellung im Rahmen der Inhaltskontrolle durch die UTCCR 1999 ein. Wird ein Vertrag von den Regeln erfasst, ist es mithin von maßgeblicher Bedeutung, welche Vertragsbedingungen dem Fairnesstest unterworfen werden.

Zur Beantwortung dieser Frage ist zunächst vom sachlichen Anwendungsbereich der UTCCR 1999 auszugehen. Selbiger ist gem. Reg. 5 (1) UTCCR 1999 auf nicht im Einzelnen ausgehandelte Vertragsklauseln beschränkt. Die jeweili-

---

[74] Sobich RIW 2000, 675 (676); Ervine SLT 99, issue 29, 253 (254); Chitty/Beale Rn 15-021; OFT Unfair Standard Terms Briefing S. 1 f.

[75] Duffy JBL 93, 67 (74); Remien ZEuP 94, 34 (44).

[76] Chitty/Beale Rn 15-072; Howells/ Wilhelmsson S. 113.

ge Vertragsbedingung muss also vorformuliert worden sein, wodurch der Konsument keinen Einfluss auf den Vertragsinhalt nehmen konnte (Reg. 5 (2) UTCCR 1999).

Wird die Überprüfung vertraglicher Nebenabreden angestrebt, sind der sachliche Anwendungsbereich der Regeln und die Reichweite des Fairnesstests deckungsgleich.

1.) Besonderheiten bezüglich des Vertragskerns („core terms“)

Besonderheiten gelten jedoch hinsichtlich der Bedingungen, die den Vertragskern darstellen. Für diese so genannten „core terms“[77] modifizieren Richtlinie und UTCCR 1999 die Zulässigkeit einer Inhaltskontrolle. Danach ist es unerheblich, ob die Klausel vorformuliert wurde oder nicht, sofern die übrigen Vereinbarungen von den Regeln erfasst werden. Stattdessen ist die sprachliche Fassung, also ihre Verständlichkeit entscheidend (Art. 4 (2) RL, Reg. 6 (2) UTCCR 1999).

a) Grundsatz der Kontrollfreiheit

Zunächst scheint dies indes zu derselben Reichweite des Fairnesstests zu führen, wie bei der Bewertung von Nebenbedingungen. So werden Klauseln, welche die Hauptbestandteile einer Vereinbarung betreffen, üblicherweise nicht im Voraus erstellt. Regelmäßig sind Leistungsbeschreibung und Preisvereinbarung gerade durch das individuelle Aushandeln gekennzeichnet. Dementsprechend legen Reg. 6 (2) (a), (b) UTCCR 1999 zunächst fest, dass die Beurteilung der Missbräuchlichkeit der Klauseln prinzipiell weder den Hauptgegenstand des Vertrags noch die Angemessenheit zwischen dem Preis bzw. Entgelt und den Gütern bzw. Dienstleistungen, welche die Gegenleistung darstellen, betrifft (vgl. Art. 4 (2) RL). Somit werden die „core terms“ grundsätzlich nicht auf ihre Fairness hin überprüft.

b) Fairnesstest als Ausnahme

Allerdings besteht für dieses Prinzip eine Ausnahme, welche ebenfalls in Reg. 6 (2) UTCCR 1999 und Art. 4 (2) RL enthalten ist. Danach werden die Hauptbestandteile eines Vertrags nur dann nicht der Inhaltskontrolle unterworfen, wenn die Klauseln in klarer und einfach verständlicher Sprache abgefasst sind. Der Ausschluss der „core terms“ vom Fairnesstest steht mithin unter dem Vorbehalt der Wahrung des Transparenzgebots. Sind Leistungsbeschreibung und Preisvereinbarung also unverständlich oder übermäßig komplex, so unterliegen sie ausnahmsweise der Fairnesskontrolle[78]. Dabei ist es gleichgültig, ob sie vorformu-

[77] Wagner/Althen RIW 95, 546 (546); Sobich RIW 2000, 675 (676); Ervine SLT 99, issue 29, 253 (254); OFT Unfair Contract Terms Bulletin Nr. 2 S. 13; OFT Unfair Contract Terms Guidance S. 1.

[78] Locket/Egan Rn 3.15; Wagner/Althen RIW 95, 547 (546); Chitty/Beale Rn 15-027; OFT Unfair Contract Terms Bulletin Nr. 1 S. 8, Nr. 4 S. 16; OFT Unfair Standard Terms Briefing S. 2.

liert oder im Einzelnen ausgehandelt wurden, sofern der restliche Vertrag in den Anwendungsbereich der UTCCR 1999 fällt.
Diese Regelung ist darauf zurückzuführen, dass die Hauptvereinbarungen eines Vertrags für die Parteien von entscheidender Bedeutung sind, weshalb sie ihnen die wesentliche Beachtung schenken. Zum erforderlichen Verständnis der Kernbestandteile ist jedoch eine klare sprachliche Fassung unerlässlich. Ist selbige indes nicht gegeben, besteht die Gefahr, dass ein Verbraucher die Folgen des Rechtsgeschäfts nicht richtig beurteilen kann. Aus diesem Grund erscheint es zum Schutz des Konsumenten sachgerecht, die mangelnde Verständlichkeit durch eine Inhaltskontrolle zu kompensieren.
Jedoch stellt die Bewertung der „core terms" die Ausnahme dar. Somit verdeutlicht Reg. 6 (2) UTCCR 1999, dass die UTCCR 1999 prinzipiell keine Überprüfung der Angemessenheit von Leistung und Gegenleistung bezwecken[79]. Statt durch gesetzliche Bestimmungen soll dieses Verhältnis vielmehr durch den Marktmechanismus festgelegt werden. Bezüglich der wesentlichen Vertragsabreden sollen die Regeln folglich den Grundsatzes der Vertragsfreiheit wahren[80]. Der Konsument soll in dieser Hinsicht lediglich durch das Transparenzgebot vor einer so genannten „unfair surprise"[81] geschützt werden. Mit Hilfe der UTCCR 1999 wird mithin nicht die Fairness des Vertrags insgesamt angestrebt, sondern grundsätzlich bloß die Fairness einzelner Klauseln, eben der Nebenbedingungen.

2.) Unterscheidung von „core terms" und Nebenabreden

Um die Reichweite des Fairnesstests schließlich konkret zu bestimmen, ist eine Abgrenzung zwischen den Hauptbestandteilen und den Nebenabreden einer Vereinbarung vorzunehmen.
In den meisten Fällen lässt es sich eindeutig feststellen, ob eine Klausel zum Vertragskern gehört oder eine untergeordnete Detailfrage betrifft.
So stellen auf der einen Seite Klauseln, die ausdrücklich den Preis einer Leistung festsetzen, unstreitig wesentliche Vertragsbedingungen dar. Dazu zählen beispielsweise auch Vereinbarungen eines Darlehensvertrags, welche den Zinssatz bestimmen[82].
Auf der anderen Seite bietet vor allem Reg. 5 (5) i.V.m. Sched. 2 UTCCR 1999 Anhaltspunkte, welche Bedingungen nicht als „core terms" einzustufen sind. In Übereinstimmung mit Art. 3 (3) RL i.V.m. dem Anhang der Richtlinie sind dort Klauseln aufgelistet, welche für missbräuchlich erklärt werden können. Dadurch, dass dies einzig aufgrund des Inhalts, also unabhängig vom Transparenz-

---

[79] Elliott/Quinn S. 115; Treitel S. 248 f; Macdonald JBL 94, 441 (460); Brownsword/Howells/Wilhelmsson S. 282; OFT Unfair Contract Terms Bulletin Nr. 1 S. 8, Nr. 2 S. 13.
[80] Uff in: Lonbay S. 163 (167 f); Howells/Wilhelmsson S. 94; Koffman/Macdonald S. 212, 53; Chitty/Beale Rn 15-025.
[81] McKendrick S. 367; Beale in: Beatson/Friedmann S. 231 (260).
[82] Lawson SJ 99, 830 (832); Director General of Fair Trading v. First National Bank WLR 2000, 98 (107), WLR 2000, 1353 (1363 f); OFT Unfair Contract Terms Nr. 9 S. 4.

gebot erfolgen soll, unterliegen die genannten Vertragsbedingungen stets der Fairnesskontrolle. Demzufolge sind die in Reg. 5 (5) i.V.m. Sched. 2 UTCCR 1999 aufgeführten Klauseln als Nebenabreden anzusehen[83].
Die Unterscheidung der „core terms“ von den Nebenbedingungen kann sich indes auch als schwierig erweisen, was bereits bei Erlass der Klauselrichtlinie erkannt worden ist. Aus diesem Grund wurde der Versuch unternommen, die Abgrenzung von Haupt- und Nebenbestandteilen an einem Beispiel, den Versicherungsverträgen, zu erläutern. So wird im 19. Erwägungsgrund der Präambel der Richtlinie festgestellt, dass aus dem grundsätzlichen Ausschluss der „core terms“ vom Fairnesstest unter anderem folgt, dass bei Versicherungsverträgen die Klauseln, in denen das versicherte Risiko und die Verpflichtung des Versicherers deutlich festgelegt oder abgegrenzt werden, nicht als missbräuchlich beurteilt werden, sofern diese Einschränkungen bei der Berechnung der vom Verbraucher gezahlten Prämie Berücksichtigung finden.

a) Abgrenzung zu Preisvereinbarungen

Allerdings ist das aufgezeigte Beispiel insofern problematisch, als dass es eine sehr weite Interpretation der Preisvereinbarungen ermöglicht. So könnte argumentiert werden, dass alle Klauseln einer Vereinbarung Auswirkungen auf den Preis haben, womit sie als Hauptbestandteil anzusehen seien. Um aber einen effektiven Verbraucherschutz durch die UTCCR 1999 zu gewährleisten, ist der Begriff der „core terms“ eng auszulegen. Demnach stellen nicht alle Bedingungen, welche den Preis bzw. das Entgelt betreffen, zwangsläufig den Vertragskern dar[84].
Dies ergibt sich insbesondere aus Reg. 5 (5) i.V.m. Sched. 2 (1) (l) UTCCR 1999. Danach wird eine Inhaltskontrolle bei Klauseln durchgeführt, welche es dem Gewerbetreibenden gestatten, den Preis zum Zeitpunkt der Lieferung festzusetzen oder zu erhöhen, ohne dass dem Verbraucher ein Rücktrittsrecht zusteht. Wie die Aufnahme dieser Bedingung in den Anhang der Regeln verdeutlicht, sind derartige Klauseln trotz ihres Preisbezugs nicht als „core term“ einzuordnen.
Ferner können Vertragsbedingungen, die zwar als „Preisvereinbarung“ bezeichnet werden, dennoch als Nebenabreden anzusehen sein. Das ist bei Klauseln zu bejahen, welche den Verbraucher im Fall verspäteter Annahme oder Rückgabe einer Sache verpflichten, einen „Preisaufschlag“ zu zahlen[85].

---

[83] Chitty/Beale Rn 15-025; Koffman/Macdonald S. 213; OFT Unfair Contract Terms Bulletin Nr. 1 S. 8, 15.

[84] Howells/Wilhelmsson S. 95 f; Chitty/Beale Rn 15-026; Collins S. 272; Macdonald/Furmston S. 177 f; OFT Unfair Contract Terms Bulletin Nr. 3 S. 15.

[85] Treitel S. 249; OFT Unfair Contract Terms Bulletin Nr. 3 S. 12, Nr. 13 S. 2.

Darüber hinaus wird angenommen, dass Mietzinsanpassungsklauseln kontrollfähig und damit als Nebenabreden einzustufen sind[86].
Mit Hilfe einer derart engen Auslegung kann für das Beispiel der Versicherungsverträge im Umkehrschluss abgeleitet werden, dass Vertragsbedingungen, die dem Verbraucher bloße Mitteilungspflichten auferlegen, der Fairnesskontrolle unterliegen. Selbiges gilt für Klauseln, die Konditionen dazu festsetzen, in welcher Zeit ein Ersatzanspruch geltend gemacht werden soll [87].
Die Bewertung der aufgezeigten Beispiele als Nebenabreden ist jeweils damit zu begründen, dass die vertraglichen Regelungen nicht unmittelbar und ausschließlich den Preis festlegen. Vielmehr beziehen sie sich auf einen anderen Umstand, der sich lediglich auf den Preis auswirkt.

b) Definition des Hauptvertragsgegenstandes

Hinsichtlich der Vereinbarungen, die den Hauptgegenstand eines Vertrags definieren, gilt ein vergleichbarer Ansatz. So zählt ebenfalls nicht jede Bedingung, die den Gegenstand des Rechtsgeschäfts betrifft, zum Vertragskern.
Dementsprechend stellt beispielsweise eine Klausel, welche es dem Gewerbetreibenden erlaubt, ein einheitliches Rechtsgeschäft über eine Ratenlieferung in einzelne Verträge für jede Lieferung aufzuteilen, eine überprüfbare Nebenvereinbarung dar[88].
Außerdem ergibt sich aus Sched. 2 (1) (b) UTCCR 1999, dass Vertragsbedingungen, die Schadensersatzansprüche wegen etwaiger Leistungsstörungen betreffen, ebenfalls nicht zu den Hauptbestandteilen einer Vereinbarung zählen[89].
Im Zusammenhang mit der Bestimmung des Leistungsgegenstands begründen Freizeichnungsklauseln indes besondere Probleme. Zwar besagt der 9. Erwägungsgrund der Präambel der Richtlinie, dass Verbraucher insbesondere vor dem missbräuchlichen Ausschluss von Rechten zu schützen seien. Auch die Liste möglicher unfairer Klauseln im Anhang der UTCCR 1999 bringt zum Ausdruck, dass Haftungsausschlussklauseln kontrollfähig sind (vgl. Reg. 5 (5) i.V.m. Sched. 2 (1) (a), (b) UTCCR 1999).

---

[86] Macdonald/Furmston S. 177; Chitty/Beale Rn 15-026; OFT Unfair Contract Terms Bulletin Nr. 1 S. 8.
[87] Chitty/Beale Rn 15-026; Davidson SQL 2001, Vol. 6, No. 1, 1 (5); Unfair Contract Terms Bulletin Nr. 3 S. 9.
[88] Chitty/Beale Rn 15-026; OFT Unfair Contract Terms Bulletin Nr. 2 S. 28.
[89] Davidson SQL 2001, Vol. 6, No. 1, 1 (5); Lawson SJ 99, 830 (832); Director General of Fair Trading v. First National Bank WLR 2000, 98 (107), WLR 2000, 1353 (1364); OFT Unfair Contract Terms Bulletin Nr. 9 S. 2, Nr. 12 S. 3.

Schwierigkeiten resultieren jedoch daraus, dass es möglich ist, Freizeichnungsklauseln nicht als Beschränkung einer Verantwortlichkeit zu formulieren, sondern eben als Definition des Verpflichtungsumfangs[90].
Demnach könnten Klauseln einzig mit Hilfe einer entsprechenden Fassung dem Fairnesstest entzogen werden. Um eine effektive Wirkung der Regeln sicherzustellen, besteht somit die Notwendigkeit, die jeweilige Vertragsbedingung ihrem Zweck entsprechend zu bewerten. Dabei ist auf die Sicht der Vertragspartner abzustellen. Es ist mithin entscheidend, wie die Parteien die Auswirkungen der Klausel auf die Vertragserfüllung einschätzen. Diesbezüglich ist insbesondere zu beachten, dass die „core terms" nicht lediglich die Leistungsbeschreibung allgemein, sondern nur speziell den Hauptgegenstand des Vertrags bestimmen. Sofern eine Vertragsbedingung also die vorgestellte Vertragserfüllung unberührt lässt, ist sie demnach unabgängig von ihrer Formulierung als Nebenabrede einzustufen. Das ist insbesondere dann der Fall, wenn die Haftung für Sekundärpflichten ausgeschlossen werden soll[91].

c) Allgemeine Voraussetzung eines „core terms"

Ist die Differenzierung von „core terms" und Nebenabreden problematisch, so bleibt umgekehrt zu fragen, welche Voraussetzungen stets zwingend erforderlich sind, um eine Bedingung als Vertragskern anzusehen.
Wie bereits angesprochen, ist die Abgrenzung aus Sicht der Parteien vorzunehmen. Dadurch, dass die UTCCR 1999 den Verbraucherschutz bezwecken, ist dabei insbesondere die Vorstellung des Konsumenten heranzuziehen. Maßgeblich ist somit, welche Vertragsbestandteile der Verbraucher für zentral erachtet. Diesbezüglich ist wiederum der Grad der Kenntnis bzw. Kenntnismöglichkeit von der Vertragsbedingung zu berücksichtigen. So kann eine Klausel schwerlich als „core term" eingestuft werden, ohne dass dem Konsumenten die Möglichkeit gegeben wurde, sich mit ihr vertraut zu machen. Um eine Bedingung als Teil des Vertragskerns einzuordnen, ist es folglich unerlässlich, dass der Verbraucher auf sie hingewiesen wurde. Ist dies nicht gegeben, wird die Klausel als Nebenabrede zwangsläufig auf ihre Fairness hin überprüft[92].

3.) Zusammenfassung

Es kann resümiert werden, dass der Reichweite des Fairnesstests, den sachlichen Anwendungsbereich der Regeln modifizierend, die Unterscheidung von Haupt- und Nebenvereinbarungen zu Grunde liegt.

---

[90] Beale in: Beatson/Friedmann S. 231 (241); Davidson SQL 2001, Vol. 6, No. 1, 1 (4 f); Koffman/Macdonald S. 212, 204.

[91] Macdonald/Furmston S. 179, 180 f; Beale in: Beatson/Friedmann S. 231 (241); Macdonald JBL 94, 441 (461 f); OFT Unfair Contract Terms Bulletin Nr. 2 S. 13, Nr. 4 S. 16.

[92] Davidson SQL 2001, Vol. 6, No. 1, 1 (5); Lawson S. 171; Koffman/Macdonald S. 213; Chitty/Beale Rn 15-025; OFT Unfair Contract Terms Bulletin Nr. 1 S. 8, Nr. 2 S. 13, Nr. 4 S. 21, Nr. 6 S. 9, 49.

So sind die Hauptbestandteile eines Vertrags, selbst wenn sie ausgehandelt wurden, nicht vollständig der inhaltlichen Überprüfung entzogen. Gem. Reg. 6 (2) UTCCR 1999 entfällt die Fairnesskontrolle vielmehr nur bei Beachtung des Transparenzgebots.
Demgegenüber unterliegen ausgehandelte Nebenabreden in keinem Fall einer Inhaltskontrolle, während vorformulierte Nebenbedingungen stets auf ihre Fairness hin bewertet werden.
Hinsichtlich der vorzunehmenden Abgrenzung ist festzuhalten, dass der Begriff der „core terms" restriktiv zu interpretieren ist, um den angestrebten Verbraucherschutz nicht zu gefährden. Aus diesem Grund zählt nicht jede Klausel, die sich lediglich indirekt auf den Leistungsgegenstand oder die Preisvereinbarung auswirkt, zum Vertragskern. Außerdem kann eine Vertragsbedingung nur dann einen Hauptbestandteil des Rechtsgeschäfts darstellen, wenn der Verbraucher deutlich auf sie hingewiesen wurde und sie deshalb für zentral erachten konnte. Der Fairnesstest darf somit nicht durch eine extensive Auslegung der Ausnahmevorschrift in Reg. 6 (2) UTCCR 1999 unterlaufen werden.

VI. Transparenzgebot

Nach erfolgter Darstellung von Anwendungsbereich der Regeln und Reichweite der Fairnesskontrolle, sollen im Folgenden die inhaltlichen Schutzvorschriften der UTCCR 1999 erörtert werden.
Neben dem Fairnesstest dient das Transparenzgebot dazu, missbräuchliche Klauseln in Verbraucherverträgen zu beseitigen. Dies ist in Reg. 7 (1) UTCCR 1999 festgeschrieben. Es knüpft an formale Aspekte, also das Erscheinungsbild der Vertragsbedingungen an. Dem Transparenzgebot entsprechend muss der Gewerbetreibende sicherstellen, dass schriftlich niedergelegte Klauseln klar und verständlich abgefasst sind (vgl. Art. 5 S. 1 RL). Auf diese Weise soll der Konsument vor überraschenden Rechtsfolgen, mithin einer „unfair surprise"[93] bewahrt werden.

1.) Anwendungsbereich und Systematik

Dem Wortlaut nach besteht die Verpflichtung der Reg. 7 (1) UTCCR 1999 lediglich bei schriftlichen Vertragsbedingungen. Es erscheint indes zweifelhaft, ob bei mündlichen Vertragsabreden auf das Gebot der Klarheit verzichtet werden kann. So besagt der 11. Erwägungsgrund der Präambel der Klauselrichtlinie, dass der Verbraucher bei mündlichen und schriftlichen Verträgen den gleichen Schutz genießen müsse. Aus der Formulierung des Art. 5 S. 1 RL darf somit nicht gefolgert werden, dass das Transparenzgebot bei mündlichen Vertragsbedingungen nicht zu berücksichtigen ist. Dasselbe gilt konsequenterweise auch für die Umsetzungsnorm der Reg. 7 (1) UTCCR 1999. Mithin trifft den Gewer-

---

[93] McKendrick S. 367; Beale in: Beatson/Friedmann S. 231 (260); Director General of Fair Trading v. First National Bank WLR 2000, 1353 (1365).

betreibenden sowohl bei schriftlichen als auch bei mündlichen Verträgen die Pflicht, die Klauseln einfach und klar zu formulieren[94].
Hinsichtlich des Anwendungsbereichs dieses Gebots bleibt hervorzuheben, dass es alle Vertragsbedingungen erfasst, also unabhängig von einer Vorformulierung. Wie sich aus Reg. 6 (2) UTCCR 1999 ergibt, müssen gerade auch ausgehandelte „core terms" Verständlichkeit aufweisen[95].
Zur Systematik des Transparenzgebots ist festzuhalten, dass es im Ansatz einen von der Fairness unabhängigen Kontrollmaßstab darstellt[96].

2.) Inhaltliche Anforderungen

Ob eine Vertragsklausel klar und verständlich verfasst ist und damit dem Transparenzgebot genügt, ist am objektiven Maßstab eines rechtsunkundigen Durchschnittsbürgers zu ermitteln. Der Verbraucher muss den Vertrag mithin ohne Einholung von Rechtsrat verstehen können[97]. Dies setzt zunächst voraus, dass der Konsument tatsächlich die Möglichkeit hat, alle Vertragsklauseln zur Kenntnis zu nehmen und zu prüfen (20. Erwägungsgrund der Präambel/RL). Zwar wurde dieses Erfordernis nicht ausdrücklich in die Regeln übertragen, jedoch kommt es in Sched. 2 (1) (i) UTCCR 1999 zum Ausdruck. Danach kann eine Vertragsbedingung missbräuchlich sein, welche die Zustimmung des Verbrauchers zu Klauseln unwiderlegbar feststellt, von denen er vor Vertragsabschluss nicht tatsächlich Kenntnis nehmen konnte. Mithin ist auch nach den UTCCR 1999 die reale Möglichkeit der Kenntnisnahme der Vereinbarungen unerlässlich[98].
Um sodann das Verständnis des Verbrauchers zu gewährleisten, sind bei der Formulierung der Bedingungen kurze Sätze zu bilden. Des Weiteren sollten Gesetzesverweise und Fachtermini vermieden, zumindest aber erläutert werden[99]. Zudem verbessert die Verwendung von Überschriften die Übersichtlichkeit des

---

[94] Duffy JBL 93, 67 (75); Remien ZEuP 94, 34 (63); Lawson S. 172.

[95] Lockett/Egan Rn 3.18; Chitty/Beale Rn 15-027; OFT Unfair Contract Terms Bulletin Nr. 2 S. 13, Nr. 4 S. 21, Nr. 6 S. 9.

[96] Chitty/Beale Rn 15-008, 15-069; Sobich RIW 2000, 675 (676); Elliott/Quinn S. 117.

[97] Collins OJLS 94, 229 (248); Koffman/Macdonald S. 220; OFT Unfair Contract Terms Bulletin Nr. 2 S. 10, Nr. 3 S. 20, Nr. 4 S. 14.

[98] Macdonald/Furmston S. 184 f; Beale in: Beatson/Friedmann S. 231 (247); OFT Unfair Contract Terms Bulletin Nr. 1 S. 8, Nr. 2 S. 8 f, 12, Nr. 4 S. 5, 15 f, Nr .6 S. 9, Nr. 9 S. 5; OFT Unfair Contract Terms Guidance S. 28.

[99] Chitty/Beale Rn 15-069; Willett in: Brownsword/Hird/Howells S. 67 (82 f); OFT Unfair Contract Terms Bulletin Nr. 2 S. 10 f, Nr. 4 S. 14 f, 22, Nr. 5 S. 13, Nr. 10 S. 24, Nr. 11 S. 23, 27, Nr. 12 S. 7 f.

Vertrages[100]. Ferner dient es der Transparenz, eine Schriftgröße zu wählen, welche ohne Schwierigkeiten lesbar ist[101].
Endlich dürfen die Vertragsbedingungen nicht irreführend sein. Dabei ist eine Irrtumserregung nicht nur dann gegeben, wenn bei dem Konsumenten der Anschein von Rechten erweckt wird, welche ihm nicht zustehen. Vielmehr ist eine Klausel auch dann irreführend, wenn sie zwar die üblichen Schadensersatzansprüche auf Grund eines Vertragsbruchs wiedergibt, dem Verbraucher indes den Eindruck vermittelt, er würde im Falle seines Rücktritts besondere Nachteile erleiden[102].

3.) Rechtsfolgen der Missachtung

Mangelt es einer Klausel an Klarheit und Verständlichkeit, so hat dies drei Konsequenzen.
Zunächst ergibt sich eine Rechtsfolge aus Reg. 7 (2) UTCCR 1999, welche den Regelungsgehalt des Art. 5 S. 2 RL übernimmt. Danach gilt bei Zweifeln über die Bedeutung einer Klausel die für den Verbraucher günstige Auslegung. Diese Norm stellt eine gesetzliche Fassung der so genannten „contra-proferentem-rule" des Common Law dar, nach welcher sich Unklarheiten zu Lasten des Klauselverwenders auswirken[103].
Allerdings ist anzumerken, dass Reg. 7 (2) UTCCR 1999 nicht ausschließlich bei Verstößen gegen das Transparenzgebot zur Anwendung kommt. Vielmehr können auch klar formulierte Vertragsbedingungen mehrdeutig sein, womit die Auslegungsregel ebenfalls heranzuziehen ist[104].
Demgegenüber enthält Reg. 7 (2) UTCCR 1999 auch eine Einschränkung der beschriebenen Rechtsfolge. So gilt die Norm nicht im Rahmen der unter Reg. 12 UTCCR 1999 vorgesehenen Verfahren (vgl. Art. 5 S. 3 RL). Dieser Ausschluss der abstrakten Kontrollverfahren bedeutet, dass auf die Auslegungsregel nicht zurückgegriffen werden kann, wenn die Klauseln für den allgemeinen Gebrauch verfasst worden sind. Vielmehr betrifft Reg. 7 (2) UTCCR 1999 lediglich Fälle im Individualprozess[105].
Des Weiteren enthält Reg. 6 (2) UTCCR 1999 eine Rechtsfolge der Missachtung des Gebots sprachlicher Klarheit. Wie bereits dargestellt, unterliegen die Haupt-

---

[100] Macdonald/Furmston S. 182 f; OFT Unfair Contract Terms Bulletin Nr. 3 S. 20, Nr. 4 S. 15, Nr. 10 S. 13.
[101] Lawson S. 172, 178; Chitty/Beale Rn 15-069; OFT Unfair Contract Terms Bulletin Nr. 1 S. 8, Nr. 2 S. 13, Nr. 9 S. 5, 7.
[102] Macdonald/Furmston S. 194; Lawson S. 173; OFT Unfair Contract Terms Bulletin Nr. 3 S. 12.
[103] Davidson SQL 2001, Vol. 6, No.1, 1 (17); Lockett/Egan Rn 5.14; Lawson S. 173; OFT Unfair Contract Terms Bulletin Nr. 4 S. 12 f.
[104] Treitel S. 256; Davidson SQL 2001, Vol. 6, No. 1, 1 (17); Macdonald/Furmston S. 183.
[105] Macdonald/Furmston S. 183; Davidson SQL 2001, Vol. 6, No. 1, 1 (18); Lawson SJ 99, 830 (830); Lockett/Egan Rn 3.18; OFT Unfair Contract Terms Bulletin Nr. 4 S. 13.

bestandteile eines Vertrags ausnahmsweise der Fairnesskontrolle, wenn sie unverständlich verfasst sind.
Schließlich ist ein Verstoß gegen Reg. 7 (1) UTCCR 1999 innerhalb der Beurteilung der Fairness einer Klausel zu berücksichtigen. Obwohl das Transparenzgebot und der Fairnesstest zunächst also unterschiedliche Kontrollmaßstäbe darstellen, fließt ein Verstoß gegen das Transparenzgebot negativ in die Bewertung der Fairness ein[106]. Die genauen Auswirkungen dessen sollen jedoch innerhalb des Fairnesstests erläutert werden.

VII. Überprüfung der Fairness

1.) Allgemeine Erwägungen

Wie bereits erwähnt, begründen die Regelungen zur Fairnesskontrolle die entscheidenden Schutzvorschriften der UTCCR 1999. Im Gegensatz zum Transparenzgebot beziehen sie sich nicht lediglich auf den formalen Aspekt der Verständlichkeit einer Klausel. Stattdessen ermöglichen sie eine direkte inhaltliche Kontrolle von Vertragsbedingungen, womit sie als Kernstück der UTCCR 1999 anzusehen sind.
Die zentrale Norm im Rahmen des Fairnesstests ist die Generalklausel der Reg. 5 (1) UTCCR 1999. Danach ist eine Vertragsklausel als unfair zu betrachten, wenn sie entgegen dem Gebot von Treu und Glauben zum Nachteil des Verbrauchers ein erhebliches Missverhältnis der vertraglichen Rechte und Pflichten der Vertragspartner verursacht (vgl. Art. 3 (1) RL).
Die Unfairness einer Vertragsbedingung setzt sich folglich aus zwei Elementen zusammen, deren Beurteilung den so genannten „basic test"[107] der Fairnesskontrolle darstellt. Zum einen muss die Klausel ein erhebliches Missverhältnis der vertraglichen Rechte und Pflichten bewirken, was als „significant imbalance" bezeichnet wird. Zum anderen muss ein Verstoß gegen das Gebot von Treu und Glauben, also gegen das „good faith"-Prinzip vorliegen[108].
Demgegenüber verdeutlicht die Passage „zum Nachteil des Verbrauchers" lediglich, dass sich der Gewerbetreibende nicht auf eine etwaige Unfairness berufen kann. So bezwecken die UTCCR 1999 ausschließlich den Verbraucherschutz[109].
Im Gegensatz zu früheren Richtlinienentwürfen müssen das Missverhältnis und der Verstoß gegen Treu und Glauben nicht bloß alternativ, sondern kumulativ vorliegen. Neben der jeweiligen Bedeutung wirft dies insbesondere die Frage ihres Zusammenwirkens auf[110].

---

[106] Sobich RIW 2000, 675 (676); Beale in: Beatson/Friedmann S. 231 (248); Treitel S. 249, 256; OFT Unfair Contract Terms Bulletin Nr. 2 S. 8, Nr. 3 S. 20, Nr. 4 S. 22, Nr. 5 S. 13; OFT Unfair Contract Terms Guidance S. 2.
[107] Chitty/Beale Rn 15-033 f; Macdonald/Furmston S. 188.
[108] Uff in: Lonbay S. 163 (168); Collins OJLS 94, 229 (249); Treitel S. 248; OFT Unfair Contract Terms Bulletin Nr. 1 S. 6; Nr. 4 S. 22.
[109] Ervine SLT 99, issue 29, 253 (255); Howells/Wilhelmsson S.96.
[110] Beatson ZEuP 98, 957 (963); Tenreiro ERPL 95, 273 (274, 276); McKendrick S. 368 f.

Als Bestandteile der Generalklausel sind die Beschreibungen „significant imbalance" und „good faith" in hohem Maße ausfüllungsbedürftig. Um den Begriff des erheblichen Missverhältnisses zu konkretisieren, nennt Reg. 6 (1) UTCCR 1999 deshalb Faktoren, welche bei der Bewertung der Fairness Berücksichtung finden. Des Weiteren enthält der 16. Erwägungsgrund der Präambel der Richtlinie Kriterien, die zur Ausgestaltung des Prinzips von Treu und Glauben heranzuziehen sind.
Schließlich sind im Anhang der UTCCR 1999 beispielhaft Klauseln aufgezählt, welche für missbräuchlich erklärt werden können (Reg. 5 (5) i.V.m. Sched. 2 UTCCR 1999). Diesbezüglich ist festzuhalten, dass die Liste keine eigenständige Komponente der Fairnessprüfung begründet. Stattdessen stellt sie Richtlinien für den „basic test" zur Verfügung[111]. Auf diese Weise soll die Generalklausel näher bestimmt und ein einheitliches Verständnis in den einzelnen Mitgliedstaaten gefördert werden[112].
Im Rahmen allgemeiner Erwägungen zum Fairnesstest bleibt auf die Frage der Beweislast einzugehen. Wie bereits erwähnt, enthält Reg. 5 (4) UTCCR 1999 eine Beweislastverteilung, welche den sachlichen Anwendungsbereich der Regeln betrifft. Danach ist der Gewerbetreibende gegebenenfalls verpflichtet, darzulegen, dass eine Vertragsbedingung individuell ausgehandelt wurde. Hinsichtlich der Fairness einer Klausel fehlt aber sowohl in der Richtlinie als auch in den UTCCR 1999 eine vergleichbare Bestimmung. Folglich gilt die generelle Regel, dass derjenige, der sich auf eine Tatsache beruft, diese auch zu beweisen hat. Dadurch, dass der Verbraucher eine vorliegende Klausel nicht akzeptiert, trifft ihn mithin die Aufgabe, die Unfairness der Bedingung nachzuweisen[113]. Allerdings wird die Schwere dieser Last dadurch gemildert, dass der Klauselanhang Anhaltspunkte zur Bedeutung der Unfairness bietet[114].

2.) „Basic test"

a) „Significant imbalance"

Im Rahmen des „basic test" der Fairnesskontrolle ist zunächst zu fragen, ob die zu prüfende Vertragsklausel ein erhebliches Missverhältnis der vertraglichen Rechte und Pflichten der Vertragspartner verursacht.
Dieser Aspekt ist vor dem Hintergrund der Reg. 6 (2) UTCCR 1999 zu sehen, nach welcher die Hauptbestandteile einer Vereinbarung grundsätzlich nicht auf

---

[111] Collins S. 271; Macdonald/Furmston S. 188 f; Ervine SLT 99, issue 29, 253 (255); McKendrick S. 366; OFT Unfair Contract Terms Bulletin Nr. 1 S. 6, Nr. 4 S. 22.
[112] Howells/Wilhelmsson S. 105; Lockett/Egan Rn 4.3; Collins OJLS 94, 229 (251).
[113] Gold NLJ 94, 1273 (1273); Koffman/Macdonald S. 220; Lawson S. 169, 186; Wagner/Althen RIW 95, 547 (548).
[114] Sobich RIW 2000 675, (677); Chitty/Beale Rn 15-047; OFT Unfair Contract Terms Bulletin Nr. 4 S. 23, Nr. 5 S. 10.

ihre Fairness hin bewertet werden. Folglich ist „significant imbalance“ nicht als eine Abweichung vom üblichen Marktpreis zu verstehen[115].

Vielmehr sind die Rechte und Pflichten der Vertragsparteien, welche nicht den Vertragskern betreffen, gegeneinander abzuwägen. Dabei muss sich ein Ungleichgewicht zum Nachteil des Konsumenten ergeben. Dieses Missverhältnis muss zudem eine gewisse Schwere aufweisen, um als erheblich zu gelten. Eine lediglich geringfügige Unausgeglichenheit kann somit nicht die Unfairness einer Klausel zur Folge haben[116].

aa) Durchführung der Abwägung

Bezüglich der Abwägung, ob ein Ungleichgewicht vorliegt oder nicht, sind unterschiedliche Ansätze denkbar.

Zum einen könnten alle Rechte und Pflichten der Parteien in einer komplexen Gesamtbewertung gegenübergestellt werden[117]. Allerdings ist zu beachten, dass gerade die zu kontrollierende Vertragsbedingung das Missverhältnis auslösen muss[118].

Demnach erscheint es sachgerecht, einen anderen Ausgangspunkt zu wählen und zunächst die in Rede stehende Klausel zu untersuchen. Enthält sie eine für den Gewerbetreibenden günstige Rechtsfolge, ist zu klären, ob auch dem Verbraucher ein korrespondierendes Recht zusteht[119]. Kann das bejaht werden, hat die beanstandete Klausel keine Unausgewogenheit der vertraglichen Rechte zur Folge.

Dieser Ansatz wird dem Erfordernis gerecht, dass das Ungleichgewicht gerade aus der zu prüfenden Bedingung resultieren muss. Darüber hinaus wird er durch diverse Vorschriften des Klauselanhangs nahegelegt[120]. Beispielsweise kann gem. Sched. 2 (1) (c) UTCCR 1999 eine Bedingung für unfair angesehen werden, nach welcher der Gewerbetreibende die Erbringung einer Leistung an eine Bedingung knüpft, deren Eintritt nur von ihm abhängt, während der Konsument eine verbindliche Verpflichtung eingeht.

Die beschriebene Vorgehensweise ist indes nicht auf alle Klauseltypen anwendbar. So bereiten Freizeichnungsklauseln für Folgeschäden insofern Schwierigkeiten, als dass der Gewerbetreibende derartige Schäden gar nicht erleiden kann. Mithin kann dem Verbraucher eine solche Haftungsbeschränkung gar nicht zugesprochen werden. Eine vergleichbare Problematik ist bei Vertragsbedingun-

---

115 Beale in: Beatson/Friedmann S. 231 (243); Collins OJLS 94, 229 (249); Dean MLR 93, 581 (585); Miller/Harvey/Parry S. 339.

116 Lawson S. 168 f; Lockett/Egan Rn 3.12; Howells/Wilhelmsson S. 96 f.

117 Lockett/Egan Rn 3.12 f; Koffman/Macdonald S. 215.

118 Lawson S. 169; Chitty/Beale Rn 15-036; Ervine SLT 99, issue 29, 253 (255).

119 Macdonald/Furmston S. 190; Collins S. 271; Willett in: Brownsword/Hird/Howells S. 67 (85); OTF Unfair Contract Terms Bulletin Nr. 4 S. 9, 22 f, Nr. 13 S. 17.

120 Vgl. Sched. 2 (1) (d), (f), (g), (j), (k), (l), (o) UTCCR 1999; Willett in: Brownsword/Hird/Howells S. 67 (85); Collins S. 271 f; Howells/Wilhelmsson S. 107.

gen gegeben, welche dem Gewerbetreibenden ein weites Ermessen hinsichtlich der Vertragserfüllung einräumen[121].

Ferner ist die Abwägung dann unzureichend, wenn dem Konsumenten keine dem Recht des Gewerbetreibenden vergleichbare Befugnis eingeräumt wurde.

Diesen Fällen ist gemeinsam, dass der Nachteil des Konsumenten nicht unmittelbar durch ein korrespondierendes Recht ausgeglichen werden kann. Das bedeutet aber nicht zwangsläufig, dass ein Missverhältnis der vertraglichen Rechte und Pflichten anzunehmen ist. Schließlich sind gem. Reg. 6 (1) UTCCR 1999 alle Klauseln des Vertrags zu berücksichtigen. Folglich ist die gesamte Vereinbarung in einem zweiten Schritt auf jedwede den Verbraucher begünstigende Regelung zu untersuchen. Ein etwaiger Vorteil ist sodann daraufhin zu bewerten, ob er den vorliegenden Nachteil kompensiert.

Eine den Gewerbetreibenden berechtigende Vertragsbedingung kann somit nicht nur durch eine vergleichbare Befugnis des Konsumenten, sondern auch durch eine andere verbraucherfreundliche Klausel ausgeglichen werden.

Erst wenn ein nicht nur geringfügiger Nachteil des Konsumenten in keiner Weise kompensiert wird, verursacht die Klausel ein erhebliches Missverhältnis[122].

bb) Zu berücksichtigende Faktoren (Reg. 6 (1) UTCCR 1999)

In Anlehnung an Art. 4 (1) RL nennt Reg. 6 (1) UTCCR 1999 verschiedene Faktoren, welche bei der Ermittlung einer „significant imbalance“ zu beachten sind. Danach wird die Fairness einer Vertragsbedingung unter Berücksichtigung der Art der Güter oder Dienstleistungen, die Gegenstand des Vertrags sind, aller den Vertragsschluss begleitenden Umstände sowie aller anderen Klauseln desselben Vertrags oder eines anderen Vertrags, von dem die Klausel abhängt, zum Zeitpunkt des Vertragsschlusses beurteilt.

(1) Art der Güter oder Dienstleistungen

Zunächst fließt die Art der Güter oder Dienstleistungen, die den Vertragsgegenstand bilden, in die Bewertung ein.

Das bedeutet zum einen, dass es erheblich ist, ob es sich um eine neue oder gebrauchte Ware handelt. So kann eine Bedingung bei dem Verkauf einer neuen Sache ein erhebliches Missverhältnis auslösen, während im Falle eines gebrauchten Gegenstands ein Ungleichgewicht der Rechte und Pflichten verneint wird[123].

Zum anderen ist die übliche Gebrauchsweise der Sache entscheidend. Dient der Vertragsgegenstand grundsätzlich geschäftlichen Zwecken, fehlt einem Ver-

---

[121] Koffman/Macdonald S. 215; Willett in: Brownsword/Hird/Howells S. 67 (86); Macdonald/Furmston S. 190.

[122] Macdonald/Furmston S. 190; OFT Unfair Contract Terms Bulletin Nr. 1 S. 6, Nr. 4 S. 13, 23.

[123] Treitel S. 248.

braucher regelmäßig die notwendige Erfahrung im Umgang mit der Ware. Dieser Umstand ist zugunsten des Gewerbetreibenden zu berücksichtigen[124].

(2) Begleitumstände

Des Weiteren sind alle den Vertragsschluss begleitenden Umstände in die Abwägung einzubeziehen. Die Unfairness einer Klausel ist damit situationsgebunden vor dem Hintergrund der konkreten Vereinbarung zu beurteilen[125].

In diesem Zusammenhang ist zu klären, ob auf den Konsumenten Druck ausgeübt wurde, die Verpflichtungen einzugehen. So erscheint eine solche Einflussnahme nicht notwendig, falls die Ausgewogenheit des Vertrags gegeben ist. Demnach spricht die Anwendung von Zwang für ein Missverhältnis der jeweiligen Rechte und Pflichten.

Ferner muss der Verbraucher die reale Möglichkeit besessen haben, die Vertragsklauseln zu lesen, zu verstehen und zu bewerten. Auf diese Weise wird eine erste Verbindung zwischen Transparenzgebot und Fairnesstest hergestellt[126]. In diesem Zusammenhang ist insbesondere die Frage zu klären, ob irreführende Vertragsbedingungen auch dann eine „significant imbalance" begründen können, wenn sie beim Konsumenten lediglich den Anschein nachteiliger Rechtsfolgen erwecken. Dabei ist zu bedenken, dass derartige Irrtumserregungen den Verbraucher davon abschrecken, seine ihm zustehenden Rechte tatsächlich geltend zu machen. Die Verzerrung der gegebenen Befugnisse bewirkt also bereits eine Einschränkung der effektiv nutzbaren Rechte des Konsumenten. Die beschriebene Art der Irreführung bewirkt daher ein Missverhältnis der vertraglichen Rechte und Pflichten der Parteien[127].

Allgemein kann daraus gefolgert werden, dass jede Verschleierung von Verbraucherrechten zu einer Beeinträchtigung ihrer Geltendmachung führt. In derartigen Fällen führt ein Verstoß gegen das Transparenzgebot zu einer Unausgewogenheit der vertraglichen Befugnisse[128].

Schließlich ist hinsichtlich der Begleitumstände maßgeblich, ob der Konsument Gelegenheit hatte, die Ware vor Vertragsschluss zu untersuchen. Ist der Vertragsgegenstand eine Dienstleistung, ist darauf abzustellen, ob der Verbraucher das Risiko eines Fehlschlags würdigen konnte. Waren diese Möglichkeiten gegeben, stellen sie jeweils ein Argument für die Ausgewogenheit des Rechtsgeschäfts dar[129].

---

[124] Chitty/Beale Rn 15-040.

[125] Brownsword/Howells/Wilhelmsson S. 281; Howells/Wilhelmsson S. 100.

[126] Chitty/Beale Rn 15-041; Davidson SQL 2001, Vol. 6, No. 1, 1 (7 f); OFT Unfair Contract Terms Bulletin Nr. 2 S. 10, 12, Nr. 4 S. 5, 15 f.

[127] Macdonald/Furmston S. 193 ff; OFT Unfair Contract Terms Bulletin Nr. 3 S. 12.

[128] Koffman/Macdonald S. 217 f; OFT Unfair Contract Terms Bulletin Nr. 4 S. 5, 15.

[129] Treitel S. 248.

(3) Andere Klauseln

Ferner sind bei der Beurteilung einer „significant imbalance" alle anderen Klauseln desselben Vertrags oder eines anderen Vertrags, von dem die Klausel abhängt, zu untersuchen.

Diesbezüglich ist hervorzuheben, dass dazu auch die so genannten „core terms" zählen. Selbige sind zwar gem. Reg. 6 (2) UTCCR grundsätzlich von der Fairnesskontrolle ausgeschlossen. Nach dem 19. Erwägungsgrund der Präambel der Richtlinie können sie indes bei der Bewertung der Missbräuchlichkeit anderer Klauseln berücksichtigt werden. Daraus ließe sich unter anderem ableiten, dass ein hoher Preis zu besseren Nebenbedingungen führt. Allerdings ist zu bedenken, dass die Einbeziehung der Hauptbestandteile in die Abwägung nicht zu einer Umgehung der Reg. 6 (2) UTCCR 1999 führen darf. Insbesondere kann umgekehrt ein niedriger Preis keine ansonsten unfairen Bedingungen rechtfertigen. Dies stünde nicht zuletzt im Widerspruch zum Transparenzgebot, da ein Verbraucher mögliche Verbindungen zwischen Preis und Nebenabreden nicht erkennt[130].

Wie bereits dargelegt, führt die Notwendigkeit, alle anderen Klauseln ebenfalls zu bewerten, zur Möglichkeit der Kompensation nachteiliger Vertragsbedingungen. Eine Klausel, die allein betrachtet unfair erscheint, kann also durch eine andere Bedingung ausgeglichen werden[131]. Dies kann zum einen dadurch geschehen, dass dem Konsumenten eine dem Recht des Gewerbetreibenden korrespondierende Befugnis eingeräumt wird. Ansonsten ist vor allem das Recht des Verbrauchers zu nennen, sich ohne nachteilige Folgen von dem Vertrag zu lösen[132].

Eine solche Kompensation kann gem. Reg. 6 (1) UTCCR 1999 auch durch eine Klausel eines weiteren Vertrags erfolgen, sofern die zu prüfende Vertragsbedingung vom anderen Vertrag abhängt. Das ist insbesondere dann der Fall, wenn ein Rahmenvertrag eine Vielzahl von Rechtsgeschäften zwischen den Vertragspartnern regelt[133]. Es ist jedoch anzumerken, dass die Regeln kein Erfordernis aufstellen, dass der andere Vertrag ebenfalls ein Verbrauchervertrag oder zwischen denselben Parteien abgeschlossen worden sein muss. Damit werden vor allem Finanzierungsverträge für einen Verbraucherkauf von dieser Regelung erfasst[134].

(4) Zeitpunkt des Vertragsschlusses

Endlich bestimmt Reg. 6 (1) UTCCR 1999, dass der Moment des Vertragsschlusses den entscheidenden Zeitpunkt der Fairnesskontrolle darstellt. Mithin

---

130 Howells/Wilhelmsson S. 95; Davidson SQL 2001, Vol. 6, No. 1, 1 (6).

131 Lawson S. 165; Anson/Beatson S. 291; Treitel S. 248.

132 OFT Unfair Contract Terms Bulletin Nr. 2 S. 12, Nr. 3 S. 14, Nr. 4 S. 8 f, Nr. 9 S. 43 f; Chitty/Beale Rn 15-042.

133 Treitel S. 248.

134 Macdonald/Furmston S. 187; Chitty/Beale Rn 15-043.

bleiben die tatsächlichen Wirkungen des Rechtsgeschäfts oder ein etwaiger Vertragsbruch bei der Frage eines Missverhältnisses außer Betracht. Vielmehr kommt es auf die potentielle Unfairness einer Klausel an, also darauf, wie sie verwendet werden könnte[135].

Demzufolge bergen weit gefasste Klauseln ein größeres Risiko der Unfairness. So ist lediglich maßgeblich, ob sie geeignet erscheinen, ein erhebliches Missverhältnis der vertraglichen Rechte und Pflichten zu begründen. Ist das zu bejahen, kann der Gewerbetreibende dem nicht entgegnen, sich nur eingeschränkt auf die Bedingung berufen zu wollen. Vielmehr ist in derartigen Fällen die Klausel zu ändern, um die potentielle Unfairness zu beseitigen[136].

cc) Besonderheiten bei abstrakten Verfahren

Gem. Reg. 6 (1) UTCCR 1999 sind die dargestellten Faktoren allerdings unbeschadet der Reg. 12 UTCCR 1999 zu berücksichtigen. Damit scheint ihre Beachtung im Rahmen der Fairnesskontrolle durch den Director General of Fair Trading oder einer anderen qualifizierten Einrichtung ausgeschlossen.

Indes ist zu bedenken, dass auch in einem Kollektivverfahren Anhaltspunkte unerlässlich sind, um den vagen Begriff der „significant imbalance" auszufüllen. Somit ist die Vorschrift dahingehend zu interpretieren, dass die Faktoren lediglich in abstrakter, verallgemeinernder Weise in einen Fairnesstest einfließen können. Das bedeutet insbesondere, dass der Bewertung einer Klausel keine konkreten Begleitumstände zu Grunde gelegt werden können. Stattdessen können nur solche Sachverhalte herangezogen werden, die üblicherweise gegeben sind. Demgegenüber können die Art der Güter oder Dienstleistungen und andere Vertragsklauseln ohne weiteres in eine generelle Abwägung einbezogen werden[137].

b) Verstoß gegen das „good faith"-Prinzip

Konnte ein Ungleichgewicht der vertraglichen Rechte und Pflichten der Vertragsparteien festgestellt werden, ist innerhalb des „basic test" außerdem zu prüfen, ob die Bedingung dem „good faith"-Prinzip widerspricht.

aa) Allgemeines

Die Konkretisierung des Grundsatzes von „Treu und Glauben" bereitet allerdings erhebliche Schwierigkeiten. Sie folgen zunächst allgemein daraus, dass es sich bei diesem Prinzip, im Gegensatz zur „significant imbalance", nicht lediglich um eine vage Beschreibung handelt. Stattdessen enthält der unbestimmte Rechtsbegriff „good faith" überhaupt kein Tatbestandsmerkmal. Damit kennzeichnet er so genannte offene Normen. Darunter sind Bestimmungen zu verste-

---

[135] Elliott/Quinn S. 116; Uff in: Lonbay S. 163 (168); Davidson SQL 2001, Vol. 6, No. 1, 1 (9); OFT Unfair Contract Terms Bulletin Nr. 1 S. 5, 16.

[136] Macdonald/Furmston S. 187 f; Chitty/Beale Rn 15-036; OFT Unfair Contract Terms Bulletin Nr. 1 S. 16, Nr. 3 S. 7, Nr. 5 S. 15.

[137] Brownsword/Howells/Wilhelmsson S. 281; Macdonald/Furmston S. 187; Howells/Wilhelmsson S. 100; OFT Unfair Contract Terms Bulletin Nr. 2 S. 10, Nr. 4 S. 13, 21.

hen, deren Inhalt sich nicht abstrakt, sondern erst aus ihrer konkreten Anwendung erschließt[138].

Darüber hinaus begründet die Ausfüllung des „good faith"-Prinzips speziell im Rahmen der UTCCR 1999 besondere Probleme. Diese resultieren daraus, dass der Grundsatz von Treu und Glauben seinen Ursprung in kontinentaleuropäischen Rechtsordnungen findet[139]. Demgegenüber war der Begriff „good faith" vor der Umsetzung der Klauselrichtlinie im englischen Common Law nicht als allgemeines Prinzip anerkannt[140], weshalb er sogar als „mysterious and exciting"[141] bezeichnet wurde. So bestimmten lediglich einzelne Theorien[142], dass die Parteien während der Vertragsverhandlungen nicht im Sinne so genannter „bad faith" handeln dürfen. Darunter fällt insbesondere täuschendes oder wegen Zwangausübung unredliches Verhalten. Eine weitergehende Kontrolle am generellen Maßstab von Treu und Glauben, die auch eine Überprüfung des Inhalts von Vertragsbedingungen umfasst, erfolgte mithin nicht[143].

Die Richtlinie basiert jedoch auf kontinentaleuropäischem Recht, wobei vor allem das damalige deutsche „Gesetz zur Regelung allgemeiner Geschäftsbedingungen" (AGBG) zu nennen ist[144]. Das AGBG begründete bereits eine Überprüfung von Klauselinhalten anhand des „Treu und Glauben"-Prinzips. Durch die Transformation der Richtlinie wurde der Kontrollmaßstab der „good faith" folglich in das englische Recht eingeführt, womit er dort erstmals zu konkretisieren ist[145].

Als Interpretationshilfe sind deshalb die Vorgaben der Richtlinie in hohem Maße zu beachten. Diesbezüglich dient insbesondere der 16. Erwägungsgrund der Präambel der Ausfüllung des „good faith"-Begriffs. Danach ergänzt das Gebot von Treu und Glauben die Faktoren, die bei der Frage der Missbräuchlichkeit einer Vertragsbedingung zur Ermittlung einer „significant imbalance" zu be-

---

138 Zimmermann/Whittaker S. 31; Teubner MLR 98, 11 (19).

139 Teubner MLR 98, 11 (11, 19); Anson/Beatson S. 198; Uff in: Lonbay S. 163 (168); McKendrick S. 368 f; Interfoto Picture Library Ltd. v. Stilletto Visual Programmes Ltd. (1989) QB 433 (439).

140 Sobich RIW 2000, 675 (675, 677); Wagner/Althen RIW 95, 546 (547); Macdonald JBL 94, 441 (457); Zimmermann/Whittaker S. 15, 39 f; Weatherill in: Heusel S. 117 (123); OFT Unfair Contract Terms Bulletin Nr. 4 S. 23.

141 Collins OJLS 94, 229 (249).

142 Vgl. doctrine of misrepresentation, doctrine of duress, doctrine of undue influence; Sims S. 114, 115 f; Elliott/Quinn S. 164 ff; Collins S. 255 f; Kötz/ Flessner S. 202 f.

143 Dean MLR 93, 581 (585); Collins OJLS 94, 229 (249 f); Zimmermann/Whittaker S. 40, 43, 45; Interfoto Picture Library Ltd. v. Stilletto Visual Programmes Ltd. (1989) QB 433 (439); OFT Unfair Contract Terms Bulletin Nr. 1 S. 5, Nr. 4 S. 23.

144 Beale in: Beatson/Friedmann S. 231 (243); Dean MLR 93, 581 (584); Beatson ZEuP 98, 957 (957); Howells/Wilhelmsson S. 90; Markesinis S. 213.

145 Teubner MLR 98, 11 (11 f); Uff in: Lonbay S. 163 (168).

rücksichtigen sind. Der Grundsatz der „good faith“ soll auf diese Weise eine globale Bewertung der Interessenlagen der Parteien ermöglichen.
Darüber hinaus zählt der 16. Erwägungsgrund der Präambel verschiedene Kriterien auf, die innerhalb der umfassenden Beurteilung heranzuziehen sind. Dementsprechend ist zunächst zu klären, welches Kräfteverhältnis zwischen den Verhandlungspositionen der Parteien bestand. Des Weiteren ist fraglich, ob für den Verbraucher ein Anreiz vorlag, der Klausel zuzustimmen. Ferner ist zu beachten, ob die Güter oder Dienstleistungen auf eine Sonderbestellung des Konsumenten hin verkauft oder erbracht wurden. Schließlich wird festgestellt, dass der Gewerbetreibende das Gebot von Treu und Glauben dadurch erfüllen kann, dass er sich gegenüber der anderen Partei, deren berechtigten Interessen er Rechnung tragen muss, fair und billig verhält.
In den UTCCR 1994 wurden die genannten Anhaltspunkte zur Konkretisierung des „good faith“-Prinzips ausdrücklich aufgeführt (Reg. 4 (3) i.V.m. Sched. 2 UTCCR 1994). Bei Erlass der UTCCR 1999 ist dieser Anhang entfallen. Jedoch ist zu bedenken, dass bei der Auslegung der Regeln als Transformationsgesetz die Richtlinie stets zu berücksichtigen bleibt. Dadurch, dass die Kriterien also in der Präambel der Klauselrichtlinie festgeschrieben sind, kommen sie auch im Rahmen der UTCCR 1999 weiterhin zur Geltung[146].

bb) Kriterien zur Konkretisierung des Begriffs „good faith“ (16. Erwägungsgrund der Präambel der Richtlinie)

(1) Kräfteverhältnis der Verhandlungspositionen

Bei der Frage, ob eine Vertragsabrede gegen den Grundsatzes von Treu und Glauben verstößt, ist mithin zunächst zu untersuchen, welches Kräfteverhältnis zwischen den Verhandlungspositionen der Parteien bestand. Auf den ersten Blick erscheint dies verwunderlich, da der sachliche Anwendungsbereich von Richtlinie und Regeln auf vorformulierte, also gerade nicht ausgehandelte Vertragsbedingungen beschränkt ist[147]. Wie bereits dargestellt, soll das „good faith“-Prinzip jedoch eine umfassende Bewertung der Interessenlagen ermöglichen. Folglich kann innerhalb dieser globalen Betrachtung auch auf die Verhandlungsstärke abgestellt werden.
Außerdem ist darauf hinzuweisen, dass sich das Kräfteverhältnis während der Verhandlungen gerade auch in der Verwendung vorformulierter Klauseln widerspiegelt. So dient das Aufstellen allgemeiner Vertragsbedingungen durch den Gewerbetreibenden der Rationalisierung seiner Rechtsgeschäfte. Dieser Zweck würde indes verfehlt, wenn er mit jedem Konsumenten neu über die Klauseln verhandelte und sie gegebenenfalls änderte. Um das zu verhindern, stellt der Gewerbetreibende die Bedingungen nicht mehr ernsthaft zur Disposition, sofern dem konkreten Kunden keine besondere Bedeutung zukommt. Der tatsächliche

---

[146] Davidson SQL 2001, Vol. 6, No. 1, 1 (6 f); Ervine SLT 99, issue 29, 253 (255); Sobich RIW 2000, 675 (676 f); McKendrick S. 366 f; Chitty/Beale Rn 15-044.
[147] Tenreiro ERPL 95, 273 (278).

Gebrauch der vorformulierten Klauseln bringt somit eine überwiegende Verhandlungsmacht des Unternehmers zum Ausdruck[148].
Ein bloßes Ungleichgewicht des Kräfteverhältnisses zwischen den Verhandlungspositionen begründet aber nicht ohne weiteres einen Verstoß gegen Treu und Glauben. Vielmehr ist darüber hinaus der Missbrauch der Verhandlungsmacht erforderlich.

(a) Fehlende Wahlmöglichkeit des Verbrauchers („lack of choice")

Ein solcher Missbrauch kann daraus abgeleitet werden, dass dem Verbraucher wegen der überwiegenden Verhandlungsstärke des Gewerbetreibenden keine andere Wahl bleibt, als die bereits verfassten Klauseln zu akzeptieren. Der Konsument kann zwar bestimmen, ob er das Rechtsgeschäft abschließt oder nicht. Dadurch, dass der Gewerbetreibende die Vertragsbedingungen aber vorgibt, fehlt dem Verbraucher bezüglich der einzelnen Abreden jegliche Entscheidungsfreiheit[149]. Die Möglichkeit, den Inhalt der Vereinbarung mitzubestimmen, stellt jedoch einen Teil der Vertragsfreiheit des Konsumenten dar, welche gewahrt werden muss. Die beschriebene Situation, die man als „lack of choice" bezeichnet, wird dem indes nicht gerecht. Folglich soll sie, als Verstoß gegen Treu und Glauben, mit Hilfe der UTCCR 1999 verhindert werden[150].
Es bleibt also zu klären, wie der Gewerbetreibende einen derartigen Missbrauch seiner überlegenen Verhandlungsposition vermeiden kann. Dabei ist zu berücksichtigen, dass anhand der Regeln lediglich vorformulierte Klauseln überprüft werden. Mithin nimmt der Verbraucher in keinem Fall Einfluss auf den Inhalt der Bedingungen. Um dessen Vertragsfreiheit trotzdem zu sichern, muss der Gewerbetreibende somit zwei unterschiedliche Vertragswerke anbieten, zwischen denen der Konsument wählen kann[151].
Diesbezüglich ist zu betonen, dass der Gewerbetreibende einem derartigen Aufwand entgehen kann, indem er lediglich Bedingungen verwendet, welche kein erhebliches Ungleichgewicht der vertraglichen Rechte und Pflichten der Parteien verursachen. In diesen Fällen stellt sich die Frage einer Missachtung des Grundsatzes von Treu und Glauben erst gar nicht.

---

[148] Beale in: Beatson/Friedmann S. 231 (232, 249); Willett in: Brownsword/Hird/Howells S. 67 (72 f); Suisse Atlantique Société d'Armement Maritime SA v. NV Rotterdamsche Kolen Centrale (1967) 1 AC 361 (406); OFT Unfair Standard Terms Briefing S. 2.

[149] Beale in: Beatson/Friedmann S. 231 (232, 249); Willett in: Brownsword/Hird/Howells S. 67 (72); Suisse Atlantique Société d'Armement Maritime SA v. NV Rotterdamsche Kolen Centrale (1967) 1 AC 361 (406).

[150] Anson/Beatson S. 293; Willett in: Brownsword/Hird/Howells S. 67 (72, 83); OFT Unfair Contract Terms Bulletin Nr. 4 S. 23.

[151] Beale in: Beatson/Friedmann S. 231 (249 f); Willett in: Brownsword/Hird/Howells S. 67 (83).

(b) Sicherung erheblicher Vorteile

Neben der Situation der so genannten „lack of choice" kann ein Missbrauch der Verhandlungsmacht ferner aus dem Umfang der begründeten Rechte gefolgert werden.

Dazu sind zunächst die tatsächlich erzielten Vorteile mit denjenigen zu vergleichen, welche sich der Gewerbetreibende hätte sichern können. Stimmen sie überein, hat der Unternehmer seine Überlegenheit ohne Einschränkungen ausgenutzt, was für einen Missbrauch seiner Verhandlungsstärke spricht.

Wäre es dem Gewerbetreibenden demgegenüber möglich gewesen, weitere Begünstigungen zu erreichen, könnte, isoliert betrachtet, argumentiert werden, dass er seine Verhandlungsmacht nicht voll ausgespielt habe. Demnach läge kein Missbrauch seiner Überlegenheit und somit auch kein Verstoß gegen das „good faith"-Prinzip vor[152].

Dem ist allerdings zu entgegnen, dass die vorangegangene Prüfung bereits ergeben hat, dass die fragliche Klausel ein erhebliches Missverhältnis der vertraglichen Rechte und Pflichten zum Nachteil des Konsumenten begründet. Wegen dieses Umfangs der gesicherten Vorteile ist ein Missbrauch der Verhandlungsmacht durch den Gewerbetreibenden in jedem Fall zu bejahen. Somit verstößt eine Bedingung, die eine „significant imbalance" verursacht zugleich gegen das Gebot von Treu und Glauben[153].

(2) Anreiz zur Zustimmung

Des Weiteren ist im Rahmen der globalen Bewertung der Interessenlagen zu bedenken, ob für den Verbraucher ein Anreiz bestand, der fraglichen Klausel zuzustimmen. Dieses Kriterium scheint sich ebenfalls auf eine Verhandlungssituation zu beziehen[154]. Es ist also erneut hervorzuheben, dass innerhalb der vorzunehmenden umfassenden Beurteilung auch andere Umstände als die vorformulierte Bedingung selbst zu berücksichtigen sind.

Es ist demnach zu erörtern, ob der Konsument die Klausel wegen einer besonderen Motivation akzeptiert hat. So kann ein spezieller Beweggrund zur Zustimmung ein Argument für die Beachtung des „good-faith"-Gebots darstellen.

Als möglicher Anreiz kommen zunächst andere den Verbraucher begünstigende Vertragsbedingungen in Betracht. Derartige Klauseln werden jedoch bereits bei der Abwägung, ob eine „significant imbalance" gegeben ist, herangezogen. Der 16. Erwägungsgrund der Präambel der Richtlinie würde somit in dieser Hinsicht nichts hinzufügen. Um dessen zweites Kriterium nicht leer laufen zu lassen, müssen folglich auch andere Umstände die Motivation zur Zustimmung begründen können. Dabei ist zum einen an die Rücknahme oder Änderung weiterer

---

[152] Lawson S. 164.

[153] Davidson SQL 2001, Vol. 6, No. 1, 1 (8); Tenreiro ERPL 95, 273 (279); Howells in: Brownsword/Hird/Howells S. 91 (95); Collins S. 262; OFT Unfair Contract Terms Bulletin Nr. 4 S. 24.

[154] Tenreiro ERPL 95, 273 (278).

nachteiliger Abreden zu denken. Zum anderen kann aber auch ein Preisnachlass den Konsumenten zur Zustimmung bewegen[155]. Diesbezüglich ist nochmals anzumerken, dass der Preis nach dem 19. Erwägungsgrund der Präambel zwar bei der Beurteilung der Fairness einer Klausel berücksichtigt werden kann, dies jedoch nicht zu einer Umgehung der Reg. 6 (2) UTCCR 1999 führen darf.

Insgesamt kann zum Kriterium des Anreizes für den Verbraucher also festgehalten werden, dass darin erneut der Gedanke der Kompensation nachteiliger Klauseln zum Ausdruck kommt[156].

(3) Sonderbestellung des Verbrauchers

Ferner ist bei der Bewertung einer Vertragsbedingung anhand des „good-faith"-Prinzips zu berücksichtigen, ob die Güter bzw. Dienstleistungen auf eine Sonderbestellung des Konsumenten hin verkauft bzw. erbracht wurden. Zwar besteht zwischen einer Sonderbestellung des Verbrauchers und der Überprüfung der Fairness der Vertragsklauseln kein unmittelbarer Zusammenhang[157]. Eine Vereinbarung darf in keinem Fall missbräuchliche Bedingungen enthalten. Es ist aber zu beachten, dass der Gewerbetreibende den Vertragsgegenstand speziell anfertigt oder anbietet. Er kann ihn folglich, beispielsweise nach erfolgtem Rücktritt, nicht ohne Schwierigkeiten anderweitig verwenden. Aus diesem Grund ist eine Sonderbestellung des Konsumenten als ein Argument gegen die Missachtung des Grundsatzes von Treu und Glauben einzuordnen.

(4) Verhalten des Gewerbetreibenden

Schließlich besagt der 16. Erwägungsgrund der Präambel, dass sich der Gewerbetreibende gegenüber der anderen Partei, deren berechtigten Interessen er Rechnung tragen muss, fair und billig zu verhalten hat, um dem „good faith"-Gebot zu entsprechen.

Auf den ersten Blick scheint das Kriterium des fairen Verhaltens lediglich die zu beantwortende Frage der Fairness einer Klausel zu wiederholen. Schließlich bildet ein Verstoß gegen Treu und Glauben gerade das zweite Element des „basic test" der Fairnesskontrolle[158]. Auch erinnert es an den Faktor der Begleitumstände, welcher gem. Reg. 6 (1) UTCCR 1999 zur Ermittlung einer „significant imbalance" zu berücksichtigen ist[159].

Indes kommt dem vierten Kriterium des 16. Erwägungsgrundes eine herausragende Bedeutung zu. So wird dem Gewerbetreibenden die Pflicht auferlegt, die berechtigten Interessen seines Vertragspartners zu beachten. Dies ist insofern bemerkenswert, als dass sich die Parteien während der Vertragsverhandlungen in gegensätzlichen Positionen befinden. Aus diesem Grund durfte nach bisherigem englischen Rechtsverständnis jede Partei ihre Ziele einseitig verfolgen. Die

---

[155] Willett in: Brownsword/Hird/Howells S. 67 (84).
[156] Lawson S. 164 f; Willett in: Brownsword/Hird/Howells S. 67 (84).
[157] Tenreiro ERPL 95, 273 (278).
[158] Treitel S. 250; Uff in: Lonbay S. 163 (169); Brownsword/Howells/Wilhelmsson S. 282.
[159] Chitty/Beale Rn 15-044.

Grenze des zulässigen Verhaltens war erst bei Falschaussagen oder der Ausübung von Zwang erreicht[160].

Im Rahmen der Richtlinie widerspricht jedoch bereits die Missachtung der berechtigten Interessen des Verbrauchers dem „good faith"-Prinzip[161]. Somit beinhaltet der Grundsatz von Treu und Glauben nicht bloß das Fehlen so genannter „bad faith". Vielmehr begründet das Gebot des fairen und billigen Verhaltens zudem positive Pflichten des Gewerbetreibenden zur Kooperation[162].

(a) Offenlegungspflichten (Vermeidung einer „unfair surprise")

Um die Kooperationspflichten näher zu bestimmen, ist zunächst nochmals auf den 20. Erwägungsgrund der Präambel der Richtlinie hinzuweisen. Danach muss der Verbraucher tatsächlich die Möglichkeit haben, von allen Vertragsbedingungen Kenntnis zu nehmen. Außerdem kann gem. Reg. 5 (5) i.V.m. Sched. 2 (1) (i) UTCCR 1999 eine Klausel für missbräuchlich erklärt werden, nach welcher die Zustimmung des Konsumenten zu Bedingungen unwiderlegbar festgestellt wird, von denen er vor Vertragsabschluss nicht tatsächlich Kenntnis nehmen konnte.

Vor diesem Hintergrund lässt sich aus der Maßgabe des fairen und billigen Verhaltens ein Erfordernis der Offenlegung der Vertragsbedingungen durch den Gewerbetreibenden ableiten[163]. Mithin sollen die UTCCR 1999 den Verbraucher vor einer so genannten „unfair surprise" bewahren[164].

Die Frage einer unfairen Überraschung bezüglich des Vertragsinhalts stellt sich in zweierlei Hinsicht. Einerseits im Zusammenhang mit der Einbeziehung der Klauseln in ein Rechtsgeschäft und andererseits bezüglich ihrer sprachlichen Fassung[165].

Aus dem Erfordernis der Offenlegung folgt also zunächst, dass die Bedingungen nicht auf künstliche Art und Weise in den Vertrag einbezogen werden dürfen. Dies ist jedoch der Fall, wenn auf die Klauseln lediglich verwiesen wird und sie zudem nicht ausreichend zugänglich sind. Neben der fehlenden Erreichbarkeit bewirkt auch die Unlesbarkeit der Bedingungen eine ungenügende Einbeziehung

---

[160] Zimmermann/Whittaker S. 15, 40; Beatson ZEuP 98, 957 (964).

[161] Anson/Beatson S. 292; Collins OJLS 94, 229 (251, 254); Lawson S. 164; OFT Unfair Contract Terms Guidance S. 1.

[162] Miller/Harvey/Parry S. 339; Brownsword/Howells/Wilhelmsson S. 280; Dean MLR 93, 581 (584, 586); Howells/Wilhelmsson S. 99; Collins OJLS 94, 229 (250); OFT Unfair Contract Terms Bulletin Nr. 4 S. 23 f.

[163] Uff in: Lonbay S. 163 (169); OFT Unfair Contract Terms Bulletin Nr. 1 S. 8, Nr. 2 S. 9, Nr. 13 S. 10.

[164] McKendrick S. 369; Ervine SLT 99, issue 29, 253 (255); Macdonald/Furmston S. 191; Collins S. 271; Willett in: Brownsword/Hird/Howells S. 67 (72 f).

[165] Koffman/Macdonald S. 217; OFT Unfair Contract Terms Bulletin Nr. 1 S. 8 f, Nr. 2 S. 9, Nr. 4 S. 23.

der Klauseln in eine Vereinbarung[166]. Demgegenüber spricht es für ein faires Verhalten des Gewerbetreibenden, wenn er den Verbraucher anmahnt, die einzelnen Abreden zu lesen und ihm anbietet, sie notfalls zu erklären[167].
Des Weiteren umfasst der Schutz des Konsumenten vor einer „unfair surprise" die Verpflichtung des Gewerbetreibenden, die Bedingungen verständlich zu formulieren. Sie müssen dem Transparenzgebot genügen, womit es erneut innerhalb der Fairnesskontrolle zu berücksichtigen ist. Die inhaltlichen Anforderungen des Gebots sprachlicher Klarheit wurden bereits dargelegt. Werden die Klauseln dem nicht gerecht, kann der Verbraucher nachteilige Rechtsfolgen nicht überblicken. Mangels der Offenlegung ihres Inhalts stellen unverständlich verfasste Bedingungen somit eine unfaire Überraschung für den Konsumenten dar. Demzufolge begründet die Missachtung des Transparenzgebots einen Verstoß gegen die Maßgabe fairen und billigen Verhaltens und damit gegen das „good faith"-Prinzip[168].

(b) Verhinderung des Missbrauchs der Verhandlungsstärke

Darüber hinaus ist eine mangelnde Kooperation mit dem Verbraucher dann anzunehmen, wenn seitens des Gewerbetreibenden ein Missbrauch der Verhandlungsmacht vorliegt. Wann ein solches Verhalten gegeben ist, wurde bereits erörtert. Indem der Unternehmer seine Überlegenheit zu seinen Gunsten ausnutzt, berücksichtigt er die berechtigten Interessen des Konsumenten also nicht in ausreichendem Maße. Das „good faith"-Kriterium des fairen und billigen Verhaltens hält den Unternehmer folglich dazu an, seine Verhandlungsstärke nicht zu missbrauchen[169].

(c) Schutz der körperlichen Integrität

Schließlich kann sich eine unzureichende Berücksichtigung der Verbraucherinteressen unmittelbar aus dem Regelungsgehalt der Vertragsbedingungen ergeben[170]. Das ist zu bejahen, wenn die Klauseln die gesetzliche Haftung des Gewerbetreibenden für die Fälle ausschließen oder einschränken, in denen der Konsument wegen einer Handlung oder Unterlassung des Gewerbetreibenden sein Leben verliert oder einen Körperschaden erleidet (vgl. Reg. 5 (5) i.V.m. Sched. 2 (1) (a) UTCCR 1999). Derartige Klauseln widersprechen allein auf Grund ihres Inhalts dem Grundsatz von Treu und Glauben[171].

---

[166] Macdonald/Furmston S. 196; Koffman/Macdonald S. 217; OFT Unfair Contract Terms Bulletin Nr. 2 S. 9, Nr. 6 S. 9.

[167] Uff in: Lonbay S. 163 (169); Macdonald/Furmston S. 196 f; OFT Unfair Contract Terms Bulletin Nr. 3 S. 19, Nr. 13 S. 24.

[168] Koffman/Macdonald S. 217; Macdonald/Furmston S. 194; OFT Unfair Contract Terms Bulletin Nr. 2 S. 8, Nr. 4 S. 22 f, Nr. 6 S. 9, Nr. 13 S. 10.

[169] Macdonald/Furmston S. 192; Director General of Fair Trading v. First National Bank WLR 2000, 1353 (1366); OFT Unfair Contract Terms Bulletin Nr. 4 S. 23, Nr. 9 S. 3.

[170] Collins OJLS 94, 229 (250); Howells/Wilhelmsson S. 98.

[171] Beale in: Beatson/Friedmann S. 231 (245); Koffman/Macdonald S. 216; Anson/Beatson S. 292; OFT Unfair Contract Terms Guidance S. 5.

(5) Fazit zum 16. Erwägungsgrund der Präambel

Insgesamt kann zum 16. Erwägungsgrund der Präambel festgehalten werden, dass das Gebot des fairen und billigen Verhaltens das bedeutendste Kriterium zur Konkretisierung des Treu und Glauben-Begriffs darstellt. Das ist darauf zurückzuführen, dass es dem Gewerbetreibenden positive Pflichten zur Kooperation auferlegt, um die berechtigten Verbraucherinteressen zu schützen.

Diese Gebote begründen zunächst das Erfordernis der Offenlegung der Vertragsklauseln. Danach dürfen die Bedingungen nicht künstlich in den Vertrag einbezogen werden. Ferner sind sie in klarer, verständlicher Sprache zu verfassen. Auf diese Weise soll der Verbraucher vor einer so genannten „unfair surprise“ bewahrt werden.

Außerdem führt ein Missbrauch überlegener Verhandlungsmacht zu einer Verletzung der Kooperationspflicht. Zum einen ist ein solches Verhalten dann gegeben, wenn dem Verbraucher keine andere Wahl bleibt, als die vom Gewerbetreibenden vorformulierten Klauseln zu akzeptieren („lack of choice“). Zum anderen lässt es sich aus dem erheblichen Ungleichgewicht der vertraglichen Rechte und Pflichten ableiten.

Endlich kann einzig der Inhalt einer Vertragsklausel die fehlende Berücksichtigung der Konsumenteninteressen zum Ausdruck bringen. So stellt ein Haftungsausschluss für eine Beeinträchtigung der körperlichen Integrität des Verbrauchers einen Widerspruch zum „good faith“-Prinzip dar.

Bei der übergeordneten Frage des fairen und billigen Verhaltens ist unter anderem auf einen Missbrauch der Verhandlungsmacht abzustellen. Dadurch wird deutlich, dass die Bewertung des Kräfteverhältnisses der Verhandlungspositionen und des Verhaltens des Gewerbetreibenden untrennbar miteinander verbunden sind. Das Kriterium der Verhandlungsstärke, aber auch die anderen in der Präambel genannten Interpretationshilfen, sind folglich ihrerseits als Anhaltspunkte zur Bewertung des Verhaltens des Gewerbetreibenden einzustufen[172].

cc) Verhältnis von „significant imbalance“ und „good faith“-Verstoß

Wie bereits dargelegt, müssen die beiden Elemente des „basic test“ der Fairnesskontrolle nicht bloß alternativ, sondern kumulativ vorliegen[173]. Somit stellt sich die Frage des Zusammenwirkens des Ungleichgewichts der vertraglichen Rechte und Pflichten einerseits und der Missachtung des „good faith“-Prinzips andererseits.

In diesem Zusammenhang sind zunächst die unterschiedlichen Funktionen der beiden Komponenten zu beachten. So liefert die „significant imbalance“ ein Tatbestandsmerkmal der Unfairness, welches lediglich wegen seiner vagen Beschreibung der Ausfüllung bedarf. Demgegenüber enthält das Gebot von Treu

---

[172] Koffman/Macdonald S. 217; Macdonald/Furmston S. 192; OFT Unfair Contract Terms Bulletin Nr. 4 S. 23.

[173] Beatson ZEuP 98, 957 (963); Tenreiro ERPL 95, 273 (276); McKendrick S. 369.

und Glauben keinen derartigen Bestandteil. Stattdessen ermöglicht dieser Grundsatz eine globale Bewertung der Interessenlagen der Parteien[174].
Die verschiedenen Konzepte zeigen also, dass es sich prinzipiell um zwei getrennte Elemente des Fairnesstests handelt[175].
Aus diesem Grund muss das erhebliche Missverhältnis der vertraglichen Rechte und Pflichten auch nicht aus einem Verstoß gegen Treu und Glauben resultieren[176].
Trotz der aufgezeigten Differenzierung gibt es auch weitreichende Überschneidungen der beiden Unfairnesskomponenten[177]. Wie bereits ausgeführt, kann aus einem erheblichen Ungleichgewicht der Rechte und Pflichten ein Missbrauch der Verhandlungsmacht abgeleitet werden. Dieser ist wiederum als unfaires und unbilliges Verhalten i.S.d. 16. Erwägungsgrundes der Präambel der Richtlinie zu bewerten. Mithin begründet eine „significant imbalance" zugleich einen Verstoß gegen den Grundsatz von Treu und Glauben, womit die überprüfte Bedingung unfair ist[178].
Umgekehrt kann diese Schlussfolgerung jedoch nicht gezogen werden. So ist es denkbar, dass einem Verbraucher zwar keine andere Wahl bleibt, als die vom Gewerbetreibenden vorformulierten Klauseln zu akzeptieren. Damit ist die Situation der „lack of choice" gegeben. Enthalten die Bedingungen jedoch keine erheblichen Benachteiligungen des Konsumenten, bewirken sie keine Unausgewogenheit der vertraglichen Verpflichtungen. Demnach verursacht nicht jeder Widerspruch zum „good faith"-Prinzip ein Missverhältnis der vertraglichen Befugnisse. In einem solchen Fall hält die Klausel also der Fairnesskontrolle stand[179].

dd) Gewichtung materiell- und verfahrensrechtlicher Elemente

Hinsichtlich der Bedeutung des „basic test" bleibt zu klären, ob dadurch einer materiellrechtlichen oder aber einer verfahrensrechtlichen Unfairness begegnet wird.
So resultiert eine materiellrechtliche Unfairness aus dem Inhalt des Vertrags. Demgegenüber ist eine Vertragsbedingung im verfahrensrechtlichen Sinne missbräuchlich, wenn sich die Unfairness aus der Art und Weise des Zustandekommens des Vertrags ergibt[180].

---

[174] Willett in: Brownsword/Hird/Howells S. 67 (84); Tenreiro ERPL 95, 273 (279).
[175] Lawson S. 164.
[176] Collins OJLS 94, 229 (250); Howells in: Brownsword/Hird/Howells S. 91 (94); Beale in: Beatson/Friedmann S. 231 (245).
[177] McKendrick S. 369; Director General of Fair Trading v. First National Bank WLR 2000, 1353 (1365).
[178] Tenreiro ERPL 95, 273 (279); Davidson SQL 2001, Vol. 6, No. 1, 1 (8); Macdonald/Furmston S. 188; Howells in: Brownsword/Hird/Howells S. 91 (95).
[179] Brownsword/Howells/Wilhelmsson S. 279, 281; Howells in: Brownsword/Hird/Howells S. 91 (95); Willett in: Brownsword/Hird/Howells S. 67 (84).
[180] McKendrick S. 369; Ervine SLT 99, issue 29, 253 (255).

Wie bereits dargestellt, ist im Rahmen des „basic test“ zunächst zu fragen, ob ein erhebliches Ungleichgewicht der vertraglichen Rechte und Pflichten vorliegt. Eine „significant imbalance“ wird also aus dem Inhalt der Vereinbarung gefolgert. Damit knüpft sie an materiellrechtliche Aspekte an[181].
Im Gegensatz dazu sind die Situationen der „lack of choice“ und der „unfair surprise“ charakteristisch für einen Verstoß gegen den Grundsatz von Treu und Glauben. Diese verfahrensrechtlichen Elemente kennzeichnen das „good faith“-Prinzip. Zwar kann auch der Inhalt einer Klausel eine unmittelbare Verletzung des Gebots von Treu und Glauben begründen. Ein solcher „good faith“-Verstoß ist jedoch nur bei einem Haftungsausschluss bezüglich der Beeinträchtigung der körperlichen Integrität des Verbrauchers gegeben. Als Einzelfall steht dies somit nicht der Annahme entgegen, dass der Grundsatz von Treu und Glauben im Wesentlichen verfahrensrechtlich geprägt ist[182].
Der „basic test“ der Reg. 5 (1) UTCCR 1999 leitet die Unfairness einer Klausel demzufolge sowohl aus materiellrechtlichen als auch aus verfahrensrechtlichen Gründen ab[183]. Mithin ist deren Gewichtung zu diskutieren.
Die stete Notwendigkeit einer „significant imbalance“ spricht zunächst für die größere Bedeutung der materiellrechtlichen Komponente. So kann aus einem Ungleichgewicht der vertraglichen Befugnisse die Missachtung des Prinzips von Treu und Glauben hergeleitet werden. Der Umkehrschluss ist demgegenüber nicht möglich[184].
Für ein Überwiegen der verfahrensrechtlichen Aspekte kann indes angeführt werden, dass der sachliche Geltungsbereich der UTCCR 1999 auf vorformulierte Vertragsbedingungen beschränkt ist. Mithin wird ein fehlendes Aushandeln der Klauselinhalte als Gefahr einer Unfairness angesehen, die es zu verhindern gilt. Der Regelungszweck betrifft demnach gerade das Zustandekommen einer Vereinbarung[185].
Entscheidend ist zudem, dass gem. Reg. 6 (2) UTCCR 1999 die Hauptbestandteile eines Vertrags grundsätzlich von der Fairnesskontrolle ausgeschlossen sind. Die Unangemessenheit des Preis-Leistungsverhältnisses ist jedoch gerade zentral für das Verständnis materiellrechtlicher Unfairness[186].

---

[181] Collins OJLS 94, 229 (249); Anson/Beatson S. 292; Howells/Wilhelmsson S. 97.
[182] Brownsword/Howells/Wilhelmsson S. 279; Macdonald/Furmston S. 191 f; Beale in: Beatson/Friedmann S. 231 (245); Willett in: Brownsword/Hird/Howells S. 67 (82); Koffman/Macdonald S.216.
[183] Davidson SQL 2001, Vol. 6, No. 1, 1 (8); Ervine SLT 99, issue 29, 253 (255); Beatson ZEuP 98, 957 (967); Brownsword/Howells/Wilhelmsson S. 279.
[184] Howells in: Brownsword/Hird/Howells S. 91 (96).
[185] Brownsword/Howells/Wilhelmsson S. 286.
[186] Anson/Beatson S. 292; McKendrick S. 369 f; Collins OJLS 94, 229 (252); Director General of Fair Trading v. First National Bank WLR 2000, 1353 (1365).

Aus diesen Gründen kann insgesamt festgestellt werden, dass der Schwerpunkt des „basic test" darin liegt, eine verfahrensrechtliche Unfairness von Vertragsbedingungen zu beseitigen[187].

3.) Klauselanhang (Reg. 5 (5) i.V.m. Sched. 2 UTCCR 1999)

Wie bereits angesprochen, ist der beschriebene „basic test" stets vor dem Hintergrund der Reg. 5 (5) i.V.m. Sched. 2 UTCCR 1999 durchzuführen. Dort sind Vertragsbedingungen aufgelistet, welche als unfair betrachtet werden können. Sie stellen Anhaltspunkte für die Fairnesskontrolle dar und erleichtern damit die Konkretisierung der Generalklausel in Reg. 5 (1) UTCCR 1999[188]. Die Regeln übernehmen dabei genau die Beispiele, welche bereits in der Richtlinie aufgezählt sind (vgl. Art. 3 (3) i.V.m. dem Anhang der Richtlinie)[189].

Bezüglich des Klauselanhangs ist hervorzuheben, dass die genannten Bedingungen lediglich als unfair angesehen werden können. Sowohl die Richtlinie als auch die UTCCR 1999 betonen deshalb den nicht abschließenden Hinweischarakter der Liste (Reg. 5 (5) UTCCR 1999, Art. 3 (3) RL). Aus diesem Grund wird der Annex auch als „grey list" bezeichnet[190].

Das bedeutet zum einen, dass er keine strikten Verbote begründet. Eine Klausel, die in der Sched. 2 UTCCR 1999 aufgeführt wird, ist somit nicht automatisch unfair. Vielmehr steht sie lediglich unter dem Verdacht der Missbräuchlichkeit. Die erforderliche Einzelfallbeurteilung kann indes dazu führen, dass die Bedingung als fair zu bewerten ist[191].

Zum anderen können wegen des bloßen Hinweischarakters auch Klauseln, die nicht in der Liste enthalten sind, für unfair gehalten werden[192].

Außerdem ist anzumerken, dass dem Anhang entsprechend entweder auf das Ziel oder die Folge einer Bedingung abzustellen ist. Somit kommt es nicht entscheidend auf den Wortlaut einer Klausel an. Vielmehr ist es ausreichend, wenn ihre geplanten oder tatsächlichen Auswirkungen denen der aufgezählten Abreden gleichen[193].

Im Folgenden sollen die einzelnen Beispiele einer Unfairness erörtert werden, wobei Sched. 2 UTCCR 1999 diverse Möglichkeiten missbräuchlicher Vertragsbedingungen beschreibt. Sie überschneiden sich jedoch teilweise oder

---

[187] Beatson ZEuP 98, 957 (964 f, 967); Koffman/Macdonald S. 216; Brownsword/Howells/Wilhelmsson S. 286.

[188] Uff in: Lonbay S. 163 (169); Dean MLR 93, 581 (587); McKendrick S. 366; Kötz/Flessner S. 222 f; OFT Unfair Contract Terms Bulletin Nr. 5 S. 10.

[189] Sobich RIW 2000, 675 (677); Beale in: Beatson/Friedmann S. 231 (246).

[190] Miller/Harvey/Parry S. 338; Dean MLR 93, 581 (587); McKendrick S. 366; Collins OJLS 94, 229 (251); OFT Unfair Contract Terms Guidance S. 2.

[191] Wagner/Althen RIW 95, 546 (547); Lawson S. 169; Sobich RIW 2000, 675 (677); Elliott/Quinn S. 117; OFT Unfair Contract Terms Bulletin Nr. 5 S. 10.

[192] Lawson S. 170; Uff in: Lonbay S. 163 (170 f); Elliott/Quinn S. 117; OFT Unfair Contract Terms Guidance S. 41; OFT Unfair Standard Terms Briefing S. 3.

[193] Macdonald/Furmston S. 202; OFT Unfair Contract Terms Bulletin Nr. 5 S. 10.

betreffen vergleichbare Aspekte. Aus diesem Grund können die aufgelisteten Klauseln in Fallgruppen unfairer Vereinbarungen eingeteilt werden. Dabei ist zunächst die Kategorie der Haftungsausschlüsse oder -beschränkungen zu nennen. Des Weiteren können Bedingungen missbräuchlich sein, welche eine den Freizeichnungen ähnliche Wirkung haben. Dazu zählen zum einen solche Klauseln, welche die Entstehung von Verbindlichkeiten des Gewerbetreibenden verhindern. Zum anderen lässt sich der Begriff der Missbräuchlichkeit durch Vereinbarungen ausfüllen, welche die Rechtsmittel des Verbrauchers ausschließen oder erschweren. Ferner bilden Vertragsbedingungen, die dem Gewerbetreibenden Änderungsbefugnisse einräumen eine Fallgruppe unfairer Klauseln. Gleiches gilt für Abreden, die dem Unternehmer ermöglichen, sich einseitig von seinen Verpflichtungen zu lösen. Darüber hinaus ist auf die Kategorien der Strafklauseln und der nicht erkennbaren Bedingungen einzugehen.

a) Haftungsausschlüsse / -beschränkungen („exemption clauses")

Zunächst lässt sich also die Gruppe der Freizeichnungsklauseln bilden, um das Merkmal der Unfairness zu konkretisieren. Abreden, die ausdrückliche Haftungsausschlüsse oder –beschränkungen enthalten, werden in Sched. 2 (1) (a), (b) UTCCR 1999 behandelt. Derartige Vertragsbedingungen werden als „exemption clauses" [194] bezeichnet.

aa) Sched. 2 (1) (a) UTCCR 1999

Zum einen kann eine Klausel für unfair erklärt werden, welche die gesetzliche Haftung des Gewerbetreibenden ausschließt oder einschränkt, falls der Verbraucher aufgrund einer Handlung oder Unterlassung des Gewerbereibenden sein Leben verliert oder einen Körperschaden erleidet (Sched. 2 (1) (a) UTCCR 1999).

Innerhalb der durchzuführenden Einzelfallbeurteilung sind allerdings kaum Umstände denkbar, die eine solche Vertragsbedingung rechtfertigen[195]. Zumindest erscheint eine Freizeichnung dann missbräuchlich, wenn der Unternehmer die Rechtsgutsverletzung schuldhaft herbeiführt. Strebt er auch für derartige Fälle einen Haftungsausschluss an, berücksichtigt er die Interessen des Konsumenten nicht in ausreichendem Maße. Die Freizeichnungsklausel verstößt mithin auf Grund ihres Inhalts gegen den Grundsatz von Treu und Glauben.

Demzufolge wurden Haftungsausschlüsse, welche die Verantwortung des Gewerbetreibenden für fahrlässiges Verhalten umfassten, zurückgezogen[196].

Es bleibt anzumerken, dass Sched. 2 (1) (a) UTCCR 1999 extensiv auszulegen ist. Das bedeutet, dass der Buchstabe (a) auch dann heranzuziehen ist, wenn eine Bedingung nicht explizit auf eine entsprechende Freizeichnung gerichtet ist.

---

[194] Upex S. 77; Elliott/Quinn S. 99; OFT Unfair Contract Terms Guidance S. 3.

[195] Macdonald/Furmston S. 203; OFT Unfair Contract Terms Bulletin Nr. 1 S. 23, Nr. 2 S. 42 f, Nr. 3 S. 8, Nr. 4 S. 10.

[196] Wilkinson NLJ 99, 773 (773); OFT Unfair Contract Terms Bulletin Nr. 1 S. 40, Nr. 4 S. 9, 60, Nr. 5 S. 53, Nr. 9 S. 8, 29, Nr. 13 S. 49.

Ausreichend ist vielmehr, dass sich der Haftungsausschluss bezüglich einer Beeinträchtigung der körperlichen Integrität durch eine weite Interpretation der Klausel ergibt[197].

bb) Sched. 2 (1) (b) UTCCR 1999

Zum anderen kann eine Vertragsbedingung nach Sched. 2 (1) (b) UTCCR 1999 unfair sein, welche die Ansprüche des Verbrauchers gegenüber dem Gewerbetreibenden oder einer anderen Partei, einschließlich der Möglichkeit, eine Verbindlichkeit gegenüber dem Gewerbetreibenden durch eine etwaige Forderung gegen ihn auszugleichen, ausschließt oder ungebührlich einschränkt, wenn der Gewerbetreibende eine der vertraglichen Verpflichtungen ganz oder teilweise nicht erfüllt oder mangelhaft erfüllt.

Mit Hilfe der UTCCR 1999 soll also jeglichen missbräuchlichen Haftungsausschlüssen oder –beschränkungen entgegengetreten werden, die sich auf Ansprüche des Konsumenten beziehen, welche aus einer nicht ordnungsgemäßen Vertragserfüllung des Gewerbetreibenden resultieren. Wegen dieser weiten Fassung kommt dem Buchstaben (b) eine mit einem Auffangtatbestand vergleichbare Funktion zu. So lassen sich diverse Untergruppen bilden, die in die Kategorie unfairer Freizeichnungsklauseln eingeordnet werden können[198].

Sched. 2 (1) (b) UTCCR 1999 führt insbesondere selbst ein Beispiel auf, welches den weiten Anwendungsbereich dieses Teils der Liste zum Ausdruck bringt. Danach ist ein Ausschluss der Aufrechnungsbefugnis des Verbrauchers gleichbedeutend mit einer unzulässigen Haftungsbeschränkung. Der Grund dieser Regelung ist darin zu sehen, dass der Verbraucher in derartigen Fällen gezwungen ist, für eine mangelhafte Leistung zunächst voll zu bezahlen. Um die ihm zustehende Kompensation zu erhalten, muss er sodann ein Gerichtsverfahren anstrengen, welches mit Risiken verbunden ist und außerdem zu Zeitverzögerungen führt[199].

Um dem Konsumenten die Möglichkeit der Aufrechnung auch tatsächlich zu erhalten, werden zudem Vertragsbedingungen als missbräuchlich bewertet, welche dieselben Wirkungen haben wie ein Ausschluss der Aufrechnung. Das sind zum einen Klauseln, die den Verbraucher zur vollständigen Zahlung im Voraus verpflichten. Zum anderen sind Abreden zu nennen, welche dem Konsumenten Strafen auferlegen, falls er seine Leistung nicht sofort ohne Einschränkungen erbringt[200].

---

[197] Macdonald/Furmston S. 203 f; OFT Unfair Contract Terms Bulletin Nr. 4 S. 60, Nr. 5 S. 52.

[198] Davidson SQL 2001, Vol. 6, No. 1, 1 (10); Lockett/Egan Rn 4.5; OFT Unfair Contract Terms Bulletin Nr. 3 S. 8, Nr. 4 S. 11, Nr. 5 S. 54-76, Nr. 13 S. 1.

[199] Lockett/Egan Rn 4.6; OFT Unfair Contract Terms Bulletin Nr. 3 S. 10, Nr. 5 S. 11 f; OFT Unfair Contract Terms Guidance S. 13.

[200] OFT Unfair Contract Terms Bulletin Nr. 3 S. 10 f, Nr. 5 S. 11, 68 f, Nr. 7 S. 29, 34, Nr. 13 S. 3, 30, 57.

Neben dem Beispiel des Aufrechnungsverbots erfasst der Buchstabe (b) sämtliche Vertragsbedingungen, durch welche der Gewerbetreibende versucht, sich der Verantwortlichkeit infolge nicht ordnungsgemäßer Erfüllung zu entziehen. Dazu zählen Klauseln, welche auf die Freizeichnung von einer Haftung für Nichterfüllung[201], Verzug[202] oder Schlechterfüllung gerichtet sind. Dabei ist eine mangelhafte Erfüllung sowohl bei schlechter Arbeit oder der Verwendung minderwertiger Materialien[203] als auch bei der Lieferung mangelhafter oder fehlerhaft beschriebener Waren gegeben. Unter die letzte Kategorie fallen wiederum Klauseln, welche dem Verbraucher die Pflicht auferlegen, die Ware auf etwaige Defekte zu untersuchen. Beanstandet er die Lieferung nicht, wird sie als ordnungsgemäße Erfüllung betrachtet[204]. Darüber hinaus können Bedingungen missbräuchlich sein, welche die Haftung des Gewerbetreibenden für Mangelfolgeschäden ausschließen[205].

Allgemein ist zu den beschriebenen Freizeichnungsklauseln festzuhalten, dass sie immer dann als unfair zu betrachten sind, wenn sie jegliche gesetzliche Haftung ausschließen. So hat der Gewerbetreibende stets für ein Verschulden seinerseits einzustehen. Auch kann die Haftung nicht eingeschränkt werden, falls der Schadenseintritt in dem konkreten Fall vorhersehbar war. Führten indes unberechenbare Umstände, die außerhalb der Kontrolle des Unternehmers liegen, zu der nicht ordnungsgemäßen Erfüllung, ist eine Freizeichnung nicht missbräuchlich[206].

Schließlich ist erneut zu beachten, dass bei der Anwendung des Klauselanhangs nicht entscheidend auf den Wortlaut der zu prüfenden Bedingung abzustellen ist. Vielmehr ist es ausreichend, dass eine Abrede in ihren Auswirkungen einem Teil der Liste entspricht.

Demzufolge ist es möglich, Bedingungen gem. Sched. 2 (1) (b) UTCCR 1999 für unfair zu erklären, die für die Geltendmachung von Schadensersatzansprüchen unangemessene Zeitbeschränkungen festsetzen[207]. So ist aus Konsumentensicht der Verlust von Rechtsbehelfen mit einer Freizeichnung des Gewerbetreibenden identisch.

---

[201] OFT Unfair Contract Terms Bulletin Nr. 4 S. 76, Nr. 5 S. 74 f, Nr. 6 S. 33, 38, Nr. 13 S. 33, 49, 52.

[202] OFT Unfair Contract Terms Bulletin Nr. 4 S. 73-75, Nr. 5 S. 69-74, Nr. 9 S. 13, 25, Nr. 10 S. 13, 19, 21.

[203] OFT Unfair Contract Terms Bulletin Nr. 4 S. 64-66, Nr. 5 S. 57-59, Nr. 6 S. 35, 37, Nr. 11 S. 33, 39.

[204] OFT Unfair Contract Terms Bulletin Nr. 4 S. 61-63, Nr. 5 S. 54-56, Nr. 9 S. 17, 30, Nr. 10 S. 24 f, 35.

[205] OFT Unfair Contract Terms Bulletin Nr. 3 S. 8 f, Nr. 5 S. 62-65, Nr. 9 S. 19, Nr. 10 S. 36.

[206] Macdonald/Furmston S. 207-209; OFT Unfair Contract Terms Bulletin Nr. 3 S. 8 f, 11, Nr. 7 S. 22, 24 f, Nr. 9 S. 15.

[207] Davidson SQL 2001, Vol. 6, No. 1, 1 (10); Lockett/Egan Rn 4.7; OFT Unfair Contract Terms Bulletin Nr. 3 S. 9 f, Nr. 4 S. 70, Nr. 5 S. 65 f, Nr. 6 S. 36, Nr. 9 S. 22.

Auch können so genannte Haftungsbeschränkungen durch Garantien mit Hilfe des Buchstaben (b) angegriffen werden. In derartigen Fällen verfasst der Gewerbetreibende eine Garantie auf eine Weise, dass sich der Verbraucher nur auf selbige berufen kann. Der Konsument verliert folglich seine gesetzlichen Rechte, was als missbräuchlicher Haftungsausschluss anzusehen ist[208].

b) Nichtanerkennen von Verbindlichkeiten („liability preventing clauses")

Eine weitere Kategorie möglicher unfairer Klauseln setzt sich aus Sched. 2 (1) (m), (n) UTCCR 1999 zusammen. Diese Beispiele führen Abreden auf, welche letztlich verhindern, dass Verbindlichkeiten des Unternehmers überhaupt entstehen. Die „liability preventing clauses" betreffen also eine der Freizeichnung vorgelagerte Frage. Aus Verbrauchersicht sind derartige Vereinbarungen mit einem Haftungsausschluss des Gewerbetreibenden vergleichbar, woraus sich der Verdacht der Unfairness ergibt.

aa) Sched. 2 (1) (m) UTCCR 1999

Zunächst können nach Sched. 2 (1) (m) UTCCR 1999 Vertragsbedingungen als missbräuchlich eingeordnet werden, die dem Unternehmer das Recht einräumen, zu bestimmen, ob die gelieferte Ware oder Dienstleistung den Vertragsabreden entspricht. Gleiches gilt, wenn ihm die ausschließliche Befugnis zugestanden wird, die Auslegung einer Vertragsklausel vorzunehmen.

Beiden Beispielen ist gemeinsam, dass sie dem Gewerbetreibenden ein Ermessen bezüglich der Vertragserfüllung einräumen. Diese Möglichkeit der endgültigen Entscheidung kann dazu führen, dass der Konsument eine fehlerhafte Sache oder Dienstleistung erhält, er jedoch keinen daraus resultierenden Anspruch gegen den Gewerbetreibenden hat. Der Unternehmer könnte demnach der Entstehung eigener Verbindlichkeiten entgegentreten[209].

Die Unfairness einer Bedingung kann dadurch vermieden werden, dass das Ermessen entweder einer unabhängigen Stelle oder beiden Vertragsparteien zusammen eingeräumt wird[210].

Hinsichtlich einer ausschließlichen Auslegungsbefugnis des Gewerbetreibenden ist anzumerken, dass sie zudem im Widerspruch zu Reg. 7 (2) UTCCR 1999 stünde. Danach gilt bei Zweifeln über die Bedeutung einer Klausel die für den Verbraucher günstige Auslegung. Somit wird eine Vertragsbedingung nie zum Vorteil des Unternehmers interpretiert. Diese Regelung würde jedoch durch eine Auslegungsbefugnis des Gewerbetreibenden unterlaufen. Um folglich eine Un-

---

[208] Davidson SQL 2001, Vol. 6, No. 1, 1 (10); OFT Unfair Contract Terms Bulletin Nr. 3 S. 9, Nr. 5 S. 76 f, Nr. 9 S. 19 f, Nr. 10 S. 22, Nr. 11 S. 40, 45; OFT Unfair Contract Terms Guidance S. 17 f.

[209] Macdonald/Furmston S. 224; Chitty/Beale Rn 15-062; OFT Unfair Contract Terms Guidance S. 34; OFT Unfair Contract Terms Bulletin Nr. 1 S. 46, Nr. 2 S. 23, Nr. 4 S. 95, Nr. 5 S. 99, Nr. 13 S. 28 f, 41.

[210] Macdonald/Furmston S. 224; OFT Unfair Contract Terms Bulletin Nr. 1 S. 46, Nr. 6 S. 56, Nr. 10 S. 15.

wirksamkeit nach Sched. 2 (1) (m) 2. Alt. UTCCR 1999 zu vermeiden, sind die Vertragsbedingungen verständlich zu verfassen, so dass gar kein Auslegungsbedarf entsteht[211].

bb) Sched. 2 (1) (n) UTCCR 1999

Ferner kann eine Klausel nach Sched. 2 (1) (n) UTCCR 1999 als unfair gewertet werden, durch welche die Verpflichtung des Gewerbetreibenden zur Einhaltung der von seinen Vertretern eingegangenen Verbindlichkeiten eingeschränkt wird oder diese Verpflichtung von der Beachtung einer besonderen Formvorschrift abhängig gemacht wird.

Beiden Alternativen liegt der Versuch des Gewerbetreibenden zu Grunde, sich solchen Verbindlichkeiten zu entziehen, welche über das Maß eines verwendeten schriftlichen Standardvertrages hinausgehen[212].

Dieses Ziel strebt der Unternehmer zum einen durch so genannte „entire agreement clauses" an (Sched. 2 (1) (n) 1. Alt UTCCR 1999). Darunter sind Bedingungen zu verstehen, welche bestimmen, dass sich die gesamten vertraglichen Pflichten ausschließlich aus dem Inhalt der vorformulierten Klauseln ergeben[213]. Insbesondere sollen anderslautende Zusicherungen eines Vertreters des Gewerbetreibenden dieser Eingrenzung nicht entgegenstehen. Damit kann ein Widerspruch zwischen den, wenn auch nicht persönlich eingegangenen Verbindlichkeiten und dem wahren Erfüllungswillen des Unternehmers auftreten. Wegen dieser Gefahr ist die Verwendung von „entire agreement clauses" potentiell missbräuchlich[214].

Zum anderen verfolgen Gewerbetreibende ihre Absicht, die geltenden Bedingungen auf den Formularvertrag zu beschränken, mit Hilfe der Festsetzung eines Formerfordernisses (Sched. 2 (1) (n) 2. Alt. UTCCR 1999). Danach können Klauseln, die vom Inhalt des Standardvertrages abweichen, lediglich schriftlich vereinbart werden. Auf diese Weise sollen die von einem Vertreter mündlich eingegangenen Verpflichtungen ihre Wirksamkeit verlieren. Um somit die Erfüllung jeglicher Verbindlichkeiten durch den Gewerbetreibenden zu gewährleisten, sind diese so genannten „formality clauses" ebenfalls gem. Sched. 2 (1) (n) UTCCR angreifbar[215].

Es bleibt festzuhalten, dass sowohl „entire agreement clauses" als auch „formality clauses" die Unwirksamkeit von Verpflichtungen bezwecken. Der Konsu-

---

[211] OFT Unfair Contract Terms Bulletin Nr. 6 S. 14, 32.

[212] Chitty/Beale Rn 15-063; Wilkinson NLJ 99, 773 (774); Lockett/Egan Rn 4.37; OFT Unfair Contract Terms Bulletin Nr. 1 S. 15, 17, Nr. 3 S. 16 f, Nr. 8 S. 25, 38.

[213] Macdonald/Furmston S. 224; Chitty/Beale Rn 15-063; OFT Unfair Contract Terms Bulletin Nr. 1 S. 9, 15 f, Nr. 3 S. 16.

[214] OFT Unfair Contract Terms Bulletin Nr. 1 S. 17, 19, Nr. 4 S. 96-98, Nr. 5 S. 100-103, Nr. 7 S. 9, 22, Nr. 13 S. 51, 61; OFT Unfair Contract Terms Guidance S. 35.

[215] Davidson SQL 2001, Vol. 6, No.1, 1 (13); Lockett/Egan Rn 4.37; OFT Unfair Contract Terms Bulletin Nr. 3 S. 17, Nr. 5 S. 103 f, Nr. 8 S. 6, 24, 33, Nr. 13 S. 36 f, 56.

ment nimmt indes das Bestehen derselben an. Die Bedingungen rufen bei dem Verbraucher mithin eine Fehlvorstellung hinsichtlich seiner Rechte hervor. Wie bereits dargelegt, kann allein eine Irreführung als Verstoß gegen das Transparenzgebot die Unfairness von Klauseln begründen. Somit können Vereinbarungen i.S.v. Sched. 2 (1) (n) UTCCR auch unter diesem Gesichtspunkt unzulässig sein[216].

c) Ausschluss von Rechtsmitteln i.S.v. Sched. 2 (1) (q) UTCCR 1999 („remedy restricting clauses")

Des Weiteren begründet Sched. 2 (1) (q) UTCCR 1999 mit den so genannten „remedy restricting clauses"[217] eine Fallgruppe missbräuchlicher Vertragsabreden. Danach ist es möglich, eine Klausel als unzulässig einzustufen, durch die dem Verbraucher die Möglichkeit, Rechtsbehelfe bei Gericht einzulegen oder sonstige Beschwerdemittel zu ergreifen, genommen oder erschwert wird. Dies geschieht insbesondere dadurch, dass der Konsument ausschließlich auf ein nicht unter die rechtlichen Bestimmungen fallendes Schiedsgerichtsverfahren verwiesen wird, die ihm zur Verfügung stehenden Beweismittel ungebührlich eingeschränkt werden oder ihm die Beweislast auferlegt wird, die nach geltendem Recht einer anderen Vertragspartei obläge.

„Remedy restricting clauses" zielen damit auf den Ausschluss oder die Beschränkung von Rechtsbehelfen ab, um den Verbraucher an der Durchsetzung seiner Ansprüche zu hindern. Da der Verlust von Rechtsmitteln für den Konsumenten mit einem Haftungsausschluss des Gewerbetreibenden vergleichbar ist, können „remedy restricting clauses" als eine spezielle Art von Freizeichnungsklauseln angesehen werden. Demzufolge überlagern sich teilweise die Anwendungsbereiche der Buchstaben (b) und (q)[218].

Im Gegensatz zu Sched. 2 (1) (b) UTCCR 1999 erfasst Sched. 2 (1) (q) UTCCR 1999 aber nicht lediglich den völligen Ausschluss von Rechtsmitteln. Stattdessen sind auch Schiedsgerichtsklauseln prinzipiell unfair, wenn sie das Schiedsverfahren zwingend vorschreiben. Auf diese Weise wird dem Verbraucher die Wahl genommen, sich zwischen einem Verfahren vor einem ordentlichen oder einem Schiedsgericht zu entscheiden[219]. Darüber hinaus ist es möglich, dass Vertragsbedingungen missbräuchlich sind, welche prozessbezogene Fragen innerhalb eines Rechtsstreits betreffen. In dieser Hinsicht verdeutlichen die Verweise auf eine Beschränkung der Beweismittel und die Umkehrung der Beweislast den weiteren Anwendungsbereich des Buchstaben (q). Ferner ist es nicht

---

[216] Macdonald/Furmston S. 225; OFT Unfair Contract Terms Bulletin Nr. 3 S. 16f.

[217] Lockett/Egan Rn 4.40 f; Macdonald/Furmston S. 227 f; OFT Unfair Contract Terms Bulletin Nr. 3 S. 78, Nr. 4 S. 102.

[218] Macdonald/Furmston S. 227 f; Lockett/Egan Rn 4.7, 4.41; Davidson SQL 2001, Vol. 6, No. 1, 1 (10).

[219] Lockett/Egan Rn 4.41; OFT Unfair Contract Terms Bulletin Nr. 2 S. 61, Nr. 3 S. 79, Nr. 5 S. 105 f, Nr. 9 S. 10, 29, Nr. 11 S. 22, 41, Nr. 13 S. 58.

zulässig, dem Konsumenten Prozesskosten des Gewerbetreibenden aufzuerlegen[220]. Endlich können auch Klauseln, welche die englische Gerichtsbarkeit als die ausschließliche festsetzen, nach Sched. 2 (1) (q) UTCCR 1999 für unfair erklärt werden[221].

d) Änderungsbefugnisse („variation clauses")

Die bislang dargestellten Kategorien unfairer Vertragsbedingungen umfassen Haftungsausschlüsse und solche Klauseln, die in ihren Wirkung für den Verbraucher mit Freizeichnungen vergleichbar sind. Daneben stehen insbesondere solche Vertragsbedingungen unter dem Verdacht der Unfairness, welche dem Gewerbetreibenden Änderungsbefugnisse hinsichtlich eines abgeschlossenen Vertrags einräumen. Unter diese Gruppe der so genannten „variation clauses"[222] fallen die Beispiele in Sched. 2 (1) (j), (k), (l) und (p) UTCCR 1999.

aa) Sched. 2 (1) (j) UTCCR 1999

Zum einen können Klauseln gem. Sched. 2 (1) (j) UTCCR 1999 missbräuchlich sein, nach denen der Gewerbetreibende die Vertragsbedingungen einseitig ohne triftigen und im Vertrag aufgeführten Grund ändern kann.

Folglich sind einseitige Modifikationen nur in eng begrenzten Ausnahmefällen zulässig. Zudem müssen sie bereits bei Vertragsschluss definiert werden[223].

Dementsprechend wurden Klauseln zurückgezogen oder geändert, welche dem Gewerbetreibenden jegliche Veränderungen eines Vertrages gestatteten[224]. Im Gegensatz dazu erscheint es jedoch nicht unfair, dem Unternehmer Modifikationen zu ermöglichen, die den Verbraucher begünstigen und nicht mit Mehrkosten belasten[225].

Im Zusammenhang mit Sched. 2 (1) (j) UTCCR 1999 bleibt zu beachten, dass dessen Anwendung durch Sched. 2 (2) UTCCR 1999 eingeschränkt ist.

So besagt Sched. 2 (2) b) 1. Abs. UTCCR 1999, dass der Buchstabe (j) den Klauseln nicht entgegensteht, durch die sich der Erbringer von Finanzdienstleistungen das Recht vorbehält, den von dem Verbraucher oder an den Verbraucher zu zahlenden Zinssatz oder die Höhe anderer Kosten für Finanzdienstleistungen in begründeten Fällen ohne Vorankündigung zu ändern. Voraussetzung ist allerdings, dass der Gewerbetreibende die Pflicht hat, die andere Vertragspartei oder

---

[220] Lockett/Egan Rn 4.41; Davidson SQL 2001, Vol. 6, No. 1, 1 (14).

[221] Davidson SQL 2001, Vol. 6, No. 1, 1 (14); OFT Unfair Contract Terms Bulletin Nr. 5 S. 106, Nr. 13 S. 10, 35, 43.

[222] Chitty/Beale Rn 15-061; OFT Unfair Contract Terms Bulletin Nr. 4 S. 89, 93, Nr. 5 S. 90; OFT Unfair Contract Terms Guidance S. 29.

[223] Lockett/Egan Rn 4.22; Davidson SQL 2001, Vol. 6, No. 1, 1 (12); OFT Unfair Contract Terms Bulletin Nr. 9 S. 42 f.

[224] Macdonald/Furmston S. 221; Wilkinson NLJ 99, 773 (774); OFT Unfair Contract Terms Bulletin Nr. 1 S. 37 f, Nr. 3 S. 71, Nr. 4 S. 89, Nr. 5 S. 11, 90 f, Nr. 11 S. 49 f.

[225] Chitty/Beale Rn 15-061; OFT Unfair Contract Terms Bulletin Nr. 1 S. 36, Nr. 8 S. 12.

die anderen Vertragsparteien unverzüglich davon zu unterrichten, und dass es dieser oder diesen freisteht, den Vertrag alsbald zu kündigen.
Ferner steht der Buchstabe (j) solchen Klauseln nicht entgegen, durch die sich der Gewerbetreibende das Recht vorbehält, einseitig die Bedingungen eines unbefristeten Vertrags zu ändern, sofern es ihm obliegt, den Verbraucher hiervon rechtzeitig in Kenntnis zu setzen und es diesem freisteht, den Vertrag zu kündigen (Sched. 2 (2) b) 2. Abs. UTCCR 1999). Diesbezüglich ist anzumerken, dass die Vorschrift auch für zunächst befristete Verträge gilt, die sich jedoch automatisch verlängern, falls keine gegenteilige Äußerung abgegeben wird[226].
Außerdem gelten für den Buchstaben (j) die Einschränkungen gem. Sched. 2 (2) c) UTCCR 1999. Danach findet Sched. 2 (1) (j) UTCCR 1999 keine Anwendung auf Geschäfte mit Wertpapieren, Finanzpapieren und anderen Erzeugnissen oder Dienstleistungen, bei denen der Preis von den Veränderungen einer Notierung oder eines Börsenindex oder von Kursschwankungen auf dem Kapitalmarkt abhängt, auf die der Gewerbetreibende keinen Einfluss hat. Gleiches gilt für Verträge zum Kauf oder Verkauf von Fremdwährungen, Reiseschecks oder internationalen Postanweisungen in Fremdwährung.
Die Einschränkungen in Sched. 2 (2) UTCCR 1999 bewirken allerdings nicht, dass die genannten Klauseln in keinem Fall als unfair bewertet werden können. Vielmehr sind die Regelungen dahingehend zu verstehen, dass eine Vertragsbedingung unter den beschriebenen Voraussetzungen wahrscheinlich als fair anzusehen ist[227].
In Bezug auf Sched. 2 (2) b) UTCCR 1999 ist insbesondere das Recht des Verbrauchers hervorzuheben, den Vertrag nach erfolgten Modifikationen ohne Nachteile zu kündigen. Auf diese Weise wird vermieden, dass die Veränderungsbefugnis des Gewerbetreibenden ein erhebliches Ungleichgewicht der vertraglichen Rechte und Pflichten verursacht[228].
Auf Grund dieses bloßen Hinweischarakters der Sched. 2 (2) UTCCR 1999 war es dem Office of Fair Trading beispielweise möglich, Verbesserungen bei Klauseln in Verträgen über Finanzdienstleistungen zu erreichen[229].

bb) Sched. 2 (1) (k) UTCCR 1999

Im Zusammenhang mit den „variation clauses" können zum anderen Vertragsbedingungen für missbräuchlich erklärt werden, die es dem Gewerbetreibenden gestatten, die Merkmale des zu liefernden Erzeugnisses oder der zu erbringenden Dienstleistung einseitig ohne triftigen Grund zu ändern (Sched. 2 (1) (k) UTCCR 1999).

---

[226] Lockett/Egan Rn 4.24.
[227] Chitty/Beale Rn 15-061; Davidson SQL 2001, Vol. 6, No. 1, 1 (12); OFT Unfair Contract Terms Bulletin Nr. 5 S. 10.
[228] Lockett/Egan Rn 4.26; OFT Unfair Contract Terms Bulletin Nr. 5 S. 10 f, Nr. 9 S. 43 f, Nr. 12 S. 39.
[229] OFT Unfair Contract Terms Bulletin Nr. 4 S. 9, Nr. 5 S. 10 f, 91, Nr. 9 S. 4, Nr. 12 S. 3 f.

Dieses Beispiel möglicher unfairer Klauseln überschneidet sich mit dem des Buchstaben (j). Letzteres ist allerdings wegen der Bezugnahme auf eine Modifikation jeglicher Vertragsklauseln weiter gefasst. Ein Unterschied besteht zudem darin, dass die Gründe, die eine Veränderung der Merkmale des Vertragsgegenstands rechtfertigen, nach Sched. 2 (1) (k) UTCCR 1999 nicht bereits im Vertrag festgeschrieben sein müssen[230].

Eine Modifikationsbefugnis kann beispielsweise dann zulässig sein, wenn der auslösende Umstand nicht in der Sphäre des Gewerbetreibenden liegt und die Veränderung nicht zu einem Qualitätsverlust führt[231].

Unter Hinweis auf den Buchstaben (k) konnte das Office of Fair Trading diverse Unternehmen überzeugen, entsprechende Klauseln zurückzunehmen bzw. zu ändern oder aber dem Verbraucher ein Rücktrittsrecht einzuräumen[232].

cc) Sched. 2 (1) (l) UTCCR 1999

Außerdem können Vertragsbedingungen gem. Sched. 2 (1) (l) UTCCR 1999 unfair sein, nach denen der Preis einer Ware zum Zeitpunkt der Lieferung festgesetzt werden oder aber der Verkäufer einer Ware oder der Erbringer einer Dienstleistung ihren Preis erhöhen kann. Die Missbräuchlichkeit setzt allerdings weiter voraus, dass der Verbraucher in beiden Fällen kein entsprechendes Recht hat, vom Vertrag zurückzutreten, wenn der Endpreis im Verhältnis zu dem Preis, der bei Vertragsschluss vereinbart wurde, zu hoch ist.

Sched. 2 (1) (l) UTCCR 1999 betrifft mithin eine Änderungsbefugnis des Gewerbetreibenden bezüglich des Preises, welchen der Konsument zu entrichten hat. Dabei verdeutlicht die erste Variante, dass es einem Verkäufer nicht erlaubt ist, gesteigerte Produktionskosten an den Verbraucher weiterzuleiten, indem der Kaufpreis erst bei der Lieferung festgesetzt wird. Schließlich ist es dem Gewerbetreibenden regelmäßig eher möglich, etwaige Preiserhöhungen im Voraus zu erkennen[233].

Demgegenüber können die Kosten einer Dienstleistung vor ihrer Durchführung nicht immer exakt bestimmt werden. Fallen sodann höhere Beträge an, als zunächst vereinbart, sind sie dem Verbraucher zu erläutern, woraufhin dieser ihnen zustimmen muss[234].

Wird es dem Gewerbetreibenden zwar gestattet, den Preis bei der Vertragserfüllung festzusetzen oder erheblich zu erhöhen, so ist zu betonen, dass nach dem Buchstaben (l) dennoch keine „significant imbalance“ vorliegt, wenn sich der

---

230 Lockett/Egan Rn 4.27 f; Treitel S. 251; Macdonald/Furmston S. 222.

231 OFT Unfair Contract Terms Bulletin Nr. 1 S. 25, Nr. 11 S. 39, 41, Nr. 14 S. 20.

232 OFT Unfair Contract Terms Bulletin Nr. 3 S. 72, Nr. 4 S. 90-92, Nr. 5 S. 91-95, Nr. 11 S. 21, 45, Nr. 14 S. 11, 17, 29, 31.

233 Chitty/Beale Rn 15-061; Macdonald/Furmston S. 223; OFT Unfair Contract Terms Bulletin Nr. 1 S. 44; OFT Unfair Contract Terms Guidance S. 32.

234 Lockett/Egan Rn 4.30; OFT Unfair Contract Terms Bulletin Nr. 7 S. 29, 35; Nr. 10 S. 13, Nr. 12 S. 9, 33.

Konsument straffrei vom Vertrag lösen kann. Bei Erfüllung dieser Voraussetzung ist die Bedingung fair[235].
Besonderheiten hinsichtlich der Zulässigkeit von Preiserhöhungsklauseln können sich zudem aus dem Rechtsgeschäft selbst ergeben. Das ist bei Verträgen mit einer langen Laufzeit zu bejahen, bei denen beide Parteien bereits bei Vertragsabschluss Kostensteigerungen einplanen. In derartigen Fällen können die Anpassungsklauseln fair sein, wenn sie an einen Preisindex gekoppelt sind[236].
Diese Bewertung folgt insbesondere aus Sched. 2 (2) d) UTCCR 1999. Danach steht der Buchstabe (l) Preisindexierungsklauseln nicht entgegen, wenn diese rechtmäßig sind und der Modus der Preisänderung darin ausdrücklich beschrieben wird.
Schließlich ist zum Buchstaben (l) festzuhalten, dass er außerdem den Einschränkungen der Sched. 2 (2) c) UTCCR 1999 unterliegt, welche bereits im Zusammenhang mit Sched 2 (1) (j) UTCCR 1999 erläutert wurden.

dd) Sched. 2 (1) (p) UTCCR 1999

Im Rahmen der „variation clauses" ist schließlich auf Sched. 2 (1) (p) UTCCR 1999 einzugehen. Danach können Klauseln für unfair erklärt werden, welche die Möglichkeit vorsehen, dass der Vertrag ohne Zustimmung des Verbrauchers vom Gewerbetreibenden abgetreten wird, wenn dies eventuell eine Verringerung der Sicherheiten für den Konsumenten bewirkt.
Dieses Beispiel des Anhangs bezieht sich folglich auf eine Änderungsbefugnis des Gewerbetreibenden, durch welche der Vertragspartner des Verbrauchers wechselt. Indes wendet sich Sched. 2 (1) (p) UTCCR 1999 nicht gegen Abtretungsklauseln generell. Vielmehr sollen derartige Vertragsbedingungen nur dann verboten sein, wenn die Rechtsübertragung ohne das Einverständnis des Konsumenten erfolgen und außerdem eine Kürzung der Verbraucherrechte verursachen kann[237]. So ist eine Schlechterstellung des Konsumenten beispielsweise dann zu bejahen, wenn der neue Vertragspartner nicht dasselbe Niveau einer Dienstleistung zusichern oder aber Garantien einschränken kann[238].
Neben einer möglichen Verringerung der Sicherheiten folgt die Missbräuchlichkeit gem. Sched. 2 (1) (p) UTCCR 1999 zudem daraus, dass dem Verbraucher kein korrespondierendes Recht zur Abtretung eingeräumt wird. Dies begründet

---

[235] Macdonald/Furmston S.222 f; Lockett/Egan Rn 4.31; OFT Unfair Contract Terms Bulletin Nr. 1 S. 44, Nr. 3 S. 15, Nr. 6 S. 44, 58, 68, Nr. 11 S. 39, Nr. 14 S. 29.
[236] Davidson SQL 2001, Vol. 6, No.1, 1 (13); OFT Unfair Contract Terms Bulletin Nr. 5 S. 98, Nr. 8 S. 37, Nr. 14 S. 31.
[237] Lockett/Egan Rn 4.39; OFT Unfair Contract Terms Guidance S. 39; OFT Unfair Contract Terms Bulletin Nr. 6 S. 62, Nr. 14 S. 39.
[238] Davidson SQL 2001, Vol. 6, No.1, 1 (14); Macdonald/Furmston S. 227; OFT Unfair Contract Terms Bulletin Nr. 3 S. 17.

eine Unausgewogenheit der vertraglichen Befugnisse, aus welcher die Unfairness der Bedingung resultiert[239].

e) Einseitige Ausstiegsklauseln („unequal opt out clauses")

Ferner stellen so genannte „unequal opt out clauses" eine Ausprägung missbräuchlicher Vertragsabreden dar. Darunter werden Ausstiegsklauseln verstanden, welche es dem Gewerbetreibenden einseitig gestatten, sich vom Vertrag zu lösen[240].

Dies ist zum einen durch ein Ungleichgewicht der Verbindlichkeiten möglich (Sched. 2 (1) (c), (o) UTCCR 1999). Zum anderen können einseitige Kündigungsrechte des Unternehmers als „unequal opt out clauses" betrachtet werden (Sched. 2 (1) (f)1. Alt, (g) UTCCR 1999).

aa) Ungleichgewicht der Verbindlichkeiten

(1) Sched. 2 (1) (c) UTCCR 1999

Ein Beispiel unausgewogener Verbindlichkeiten ist zunächst in Sched. 2 (1) (c) UTCCR 1999 aufgeführt. Dementsprechend kann eine Klausel als missbräuchlich einzustufen sein, wenn der Verbraucher danach eine verbindliche Verpflichtung eingeht, während der Gewerbetreibende die Erbringung der Leistung an eine Bedingung knüpft, deren Eintritt nur von ihm abhängt.

Dem Unternehmer soll es folglich nicht möglich sein, sich nach seinem Ermessen und ohne Grund von den vertraglichen Pflichten zu befreien[241]. Das ist insbesondere darauf zurückzuführen, dass dem Verbraucher bereits Kosten entstanden sein können, falls der Gewerbetreibende den Vertrag erst zu einem späten Zeitpunkt aufkündigt. Ist der Unternehmer nicht verpflichtet, für diesen Verlust aufzukommen, hat er stattdessen lediglich bereits gezahlte Beträge zurückzuerstatten, ist die Klausel als unfair anzusehen[242].

Wie bereits erwähnt, begründet die einseitige Entscheidungsbefugnis, die eingegangene Verpflichtung nicht zu erfüllen, ein erhebliches Ungleichgewicht der vertraglichen Rechte und Pflichten. Um also eine „significant imbalance" zu verhindern, ist dem Verbraucher ein korrespondierendes Recht einzuräumen[243]. Steht dem Konsumenten eine vergleichbare Befugnis zu, ist die Kategorie der „unequal opt out clauses" mithin nicht einschlägig.

(2) Sched. 2 (1) (o) UTCCR 1999

Des Weiteren kann eine Vertragsbedingung als missbräuchlich angesehen werden, nach welcher der Verbraucher allen seinen Verpflichtungen nachkommen

---

[239] Chitty/Beale Rn 15-065; Wilkinson NLJ 99, 773 (774); OFT Unfair Contract Terms Bulletin Nr. 4 S. 101, Nr. 5 S. 105, Nr. 7 S. 22, 37.

[240] Chitty/Beale Rn 15-064; Macdonald/Furmston S. 227; OFT Unfair Contract Terms Bulletin Nr. 3 S. 77.

[241] Chitty/Beale Rn 15-054; Macdonald/Furmston S. 211; OFT Unfair Contract Terms Bulletin Nr. 1 S. 46, Nr. 3 S. 13, Nr. 5 S. 77, Nr. 6 S. 13.

[242] OFT Unfair Contract Terms Bulletin Nr. 3 S. 13.

[243] Macdonald/Furmston S. 211; OFT Unfair Contract Terms Bulletin Nr. 3 S. 14.

muss, obwohl der Gewerbetreibende seine Verbindlichkeiten nicht erfüllt (Sched. 2 (1) (o) UTCCR 1999).
Somit ist es dem Unternehmer erneut verwehrt, sich auf eine einseitige Ausstiegsklausel zu berufen, da selbige ein erhebliches Ungleichgewicht der vertraglichen Rechte verursacht.
Unter Hinweis auf Sched. 2 (1) UTCCR 1999 wurden demnach Bedingungen zurückgezogen, welche den Gewerbetreibenden von der vertraglichen Bindung befreiten, während der Verbraucher weiterhin zur Leistungserbringung verpflichtet war[244].
Wie bereits festgestellt, sind Vertragsbedingungen i.S.v. Sched. 2 (1) (o) UTCCR 1999 dadurch gekennzeichnet, dass der Unternehmer einseitig nicht an die Vereinbarungen gebunden ist. Wegen dieser „significant imbalance" können Überschneidungen mit den Buchstaben
(b), (c), (j), (l) und (m) auftreten[245].

bb) Einseitige Kündigungsrechte

Abgesehen von den bereits erläuterten Beispielen können sich einseitige Kündigungsrechte als „unequal opt out clauses" erweisen.

(1) Sched. 2 (1) (f) 1. Alt. UTCCR 1999

So kann eine Vereinbarung für unfair erklärt werden, falls sie es dem Gewerbetreibenden gestattet, nach freiem Ermessen den Vertrag zu kündigen, wenn das gleiche Recht nicht auch dem Verbraucher eingeräumt wird (Sched. 2 (1) (f) 1. Alt. UTCCR 1999).
Diese Alternative des Buchstaben (f) leitet die Unfairness einer Klausel mithin aus einem einseitigen unbegrenzten Kündigungsrecht des Unternehmers ab. Im Gegensatz dazu erscheint eine Vertragsbedingung, welche einzelne Beendigungsgründe konkret benennt, nicht missbräuchlich[246]. Weiter ist eine „significant imbalance" regelmäßig zu verneinen, wenn dem Konsumenten ebenfalls eine umfassende Kündigungsbefugnis auf Ermessensbasis zugestanden wird[247]. Ist Letztere zwar nicht gegeben, können die vertraglichen Pflichten dennoch ausgewogen sein, falls der Gewerbetreibende ebenso wie der Verbraucher für eine bestimmte Zeit an das Rechtsgeschäft gebunden ist[248].

---

[244] Wilkinson NLJ 99, 773 (774); Wagner/Althen RIW 95, 546 (547); Davidson SQL 2001, Vol. 6, No. 1, 1 (14); Macdonald/Furmston S. 227; OFT Unfair Contract Terms Bulletin Nr. 3 S. 77, 4 S. 99 f, Nr. 5 S. 104 f, Nr. 7 S. 19, 27, 39, Nr. 13 S. 6, 57.
[245] Lockett/Egan Rn 4.38.
[246] OFT Unfair Contract Terms Bulletin Nr. 6 S. 64, 72, 74, Nr. 12 S. 15, 20.
[247] Davidson SQL 2001, Vol. 6, No. 1, 1 (11); Macdonald/Furmston S. 216 f; OFT Unfair Contract Terms Bulletin Nr. 2 S. 53, Nr. 3 S. 13 f, 26, Nr. 4 S. 30 f, Nr. 6 S .76 f, Nr. 7 S. 28, 30.
[248] Lockett/Egan Rn 4.12; OFT Unfair Contract Terms Bulletin Nr. 6 S. 35.

(2) Sched. 2 (1) (g) UTCCR 1999

Außerdem kann eine Vertragsbedingung gem. Sched. 2 (1) (g) UTCCR 1999 missbräuchlich sein, wenn sie dem Gewerbetreibenden, außer bei Vorliegen schwerwiegender Gründe, gestattet, einen unbefristeten Vertrag ohne angemessene Frist zu kündigen.

Die Regeln verbieten also nicht fristlose Kündigungen im Allgemeinen. Vielmehr soll sichergestellt werden, dass derartige Vertragsbeendigungen nur in Ausnahmefällen erfolgen, nämlich bei Vorliegen schwerwiegender Gründe[249].

Unter Hinweis auf dieses Beispiel ist es dem Office of Fair Trading gelungen, Kündigungsfristen in Klauseln einzuführen, nach denen der Gewerbetreibende den Vertrag ursprünglich zu jeder Zeit beenden konnte[250].

Es bleibt zu beachten, dass Sched. 2 (2) UTCCR 1999 auch für den Buchstaben (g) verschiedene Einschränkungen festlegt.

Zum einen steht er solchen Bedingungen nicht entgegen, durch die sich der Erbringer von Finanzdienstleistungen das Recht vorbehält, einen unbefristeten Vertrag einseitig und bei Vorliegen eines triftigen Grundes fristlos zu kündigen. Allerdings hat der Gewerbetreibende die

Pflicht, die andere Vertragspartei oder die anderen Vertragsparteien alsbald davon zu unterrichten (Sched. 2 (2) a) UTCCR 1999).

Zum anderen gelten die Ausnahmen der Sched. 2 (2) c) UTCCR 1999. Diese wurden bereits im Rahmen von Sched. 2 (1) (j) UTCCR 1999 erörtert.

Im Zusammenhang mit den Ausnahmen in Sched. 2 (2) UTCCR 1999 ist nochmals zu betonen, dass sie lediglich bedeuten, dass eine Bedingung unter den genannten Voraussetzungen wahrscheinlich fair ist[251].

f) Strafklauseln („penalty clauses")

Eine weitere Fallgruppe missbräuchlicher Vertragsbedingungen ist in Strafklauseln zu sehen, welche als „penalty clauses"[252] bezeichnet werden. Beispiele derartiger Vereinbarungen sind in Sched. 2 (1) (d), (e) und (f) 2. Alt. UTCCR 1999 enthalten, wobei sich ihre Anwendungsbereiche stark überschneiden[253].

aa) Sched. 2 (1) (d) UTCCR 1999

Gem. Sched. 2 (1) (d) UTCCR 1999 kann eine Vertragsbedingung für missbräuchlich erklärt werden, wenn sie es dem Gewerbetreibenden gestattet, vom Verbraucher gezahlte Beträge einzubehalten, wenn dieser darauf verzichtet, den Vertrag abzuschließen oder zu erfüllen, ohne dass für den Verbraucher ein An-

---

[249] Lockett/Egan Rn 4.14; OFT Unfair Contract Terms Bulletin Nr. 7 S. 19.

[250] OFT Unfair Contract Terms Bulletin Nr. 3 S. 25 f, Nr. 7 S. 37.

[251] Chitty/Beale Rn 15-058 i.V.m. 15-061; Davidson SQL 2001, Vol. 6, No. 1, 1 (11 i.V.m. 12).

[252] Macdonald/Furmston S. 212 f; OFT Unfair Contract Terms Bulletin Nr. 1 S. 9, Nr. 4 S. 80.

[253] Lockett/Egan Rn 4.10, 4.13.

spruch auf eine Entschädigung in entsprechender Höhe seitens des Gewerbetreibenden vorgesehen wird, falls dieser selbst vom Vertrag zurücktritt.
Dem Unternehmer ist es also nicht schlechthin verwehrt, Anzahlungen des Konsumenten einzuziehen, falls Letzterer das Rechtsgeschäft aufkündigt. Vielmehr liegt ein die Unfairness begründendes Ungleichgewicht der vertraglichen Rechte und Pflichten insbesondere dann vor, wenn dem Verbraucher keine vergleichbare Befugnis zugesprochen wird[254].
Außerdem ist innerhalb der Einzelfallbetrachtung zu berücksichtigen, ob der Gewerbetreibende durch den Rücktritt des Konsumenten unvermeidliche Einbußen erlitten hat. So erscheint die Kompensation derartiger Verluste nicht missbräuchlich. Berechtigt also eine Klausel den Unternehmer, geleistete Anzahlungen lediglich insofern einzubehalten, wie es der Schadensausgleich erfordert, ist die Bedingung als fair einzustufen[255]. Demgegenüber stellt eine Abrede, welche auch das Einziehen von Beträgen gestattet, die über einen konkreten Schaden hinausgehen, aus Verbrauchersicht eine Strafklausel dar.

bb) Sched. 2 (1) (e) UTCCR 1999

Nach Sched. 2 (1) (e) UTCCR 1999 kann eine Bedingung zudem für unfair betrachtet werden, wenn sie dem Verbraucher, der seinen Verpflichtungen nicht nachkommt, einen unverhältnismäßig hohen Entschädigungsbetrag auferlegt.
Damit bezieht sich Sched. 2 (1) (e) UTCCR 1999 zunächst auf ausdrückliche Strafklauseln. Dem Gewerbetreibenden soll es mithin nicht ermöglicht werden, sich auf derartige Vereinbarungen zu berufen[256]. Stattdessen darf er lediglich die Schäden kompensieren, die aus der Nichterfüllung des Verbrauchers resultieren[257].
Darüber hinaus ist erneut anzumerken, dass Sched. 2 (1) UTCCR 1999 jeweils Vertragsbedingungen erfasst, welche lediglich in ihren Folgen den Beispielsklauseln entsprechen. Die fragliche Abrede muss somit nicht explizit eine Vertragsstrafe für den Verbraucher festsetzen, um in den Geltungsbereich des Buchstaben (e) zu fallen[258].
Demnach kann eine Verpflichtung des Konsumenten, eine nicht rückzahlbare Anzahlung zu erbringen, ebenfalls unter Hinweis auf Sched. 2 (1) (e) UTCCR 1999 beanstandet werden. Zieht der Gewerbetreibende den Betrag im Fall der

---

[254] Davidson SQL 2001, Vol. 6, No. 1, 1 (10); Lockett/Egan Rn 4.9; OFT Unfair Contract Terms Bulletin Nr. 3 S. 11, 13, 35.
[255] Macdonald/Furmston S. 213 f; Chitty/Beale Rn 15-055; Davidson SQL 2001, Vol. 6, No. 1, 1 (10); OFT Unfair Contract Terms Bulletin Nr. 2 S. 26, Nr. 3 S. 11, Nr. 4 S. 78, Nr. 5 S. 78 f, Nr. 7 S. 24, 35.
[256] Chitty/Beale Rn 15-056; Davidson SQL 2001, Vol. 6, No. 1, 1 (11); Macdonald/Furmston S. 213; OFT Unfair Contract Terms Bulletin Nr. 4 S. 80 f, Nr. 5 S. 80-82, Nr. 8 S. 6, Nr. 13 S. 2, 14, 35 f.
[257] OFT Unfair Contact Terms Bulletin Nr. 2 S. 53, Nr. 3 S. 12, Nr. 13 S. 30, 38, 48, 59.
[258] Macdonald/Furmston S. 215 f; OFT Unfair Contract Terms Bulletin Nr. 5 S. 8 f.

Nichtleistung des Verbrauchers unabhängig von einem tatsächlichen Schaden vollständig ein, ist dies mit einer Bestrafung des Konsumenten vergleichbar. In derartigen Situationen fällt die Vertragsbedingung sowohl in den Anwendungsbereich des Buchstaben (e) als auch den des Buchstaben (d)[259].

Des Weiteren ist es denkbar, dass so genannten Fälligkeitsklauseln ein Strafcharakter zukommt. Das ist unter anderem dann zu bejahen, wenn der Konsument im Rahmen eines Ratenzahlungsgeschäfts einen Teilbetrag nicht ordnungsgemäß leistet und dies zur sofortigen Fälligkeit der restlichen Summe führt[260].

cc) Sched. 2 (1) (f) 2. Alt. UTCCR 1999

Schließlich beschreibt Sched. 2 (1) (f) 2. Alt. UTCCR 1999 ein Beispiel einer Vertragsbedingung, welche aus Konsumentensicht mit einer „penalty clause" gleichbedeutend ist. Gem. Sched. 2 (1) (f) 2. Alt. UTCCR 1999 steht eine Abrede unter dem Verdacht der Missbräuchlichkeit, falls sie es dem Unternehmer für die Situation, dass er den Vertrag kündigt, erlaubt, die Beträge einzubehalten, die für von ihm noch nicht erbrachte Leistungen gezahlt wurden.

Die Unfairness der Klausel ergibt sich demzufolge aus einem Kündigungsrecht des Unternehmers bei gleichzeitiger Einbehaltung von Verbraucherzahlungen[261].

Allerdings soll es dem Gewerbetreiben bereits nach Sched. 2 (1) (d) UTCCR 1999 verwehrt sein, angezahlte Beträge unnötig einzuziehen, falls der Verbraucher den Vertrag beendet. Kündigt demgegenüber der Gewerbetreibende, ist das Einbehalten von Teilzahlungen erst recht als unfair anzusehen. So fehlte dem Konsument in diesen Fällen jeglicher Einfluss auf die Entstehung der Bestrafungssituation.

g) Nicht erkennbare Klauseln („hidden clauses")

Unter Bezugnahme auf den Anhang der UTCCR 1999 kann endlich aus Sched. 2 (1) (h) und (i) UTCCR 1999 eine Kategorie missbräuchlicher Vertragsabreden gebildet werden. Diese Buchstaben richten sich gegen das Ausnutzen unzureichender Aufmerksamkeit gegenüber einer Klausel bzw. gegen den Missbrauch mangelnder Kenntnis von Bedingungen. Derartige unfaire Vereinbarungen lassen sich unter dem Begriff der „hidden clauses"[262] zusammenfassen.

aa) Sched. 2 (1) (h) UTCCR 1999

Gem. Sched. 2 (1) (h) UTCCR 1999 kann eine Vertragsbedingung für unfair erklärt werden, durch die ein befristeter Vertrag automatisch verlängert wird, wenn sich der Konsument nicht gegenteilig äußert. Zusätzlich ist jedoch erfor-

---

[259] Wagner/Althen RIW 95, 546 (547); Lockett/Egan Rn 4.11; OFT Unfair Contract Terms Bulletin Nr. 11 S. 11, 13, 44, Nr. 14 S. 29.

[260] Macdonald/Furmston S. 214; Davidson SQL 2001, Vol. 6, No. 1, 1 (11); OFT Unfair Contract Terms Bulletin Nr. 3 S. 12.

[261] Davidson SQL 2001, Vol. 6, No. 1, 1 (11); OFT Unfair Contract Terms Bulletin Nr. 4 S. 85, Nr. 5 S. 86 f, Nr. 7 S. 10, Nr. 11 S. 17, 57.

[262] OFT Unfair Contract Terms Bulletin Nr. 1 S. 9, Nr. 4 S. 88, Nr. 5 S. 89.

derlich, dass als Termin für diese Willenskundgabe des Verbrauchers, den Vertrag nicht zu verlängern, ein ungebührlich frühes Datum festgelegt wurde.
Der Gewerbetreibende spekuliert in diesen Fällen also darauf, dass der Verbraucher zu dem frühen Termin nicht an die Klausel denkt. Aufgrund der mangelnden Aufmerksamkeit besteht demzufolge die Gefahr, dass der Konsument es versäumt, den Vertrag zu beenden. Dabei ist die fehlende Beachtung der Vereinbarung einzig auf die Festsetzung des ungebührlich frühen Datums zurückzuführen. Aus diesem Grund erscheint das Ausnutzen der Unaufmerksamkeit des Verbrauchers missbräuchlich.
In diesem Zusammenhang wurde ein Zeitpunkt drei Monate vor Ablauf des Vertrages für zu früh und damit für unfair befunden. Aus diesem Grund erfolgten Veränderungen der fraglichen Klauseln, wodurch die erforderliche Zeitspanne auf einen Monat verkürzt wurde[263].
Ein weiterer Grund für die Missbräuchlichkeit einer Bedingung nach dem Buchstaben (h) liegt vor, wenn die Klausel Strafen für den Verbraucher festsetzt, falls er seinen Willen, den Vertrag zu beenden, erst nach dem ungebührlich frühen Datum mitteilt[264]. Unter diesem Aspekt liegen also Überschneidungen mit Sched. 2 (1) (e) UTCCR 1999 vor.

bb) Sched 2 (1) (i) UTCCR 1999

Gem. Sched. 2 (1) (i) UTCCT 1999 können schließlich Klauseln für missbräuchlich erklärt werden, wonach die Zustimmung des Verbrauchers zu Bedingungen unwiderlegbar festgestellt wird, von denen er vor Vertragsabschluss nicht tatsächlich Kenntnis nehmen konnte.
Wie bereits dargestellt, verdeutlicht Sched. 2 (1) (i) UTCCR 1999, dass die Regeln den Konsumenten vor einer „unfair surprise“ schützten sollen. Zum einen müssen die Vereinbarungen auf natürliche Art und Weise in den Vertrag einbezogen werden. Dafür ist es nicht ausreichend, lediglich auf Klauseln zu verweisen, die nicht tatsächlich erreichbar sind[265]. Zum anderen müssen die Bedingungen klar und verständlich verfasst sein, um dem Verbraucher die Kenntnisnahme zu ermöglichen[266].
Sched. 2 (1) (i) UTCCR konkretisiert mithin die Komponente des Fairnesstests, welche den Verstoß gegen Treu und Glauben betrifft. Das Vorliegen einer „significant imbalance“ bleibt gesondert zu klären[267].

---

[263] Macdonald/Furmston S. 219; OFT Unfair Contract Terms Bulletin Nr. 4 S. 43, Nr. 5 S. 88 f, Nr. 7 S. 22, Nr. 11 S. 3.
[264] Chitty/Beale Rn 15-059; Lockett/Egan Rn 4.17; OFT Unfair Contract Terms Bulletin Nr. 2 S. 55.
[265] Treitel S. 252; Wagner/Althen RIW 95, 546 (547); OFT Unfair Contract Terms Bulletin Nr. 1 S. 28 f, Nr. 4 S. 88, Nr. 5 S. 89 f, Nr. 10 S. 3, Nr. 14 S. 27 f.
[266] Lockett/Egan Rn 4.20; Davidson SQL 2001, Vol. 6, No. 1, 1 (12); OFT Unfair Contract Terms Bulletin Nr. 2 S. 8 f, Nr. 4 S. 12 f, Nr. 12 S. 36, Nr. 13 S. 38, 55.
[267] Davidson SQL 2001, Vol. 6, No.1, 1 (12); Macdonald/Furmston S. 221.

VIII. Zwischenergebnis zu den UTCCR 1999

Zusammenfassend lässt sich damit feststellen, dass die UTCCR 1999 als Umsetzung der Klauselrichtlinie eine unmittelbare Inhaltskontrolle von Vertragsbedingungen ermöglichen.

1.) Anwendungsbereich

Jedoch können anhand der Regeln nicht sämtliche Rechtsgeschäfte überprüft werden.

Zum einen ist der persönliche Anwendungsbereich der UTCCR 1999 auf Verbraucherverträge beschränkt. Gem. Reg. 4 (1) UTCCR 1999 sind darunter Vereinbarungen zwischen einem Gewerbetreibenden und einem Konsumenten zu verstehen. Rechtsgeschäfte unter Privatleuten und solche zwischen Unternehmern sind vom Geltungsbereich der UTCCR 1999 ausgeschlossen[268].

Zum anderen gelten die Regeln in sachlicher Hinsicht ebenfalls nicht unbegrenzt. Nach Reg. 5 (1) UTCCR 1999 beziehen sich die UTCCR 1999 lediglich auf Bedingungen, welche nicht im Einzelnen ausgehandelt wurden. Dieses Merkmal der Vorformulierung wird sodann in Reg. 5 (2) UTCCR 1999 definiert[269].

Darüber hinaus schreibt Reg. 4 (2) UTCCR 1999 Ausnahmeregelungen für bestimmte Vertragsbedingungen fest. Zudem sind wegen des 10. Erwägungsgrundes der Präambel der Richtlinie einige Vertragstypen dem Geltungsbereich der UTCCR 1999 entzogen[270].

2.) Inhaltskontrolle anhand der UTCCR 1999

a) Kontrollmaßstäbe

Wird eine Vertragsbedingungen von den UTCCR 1999 erfasst, erfolgt ihre Bewertung anhand des Transparenzgebots und des Fairnesstests, wobei Letzterem die entscheidende Bedeutung zukommt.

Das Transparenzgebot ist in Reg. 7 (1) UTCCR 1999 festgeschrieben und knüpft mit dem Erscheinungsbild einer Klausel an formale Aspekte an. Gem. Reg. 7 (1) UTCCR 1999 ist der Gewerbetreibende verpflichtet, Vertragsabreden klar und verständlich zu verfassen. Neben dieser eigenständigen Verankerung ist das Gebot sprachlicher Klarheit zudem innerhalb des Fairnesstests zu berücksichtigen. Ist eine Bedingung also undeutlich formuliert, spricht dies für ihre Missbräuchlichkeit[271].

Der Begriff der Fairness stellt mithin den zentralen Kontrollmaßstab der UTCCR 1999 dar. Er liegt der Generalklausel in Reg. 5 (1) UTCCR 1999 zu Grunde, welche beschreibt, wann eine Vertragsbedingung unfair und damit unwirksam ist. Allerdings ist zu beachten, dass sich diese Abwägung nicht auf sämtliche Vereinbarungen erstreckt. So streben die Regeln prinzipiell die Über-

---

[268] Siehe 2. Teil, B) II.

[269] Siehe 2. Teil, B) III. 1.).

[270] Siehe 2. Teil, B) III. 2.).

[271] Siehe 2. Teil, B) VI.

prüfung von Nebenabreden an, womit die Hauptbestandteile eines Vertrags („core terms“) grundsätzlich von den Kontrollen ausgeschlossen sind. Diese Einschränkung steht indes unter dem Vorbehalt der Wahrung des Transparenzgebots. Eine Ausnahme gilt dann, wenn Leistungsbeschreibung oder Preisvereinbarung nicht verständlich verfasst sind (Reg. 6 (2) UTCCR 1999)[272].

b) Konkretisierung des Fairnessprinzips der Reg. 5 (1) UTCCR 1999

Gem. Reg. 5 (1) UTCCR 1999 ist eine Klausel als unfair zu betrachten, wenn sie entgegen dem Gebot von Treu und Glauben zum Nachteil des Verbrauchers ein erhebliches Missverhältnis der vertraglichen Rechte und Pflichten der Vertragspartner verursacht. Demnach setzt die Unfairness voraus, dass die Bedingung eine „significant imbalance“ bewirkt und zudem gegen das „good-faith“-Prinzip verstößt[273].

aa) Reg. 6 (1) UTCCR

Um das Kriterium des erheblichen Missverhältnisses der vertraglichen Rechte und Pflichten näher zu bestimmen, nennt Reg. 6 (1) UTCCR 1999 verschiedene Faktoren, die bei der Abwägung zu berücksichtigen sind[274].

Neben der Art der Güter oder Dienstleistung kommt es dabei regelmäßig auf die Begleitumstände des Vertrags an. Außerhalb eines abstrakten Verfahrens wird die Fairness einer Klausel demnach situationsgebunden vor dem Hintergrund des konkreten Rechtsgeschäfts beurteilt.

Zudem sind die anderen Klauseln des Vertrags ebenfalls in die Bewertung einzubeziehen. Daraus resultiert die Möglichkeit der Kompensation nachteiliger Bedingungen, um die Entstehung einer „significant imbalance“ zu verhindern.

Ferner verdeutlicht Reg. 6 (1) UTCCR 1999, dass der Zeitpunkt des Vertragsabschlusses über die Missbräuchlichkeit einer Vereinbarung entscheidet. Folglich ist eine Abrede lediglich auf ihre potentielle Unfairness zu untersuchen, womit konkrete Folgen oder Verletzungen des Vertrags außer Betracht bleiben.

bb) 16. Erwägungsgrund der Präambel der Richtlinie

Des Weiteren dient der 16. Erwägungsgrund der Präambel der Richtlinie dazu, den Grundsatz von Treu und Glauben zu konkretisieren[275].

Danach ist im Rahmen der globalen Einschätzung der Interessenlagen zunächst zu klären, welches Kräfteverhältnis zwischen den Verhandlungspositionen der Parteien bestand. So bringt gerade die Verwendung vorformulierter Bedingungen eine stärkere Verhandlungsmacht des Gewerbetreibenden zum Ausdruck. Diese Überlegenheit missbraucht der Unternehmer zum einen dadurch, dass er dem Verbraucher keine andere Wahl lässt, als die angebotenen Konditionen zu akzeptieren („lack of choice“). Zum anderen begründet die Sicherung derartiger

---

[272] Siehe 2. Teil, B) V.

[273] Siehe 2. Teil, B) VII. 1.).

[274] Siehe 2. Teil, B) VII. 2.) a) bb).

[275] Siehe 2. Teil, B) VII. 2.) b) bb).

Vorteile, die eine „significant imbalance" der vertraglichen Rechte verursachen, einen Verstoß gegen Treu und Glauben.
Bei der Interpretation des „good faith"-Prinzips ist außerdem zu bedenken, ob für den Konsumenten ein Anreiz bestand, der fraglichen Abrede zuzustimmen. Auf diese Weise findet der Kompensationsgedanke erneut Eingang in die Fairnessprüfung.
Darüber hinaus ist zu berücksichtigen, ob die Güter oder Dienstleistungen auf eine Sonderbestellung des Verbrauchers hin verkauft bzw. erbracht wurden. Eine derartige Spezialanfertigung kann ein Argument gegen die Missbräuchlichkeit einer Klausel darstellen.
Schließlich ist das Verhalten des Gewerbetreibenden zu untersuchen. Dem 16. Erwägungsgrund entsprechend hat der Unternehmer den berechtigten Interessen seines Vertragspartners Rechnung zu tragen, um dem Grundsatz von Treu und Glauben zu genügen. Dieses Gebot des fairen und billigen Verhaltens begründet verschiedene Kooperationspflichten des Gewerbetreibenden. Zum einen hält es den Unternehmer dazu an, die Vertragsbedingungen offen zu legen. Dies soll den Verbraucher vor einer „unfair surprise" bewahren. Zum anderen ist unter dem Aspekt der Interessenwahrungspflicht erneut auf einen etwaigen Missbrauch überlegener Verhandlungsmacht einzugehen. Kommt der Gewerbetreibenden seinen Kooperationspflichten nicht nach, verstößt er gegen das „good faith"-Prinzip.

cc) Sched. 2 UTCCR 1999

Wie bereits dargelegt, ist der Fairnesstest stets unter Berücksichtigung des Klauselanhangs der Regeln (Sched. 2 UTCCR 1999) durchzuführen. Dort sind diverse Beispiele missbräuchlicher Bedingungen aufgelistet[276], welche sich in folgende Fallgruppen einteilen lassen: Die Kategorie der Freizeichnungen („exemption clauses")[277]; Klauseln, welche das Entstehen von Verbindlichkeiten des Gewerbetreibenden verhindern („liability preventing clauses")[278]; die Fallgruppe der „remedy restricting clauses"[279], welche Rechtsmittel des Verbrauchers einschränken; außerdem die Kategorie der „variation clauses"[280], die dem Unternehmer Änderungsbefugnisse bezüglich des abgeschlossenen Vertrags einräumen; ferner die Gruppen der einseitigen Ausstiegsklauseln („unequal opt out clauses")[281] und der Strafklauseln („penalty clauses")[282]; schließlich die Fall-

---

[276] Siehe 2. Teil, B) VII. 3.).
[277] Siehe 2. Teil, B) VII. 3.) a).
[278] Siehe 2. Teil, B) VII. 3.) b).
[279] Siehe 2. Teil, B) VII. 3.) c).
[280] Siehe 2. Teil, B) VII. 3.) d).
[281] Siehe 2. Teil, B) VII. 3.) e).
[282] Siehe 2. Teil, B) VII. 3.) f).

gruppe solcher Bedingungen, welche für den Verbraucher nicht ausreichend erkennbar sind („hidden clauses“)[283].

In Bezug auf Sched. 2 UTCCR 1999 ist nochmals zu betonen, dass die genannten Abreden lediglich unter dem Verdacht der Missbräuchlichkeit stehen. Demzufolge bleibt ein konkreter, einzelfallabhängiger Fairnesstest stets unentbehrlich. Die beschriebenen Fallgruppen bilden mithin keine Tatbestandsmerkmale der Missbräuchlichkeit. Stattdessen geben sie für die durchzuführende Abwägung lediglich Anhaltspunkte, um die Generalklausel auszufüllen.

Außerdem stellen sie keine abschließende Konkretisierung des Fairnessmaßstabs dar. Welche Kategorien von Vertragsbedingungen darüber hinaus wahrscheinlich missbräuchlich sind, wird noch an späterer Stelle zu erarbeiten sein[284].

C) Die weitere gesetzliche Inhaltskontrolle anhand des UCTA 1977

I. Generelle Erläuterungen zum UCTA 1977

Neben den UTCCR 1999 stellt der Unfair Contract Terms Act 1977 (UCTA 1977) das bedeutendste Gesetz zur Überprüfung von Vertragsbedingungen dar. Es ist am 01.02.1978 in Kraft getreten und begründete erstmals eine breit angelegte Inhaltskontrolle.

Zuvor hatte der englische Gesetzgeber lediglich in Sonderfällen eingegriffen, um dem Missbrauch von Haftungsausschlüssen entgegenzutreten. Dabei betrafen die Regelungen entweder bloße Einzelfragen oder sie erfassten nur bestimmte Vertragstypen[285]. Diese Spezialgesetze wurden bei Erlass des UCTA 1977 teilweise aufgegriffen (vgl. ss. 6, 8 UCTA 1977). Der UCTA 1977 gilt aber grundsätzlich für alle Vertragsarten, wodurch eine weitreichende gesetzliche Inhaltskontrolle ermöglicht wird.

Den bezweckten Schutz vor unzulässigen Bedingungen strebt der UCTA 1977 ausschließlich über eine direkte Überprüfung von Klauselinhalten an. Regelungen zu den vorgelagerten Fragen der Einbeziehung und Auslegung von Vereinbarungen sind in dem Gesetz nicht enthalten[286].

Hinsichtlich der Durchführung der Inhaltskontrolle ist hervorzuheben, dass sie nicht anhand einer Generalklausel vorgenommen wird. Stattdessen erfolgt sie durch zwei unterschiedliche Methoden. Zum einen werden bestimmte Vertragsbedingungen schlechthin für unzulässig erklärt. Demgegenüber werden andere Klauseln einem so genannten „reasonableness-test“ unterworfen. Die fraglichen Abreden sind in diesen Fällen somit nur in den Grenzen der Angemessenheit

---

[283] Siehe 2. Teil, B) VII. 3.) g).

[284] Siehe 2. Teil, F) I. 1.)-4.).

[285] Upex S. 89; Chitty/Beale Rn 14-105-120; Beale in: Beatson/Friedmann S. 231 (233 f); Zimmermann/Whittaker S. 47.

[286] v. Bernstorff S. 95; Anson/Beatson S. 182 f; Chitty/Beale Rn 14-057.

zulässig[287]. Hält eine Bedingung dem „reasonableness-test" nicht stand, ist sie insgesamt unwirksam. Die Gerichte können die Klausel also nicht verändern, um die Zulässigkeit der Vereinbarung zu erreichen[288]. Ist eine Vertragsabrede nach dem UCTA 1977 nichtig, bleibt der restliche Vertrag jedoch gültig[289].
Es bleibt anzumerken, dass der Name des Gesetzes in zweierlei Hinsicht ungenau ist. Einerseits werden durch den UCTA 1977 nicht Vertragsklauseln schlechthin kontrolliert, sondern vornehmlich Haftungsausschlussklauseln. Folglich ist die Bezeichnung „unfair terms" zu weit gefasst. Andererseits ist der UCTA 1977 nicht auf die Überprüfung vertraglicher Freizeichnung beschränkt. So erstrecken sich die Kontrolltatbestände der ss. 2, 5 UCTA 1977 auch auf so genannte „notices" i.S.v. s. 14 UCTA 1977. Darunter sind einseitige Erklärungen zum Ausschluss deliktischer Haftung zu verstehen. Die gewählte Formulierung „contract terms" ist mithin zu eng[290]. Im Folgenden soll jedoch lediglich auf die Überprüfung von Vertragsbedingungen eingegangen werden.

II. Sachlicher Anwendungsbereich des UCTA 1977

1.) Beschränkung auf „exemption clauses"

Wie bereist angesprochen, werden durch den UCTA 1977 nicht jegliche Vertragsbedingungen überprüft. Stattdessen knüpfen die Kontrolltatbestände an das Vorliegen so genannter „exemption clauses" an. Darunter sind sowohl Haftungsausschluss- als auch Haftungsbeschränkungsklauseln zu verstehen[291]. Legaldefinitionen derartiger Abreden enthält der UCTA 1977 indes nicht, woraus Unsicherheiten bezüglich des sachlichen Anwendungsbereichs resultieren[292].
Zunächst kann aber festgehalten werden, dass der Begriff der „exemption clause" weit auszulegen ist, um eine effektive Inhaltskontrolle sicherzustellen. Aus diesem Grund gilt der UCTA 1977 nicht nur für Vertragsbedingungen, die ausdrücklich eine Haftung ausschließen oder beschränken. Vielmehr werden auch solche Vereinbarungen erfasst, welche eine den Freizeichnungsklauseln ähnliche Wirkung haben (s. 13 (1) UCTA 1977).
Des Weiteren bezweckt s. 10 UCTA 1977, eine Umgehung durch Zweitverträge zu verhindern.
Schließlich beziehen sich ss. 3 (2) (b), 4 UCTA 1977 ausnahmsweise auf Abreden, welche keine Freizeichnungen i.e.S. enthalten. Nach s. 3 (2) (b) (i) UCTA 1977 werden Bedingungen überprüft, in denen sich eine Vertragspartei das Recht vorbehält, die vertragliche Pflicht wesentlich anders zu erfüllen, als vernünftigerweise erwartet werden kann. Selbiges gilt für eine Klausel, welche eine

---

[287] Miller/Harvey/Parry S. 325; Elliott/Quinn S. 109; Beale in: Beatson/Friedmann S. 231 (234); Treitel S. 226.
[288] Chitty/Beale Rn 14-091 f; Treitel S. 236; Anson/Beatson S. 195.
[289] Lawson S. 156.
[290] Macdonald/Furmston S. 77; Anson/ Beatson S. 182; Upex S. 90, 93.
[291] Collins S. 239; Elliott/Quinn S. 99.
[292] McKendrick S. 235; Macdonald JBL 94, 441 (445).

Partei berechtigt, den Vertrag gar nicht zu erfüllen (s. 3 (2) (b) (ii) UCTA 1977). Endlich können in bestimmten Fällen auch Entschädigungsklauseln überprüft werden (s. 4 UCTA 1977).

a) Weite Auslegung der „exemption clauses" (s. 13 (1) UCTA 1977)

Gem. s. 13 (1) UCTA 1977 werden Vertragsbedingungen in den Anwendungsbereich des UCTA 1977 einbezogen, die mit Freizeichnungsklauseln vergleichbar sind.

aa) S. 13 (1) (a-c) UCTA 1977

Dazu zählen Regelungen, welche für eine Haftung oder ihre Durchsetzbarkeit einschränkende oder erschwerende Bedingungen aufstellen (s. 13 (1) (a) UCTA 1977). Das ist beispielsweise der Fall, wenn eine Klausel eine Zeitbeschränkung für die Geltendmachung von Ansprüchen festsetzt[293].

Ferner sind Abreden kontrollfähig, die ein Recht oder einen Rechtsbehelf ausschließen bzw. einschränken oder bei dessen Verfolgung einer Person Nachteile auferlegen (s. 13 (1) (b) UCTA 1977). Eine derartige Beeinträchtigung liegt insbesondere dann vor, wenn die Befugnis zur Aufrechnung ausgeschlossen wird[294]. Dies ist auch bei dem Verbot zu bejahen, mangelhafte Waren zurückzuweisen[295].

Außerdem werden gem. s. 13 (1) (c) UCTA 1977 Vertragsbedingungen vom UCTA 1977 erfasst, welche Beweis- oder Verfahrensregeln ausschließen bzw. einschränken. Dabei kann unter dem verfahrensrechtlichen Aspekt erneut ein Aufrechnungsverbot überprüft werden[296]. Hinsichtlich der Beweisfragen sind Klauseln zu nennen, die festsetzen, dass aus der bloßen Annahme von Waren der Beweis vertragsgemäßer Erfüllung abgeleitet wird[297].

bb) S. 13 (1) 2. HS UCTA 1977

S. 13 (1) 2. HS UCTA 1977 dehnt schließlich die Kontrollen anhand der ss. 2, 5-7 UCTA 1977 auf Bedingungen aus, welche die primäre Verpflichtung ausschließen oder einschränken. Diese Norm wird dem Umstand gerecht, dass Freizeichnungsklauseln auch als Definition des Verpflichtungsumfangs formuliert werden können. So ist es denkbar, dass eine Klausel ihrer äußeren Form nach die zu erbringende Leistung beschreibt, inhaltlich jedoch eine Haftungsbeschränkung darstellt. Mit Hilfe der s. 13 (1) 2. HS UCTA 1977 soll folglich verhindert werden, dass der UCTA 1977 allein durch eine entsprechende Fassung

---

[293] Lawson S. 105 f; Treitel S. 227; Macdonald/Furmston S. 90.

[294] Treitel S. 227; Macdonald JBL 94, 441 (442 f); Stewart Gill Ltd. v. Horatio Myer & Co. Ltd. (1992) QB 600; Esso Petroleum Ltd. v. Milton (1997) 1 WLR 938.

[295] Chitty/Beale Rn 14-060; Lawson S. 105; Macdonald JBL 94, 441 (444).

[296] Lawson S. 105 f; Macdonald/Furmston S. 90; Stewart Gill Ltd. v. Horatio Myer & Co. Ltd. (1992) QB 600; Esso Petroleum Ltd. v. Milton (1997) 1 WLR 938.

[297] Chitty/Beale Rn 14-060; Macdonald JBL 94, 441 (444).

einer Abrede umgangen werden kann[298]. Eine Definition von Vereinbarungen i.S.v. s. 13 (1) 2. HS UCTA 1977 enthält das Gesetz nicht.
Zur Erfassung des Geltungsbereichs dieser Regelung wurde daraufhin ein so genannter „but for-test" entwickelt. Danach ist zu klären, ob im Falle der Abwesenheit der fraglichen Klausel eine bestimmte Verpflichtung bestünde. Ist das zu bejahen, ist die Abrede gem. s. 13 (1) 2. HS UCTA 1977 kontrollfähig[299].
Dementsprechend wurden Bedingungen überprüft, die darauf gerichtet waren, das Entstehen einer ansonsten gegebenen Sorgfaltspflicht zu verhindern[300]. Im Gegensatz dazu bezieht sich s. 13 (1) 2. HS UCTA 1977 nicht auf die bloße Übertragung einer Verpflichtung[301].
Der beschriebene „but for-test" wird allerdings als zu weitreichend angesehen. So würde der UCTA 1977 für jede Klausel gelten, durch welche die Parteien lediglich eine Risikoverteilung bezwecken. Auch könnten ausdrückliche Vereinbarungen, die der Annahme ansonsten stillschweigend eingegangener Verpflichtungen gerade entgegenstehen sollen, anhand des UCTA 1977 überprüft werden. Bei Anwendung des „but for-test" wird der Wille der Vertragsparteien also nicht ausreichend berücksichtigt. Im Rahmen der s. 13 (1) 2. HS UCTA 1977 ist demzufolge entscheidend, ob eine Bedingung lediglich auf Grund ihrer Form als Leistungsbeschreibung erscheint oder zudem wegen ihres Inhalts und des Parteiwillens derart einzustufen ist[302]. Ist Letzteres zu bejahen, wird die Klausel nicht von s. 13 (1) 2.HS UCTA 1977 erfasst, womit sie nicht kontrollfähig ist.

b) Keine Umgehung durch Zweitverträge (s. 10 UCTA 1977)

Neben s. 13 (1) UCTA 1977 dient s. 10 UCTA 1977 dazu, eine Umgehung des Gesetzes zu vermeiden. Danach ist eine Person nicht an eine Vertragsklausel gebunden, welche ihre Rechte, die sich aus einem anderen Vertrag ergeben, einschränkt oder entzieht, sofern sich die Befugnisse auf die Durchsetzung der Haftung einer anderen Person beziehen und der UCTA 1977 verhindern soll, dass diese Verpflichtung ausgeschlossen oder eingeschränkt wird.
S. 10 UCTA 1977 erfasst demnach die Fälle, in denen ein Vertrag Rechte einer anderen Vereinbarung beeinträchtigt, welche der UCTA 1977 gerade bewahren soll. Eine Umgehung des UCTA 1977 durch Verwendung eines Zweitvertrages

---

[298] Collins S. 269 f; Macdonald JBL 94, 441 (444 f); Upex S.93; Chitty/Beale Rn 14-061.
[299] Macdonald/Furmston S. 92; Treitel S. 228; Lawson S. 105; Smith v. Eric S. Bush (1989) 2 All ER 514.
[300] Upex S. 90 f; Phillips Products Ltd. v. Hyland and Hamstead Plant Hire Co. Ltd. (1987) 2 All ER 620; Johnstone v. Bloomsbury Health Authority (1991) 2 All ER 293.
[301] McKendrick S.235; Lawson S. 116 f; Thompson v. T. Lohan (Plant Hire) Ltd. (1987) 2 All ER 631.
[302] Anson/Beatson S. 185; Chitty/Beale Rn 14-061; Macdonald JBL 94, 441 (446 f); McKendrick S. 234 f, 237.

ist mithin nicht möglich[303]. Diesbezüglich ist hervorzuheben, dass es nicht erforderlich ist, dass die Vertragsparteien jeweils identisch sind[304].
Es bleibt anzumerken, dass s. 10 UCTA 1977 auf einen außergerichtlichen Vergleich keine Anwendung findet[305].

2.) Ausnahmetatbestände

Liegt zwar eine „exemption clause" bzw. eine von der extensiven Auslegung erfasste Bedingung vor, so wird sie dennoch nicht anhand des UCTA 1977 kontrolliert, wenn ein Ausnahmetatbestand eingreift.

a) Bereichsausnahmen nach Sched. 1 UCTA 1977

Durch s. 1 (2) i.V.m. Sched. 1 UCTA 1977 werden bestimmte Vertragstypen weitgehend vom Anwendungsbereich der ss. 2-4, 7 UCTA 1977 ausgeschlossen. Dies gilt zunächst für Versicherungsverträge (Sched. 1 (1) (a) UCTA 1977), Verträge über Grundstücksrechte (Sched. 1 (1) (b) UCTA 1977), solche über Urheber- und gewerbliche Schutzrechte (Sched.1 (1) (c) UCTA 1977), Gesellschaftsverträge (Sched. 1 (1) (d) UCTA 1977) und Verträge über Sicherheiten (Sched. 1 (1) (e) UCTA 1977).
Nach Sched. 1 (2, 3) UCTA 1977 fallen zudem diverse Verträge aus dem Bereich der Schifffahrt nicht in den Geltungsbereich des Gesetzes.
Demgegenüber sind Arbeitsverträge nur begrenzt dem UCTA 1977 entzogen. Gem. Sched. 1 (4) UCTA 1977 ist s. 2 UCTA nur dann nicht auf Arbeitsverträge anwendbar, wenn ansonsten eine Benachteiligung des Arbeitnehmers verursacht würde.

b) Weitere Ausnahmeregelungen

Darüber hinaus unterliegen echte internationale Warenlieferungsverträge nicht dem UCTA 1977 (s. 26 UCTA 1977). Auf unechte internationale Warenlieferungsverträge i.S.v. s. 27 (2) UCTA 1977 ist das Gesetz jedoch anwendbar. Das bedeutet, dass der UCTA 1977 nicht durch die Wahl einer anderen Rechtsordnung umgangen werden kann[306].
Unterstellen umgekehrt ausländische Vertragsparteien die Vereinbarung dem englischen Recht, ist der UCTA 1977 wiederum nicht zu berücksichtigen (s. 27 (1) UCTA 1977).
Endlich ist festzuhalten, dass Schiedsabreden gem. s. 13 (2) UCTA 1977 nicht der Inhaltskontrolle des UCTA 1977 unterworfen sind.

III. Persönlicher Anwendungsbereich des UCTA 1977

1.) „Business liability" als Grundvoraussetzung

Hinsichtlich des persönlichen Anwendungsbereichs wird die Geltung des UCTA 1977 auf der Seite des Verwenders der „exemption clause" eingeschränkt. Gem.

---

[303] Lawson S. 104; Chitty/Beale Rn 14-087; Macdonald/Furmston S. 130.
[304] Macdonald/Furmston S. 131 f; McKendrick S. 243.
[305] McKendrick S. 243; Chitty/Beale Rn 14-078; Tudor Grange Holdings Ltd. v. Citibank NA (1991) 4 All ER 1.
[306] Chitty/Beale Rn 14-079; Macdonald/Furmston S. 88.

s. 1 (3) UCTA 1977 beziehen sich die Tatbestände der ss. 2-7 UCTA 1977 grundsätzlich nur auf eine Freizeichnung von so genannter „business liability". Eine Ausnahme gilt lediglich für eine Inhaltskontrolle nach s. 6 UCTA 1977 (ss. 1 (3), 6 (4) UCTA 1977).

Die Voraussetzung der „business liability" bedeutet, dass der Haftungsausschluss regelmäßig eine Verantwortlichkeit im geschäftlichen Bereich betreffen muss. Prinzipiell gilt der UCTA 1977 somit nicht für Privatpersonen, die außerhalb eines Geschäftsbetriebs am Rechtsverkehr teilnehmen[307].

Eine Definition des Begriffs „business" enthält der UCTA 1977 zwar nicht, jedoch folgt aus s. 14 UCTA 1977, dass dieses Merkmal weit zu verstehen ist. Danach wird nicht nur die Tätigkeit von Kaufleuten und Gewerbetreibenden, sondern auch die von Freiberuflern und öffentlichen Dienststellen erfasst. Ferner ist eine Gewinnerzielungsabsicht des Handelnden nicht erforderlich[308].

Wann sodann eine „business liability" vorliegt, ist in s. 1 (3) UCTA 1977 beschrieben.

Zum einen kann sich eine derartige Verbindlichkeit aus der Verletzung von Pflichten ergeben, welche bei Handlungen im üblichen Geschäftsgang entstehen („in the course of a business"). Dabei ist es unerheblich, ob die Person im eigenen oder fremden Gewerbe agiert (s. 1 (3) (a) UCTA 1977). Der Verweis auf den normalen Geschäftsverkehr bringt zum Ausdruck, dass sich die Pflichtverletzung während einer regelmäßigen Tätigkeit innerhalb des Betriebs ereignet haben muss. Somit ist es notwendig, dass die Handlung entweder einen wesentlichen Bestandteil oder aber zumindest eine wiederkehrende Nebentätigkeit des Gewerbes darstellt[309].

Zum anderen kann eine „business liability" aus der Verletzung von Pflichten abgeleitet werden, die aus einem Grundstücksbesitz resultieren. Voraussetzung ist aber, dass der Grundstücksbesitz geschäftlichen Zwecken des Inhabers dient (s. 1 (3) (b) UCTA 1977). Eine solche Verantwortlichkeit ist jedoch gegenüber Personen eingeschränkt, welchen zu Freizeit- oder Erziehungszwecken der Zutritt zum Grundstück gewährt wird (s. 1 (3) 2. HS UCTA 1977).

2.) „Dealing as a consumer" zur Verbesserung des Schutzniveaus

Im Rahmen des persönlichen Geltungsbereichs des UCTA 1977 ist außerdem zu fragen, ob der Vertragspartner des Klauselverwenders als Verbraucher handelt. Dieses Kriterium entscheidet zwar nicht generell über die Anwendbarkeit des Gesetzes. Es ist jedoch insofern bedeutend, als dass der UCTA 1977 einem Konsumenten einen erhöhten Schutz einräumt[310].

---

[307] Elliott/Quinn S. 108; Treitel S. 226 f.

[308] Anson/Beatson S. 186; Macdonald/Furmston S. 80.

[309] McKendrick S. 238; Miller/Harvey/Parry S. 358; Chitty/Beale Rn 14-063; Treitel S. 227; R. & B. Customs Brokers Ltd. v. United Dominions Trust Ltd. (1988) 1 All ER 847 (854).

[310] v. Bernstorff S. 95 f; Collins S. 236; Anson/Beatson S. 186.

Eine Legaldefinition des Kriteriums „dealing as a consumer“ enthält s. 12 UCTA 1977. Danach setzt die Verbrauchereigenschaft zunächst voraus, dass die entsprechende Vertragspartei das Rechtsgeschäft nicht in einem üblichen Geschäftsgang abschließt und dies auch nicht vorgibt (s. 12 (1) (a) UCTA 1977). Das bedeutet jedoch nicht, dass die Person überhaupt kein Gewerbe betreiben darf. Vielmehr muss lediglich der konkrete Vertrag außerhalb eines etwaigen Geschäftsverkehrs liegen. Es darf sich mithin nicht einmal um eine Nebentätigkeit eines Betriebs handeln[311].

Des Weiteren kann eine Person nur dann Verbraucher sein, wenn die andere Vertragspartei im Rahmen ihres üblichen Geschäftsgangs tätig ist (s. 12 (1) (b) UCTA 1977). Demzufolge ist bei Verträgen, bei denen beide Vertragspartner rein privat auftreten, keine Partei als Konsument i.S.v. s. 12 UCTA 1977 einzustufen[312].

Ferner muss bei Warengeschäften der Vertragsgegenstand seiner Art nach üblicherweise für den privaten Gebrauch geliefert werden (s. 12 (1) (c) UCTA 1977).

Darüber hinaus bestimmt s. 12 (2) UCTA 1977, dass der Erwerb einer Sache auf einer Auktion die Verbrauchereigenschaft ausschließt.

Endlich trifft s. 12 (3) UCTA 1977 eine Beweislastregel. Danach hat derjenige, welcher sich darauf beruft, dass eine Partei nicht als Verbraucher handelt, dieses darzulegen.

IV. Kontrolltatbestände des UCTA 1977

1.) Haftung für Fahrlässigkeit

a) Allgemeine Haftung für Fahrlässigkeit (s. 2 UCTA 1977)

Durch s. 2 UCTA 1977 ist die Möglichkeit der Freizeichnung von den Folgen fahrlässigen Verhaltens erheblich reduziert worden. Für die Anwendung dieser Norm ist es unerheblich, ob der Vertragspartner des Klauselverwenders Verbraucher ist oder nicht[313].

aa) Begriff der „negligence“ (s. 1 (1) UCTA 1977)

Bevor die Regelungen der s. 2 UCTA dargestellt werden, ist zunächst der Begriff der „negligence“ zu erläutern. Diese Bezeichnung der Fahrlässigkeit bezieht sich auf verschiedene Tatbestände, welche in s. 1 (1) UCTA 1977 definiert werden.

Zum einen wird die Verletzung der vertraglichen Verpflichtung erfasst, den Vertrag mit der im Verkehr erforderlichen Sorgfalt und Sachkenntnis zu erfüllen. Dabei ist es unerheblich, ob die Pflicht durch eine ausdrückliche oder stillschweigende Vereinbarung begründet wurde (s. 1 (1) (a) UCTA 1977).

---

311 Chitty/Beale Rn 14-064; Collins S. 237; R. & B. Customs Brokers Ltd. v. United Dominions Trust Ltd. (1988) 1 All ER 847 (854).

312 Elliott/Quinn S. 108; Treitel S. 227.

313 Treitel S. 229, 231; Elliott/Quinn S. 110.

Zum anderen fallen unter den Begriff der „negligence“ die Situationen, in denen die allgemeine Sorgfaltspflicht des Gebots der Rücksichtnahme oder der Anwendung üblicher Sachkenntnis missachtet wurde (s. 1 (1) (b) UCTA 1977). Diese Variante der Fahrlässigkeit ist folglich unabhängig von einem Vertrag und damit auch vom Bestehen strengerer Pflichten. Vielmehr stützt sich s. 1 (1) (b) UCTA 1977 auf einen selbständigen Tatbestand der „negligence“[314]. Dieser umfasst insbesondere fahrlässige unerlaubte Handlungen[315] sowie fahrlässige Falschaussagen[316].

Schließlich ist gem. s. 1 (1) (c) UCTA 1977 eine Fahrlässigkeit gegeben, wenn allgemeine Sorgfaltspflichten, welche aus dem Occupiers' Liability Act 1957 resultieren, verletzt werden.

bb) Inhaltskontrolle gem. s. 2 UCTA 1977

Nach s. 2 (1) UCTA 1977 kann die Haftung für Fahrlässigkeit überhaupt nicht ausgeschlossen oder beschränkt werden, falls die „negligence“ zum Tod oder zur Verletzung einer Person führt. Dabei schließt eine Körperverletzung jede Krankheit und jede Beeinträchtigung des physischen oder psychischen Gesundheitszustandes ein (s. 14 UCTA 1977).

Werden durch die Fahrlässigkeit andere Schäden verursacht, ist eine Haftungsfreizeichnung nur in den Grenzen der „reasonableness“, also der Angemessenheit möglich (s. 2 (2) UCTA 1977). Zu dieser Schadenskategorie zählen nicht nur Sach-, sondern auch reine Vermögensschäden, sofern Letztere außerhalb des UCTA 1977 erstattungsfähig sind[317].

S. 2 (3) UCTA 1977 stellt außerdem klar, dass eine Einigung über oder die Kenntnis von einer Freizeichnungsklausel nicht ohne weiteres als freiwillige Übernahme des Risikos gewertet werden können. Auf diese Weise wird eine Umgehung des UCTA 1977 verhindert. Ein Handeln auf eigene Gefahr seitens des Geschädigten würde nämlich zu einem Ausschluss seiner Ansprüche führen[318].

b) Sonderfall der Produzentenhaftung (s. 5 UCTA 1977)

Einen Spezialfall der Haftung für Fahrlässigkeit stellt die Produzentenhaftung dar. Darunter ist die Verantwortlichkeit eines Herstellers für die Schäden zu verstehen, die ein mangelhaftes Produkt beim Endabnehmer verursacht.

Vor Erlass des UCTA 1977 war es den Produzenten möglich, sich von dieser Haftung freizuzeichnen, was insbesondere durch so genannte „Garantien“ erfolgte. Darunter sind gem. s. 5 (2) (b) UCTA 1977 Schriftstücke zu verstehen,

---

[314] Lawson S. 114 f; Macdonald/Furmston S.98.

[315] v. Bernstorff S. 57; Donoghue v. Stevenson (1932) AC 562; Phillips Products Ltd. v. Hyland and Hamstead Plant Hire Co. Ltd. (1987) 2 All ER 620.

[316] Miller/Harvey/Parry S.348 f; Hedley Byrne & Co. v. Heller & Partners (1964) AC 465; Smith v. Eric S. Bush (1989) 2 All ER 514.

[317] Lawson S. 115; Macdonald/Furmston S. 96.

[318] Macdonald/Furmston S. 100; Lawson S. 117.

welche das Versprechen der Wiedergutmachung für einen Fehler beinhalten, sei es durch ein Ersatzteil, eine Reparatur, eine geldwerte Kompensation oder auf andere Weise. Derartige „Garantien" enthalten einen versteckten Haftungsausschluss, sofern sich der Kunde einzig auf die „Garantie" und darüber hinaus nicht auf seine gesetzlichen Rechte berufen kann[319].
Um diesem Missstand zu begegnen, begründet s. 5 (1) UCTA 1977 unabhängig von der Schadensart ein absolutes Verbot für eine Freizeichnungen von der Produzentenhaftung[320]. Danach kann die Verantwortlichkeit nicht ausgeschlossen oder eingeschränkt werden, wenn sich eine Ware, die üblicherweise für den privaten Gebrauch geliefert wird, während der Verwendung durch den Konsumenten als mangelhaft erweist und die daraus folgenden Schäden auf eine Fahrlässigkeit aus der Sphäre des Herstellers zurückgeführt werden können.
Wann eine Sache als „im Konsumentengebrauch" anzusehen ist, bestimmt s. 5 (2) (a) UCTA 1977. Um dies zu bejahen, darf die Ware nicht ausschließlich geschäftlichen Zwecken dienen. Eine nur teilweise gewerbliche Nutzung steht einem Konsumentengebrauch i.S.v. s. 5 (2) (a) UCTA 1977 somit nicht entgegen[321]. Folglich ist es für die Anwendung der s. 5 UCTA nicht erforderlich, dass der Verwendungsgegner der Freizeichnungsklausel als Verbraucher i.S.v. s. 12 UCTA 1977 handelt[322].
Gem. s. 5 (3) UCTA 1977 ist s. 5 UCTA 1977 nicht auf Verträge anwendbar, nach denen Besitz oder Eigentum an den Waren übertragen wird. Die Verträge zwischen Einzelhändlern und Kunden werden somit nicht erfasst. S. 5 UCTA 1977 bezieht sich also lediglich auf das Verhältnis von Hersteller und Endverbraucher. Demnach soll die Norm insbesondere Haftungssausschlüsse durch „Garantien" verhindern[323]. Dadurch, dass zwischen Fabrikanten und Kunden keine Vertragsbeziehungen bestehen, begründet die Produzentenhaftung eine nichtvertragliche Verantwortlichkeit. Mithin knüpft sie an den selbständigen Deliktstatbestand der „negligence" an.

2.) Vertragliche Verantwortlichkeit

a) Allgemeine vertragliche Haftung (s. 3 UCTA 1977)

Das englische Recht der Vertragshaftung ist hinsichtlich des zu bewirkenden Erfolges grundsätzlich verschuldensunabhängig[324]. Allerdings konnte diese weitreichende Verantwortlichkeit lange abbedungen werden. Inwiefern der Ausschluss vertraglicher Haftung nach Erlass des UCTA 1977 noch erfolgen kann, ist generell in s. 3 UCTA 1977 geregelt.

---

319 Miller/Harvey/Parry S. 356.
320 Lawson S. 131; Anson/Beatson S. 187; Treitel S. 229.
321 Elliott/Quinn S.110; Anson/Beatson S. 187; Lawson S. 131 f.
322 Treitel S. 229 f.
323 Lawson S. 131; Treitel S. 229; Elliott/Quinn S. 110.
324 v. Bernstorff S. 77; Lawson S. 121.

aa) Anwendungsbereich (s. 3 (1) UCTA 1977)

Diese Norm gilt für Verträge im Allgemeinen, womit sie von der Vertragsart unabhängig ist[325].

Eine Beschränkung des Anwendungsbereichs ergibt sich jedoch aus s. 3 (1) UCTA 1977. Danach greift s. 3 (2) UCTA 1977 nur dann ein, wenn der Verwendungsgegner der „exemption clause“ entweder als Verbraucher oder auf der Grundlage der „written standard terms of business“ der anderen Partei gehandelt hat.

Wann eine Person als Verbraucher i.S.d. UCTA 1977 anzusehen ist, wurde bereits im Rahmen des persönlichen Geltungsbereichs dieses Gesetzes erläutert[326].

Es bleibt somit die Bedeutung von „written standard terms“ zu klären. Der Begriff wird im UCTA 1977 nicht definiert. Aufgrund der Tatsache, dass der Vertrag lediglich auf der Grundlage von Standardklauseln eingegangen worden sein muss, kann jedoch eine weite Auslegung vorgenommen werden.

Dies bedeutet zunächst, dass eine Änderung einzelner Abreden dem Merkmal der „written standard terms“ nicht zwingend entgegensteht[327]. Des Weiteren schließen auch vorangegangene Vertragsverhandlungen das Vorliegen standardisierter Bedingungen nicht unbedingt aus, sofern diese trotzdem Eingang in den Vertrag gefunden haben[328]. In beiden Fällen ist allerdings eine Abwägung vorzunehmen, bei welcher die Bedeutung der zu prüfenden Klausel und der Grad etwaiger Variationen infolge von Verhandlungen zu berücksichtigen sind. Je zentraler eine Vereinbarung für den Vertrag ist und je größer die Veränderungen sind, desto mehr spricht dies dagegen, dass das Rechtsgeschäft auf der Grundlage eines Standardvertrags abgeschlossen wurde[329].

Allgemein kann jedoch festgestellt werden, dass nicht alle Vertragsbedingungen vor Vertragsschluss formuliert worden sein müssen, um sie insgesamt als „written standard terms“ einzustufen[330].

Außerdem können vorbereitete Abreden bereits bei ihrer erstmaligen Verwendung als Standardvertrag bewertet werden[331].

Schließlich bleibt zu erörtern, wem Klauseln, die in Musterverträgen eines Wirtschaftsverbandes enthalten sind, zuzurechnen sind. So könnte argumentiert werden, dass sie keine Bedingungen des bloßen Formularverwenders darstellen[332].

---

[325] Chitty/Beale Rn 14-069; Anson/Beatson S. 188 f.

[326] Siehe 2.Teil, C) III. 2.).

[327] Macdonald/Furmston S. 106 f; Chitty/Beale Rn 14-069; Anson/Beatson S. 189.

[328] Treitel S. 231; Lawson S. 118, 120.

[329] Anson/Beatson S. 189; Chitty/Beale Rn 14-069; McKendrick S. 238 f; Flamar Interocean Ltd. v. Denmac Ltd. (1990) 1 Lloyd's Rep. 434 (438).

[330] McKendrick S. 238 f; Lawson S. 118 f; St. Albans City and District Council v. International Computers Ltd. (1996) 4 All ER 481 (491); Salvage Association v. CAP Financial Services Ltd. (1995) FSR 654.

[331] Lawson S. 117.

[332] British Fermentation Products Ltd. v. Compair Reavell Ltd. (1999) BLR 352.

Dem ist allerdings zu entgegnen, dass auch Musterverträge die Interessen der anderen Partei nicht immer ausreichend berücksichtigen. Das ist insbesondere dann anzunehmen, wenn die Bedingungen regelmäßig von nur einem Vertragsteil herangezogen werden. In derartigen Fällen ist es folglich sachgerecht, Klauseln in Musterverträgen als solche des Formularbenutzers anzusehen, um sie einer Überprüfung zugänglich zu machen[333].

Insgesamt ist zum Geltungsbereich von s. 3 UCTA 1977 zu resümieren, dass die Anwendungsvoraussetzungen in s. 3 (1) UCTA 1977 über das Vorliegen einer „business liability" hinausgehen. Dadurch, dass der Verwendungsgegner der Freizeichnungsklausel entweder als Verbraucher oder auf der Grundlage der „written standard terms" des anderen gehandelt haben muss, wird für besonders schutzbedürftige Personen ein erhöhtes Kontrollniveau sichergestellt[334].

bb) Inhaltskontrolle gem. s. 3 (2) UCTA 1977

Durch s. 3 UCTA 1977 werden unterschiedliche Bedingungen dem „reasonableness-test" unterworfen.

Gem. s. 3 (2) (a) UCTA 1977 ist die Freizeichnung von der Haftung für einen Vertragsbruch nur wirksam, falls sie angemessen ist. Diesbezüglich ist anzumerken, dass es nicht auf die Art der Vertragsverletzung ankommt. Vielmehr besteht im englischen Recht ein einheitliches System, bei dem es lediglich auf Vorliegen irgendeiner Leistungsstörung ankommt[335].

Der Maßstab der „reasonableness" ist ferner bei Klauseln heranzuziehen, nach denen sich eine Partei vorbehält, den Vertrag gar nicht zu erfüllen (s. 3 (2) (b) (ii) UCTA 1977) oder zumindest wesentlich anders als vernünftigerweise erwartet werden kann (s. 3 (2) (b) (i) UCTA 1977).

Aus einer Abgrenzung dieser Regelungen zu s. 3 (2) (a) UCTA 1977 folgt, dass s. 3 (2) (b) UCTA nur dann einschlägig ist, wenn kein Vertragsbruch gegeben ist[336].

Ein Beispiel für eine wesentlich andere als die vernünftigerweise erwartete Leistung i.S.v. s. 3 (2) (b) (i) UCTA 1977 liegt vor, wenn einem Reiseveranstalter das Recht eingeräumt wird, den Ort der Unterbringung zu ändern[337]. S. 3 (2) (b) (i) UCTA 1977 ist zudem anwendbar, falls ein Vertrag ohne Grund gekündigt werden kann, während die andere Partei davon ausgeht, dass ein Kündigungsrecht nur in bestimmten Situationen gegeben ist[338].

Demgegenüber sind im Rahmen von s. 3 (2) (b) (ii) UCTA 1977 „force majeure clauses" zu prüfen. Darunter sind Bedingungen zu verstehen, welche festlegen,

---

333 Macdonald/Furmston S. 107 f; Chitty/Beale Rn 14-069.

334 Macdonald/Furmston S. 104 f.

335 Lawson S. 121; v. Bernstorff S. 76; Sims S. 116.

336 Anson/Beatson S. 189; Miller/Harvey/Parry S. 350; Chitty/Beale Rn 14-070; McKendrick S. 240.

337 Elliott/Quinn S. 111; Treitel S. 232; Beale in: Beatson/Friedmann S. 231 (235).

338 Lawson S. 122 f; Timeload Ltd. v. British Telecommunications plc. (1995) EMLR 459.

dass eine Vertragspartei unter speziellen Umständen nicht für das Ausbleiben der Erfüllung haftet. Indes müssen die rechtfertigenden Gründe außerhalb des Beherrschungsvermögens des Klauselverwenders liegen[339].
Zusammenfassend kann zu s. 3 (2) (b) UCTA 1977 gesagt werden, dass diese Regelung nur anwendbar ist, wenn kein Vertragsbruch begangen wurde. Wegen dieser Einschränkung ist die Norm restriktiv auszulegen, womit ihr lediglich ein begrenzter Geltungsbereich zukommt. So soll es dem Klauselverwender einzig nicht möglich sein, sich ausschließlich auf eine Freizeichnung zu stützen. In diesen Fällen ist der Haftungsausschluss nach s. 3 (2) (b) UCTA 1977 kontrollfähig. Werden zusätzlich zur fraglichen Vertragsbedingung jedoch weitere tatsächliche Umstände angeführt, um das Ausbleiben der vereinbarten Leistung zu rechtfertigen, kommt s. 3 (2) (b) UCTA 1977 nicht zur Anwendung[340].

b) Sondervorschriften für bestimmte Vertragstypen

Als Ergänzung zu s. 3 UCTA 1977 enthält der UCTA 1977 spezielle Kontrolltatbestände, die nur für einzelne Vertragstypen gelten.

aa) Kauf und Mietkauf (s. 6 UCTA 1977)

Für das Kauf- und Mietkaufrecht („sale and hire-purchase“) greift der UCTA 1977 spezialgesetzliche Vorschriften zur Inhaltskontrolle auf, welche bereits vor Erlass des UCTA 1977 bestanden. Dadurch, dass einige dieser Regelungen später jedoch ersetzt wurden, erfolgte auch eine Änderung des UCTA 1977. Damit bezieht sich der UCTA 1977 nun teilweise auf Gesetze, die erst nach dessen eigenem Inkrafttreten ergangen sind. So betrifft s. 6 UCTA 1977 Verpflichtungen, die sich entweder aus dem Sale of Goods Act 1979 oder dem Supply of Goods (Implied Terms) Act 1973 ergeben. Durch s. 6 UCTA 1977 wird ausschließlich die Freizeichnung von so genannten „implied terms“ kontrolliert. Darunter sind stillschweigende Bedingungen zu verstehen, welche durch eines der beiden Gesetze Inhalt eines Vertrags geworden sind[341].
Nach s. 6 (1) (a) UCTA 1977 kann sich ein Verkäufer in keinem Fall von der Verpflichtung aus s. 12 Sale of Goods Act 1979 befreien, dem Käufer Eigentum an der Sache zu verschaffen.
Hinsichtlich der Bestimmungen in ss. 13-15 Sale of Goods Act 1979 ist zwischen einem Konsumenten- und einem sonstigen Geschäft zu unterscheiden.
Handelt der Käufer als Verbraucher, können auch die Vorschriften nicht ausgeschlossen oder eingeschränkt werden, nach denen die Ware mit ihrer Beschreibung bzw. einem Muster übereinstimmen, von marktgängiger Qualität sowie gebrauchstauglich sein muss (s. 6 (2) (a) UCTA 1977).
Demgegenüber ist bei einem sonstigen Kaufgeschäft eine derartige Freizeichnung gem. s. 6 (3) UCTA 1977 nur dann unwirksam, wenn sie dem Erfordernis der „reasonableness“ nicht standhält.

---

[339] Anson/Beatson S. 190; Chitty/Beale Rn 14-070; Lawson S. 124.
[340] Treitel S. 233.
[341] Chitty/Beale Rn 14-075; McKendrick S. 241.

Liegt kein Kaufvertrag, sondern eine Vereinbarung über einen Mietkauf vor, so knüpft s. 6 UCTA 1977 an ss. 8-11 Supply of Goods (Implied Terms) Act 1973 an. Die Ausgestaltung der Inhaltskontrolle ist jedoch mit den Regelungen über den Kauf identisch (s. 6 (1) (b), (2) (b) UCTA 1977).
Es bleibt festzuhalten, dass es für die Anwendung der s. 6 UCTA 1977 ausnahmsweise nicht notwendig ist, dass eine Haftung aus einem geschäftlichen Bereich eingeschränkt wird (s. 6 (4) UCTA 1977). Diese Bestimmung hat jedoch aus zwei Gründen keine weitreichenden Auswirkungen. Erstens ist es bereits teilweise auf Grund des Sale of Goods Acts 1979 bzw. des Supply of Goods (Implied Terms) Acts 1973 erforderlich, dass die Verantwortlichkeit „in the course of a business" entsteht. Zweitens enthält s. 6 UCTA 1977 unter anderem Regelungen zu Verbrauchergeschäften. Wie bereits dargestellt, kann die Konsumenteneigenschaft jedoch nur dann bejaht werden, wenn die andere Person im Rahmen ihres üblichen Geschäftsgangs handelt[342].

bb) Sonst. Verträge mit Besitz-/Eigentumsübergang (s. 7 UCTA 1977)

Außerdem schreibt s. 7 UCTA 1977 Spezialregeln für Verträge fest, bei denen Besitz oder Eigentum an einer Ware übertragen wird, welche aber nicht von s. 6 UCTA 1977 erfasst werden. Ebenso wie s. 6 UCTA 1977 betrifft s. 7 UCTA lediglich konkludente Bedingungen, die durch ein Gesetz begründet werden. Aus welchem Gesetz sich die „implied terms" ergeben, hängt von der Natur des Vertrages ab (s. 7 (1) UCTA 1977). Diesbezüglich ist vornehmlich der Supply of Goods and Services Act 1982 zu nennen[343].
Als Rechtsgeschäfte, die in den Anwendungsbereich von s. 7 UCTA 1977 fallen, sind insbesondere Tauschvereinbarungen[344] sowie Werklieferungsverträge und die Warenmiete[345] anzuführen.
Die Regelungen hinsichtlich einer Haftung für die Übereinstimmung einer Sache mit ihrer Beschreibung bzw. einem Muster, marktgängiger Qualität sowie ihrer Gebrauchstauglichkeit sind mit denen über den Kauf vergleichbar. Gegenüber einem Konsumenten ist eine Freizeichnung demnach nicht möglich, während bei sonstigen Geschäften grundsätzlich eine Angemessenheitsprüfung vorzunehmen ist (s. 7 (2, 3) UCTA 1977). Eine Besonderheit besteht allerdings darin, dass ein Ausschluss der Haftung aus s. 2 Supply of Goods and Services Act 1982 schlechthin unwirksam ist, mithin auch dann, wenn kein Verbrauchergeschäft vorliegt (s. 7 (3A) UCTA 1977).
Demgegenüber kann die Pflicht, dem Vertragspartner das Eigentum oder den Besitz rechtsmangelfrei zu übertragen, wiederum in den Grenzen der Angemessenheit abbedungen werden. Eine Ausnahme stellt erneut die Verantwortlichkeit

---

[342] Treitel S. 230, 233; Macdonald/Furmston S. 125.
[343] Elliott/Quinn S. 110; Chitty/Beale Rn-14-076; Anson/Beatson S. 188.
[344] Macdonald/Furmston S. 124; McKendrick S. 241; Treitel S. 230.
[345] Anson/Beatson S. 188; Elliott/Quinn S. 111; Miller/Harvey/Parry S.356.

aus s. 2 Supply of Goods and Services 1982 dar. Eine darauf gerichtete Freizeichnung ist absolut unzulässig (s. 7 (4) UCTA 1977).

3.) Regelungen zu Einzelfragen

Neben den Einschränkungen vertraglicher Haftung und solcher für Fahrlässigkeit, kontrolliert der UCTA 1977 zudem spezielle Freizeichnungen.

a) Haftung für eine „misrepresentation“ (s. 8 UCTA 1977)

So behandelt s. 8 UCTA 1977 allein das Problem der so genannten „misrepresentation“, wodurch s. 3 Misrepresentation Act 1967 ersetzt wurde. Unter einer „misrepresentation“ ist eine unrichtige Parteierklärung über Tatsachen zu verstehen, welche nicht Vertragsinhalt geworden ist, die Gegenpartei aber zum Vertragsabschluss veranlasst hat[346].

Gem. s. 8 (1) (a) UCTA 1977 kann die Haftung für eine solche Falschaussage lediglich in den Grenzen der Angemessenheit ausgeschlossen werden. Ferner ist der „reasonableness-test“ durchzuführen, sofern eine Vertragsbedingung darauf gerichtet ist, die der Gegenpartei infolge der „misrepresentation“ zustehenden Rechtsmittel einzuschränken (s. 8 (1) (b) UCTA 1977).

Schließlich ist festzuhalten, dass s. 8 UCTA auf „jegliche“ Haftung auf Grund einer unrichtigen Erklärung verweist. Außerdem bezieht sich s. 1 (3) UCTA 1977 nicht auf s. 8 UCTA 1977. Folglich ist es für die Anwendung der s. 8 UCTA 1977 ausnahmsweise nicht notwendig, dass die Verantwortlichkeit eine „business liability“ darstellt[347].

b) „Indemnity clauses“ (s. 4 UCTA 1977)

Endlich ermöglicht s. 4 UCTA 1977 eine Inhaltskontrolle von Entschädigungsklauseln. Eine solche „indemnity clause“ liegt vor, wenn eine Vertragsbedingung die eine Partei verpflichtet, die andere Partei schadlos zu halten, falls im Zuge der Vertragsdurchführung für Letztere eine Haftungsverpflichtung begründet wird[348]. Bei der Verantwortlichkeit des anderen Teils muss es sich um eine „business liability“ handeln. Diese kann sowohl aus einer Fahrlässigkeit als auch aus einer Vertragsverletzung hergeleitet werden (s. 4 (1) UCTA 1977). Zudem ist es gem. s. 4 (1), (2) (b) UCTA 1977 unerheblich, ob die Haftpflicht gegenüber dem Garanten selbst oder einem Dritten, der nicht Vertragspartei ist, entsteht.

Ist eine „indemnity clause“ i.S.v. s. 4 UCTA 1977 gegeben, so ist sie lediglich in den Grenzen der Angemessenheit wirksam. Allerdings ist s. 4 UCTA 1977 nur dann anwendbar, wenn die Klausel einen Verbraucher zur Haftungsübernahme verpflichtet. Wird eine Schadloshaltungsklausel gegenüber einer anderen Person genutzt, ist die Abrede nicht überprüfbar[349].

---

[346] Sims S. 114; v. Bernstorff S. 57; Chitty/Beale Rn 14-105.
[347] Chitty/Beale Rn 14-105; Miller/Harvey/Parry S. 325; Treitel S. 235.
[348] Treitel S. 234; McKendrick S. 242; Chitty/Beale Rn 14-071.
[349] Anson/Beatson S. 187; Macdonald/Furmston S. 119.

V. Kontrollmaßstab der „reasonableness" (s. 11 UCTA 1977)

1.) Allgemeines

Ist eine Vertragsbedingung, die in den Anwendungsbereich des UCTA 1977 fällt, nicht absolut unzulässig, wird ihr Inhalt am Maßstab der „reasonableness" kontrolliert.

Dieser Angemessenheitstest ist gem. s. 9 (2) UCTA 1977 selbst dann durchzuführen, wenn der Verwendungsgegner die Freizeichnungsklausel trotz eines Vertragsbruchs des anderen und seiner daraus resultierenden Rücktrittsmöglichkeit bestätigt. Umgekehrt kann eine Abrede, sofern sie den Erfordernissen der „reasonableness" genügt, wirksam sein, obwohl der Vertrag wegen eines Vertragsbruchs oder Rücktritts bereits beendet ist (s. 9 (1) UCTA 1977).

Ist eine Vertragsbedingung auf ihre Angemessenheit hin zu überprüfen, so wird vermutet, dass die Klausel den Anforderungen nicht genügt[350]. Derjenige, der sich auf die „reasonableness" beruft, hat sie mithin zu beweisen (s. 11 (5) UCTA 1977).

Gelingt dies nicht, ist die Klausel „insoweit" unwirksam. Aus derartigen Formulierungen der Kontrolltatbestände darf aber nicht gefolgert werden, dass eine Bedingung teilweise aufrecht erhalten werden kann. Hält eine Abrede dem „reasonableness-test" nicht stand, ist sie vielmehr insgesamt nichtig[351].

Es bleibt festzuhalten, dass der Begriff der „reasonableness" wegen seiner Unbestimmtheit in hohem Maße ausfüllungsbedürftig ist. Insbesondere wird er im UCTA 1977 nicht definiert. Stattdessen beschränkt sich s. 11 (1) UCTA 1977 auf die bloße Umschreibung, dass die Aufnahme der Klausel in den Vertrag fair und angemessen gewesen sein muss. Um das Merkmal der „reasonableness" zu konkretisieren, nennen ss. 11 (2), (4) UCTA 1977 jedoch verschiedene Faktoren, die bei der Interpretation des Begriffs zu berücksichtigen sind. Diese Aufzählungen sind allerdings nicht abschließend[352]. Darüber hinaus sind gem. s. 11 (1) UCTA 1977 alle den Vertragsabschluss begleitenden Umstände heranzuziehen.

In einer komplexen Gesamtbetrachtung sind sodann alle Aspekte gegeneinander abzuwägen. Der „reasonableness-test" stellt also eine einzelfallabhängige Ermessensentscheidung dar. Dadurch wird einerseits zwar eine flexible Anwendung des Angemessenheitskriteriums ermöglicht, andererseits aber die Rechtssicherheit verringert. So kann eine identische Klausel in verschiedenen Situationen ungleich beurteilt werden. Dies gilt auch für die Bewertung einer Bedingung durch unterschiedliche Instanzen. Auf Grund des Ermessensspielraums der Eingangsinstanzen können die Berufungsgerichte deren Entscheidungen aber nur

---

[350] Chitty/Beale Rn 14-084; Upex S. 97; Elliott/Quinn S. 112.

[351] Macdonald/Furmston S. 146; Anson/Beatson S. 195; McKendrick S. 245; Stewart Gill Ltd. v. Horatio Myer & Co. Ltd. (1992) QB 600.

[352] Collins S. 240; Anson/Beatson S. 191 f; McKendrick S. 244; Macdonald/Furmston S. 145; Smith v. Eric S. Bush (1989) 2 All ER 514 (531).

eingeschränkt überprüfen. Ein Eingreifen ist demnach nur möglich, wenn einem Urteil offensichtlich fehlerhafte Rechtsprinzipien zu Grunde liegen[353].

2.) Maßgeblicher Beurteilungszeitpunkt (s. 11 (1) UCTA 1977)

Im Rahmen des „reasonableness-test" ist gem. s. 11 (1) UCTA zu bewerten, ob es fair und angemessen erscheint, dass die fragliche Klausel in den Vertrag eingeführt wurde. Diese Abwägung ist unter Bezugnahme auf die Umstände vorzunehmen, welche bei Vertragsschluss bekannt waren oder bekannt sein mussten. Außerdem sind die Faktoren zu beachten, deren Auftreten die Vertragspartner bereits bei Abschluss des Geschäfts erwartet haben. In diesem Zusammenhang ist es jeweils erforderlich, dass beide Parteien ein solches Wissen bzw. eine derartige Vorstellung aufweisen[354].

Nach s. 11 (1) UCTA 1977 ist der für die Angemessenheitsprüfung entscheidende Zeitpunkt somit der des Vertragsschlusses. Mithin bleiben später eintretende Geschehnisse, beispielsweise ein Vertragsbruch und daraus resultierende Schäden, grundsätzlich außer Betracht[355].

Dies gilt jedoch lediglich insofern, als es sich um unvorhersehbare Ereignisse handelt. So sind gerade auch die Erwartungen beider Vertragspartner als Begleitumstände des Rechtsgeschäfts anzusehen. Demnach ist es denkbar, dass die Parteien bereits bei Vertragsschluss einen bestimmten Geschehensablauf für möglich halten. Diese Umstände fließen in abstrakter Weise in den „reasonableness-test" ein. Dazu zählen insbesondere auch vorhersehbare Vertragsverletzungen[356].

Endlich ist erneut zu betonen, dass eine Vertragsbedingung stets in ihrer Gesamtheit zu betrachten ist. Dies ergibt sich daraus, dass bei der Bewertung einer Klausel zum Zeitpunkt des Vertragsschlusses nicht abschließend beurteilt werden kann, ob möglicherweise nur ein Teil der Vereinbarung unangemessen ist. Um also das Risiko der Unzulässigkeit von Haftungsausschlüssen so gering wie möglich zu halten, sind Freizeichnungsklauseln eng zu fassen. Dabei empfiehlt es sich, unterschiedliche Aspekte von Haftungsbeschränkungen in getrennten Vertragsbedingungen festzuschreiben[357].

3.) Zu berücksichtigende Faktoren gem. s. 11 (4) UCTA 1977

Für den Fall, dass eine Freizeichnung durch eine summenmäßige Beschränkung der Haftung erfolgen soll, nennt s. 11 (4) UCTA 1977 zwei Kriterien, die beim

---

[353] Lawson S. 135; Chitty/Beale Rn 14-085, 087; Anson/Beatson S. 192; George Mitchell (Chesterhall) Ltd. v. Finney Lock Seeds Ltd. (1983) 2 AC 803 (817).

[354] Chitty/Beale Rn 14-081; Lawson S. 143; Anson/Beatson S. 190; Edmund Murray Ltd. v. BSP International Foundations Ltd. (1992) 33 Con LR 1.

[355] Treitel S. 236; Elliott/Quinn S. 112; Beale in: Beatson/Friedmann S. 231 (235).

[356] Macdonald/Furmston S. 149 f; Chitty/Beale Rn 14-081; Anson/Beatson S. 190.

[357] Lawson S. 144; Macdonald/Furmston S. 150; McKendrick S. 245; Stewart Gill Ltd. v. Horatio Myer & Co. Ltd. (1992) QB 600; Overseas Medical Supplies Ltd. v. Orient Transport Services Ltd. (1999) 2 Lloyd's Rep. 273.

Angemessenheitstest zu berücksichtigen sind: Zum einen die Finanzkraft des Klauselverwenders und zum anderen seine Versicherungsmöglichkeiten.
Zur Anwendbarkeit von s. 11 (4) UCTA 1977 ist zunächst anzumerken, dass die Norm nicht nur dann eingreift, wenn ein konkreter Betrag zur Begrenzung einer Verantwortlichkeit genannt wird. Darüber hinaus ist s. 11 (4) UCTA 1977 auch einschlägig, falls die Haftungssumme auf Grund einer Umschreibung lediglich bestimmbar ist[358].
Außerdem ist zu betonen, dass nicht die tatsächliche Versicherungslage des Klauselverwenders entscheidet, sondern die bloße Möglichkeit der Versicherung[359]. Ist diese überhaupt nicht gegeben, lässt sich daraus ein Argument für die „reasonableness" der Haftungsbeschränkung ableiten. Könnte demgegenüber eine Versicherung abgeschlossen werden, spricht dies für die Unangemessenheit der Vertragsbedingung. Dies gilt zunächst unabhängig vom Preis-Leistungsverhältnis der erhältlichen Versicherung.
Zwar ist selbiges bei der Frage heranzuziehen, welcher Vertragspartei die Versicherungspflicht aufzuerlegen ist. Großen finanzstarken Unternehmen ist es jedoch regelmäßig möglich, sich auch gegen seltene Begebenheiten adäquat abzusichern. Im Gegensatz zu ihren Kunden können sie insbesondere die Versicherungskosten durch lediglich geringe Preissteigerungen auf ihre Vertragspartner abwälzen. Streben große Unternehmen also trotz der Versicherungsmöglichkeit eine Freizeichnung an, ist diese als unangemessen zu beurteilen[360].
Etwas anderes kann für kleinere Unternehmen gelten. So ist es denkbar, dass eine teure Versicherung ihre Finanzkraft übersteigt. Zudem könnten sie die Kosten nicht durch bloß unwesentliche Preiserhöhungen an ihre Kunden weiterleiten. Die finanzielle Ausstattung ist gem. s. 11 (4) UCTA 1977 jedoch auch in den „reasonableness-test" einzubeziehen. Folglich kann es unter diesem Gesichtspunkt angemessen erscheinen, dass kleine Unternehmen ihre Verantwortlichkeit durch eine Höchstsumme einschränken. Allerdings ist dabei der konkret festgesetzte Betrag zu rechtfertigen.
Insgesamt kann zu den Regelungen in s. 11 (4) UCTA 1977 festgestellt werden, dass sie die Flexibilität des „reasonableness-test" zum Ausdruck bringen. Auf diese Weise ist es möglich, insbesondere kleine Unternehmen vor unbegrenzter Haftung zu schützen[361].

---

[358] Lawson S. 136; Chitty/Beale Rn 14-083; Macdonald/Furmston S. 151.
[359] McKendrick S. 245; Treitel S. 237; Lawson S. 136; The Flamar Pride (1990) 1 Lloyd's Rep. 434 (439).
[360] Anson/Beatson S. 193; Collins S. 240, 243; Treitel S. 237; St. Albans City and District Council v. International Computers Ltd. (1996) 4 All ER 481; George Mitchell (Chesterhall) Ltd. v. Finney Lock Seeds Ltd. (1983) 2 AC 803 (817); Salvage Association v. CAP Services (1995) FSR 654; Smith v. Eric S. Bush (1990) 1 AC 831 (858 f).
[361] Chitty/Beale Rn 14-083; Anson/Beatson S. 193.

4.) Konkretisierungshilfen nach s. 11 (2) i.V.m. Sched. 2 UCTA 1977

Zur Ausfüllung des Begriff der „reasonableness" verweist s. 11 (2) UCTA 1977 zudem auf Sched. 2 UCTA 1977. Dort sind verschiedene Kriterien aufgelistet, welche in die Beurteilung einer Freizeichnungsklausel einzubeziehen sind. Zwar gelten diese Orientierungshilfen dem Wortlaut von s. 11 (2) UCTA 1977 nach lediglich für Verträge i.S.v. ss. 6, 7 UCTA 1977. Indes besteht bei anderen Vertragsarten ebenfalls die Notwendigkeit, den unbestimmten Rechtsbegriff der Angemessenheit zu konkretisieren. Aus diesem Grund kann auf Sched. 2 UCTA 1977 innerhalb der Kontrolle jeglicher Vertragsbedingungen zurückgegriffen werden, sofern sie am Maßstab der „reasonableness" zu messen sind[362].

a) Verhandlungsstärke der Parteien (Sched. 2 (a) UCTA 1977)

Nach Sched. 2 (a) UCTA 1977 ist im Rahmen der Angemessenheitsprüfung zunächst die Verhandlungsmacht der Vertragsparteien zu berücksichtigen. Je gleichwertiger sie ist, desto größer ist die Wahrscheinlichkeit der „reasonableness" einer Klausel. Umgekehrt stellt die fehlende Ausgewogenheit der Verhandlungspositionen ein Indiz für die Unangemessenheit einer Freizeichnung dar[363].

aa) Verwendung vorformulierter Bedingungen

Ein Anhaltspunkt für die „unreasonableness" einer Haftungseinschränkung liegt insbesondere dann vor, wenn die Vereinbarungen vor Vertragsabschluss überhaupt nicht diskutiert wurden. So spricht die Einführung vorformulierter Bedingungen in einen Vertrag prinzipiell für die Überlegenheit des Klauselverwenders[364].

Sind jedoch Abreden aus Standardverträgen zu überprüfen, welche durch Wirtschaftsverbände ausgehandelt wurden, ergibt sich eine abweichende Bewertung. Das ist darauf zurückzuführen, dass durch die Beteiligung zweier Vereinigungen den Interessen beider Vertragspartner Rechnung getragen wird. In diesen Fällen kann folglich nicht angenommen werden, dass der Benutzer der vorformulierten Standardklauseln diese seinem Vertragspartner einseitig auferlegt. Demnach ist ein Ungleichgewicht der Verhandlungsmacht nicht festzustellen[365].

---

[362] Elliott/Quinn S. 113; Chitty/Beale Rn 14-082; Stewart Gill Ltd. v. Horatio Myer & Co. Ltd. (1992) 1 QB 600; St. Albans City and District Council v. International Computers Ltd. (1996) 4 All ER 481; Flamar Interocean Ltd. v. Denmac Ltd. (1990) 1 Lloyd's Rep. 434 (438 f).

[363] Lawson S. 139; McKendrick S. 245; Anson/Beatson S. 192 f; Smith v. Eric S. Bush (1990) 1 AC 831 (858); George Mitchell (Chesterhall) Ltd. v. Finney Lock Seeds Ltd. (1983) QB 284 (302).

[364] Elliott/Quinn S. 114; Macdonald/ Furmston S. 154; Phillips Products Ltd. v. Hyland and Hamstead Plant Hire Co. Ltd. (1987) 2 All ER 620 (629).

[365] Treitel S. 237; Collins S. 244; Macdonald/ Furmston S. 154; Howard Marine and Dredging Co. Ltd. v. A. Ogden & Sons (Excavations) Ltd. (1978) QB 574 (594); George Mitchell (Chesterhall) Ltd. v. Finney Lock Seeds Ltd. (1983) 2 AC 803 (817).

Die Angemessenheit einer vorgefertigten Bedingung liegt zudem dann nahe, wenn die Klausel auf einen Handelsbrauch zurückgeführt werden kann[366].

bb) Bewertung der Marktposition

Zur Einschätzung der Verhandlungsmacht ist ferner auf die Marktposition der Vertragsparteien abzustellen. So haben Verbraucher eine geringere geschäftliche Erfahrung als Unternehmer. Mithin sind sie im Verhältnis zu Gewerbetreibenden als unterlegen einzustufen. Wird ein Vertrag demgegenüber zwischen zwei Geschäftsleuten abgeschlossen, wird vermutet, dass eine gleichwertige Verhandlungsstärke gegeben ist. Folglich kann die „reasonableness" einer Bedingung in diesen Fällen leichter bejaht werden, als bei Beteiligung eines Konsumenten[367]. Eine Sonderposition nehmen in diesem Zusammenhang öffentliche Dienststellen ein. Zwar fallen sie nach s. 14 UCTA 1977 unter den Begriff „business". Daraus kann zunächst abgeleitet werden, dass sie Verbrauchern gegenüber als überlegen anzusehen sind. Zweifelhaft erscheint aber das Verhältnis zu Gewerbetreibenden. So nehmen öffentliche Dienststellen nicht in gleichem Maße wie Unternehmer am Geschäftsverkehr teil. Somit sind sie bezüglich ihrer Verhandlungsstärke nicht mit Gewerbetreibenden gleichzusetzen. Vielmehr weisen sie im Verhältnis zu Geschäftsleuten oftmals eine geringere Verhandlungsmacht auf[368]. Im Zusammenhang mit der Marktstellung sind außerdem etwaige Ausweichmöglichkeiten des Vertragspartners des Klauselverwenders zu erörtern[369]. Diese können zum einen darin gesehen werden, dass der Kunde den Vertrag bei einem anderen Anbieter ohne die fragliche Abrede hätte abschließen können. Zum anderen ist es jedoch auch denkbar, dass derselbe Vertragspartner eine Alternative anbietet. Das ist der Fall, wenn der Kunde bei Zahlung eines höheren Preises günstigere Bedingungen erhält, indem sich der Gewerbetreibende bereit erklärt, die Haftung zu übernehmen[370].

Ist eine Ausweichmöglichkeit nicht gegeben, hat der Kunde keine andere Wahl, als die angebotenen Konditionen zu akzeptieren. Auf Grund der Marktsituation befindet sich der Verwender der „exemption clause" somit in einer überlegenen Verhandlungsposition, was die Unangemessenheit der Vereinbarung nahe legt.

---

366 Anson/Beatson S. 192 f; Collins S. 244.

367 Lawson S. 136, 142; Collins S. 245.

368 Macdonald/Furmston S. 154; Lawson S. 140 f; St. Albans City and District Council v. International Computers Ltd. (1995) FSR 686 (708).

369 Collins S. 240; Anson/Beatson S. 191, 193, Macdonald/Furmston S. 153 ff.

370 Elliott/Quinn S. 114; Lawson S. 137; Anson/Beatson S. 193; Collins S. 242; Woodman v. Phototrade Processing Ltd. (1981) 131 NLJ 935; R.W. Green Ltd. v. Cade Bros. Farms (1978) 1 Lloyd's Rep. 602; Singer Co. (UK) Ltd. v. Tees and Hartlepool Port Authority (1988) 2 Lloyd's Rep. 164 (170).

b) Sched. 2 (b) UCTA 1977

aa) Anreiz zur Zustimmung

Gem. Sched. 2 (b) UCTA 1977 ist zur Konkretisierung des „reasonableness"-Begriffs zunächst zu erörtern, ob für den Kunden ein Anreiz bestand, der Freizeichnungsklausel zuzustimmen. Damit findet der Kompensationsgedanke Eingang in die Angemessenheitsprüfung. Ein besonderer Beweggrund des Verwendungsgegners kann also eine nachteilige Vertragsbedingung ausgleichen. Das spezielle Motiv stellt folglich ein Argument für die „reasonableness" der Klausel dar.

Als möglicher Anreiz kommt zum einen der Wegfall weiterer ungünstiger Vereinbarungen in Betracht.

Zum anderen ist es denkbar, dass ein Kunde durch für ihn günstige Abreden dazu veranlasst wird, einen Haftungsausschluss seines Vertragspartners zu akzeptieren. In dieser Hinsicht ist insbesondere ein herabgesetzter Preis zu nennen[371].

bb) Fehlende Ausweichmöglichkeit

Außerdem ist nach Sched. 2 (b) UCTA 1977 zu erwägen, ob der Kunde mit einer anderen Person einen vergleichbaren Vertrag ohne die fragliche Bedingung hätte abschließen können. Unter diesem Aspekt ist also erneut eine etwaige Ausweichmöglichkeit entscheidend, womit Überschneidungen mit Sched. 2 (a) UCTA 1977 auftreten.

War eine Alternative zum konkreten Vertrag gegeben, kann dies für die „reasonableness" der Haftungsbeschränkung sprechen[372].

Hinsichtlich denkbarer Ausweichmöglichkeiten bleibt jedoch zu beachten, dass nicht das bloße Vorliegen einer Alternative ausreicht, von der Angemessenheit einer Freizeichnung auszugehen. Zudem muss der Abschluss eines anderen Vertrags für den Kunden praktikabel und finanzierbar sein. Ist dies zu verneinen, so ist die Ausweichmöglichkeit nicht realisierbar. Demzufolge wirkt eine Freizeichnung in diesen Situationen unangemessen[373].

c) Kenntnis vom Haftungsausschluss (Sched. 2 (c) UCTA 1977)

Im Rahmen des „reasonableness-test" ist gem. Sched. 2 (c) UCTA 1977 ferner maßgeblich, ob der Kunde die Vertragsbedingung und ihre Tragweite kannte bzw. kennen musste. Dabei sind insbesondere Handelsbräuche und vorherige Geschäftsverbindungen zwischen den Parteien zu berücksichtigen.

Im Zusammenhang mit Sched. 2 (c) UCTA 1977 ist nochmals anzumerken, dass der UCTA 1977 lediglich Regelungen zur Inhaltskontrolle von Vertragsbedingungen enthält. Bestimmungen zu deren Einbeziehung in eine Vereinbarungen

---

[371] Elliott/Quinn S. 113; Treitel S. 237.

[372] Macdonald/Furmston S. 154 f; Schenkers Ltd. v. Overland Shoes Ltd. (1998) 1 Lloyd's Rep. 498 (506); Phillips Products Ltd. v. Hyland and Hamstead Plant Hire Co. Ltd. (1987) 2 All ER 620 (629).

[373] Macdonald/Furmston S. 155; Smith v. Eric S. Bush (1989) 2 All ER 514; Overseas Medical Supplies Ltd. v. Orient Transport Services Ltd. (1999) CLC 1243 (1248).

trifft das Gesetz nicht. Zwar stellt die Kenntnis einer Abrede eine Möglichkeit dar, diese in den Vertrag aufzunehmen[374]. Somit ist es denkbar, dass bei der Einbeziehungsprüfung und dem Angemessenheitstest vergleichbare Überlegungen anzustellen sind[375]. Trotzdem ist die Einbeziehung einer Bedingung von der Anwendung des UCTA 1977 unabhängig. Dies wird insbesondere durch s. 11 (2) 2. HS UCTA 1977 zum Ausdruck gebracht. Danach schließt s. 11 (2) UCTA 1977 es nicht aus, dass eine Klausel gar nicht als Vertragsbestandteil angesehen wird. Der Aspekt der Einbeziehung einer Bedingung stellt im Verhältnis zur Inhaltskontrolle anhand des UCTA 1977 vielmehr eine vorgelagerte Frage dar. Die Durchführung des „reasonableness-test“ setzt mithin eine bereits wirksame Einbeziehung der Bedingung voraus[376].
Ist im Rahmen einer Angemessenheitsprüfung auf Sched. 2 (c) UCTA 1977 einzugehen, spricht die Kenntnis des Verwendungsgegners vom Haftungsausschluss für die „reasonableness“ der Klausel[377]. Es ist allerdings zu bedenken, dass stets alle Begleitumstände des Vertragsschlusses in die Abwägung einzubeziehen sind. Mithin kann beispielsweise eine fehlende Ausweichmöglichkeit das Wissen des Kunden von der Abrede relativieren[378].
Bezüglich des Kriteriums der Kenntnis ist außerdem zu beachten, dass einerseits nicht allein das tatsächliche Wissen entscheidet. Um diesen Aspekt der Inhaltskontrolle nicht ausschließlich subjektiv zu gestalten, genügt nach Sched. 2 (c) UCTA 1977 eine potentielle Kenntnis. Ein derartiges „Kennenmüssen“ kann insbesondere auf Grund von Handelsbräuchen oder früheren Geschäftsbeziehungen der Vertragsparteien begründet werden[379].
Andererseits reicht es nach Sched. 2 (c) UCTA 1977 nicht aus, dass der Kunde die Existenz der Klausel kennt bzw. kennen muss. Vielmehr muss sich sein Wissen zudem auf die Bedeutung und Tragweite der Bedingung beziehen. In dieser Hinsicht ist eine etwaige Geschäftserfahrung des Verwendungsgegners zu berücksichtigen. Nimmt dieser als Verbraucher lediglich ausnahmsweise am Rechtsverkehr teil, ist ihm das Ausmaß eines Haftungsausschlusses regelmäßig nicht bewusst. Trotz möglicher Kenntnis vom Vorhandensein der Klausel,

---

[374] Upex S. 78; Elliott/Quinn S. 100 f; McKendrick S. 181.
[375] Macdonald/Furmston S. 157; Collins S. 241 f.
[376] Treitel S. 237; Macdonald/Furmston S. 157; AEG (UK) Ltd. v. Logic Resources Ltd. (1996) CLC 265.
[377] Collins S. 240; Lawson S. 137; Macdonald/Furmston S. 156; Moores v. Yakely Associates Ltd. (1998) 62 Con LR 76; Levison v. Patent Steam Carpet Cleaning Co. (1978) QB 69.
[378] Macdonald/Furmston S. 157.
[379] Lawson S. 146; Macdonald/Furmston S. 157; Schenkers Ltd. v. Overland Shoes Ltd. (1998) 1 Lloyd's Rep. 498 (507); R.W. Green Ltd. v. Cade Bros. Farms (1978) 1 Lloyd's Rep. 602.

spricht das mangelnde Verständnis somit für die Unangemessenheit der Freizeichnung[380].

d) Aufstellen einer Bedingung (Sched. 2 (d) UCTA 1977)

War die Haftungsbeschränkung an den Nichteintritt einer Bedingung geknüpft, so kommt es nach Sched. 2 (d) UCTA 1977 darauf an, ob die Erfüllung der Bedingung bei Vertragsschluss vernünftigerweise erwartet werden konnte.

Gehen die Parteien vom Eintritt der Bedingung aus, stellen sie sich demnach vor, dass es keinem Vertragspartner möglich sein wird, sich auf die Freizeichnung zu berufen. Derartige beiderseitige Erwartungen sind als Argument für die Angemessenheit der Klausel einzustufen.

Rechnen die Beteiligten demgegenüber nicht mit der Erfüllung der Bedingung, würde die „exemption clause" zur Anwendung gelangen. In diesen Fällen ist die gesamte Vereinbarung einschließlich des Haftungsausschlusses zu beurteilen. Führt diese Bewertung zu einer widersprüchlichen bzw. nicht ausführbaren Vertragssituation, liegt die Unangemessenheit der Abrede nahe[381]. Das ist beispielsweise dann gegeben, wenn für die Geltendmachung eines Schadensersatzanspruchs eine offenkundig unzureichende Frist festgeschrieben wird[382].

Allgemein kann zu Sched. 2 (c) UCTA 1977 gesagt werden, dass dieses Kriterium zur Interpretation des „reasonableness"-Begriffs an s. 11 (1) UCTA 1977 anknüpft. So verdeutlicht es, dass die Vorstellungen beider Parteien als Begleitumstände des Vertrags anzusehen sind und nur unvorhergesehene Geschehensabläufe bei der Angemessenheitsprüfung außer Betracht bleiben.

e) Sonderbestellung des Kunden (Sched. 2 (e) UCTA 1977)

Schließlich ist es nach Sched. 2 (d) UCTA 1977 maßgeblich, ob die Ware auf Grund einer Sonderbestellung des Kunden hergestellt oder bearbeitet wurde. Allerdings lässt sich nicht eindeutig feststellen, wie sich dieser Faktor auf die Angemessenheitsprüfung eines Haftungsausschlusses auswirkt.

Regelmäßig lässt sich anführen, dass der Gewerbetreibende für eine speziell angefertigte Ware keine anderweitige Verwendung findet, falls der Kunde vom Vertrag zurücktreten sollte. Daraus kann gefolgert werden, dass an die „unreasonableness" einer Klausel höhere Anforderungen zu stellen sind. Somit ist die Tatsache, dass der Vertragsgegenstand eine Sonderbestellung des Kunden ist, grundsätzlich als Indiz für die Angemessenheit einer Freizeichnung einzuordnen[383].

---

[380] Macdonald/Furmston S. 158; Lawson S. 146; Charlotte Thirty and Bison Ltd. v. Croker Ltd. (1990) 24 Con LR 46; Overseas Medical Supplies Ltd. v. Orient Transport Services (1999) CLC 1243 (1253).

[381] Macdonald/Furmston S. 159; Stag Line Ltd. v. Tyne Shiprepair Group (The Zinnia) (1984) 2 Lloyd's Rep. 211 (223).

[382] Lawson S. 138; Sargant v. CIT (England) (t/a) Citalia) (1994) CLY 566; RW Green v. Cade Bros. Farms (1978) 1 Lloyd's Rep. 602.

[383] Chitty/Beale Rn 14-082; Lawson S. 146.

Dieses Prinzip gilt jedoch nicht uneingeschränkt. So ist auf der anderen Seite zu berücksichtigen, dass der Kunde die Ware nicht ohne weiteres von anderer Stelle erhalten kann. Demnach kann durch eine Sonderbestellung gerade beabsichtigt werden, den Gewerbetreibenden zu ordnungsgemäßer Erfüllung zu veranlassen. Dies ist anzunehmen, wenn besonders detaillierte Beschreibungen darüber in die Vereinbarung aufgenommen wurden, welchen Anforderungen der Vertragsgegenstand gerecht werden muss. Zudem ist es erforderlich, dass der exakte Verwendungszweck im Vertrag zum Ausdruck kommt. Sind diese Voraussetzungen erfüllt, ist es sachgerecht, eine Freizeichnung des Gewerbetreibenden zu erschweren. Ihm soll es beispielsweise nicht möglich sein, seine Haftung auf eine bloße Nachbesserung zu beschränken. Die Sonderbestellung ist dann also zugunsten des Kunden in den „reasonableness-test" einzubeziehen[384]. Es ist allerdings zu beachten, dass eine derartige Bewertung die Ausnahme darstellt.

5.) Weitere mögliche Beurteilungsaspekte

Wie bereits gesagt, ist die Aufzählung der Faktoren, welche in ss. 11 (4), 11 (2) i.V.m. Sched. 2 UCTA 1977 zur Konkretisierung des „reasonableness"-Maßstabs genannt werden, nicht abschließend. Darüber hinaus sind innerhalb der Angemessenheitsprüfung alle den Vertragsschluss begleitenden Umstände zu berücksichtigen (s. 11 (1) UCTA 1977). Zur Ausfüllung des „reasonableness"-Begriffs sind mithin sämtliche Aspekte heranzuziehen, die sich im jeweiligen Einzelfall auf die Inhaltskontrolle einer Bedingung auswirken könnten. Hinsichtlich der folgenden Aufzählung ist zu betonen, dass sie nicht als erschöpfend angesehen werden kann[385].

a) Schwierigkeit der Pflichterfüllung

Zunächst ist es denkbar, die Frage der Angemessenheit eines Haftungsausschlusses von der Schwierigkeit der zu erfüllenden Pflicht abhängig zu machen. Ist sie als komplex einzustufen, haftet ihr das hohe Risiko eines Fehlschlags an. Die gesteigerten Anforderungen bewirken also eine Unsicherheit bezüglich des Erfolgseintritts. In derartigen Fällen kann von der „reasonableness" einer Freizeichnung ausgegangen werden. Handelt es sich demgegenüber um eine gewöhnliche, nicht besonders schwierige Aufgabe, erscheint eine Haftungsbeschränkung unter diesem Gesichtspunkt unzulässig[386].

b) Verschulden als Schadensursache

Des Weiteren ist zu klären, ob der Klauselverwender seine Verantwortlichkeit durch eine Fahrlässigkeit oder eine vorsätzliche Schädigung begründet hat. Dabei ist allerdings s. 11 (1) UCTA 1977 zu beachten, wonach innerhalb der Angemessenheitsprüfung auf den Zeitpunkt des Vertragsschlusses abzustellen ist.

---

[384] Lawson S. 143; Macdonald/Furmston S. 160; Edmund Murray Ltd. v. BSP International Foundations Ltd. (1992) 33 Con. LR 1.

[385] Treitel S. 238; Anson/Beatson S. 191 f; Smith v. Eric S. Bush (1990) 1 AC 831 (858).

[386] Elliott/Quinn S. 114; Treitel S. 238; Lawson S. 139; Smith v. Eric S. Bush (1990) 1 AC 831 (859).

Ein konkreter Vertragsbruch bleibt mithin außer Betracht. Demzufolge ist es lediglich möglich, die Vertragsbedingung auszulegen und auf ihre potentielle Unangemessenheit zu überprüfen. Somit ist entscheidend, ob die „exemption clause“ eine etwaige Fahrlässigkeit bzw. einen Vorsatz bezüglich der Schadensverursachung einschließen soll oder ob sie auf Zufallsschäden begrenzt ist. Erfasst die Freizeichnung auch fahrlässiges oder vorsätzliches Verhalten des Klauselverwenders, liegt grundsätzlich ein Indiz für die Unangemessenheit der Abrede vor[387].

Hätte die andere Vertragspartei den Schaden indes verhindern können, ist der Verlust nicht einzig dem Unternehmer zuzurechnen. War dies bereits bei Vertragsschluss vorstellbar, liegt trotz der Fahrlässigkeit ausnahmsweise die „reasonableness“ der Bedingung nahe[388].

c) Bisheriger Umgang mit vergleichbaren Klauseln

Außerdem ist zu erörtern, ob ein früheres Verhalten des Gewerbetreibenden im Umgang mit ähnlichen Vereinbarungen die aktuelle Angemessenheitsprüfung beeinflussen kann.

In diesem Zusammenhang ist allerdings zu beachten, dass ein Verzicht eines Unternehmers, sich auf eine Freizeichnung zu berufen, unter Umständen bloß gute Geschäftsbeziehungen bewahren sollte. Dass ein Klauselverwender zuvor eine vergleichbare Bedingung nicht durchgesetzt hat, bedeutet folglich nicht, dass der zu bewertende Haftungsausschluss zwangsläufig unangemessen ist[389]. Etwas anderes gilt lediglich dann, falls die„unreasonableness“ von bestimmten Haftungsbeschränkungen im Vorfeld ausdrücklich anerkannt wurde[390].

d) Verständlichkeit der „exemption clause“

Ferner sind die sprachliche Fassung und das Erscheinungsbild der „exemption clause“ zu untersuchen. Formuliert der Gewerbetreibende die Freizeichnung nicht klar und eindeutig, ist dies zu seinem Nachteil in die Abwägung einzubeziehen. Gleiches gilt bei unzureichender Lesbarkeit der Bedingung. Die Unverständlichkeit der Vertragsklausel ist demnach als Argument für die Unangemessenheit des Haftungsausschlusses zu bewerten[391].

---

[387] Macdonald/Furmston S. 159; Chitty/Beale Rn 14-087; George Mitchell (Chesterhall) Ltd. v. Finney Lock Seeds Ltd. (1983) 2 All ER 737 (744); Phillips Products Ltd. v. Hyland and Hamstead Plant Hire Co. Ltd (1987) 2 All ER 620; Peninsular & Oriental Steam Navigation Co. v. Youell (1997) 2 Lloyd's Rep. 136 (143).

[388] Anson/Beatson S. 193.

[389] McKendrick S. 245 f; Macdonald/Furmston S. 159; Schenker Ltd. v. Overland Shoes Ltd. (1998) 1 Lloyd's Rep. 498 (508).

[390] Lawson S. 149; George Mitchell (Chesterhall) Ltd. v. Finney Lock Seeds Ltd. (1983) 2 AC 803 (817).

[391] Anson/Beatson S. 193 f; Lawson S. 144; George Mitchell (Chesterhall) Ltd. v. Finney Lock Seeds Ltd. (1983) QB 284 (314); Lease Management Services Ltd. v. Purnell Secretarial Services Ltd. (1993) 13 Tr. LR 337.

Welche Anforderungen an die Transparenz der Abrede zu stellen sind, ist unter Beachtung von Sched. 2 (c) UCTA 1977 zu ermitteln. Danach genügt bereits ein Kennenmüssen der Bedeutung einer Vereinbarung. Wann ein solches potentielles Verständnis einer Freizeichnung gegeben ist, hängt vom jeweiligen Vertragspartner des Klauselverwenders ab. Es ist also zwischen einem Gewerbetreibenden und einem Verbraucher zu differenzieren. Während ein Unternehmer geschäftliche Erfahrung aufweist, kommt diese einem Verbraucher nicht zugute. Für einen Gewerbetreibenden erweist sich eine Haftungsbeschränkung im Vergleich zu einem Konsumenten folglich als leichter verständlich. Wird eine Freizeichnung also gegenüber einem Verbraucher verwendet, ist diese so zu verfassen, dass sich der Konsument prinzipiell ohne Einholung von Rechtsrat ihrer Tragweite bewusst sein kann.

e) Einholung von Rechtsrat

Ergänzend zur Verständlichkeit einer Bedingung ist innerhalb des „reasonableness-test" maßgeblich, ob der Kunde vor Vertragsabschluss eine rechtliche Beratung in Anspruch genommen hat. So gewährleisten die Erläuterungen eines Juristen das Verständnis der Vertragsabrede. Wird eine Haftungsbeschränkung trotz vorheriger Einholung eines Rechtsrats akzeptiert, spricht dies mithin für die Angemessenheit der Vereinbarung[392]. Das gilt selbst für den Fall, dass der Verwendungsgegner Konsument ist. Schließlich wird sein unzureichendes Verständnis gerade durch die fachliche Beratung kompensiert.

f) Erkennbarkeit des Mangels

Einen weiteren Faktor im Rahmen der Inhaltskontrolle stellt die Art des Mangels dar, durch den ein Schaden verursacht wird. Handelt es sich um einen versteckten Defekt, ist es dem Verwendungsgegner nicht möglich, den Fehler zu erkennen. Schließt der Gewerbetreibende seine Haftung dennoch für den Fall aus, dass sein Vertragspartner den Mangel nicht innerhalb einer kurzen Frist beanstandet, ist die Freizeichnung unangemessen und damit unwirksam[393].

g) Verhältnis von Preis und Schaden

Darüber hinaus ist das Verhältnis von Preis und Schaden in die Bewertung eines Haftungsausschlusses einzubeziehen. In dieser Hinsicht ist jedoch erneut anzumerken, dass der Zeitpunkt des Vertragsschlusses entscheidet. Mithin können den Kosten lediglich abstrakte Einbußen gegenübergestellt werden.

Ist der Preis im Vergleich zu denkbaren Schäden besonders niedrig, deutet dies darauf hin, dass der Kunde im Gegenzug das Schadensrisiko übernehmen muss. In derartigen Situationen liegt somit die „reasonableness" der Freizeichnungsklausel nahe. Ist umgekehrt ein sehr hoher Preis zu entrichten, hat der Gewerbe-

---

[392] McKendrick S. 244; Lawson S. 139, 148.

[393] Treitel S. 238; Anson/Beatson S. 194; R.W. Green v. Cade Bros. Farms (1978) 1 Lloyd's Rep. 602; R. & B. Customs Brokers Co. Ltd. v. United Dominions Trust Ltd. (1988) 1 WLR 321 (332).

treibende die Gefahr unfreiwilliger Einbußen zu tragen. Eine Haftungsbeschränkung wäre demzufolge unangemessen[394].

h) Praktische Konsequenzen der Wirksamkeit

Des Weiteren sind bei der Abwägung, ob eine „exemption clause" zulässig ist, die praktischen Folgen der Wirksamkeit zu bedenken. Es ist somit zu beurteilen, ob es dem Verwendungsgegner zugemutet werden kann, dass sich der Gewerbetreibende von seiner Verantwortlichkeit freizeichnet. So könnte der Kunde trotz Zahlung des vollen Preises einen wertlosen Vertragsgegenstand erhalten, ohne dass eingetretene Schäden ausgeglichen würden.

Dem ist die Lage des Unternehmers im Falle seiner Einstandspflicht gegenüberzustellen. Dabei ist erneut auf den Aspekt erhältlicher Versicherungen einzugehen. Die Frage der Versicherungsmöglichkeit ist somit über s. 11 (4) UCTA 1977 bei jeder Angemessenheitsprüfung zu erörtern. Sie ist nicht nur in Fällen summenmäßiger Beschränkung einer Haftung relevant. Wie bereits festgestellt, ist es einem Gewebetreibenden grundsätzlich möglich, sich gegen denkbare Schäden abzusichern. Zudem kann er die Kosten einer Versicherung regelmäßig durch geringfügige Preiserhöhungen an seine Vertragspartner weiterleiten. Tritt sodann der Versicherungsfall ein, entsteht dem Unternehmer trotz seiner Haftung kein Schaden.

Diese aufgezeigten Konsequenzen einer wirksamen Freizeichnung lassen es also sachgerecht erscheinen, bei bestehender Versicherungsmöglichkeit dem Gewerbetreibenden die Haftung aufzuerlegen. Die demgegenüber weitreichenden Nachteile für den Kunden indizieren somit die Unangemessenheit der „exemption clause"[395].

i) Widersprüchliches Verhalten

Schließlich ist zu klären, ob eine Haftungsbeschränkung als widersprüchliches Verhalten des Unternehmers betrachtet werden kann.

Das ist anzunehmen, wenn der Gewerbetreibende einerseits einen Erfolg garantiert, andererseits aber jegliche Haftung im Fall des Misserfolgs ausschließt. Liegt eine ausdrückliche Zusicherung bezüglich des Eintritts eines Erfolgs vor, ist die Freizeichnung als unangemessen zu bewerten[396].

---

[394] Collins S. 243; Anson/Beatson S. 194; George Mitchell (Chesterhall) Ltd. v. Finney Lock Seeds Ltd. (1983) 2 AC 803; Smith v. Eric S. Bush (1990) 1 AC 831 (859 f).

[395] Macdonald/Furmston S. 160 f; Collins S. 243 f; Lawson S. 139, 141, 148; Smith v. Eric S. Bush (1989) 2 All ER 514; St. Albans City and District Council v. International Computers Ltd. (1995) FSR 686 (711).

[396] Lawson S. 145; Lease Management Services Ltd. v. Purnell Secretarial Services Ltd. (1993) 13 Tr. LR 337; Smith v. Eric S. Bush (1990) 1 AC 831; Edmund Murray Ltd. v. BSP International Foundations Ltd. (1992) 33 Con. LR 1.

VI. Ergebnis zum UCTA 1977

1.) Anwendungsbereich

Es ist also zu resümieren, dass der UCTA 1977 eine direkte Inhaltskontrolle so genannter „exemption clauses“ ermöglicht. Damit werden anhand dieses Gesetzes nicht Vertragsbedingungen schlechthin überprüft, sondern grundsätzlich nur Freizeichnungsklauseln. Um dennoch eine effektive Wirksamkeit des UCTA 1977 sicherzustellen, ist der Begriff der „exemption clause“ weit auszulegen. Danach umfasst er nicht nur Abreden, die ausdrücklich eine Haftung ausschließen oder beschränken. Vielmehr werden gem. s. 13 (1) UCTA 1977 auch Bedingungen überprüft, welche eine den Freizeichnungen ähnliche Wirkung haben. Zudem können in bestimmten Ausnahmefällen Vereinbarungen kontrolliert werden, die keinen Haftungsausschluss i.e.S. enthalten. Dazu zählen zum einen so genannte „indemnity clauses“ (Entschädigungsklauseln i.S.v. s. 4 UCTA 1977). Zum anderen ist nach s. 3 (2) (b) (i) UCTA 1977 eine Bedingung überprüfbar, durch die sich ihr Verwender vorbehält, den Vertrag wesentlich anders zu erfüllen, als vernünftigerweise erwartet werden kann. Gleiches gilt für eine Abrede, welche es dem Benutzer erlaubt, den Vertrag überhaupt nicht zu erfüllen (s. 3 (2) (b) (ii) UCTA 1977)[397].
Des Weiteren ist zu beachten, dass der persönliche Geltungsbereichs des UCTA 1977 auf der Seite des Verwenders der „exemption clause“ eingeschränkt ist. So ist gem. s. 1 (3) UCTA 1977 grundsätzlich die Absicht erforderlich, eine Haftung aus einem geschäftlichen Bereich auszuschließen. Wegen dieser Voraussetzung der „business liability“ sind Verträge zwischen Privatleuten also prinzipiell den Kontrollen des UCTA 1977 entzogen[398].
Außerdem greifen einige Tatbestände lediglich dann ein, wenn der Verwendungsgegner als Verbraucher handelt. Diese Eigenschaft des Kunden entscheidet zwar nicht insgesamt über die Anwendbarkeit des UCTA 1977. Durch das Zusatzerfordernis einzelner Normen wird für Konsumenten jedoch ein höheres Schutzniveau sichergestellt[399].
Bezüglich des Anwendungsbereichs des UCTA 1977 bleibt festzuhalten, dass Sched. 1 UCTA 1977 einige Vertragstypen von der Geltung des Gesetzes ausschließt[400].

2.) Inhaltskontrolle anhand des UCTA 1977

a) Die Kontrollvorschriften

Im UCTA 1977 sind diverse Tatbestände geregelt, welche eine unmittelbare Inhaltskontrolle von „exemption clauses“ begründen.
So betrifft s. 2 UCTA 1977 die Zulässigkeit von Bedingungen, welche eine allgemeine Fahrlässigkeitshaftung ausschließen sollen (s. 2 (1), (2) UCTA 1977).

---

[397] Siehe 2. Teil, C) II. 1.).
[398] Siehe 2. Teil, C) III. 1.).
[399] Siehe 2. Teil, C) III. 2.).
[400] Siehe 2. Teil, C) II. 2.).

Zudem kann gem. s. 5 UCTA 1977 die Produzentenhaftung, ein Spezialfall der Verantwortlichkeit infolge von Fahrlässigkeit, nicht mehr eingeschränkt werden[401].

Des Weiteren regelt s. 3 UCTA 1977 inwiefern es allgemein möglich ist, sich von einer vertraglichen Haftung freizuzeichnen. Dabei bezieht sich s. 3 (2) (a) UCTA 1977 auf Situationen, in denen ein Vertragsbruch des Gewerbetreibenden vorliegt. Demgegenüber ist s. 3 (2) (b) UCTA 1977 nur dann einschlägig, wenn keine Vertragsverletzung gegeben ist. Allen Tatbeständen der s. 3 UCTA 1977 ist jedoch gemeinsam, dass sie die zu prüfende Abrede der Angemessenheitsprüfung unterwerfen[402].

Ergänzend zu s. 3 UCTA 1977 enthalten ss. 6, 7 UCTA 1977 Bestimmungen zum Kauf- und Mietkaufrecht bzw. zu sonstigen Verträgen mit Besitz- oder Eigentumsübergang[403].

Ferner können gem. s. 8 UCTA 1977 Haftungsbeschränkungen überprüft werden, die sich auf falsche Angaben vor Vertragsabschluss beziehen[404].

Schließlich sind mit den „indemnity clauses" i.S.v. s. 4 UCTA 1977 auch Entschädigungsklauseln kontrollfähig[405].

Wegen der diversen Tatbestände des UCTA 1977 ist es denkbar, dass eine Vertragsbedingung unter verschiedenen Gesichtspunkten zu bewerten ist. Um ihre Wirksamkeit zu entfalten, muss die Klausel folglich der Überprüfung durch alle einschlägigen Vorschriften standhalten[406].

b) Methoden der Inhaltskontrolle

Wie bereits festgestellt, vollzieht sich die Inhaltskontrolle anhand des UCTA 1977 auf zwei unterschiedliche Arten. Einige Vorschriften des Gesetzes erklären bestimmte Vertragsbedingungen für absolut unzulässig. Diese Klauseln sind also schlechthin unwirksam. Demgegenüber werden andere Freizeichnungen einem „reasonableness-test" unterworfen, womit sie lediglich in den Grenzen der Angemessenheit zulässig sind.

Im Rahmen dieses „reasonableness-test" ist abzuwägen, ob die Einbeziehung der fraglichen Abrede in den Vertrag angemessen erscheint. Demnach ist eine umfassende Einzelfallbetrachtung vorzunehmen, welche sämtliche Begleitumstände des Vertragsschlusses berücksichtigt (s. 11 (1) UCTA 1977)[407].

Dabei werden in s. 11 (4) UCTA 1977[408] und s. 11 (2) i.V.m. Sched. 2 UCTA 1977[409] verschiedene Kriterien genannt, um den Angemessenheitsmaßstab zu

---

[401] Siehe 2. Teil, C) IV. 1.).
[402] Siehe 2. Teil, C) IV. 2.) a).
[403] Siehe 2. Teil, C) IV. 2.) b).
[404] Siehe 2. Teil, C) IV. 3.) a).
[405] Siehe 2. Teil, C) IV. 3.) b).
[406] Chitty/Beale Rn 14-058; Anson/Beatson S. 183.
[407] Siehe 2. Teil, C) V. 2.).
[408] Siehe 2. Teil, C)V. 3.).

konkretisieren. Neben einer bestehenden Versicherungsmöglichkeit spricht insbesondere eine überlegene Verhandlungsposition des Gewerbetreibenden für die Unangemessenheit der Haftungsbeschränkung. So liegt ein Missbrauch der Verhandlungsmacht regelmäßig nahe, falls vorformulierte Klauseln verwendet wurden oder dem Kunden keine Ausweichmöglichkeit offen stand. Darüber hinaus spricht die fehlende Kenntnis des Verwendungsgegners von der „exemption clause“ für die Unzulässigkeit der Abrede. Auch die mangelnde Verständlichkeit einer Bedingung stellt ein Indiz für ihre „unreasonableness“ dar.
Abschließend ist jedoch nochmals zu betonen, dass die Liste der genannten Faktoren nicht erschöpfend ist. Vielmehr sind alle erdenklichen Begleitumstände des Vertragsabschlusses in die Angemessenheitsprüfung des UCTA 1977 einzubeziehen.

D) Die Inhaltskontrolle durch die Rechtsprechung

Vor dem Hintergrund der aufgezeigten Gesetzgebung ist die Bedeutung der englischen Rechtsprechung hinsichtlich der Inhaltskontrolle von Vertragsbedingungen zu klären. Dabei ist zu berücksichtigen, dass die Rechtsfindung entsprechend dem Ausgangspunkt der englischen Rechtsordnung primär durch Gerichtsentscheidungen erfolgen soll. Dieses „Case Law“ kann indes nur insoweit gelten, als es nicht durch nachfolgende Gesetze verdrängt wird[410]. Fraglich ist somit, ob neben den UTCCR 1999 und dem UCTA 1977 gegenwärtig noch Raum für eine richterliche Inhaltskontrolle bleibt. Das würde voraussetzen, dass die Gerichte überhaupt Kontrollmechanismen entwickelt haben und die Gesetze auf diesem Gebiet keine abschließenden Regelungen treffen.

I. Indirekte Überprüfung von Freizeichnungsklauseln

Um dem Grundsatz der Vertragsfreiheit gerecht zu werden, waren die Gerichte bei der Kontrolle von Vertragsbedingungen lange Zeit jedoch sehr zurückhaltend. So beabsichtigten sie nicht die Überprüfung von Vertragsabreden allgemein, sondern lediglich die Bewertung von Freizeichnungsklauseln. Statt den Inhalt einer Haftungsbeschränkung unmittelbar zu überprüfen, beschränkte sich die Rechtsprechung zudem auf indirekte Kontrollen. Dies geschah zum einen mittels der Frage, ob eine Abrede überhaupt Vertragsbestandteil geworden ist. Zum anderen bemühten sich die Gerichte, den Freizeichnungsklauseln im Wege der Auslegung ihre Schärfe zu nehmen[411].
Bezüglich der Einbeziehungskontrolle ist festzuhalten, dass eine Bedingung zwar auf unterschiedliche Weise in einen Vertrag eingeführt werden kann. Maßgeblich ist in diesem Zusammenhang jedoch zu erörtern, ob der Verwendungsgegner die Möglichkeit besaß, die Abrede angemessen zur Kenntnis zu neh-

---

[409] Siehe 2. Teil, C) V. 4.).
[410] v. Bernstorff S. 38; Sims S. 31.
[411] McKendrick S. 222 f; v. Bernstorff S. 93; Elliott/Quinn S. 100; Willett in: Brownsword/Hird/Howells S. 67 (69).

men[412]. Dieses Erfordernis der „reasonable notice“ soll insbesondere der Haftungsbeschränkung mit Hilfe von Standardbedingungen entgegentreten[413]. Erfüllt eine Klausel die Einbeziehungsvoraussetzungen nicht, ist sie kein Bestandteil des Vertrags und damit unwirksam.
Wurde ein Haftungsausschluss demgegenüber wirksam in eine Vereinbarung eingeführt, ist er dahingehend auszulegen, ob er eine konkrete Verantwortlichkeit umfasst oder nicht. Um also die Auswirkungen von Freizeichnungen gering zu halten, legen die Gerichte die Haftungsbeschränkungen restriktiv aus. Dabei kommt der so genannten „contra-proferentem-rule“ eine maßgebliche Bedeutung zu. Diese Regel besagt, dass Unklarheiten einer Vertragsbedingung immer zu Lasten ihres Verwenders zu interpretieren sind[414]. Demnach wird davon ausgegangen, dass sich eine Freizeichnung immer nur auf Schäden beziehen soll, welche im Rahmen der Vertragserfüllung auftreten. Besagt die Klausel nicht ausdrücklich das Gegenteil, wird eine Verantwortlichkeit infolge eines Vertragsbruchs somit vom Anwendungsbereich der Haftungsbeschränkung ausgeschlossen[415].
Mit der Einbeziehungsprüfung und der restriktiven Auslegung hat die Rechtsprechung also zwei Methoden einer indirekten Inhaltskontrolle entwickelt. Es bleibt deshalb zu klären, ob auf diese Instrumente auch nach Erlass des UCTA 1977 und der UTCCR 1999 zurückgegriffen werden kann.
Wie bereits festgestellt, streben beide Regelungswerke die Durchführung einer direkten Überprüfung von Vertragsabreden an. Weder die UTCCR 1999 noch der UCTA 1977 enthalten deshalb Bestimmungen zur Einbeziehung von Klauseln in einen Vertrag. Mangels gesetzlicher Regelungen erfolgt die Einbeziehungsprüfung somit weiterhin auf der Grundlage der Rechtsprechung.
Zur Auslegung von Vertragsbedingungen kann festgestellt werden, dass der UCTA 1977 auch in dieser Hinsicht keine Vorschriften enthält. Im Gegensatz dazu ist die „contra-proferentem-rule“ jedoch in Reg. 7 (2) UTCCR 1999 verankert. Es ist aber zu bedenken, dass eine originäre Aufgabe der Gerichte gerade darin besteht, Vereinbarungen im Falle eines Rechtsstreits zu interpretieren. Mithin ist Reg. 7 (2) UTCCR 1999 nicht als abschließend zu betrachten. Folglich ist es der Rechtsprechung weiterhin möglich, jegliche Freizeichnungsklauseln auszulegen.
Damit lässt sich resümieren, dass die unmittelbaren Inhaltskontrollen des UCTA 1977 und der UTCCR 1999 einer indirekten richterlichen Überprüfung von Haftungsausschlüssen nicht entgegenstehen[416].

---

[412] Elliott/Quinn S. 100 f; Upex S. 78; McKendrick S. 223 i.V.m. 181, 188 f.
[413] Collins S. 225; v. Bernstorff S. 92, 94.
[414] Upex S. 77, 81; McKendrick S. 224; Treitel S. 201 f; v. Bernstorff S. 94.
[415] McKendrick S. 224; Upex S. 81 f; Andrews Bros. (Bournemouth) Ltd. v. Singer and Co. Ltd. (1934) 1 KB 17.
[416] Anson/Beatson S. 182 f; Chitty/Beale Rn 14-057; McKendrick S. 222 f.

II. Unmittelbare Überprüfung von Haftungsausschlüssen

Zweifelhaft erscheint demgegenüber, ob die Gerichte außerdem zu einer offenen Inhaltskontrolle berechtigt sind bzw. ob sie diese überhaupt anstreben.
So reichen die Mittel der verdeckten Überprüfung von Vertragsbedingungen nicht immer aus, um Haftungsausschlüssen effektiv zu begegnen. Das ist insbesondere dann anzunehmen, wenn die Freizeichnungen unmissverständlich verfasst sind. In diesen Fällen ist eine restriktive Auslegung mangels Mehrdeutigkeit nicht möglich[417].

1.) Lehre vom „fundamental breach“

Aus diesem Grund ging die Rechtsprechung zu einer unmittelbaren Inhaltskontrolle von Vertragsbedingungen über. Dazu entwickelten die unteren Instanzen die Lehre vom „fundamental breach“, welche von einer Auslegung und damit vom Willen der Parteien unabhängig sein sollte. Nach dieser Theorie wurde die Ansicht vertreten, dass sich der Verwender einer Freizeichnungsklausel nicht auf selbige berufen kann, wenn er eine grundlegende Vertragsbedingung verletzt (breach of a fundamental term) oder einen grundlegenden Vertragsbruch verschuldet hat (fundamental breach of contract)[418]. Die Lehre vom „fundamental breach“ stufte also die Pflicht, den Vertrag in seinen wesentlichen Inhalten zu erfüllen, als unabdingbar ein. Auf diese Weise wurde der Auslegungsgrundsatz („rule of construction“), dass sich eine Haftungsbeschränkung regelmäßig nur auf Schäden im Rahmen der Vertragserfüllung beziehen soll, in einen zwingenden Rechtssatz umgedeutet. Die Lehre vom „fundamental breach“ ging mithin vom Bestehen einer „rule of substantive law“ aus. Danach sollten selbst eindeutig formulierte Haftungsausschlüsse, welche umfassend ausgestaltet waren, unwirksam sein[419].
Das House of Lords hat es jedoch abgelehnt, die „fundamental breach doctrine“ als zwingenden Rechtssatz anzuerkennen. Vielmehr sah es in der Begründung einer derartigen „rule of substantive law“ einen unzulässigen Eingriff in die Vertragsfreiheit. Nach Ansicht der Richter ist eine vereinbarte Risikoverteilung jedenfalls dann zu akzeptieren, wenn die Vertragspartner eine ausgewogene Verhandlungsstärke aufweisen. Die Unwirksamkeit einer Freizeichnungsklausel würde also dem Willen der Parteien widersprechen, welcher allerdings maßgeblich zu berücksichtigen ist[420].
Durch die Entscheidungen des House of Lords wurde die Lehre vom „fundamental breach“ mithin zu einer Auslegungsregel zurückgestuft. Bei Vorliegen

---

[417] Upex S. 82; v. Bernstorff S. 94; Treitel S. 205; Uff in: Lonbay S. 163 (165).
[418] Karsales (Harrow) Ltd. v. Wallis (1956) 1 WLR 936 (940, 943); Sze Hai Tong Bank Ltd. v. Rambler Cycle Co. Ltd. (1959) AC 576 (587 ff).
[419] Treitel S. 205; McKendrick S. 229; Elliott/Quinn S. 106; Chitty/Beale Rn 14-020.
[420] Suisse Atlantique Société d'Armement Maritime SA v. NV Rotterdamsche Kolen Centrale (1967) 1 AC 361; Photo Production Ltd. v. Securior Transport Ltd. (1980) AC 827.

ausgewogener Verhandlungsmacht kommt es demnach einzig darauf an, ob die Formulierung des Haftungsausschlusses den eingetretenen Schaden umfasst[421]. Ist ein Gleichgewicht der Verhandlungspositionen demgegenüber nicht gegeben, so ist eine Überprüfung des Vertragsinhalts geboten. Allerdings erfolgt die Inhaltskontrolle in diesen Situationen mittlerweile anhand der UTCCR 1999 und des UCTA 1977. Demzufolge besteht heute kein Bedarf mehr, in diesen Fällen auf einen zwingenden Rechtssatz der Gerichte zurückzugreifen. Somit wird das „Case Law" auf diesem Gebiet von der Gesetzgebung überlagert[422].
Darüber hinaus ist zu betonen, dass die UTCCR 1999 und der UCTA 1977 die Eingriffe in die Vertragsfreiheit insbesondere damit rechtfertigen, dass infolge überlegener Verhandlungsstärke des Gewerbetreibenden der Vertrag unfaire bzw. unangemessene Klauseln enthält. Daraus lässt sich ableiten, dass eine direkte Inhaltskontrolle auf diese Konstellationen beschränkt sein soll. Damit treffen die UTCCR 1999 und der UCTA 1977 abschließende Regelungen, so dass die Lehre vom „fundamental breach" überhaupt keine unmittelbare inhaltliche Überprüfung mehr ermöglicht. Stattdessen kann auf diese Theorie lediglich im Rahmen einer indirekten Inhaltskontrolle mittels restriktiver Auslegung von Haftungsausschlüssen zurückgegriffen werden[423].

2.) Allgemeines Prinzip der „reasonableness"

Neben der „fundamental breach doctrine" wurde vereinzelt angeregt, das Angemessenheitsprinzip als allgemeinen Maßstab offener Inhaltskontrolle anzuerkennen[424].
Dem ist jedoch zu entgegnen, dass der Gedanke der „reasonableness" mittlerweile Eingang in den UCTA 1977 gefunden hat. Wie bereits festgestellt, wird dessen Inhaltskontrolle insbesondere durch einen Missbrauch überlegener Verhandlungsmacht gerechtfertigt. Sind die Verhandlungspositionen demgegenüber ausgewogen, ist dem Willen der Parteien und damit dem Grundsatz der Vertragsfreiheit der Vorrang vor einer Kontrolle der Abreden einzuräumen. Auf Grund dieses Umkehrschlusses kann also gefolgert werden, dass den Regelungen des UCTA 1977 abschließender Charakter zukommt. Außerhalb des Gesetzes kann der Prüfungsmaßstab der „reasonableness" mithin nicht zur einer allgemeinen Kontrolle von Vertragsbedingungen herangezogen werden[425].

---

[421] Upex S. 84 f; Chitty/Beale Rn 14-021-024; McKendrick S. 230.
[422] Treitel S. 205; Elliott/Quinn S. 106 f.
[423] Chitty Beale Rn 14-024; Treitel S. 205 f; Willett in: Brownsword/Hird/Howells S. 67 (72).
[424] Lloyd's Bank Ltd. v. Bundy (1974) 1 WLR 501.
[425] Treitel S. 223 f; v. Bernstorff S. 96; McKendrick S. 232.

3.) Spezielle Unwirksamkeitsgründe

Nach der Rechtsprechung besteht somit kein allgemeiner Prüfungsmaßstab zur Beurteilung von Vertragsabreden. Vereinzelt haben die Gerichte aber konkrete Vereinbarungen für unzulässig erklärt.

Diesbezüglich sind zunächst Strafklauseln zu nennen. Unter solchen „penalty clauses“ sind Bedingungen zu verstehen, die einer Partei im Falle einer Vertragsverletzung eine Strafe auferlegen, welche nicht mit einem möglichen Schaden übereinstimmt, sondern diesen übersteigt[426]. Derartige Abreden sind bei der Berechnung eines Schadensersatzanspruchs nicht zu berücksichtigen und damit unwirksam.

Ist eine „penalty clause“ Bestandteil eines Verbrauchervertrags, legt zudem Sched. 2 (1) (e) UTCCR 1999 die Unfairness der Abrede nahe[427].

Des Weiteren entfalten nach englischem Recht solche Vereinbarungen prinzipiell keine Wirksamkeit, bei denen sich lediglich eine Partei zu einer Leistung verpflichtet. Das ist auf die so genannte „consideration-Lehre“ zurückzuführen. Danach setzt die Wirksamkeit einer vertraglichen Verpflichtungserklärung regelmäßig das Bestehen einer Gegenleistung („consideration“) voraus[428].

Fehlt eine verbindliche Gegenleistung, kann die Vereinbarung nun außerdem nach Sched. 2 (1) (c) UTCCR 1999 für missbräuchlich erklärt werden[429].

Der Beispielskatalog unfairer Klauseln der UTCCR 1999 überschneidet sich also mit den beschriebenen speziellen Eingriffen der Rechtsprechung in die Vertragsfreiheit. Im Gegensatz zu den Regeln sind die richterlichen Inhaltskontrollen aber dadurch gekennzeichnet, dass sie nicht auf der Anwendung eines unbestimmten Prüfungsmaßstabs beruhen. Stattdessen hat die Rechtsprechung lediglich konkrete Unwirksamkeitsgründe entwickelt, welche ausschließlich auf die bestimmten Vereinbarungen beschränkt sind. Neben diesem Unterschied ist außerdem zu bedenken, dass die UTCCR 1999 im Zuge der Umsetzung der europäischen Klauselrichtlinie erlassen worden sind. Diese soll lediglich Mindeststandards im Verbraucherschutz gewährleisten, womit in den einzelnen Ländern weiterreichende Kontrollen erlaubt sind. Unter den genannten Aspekten stehen die Rechtsprechung und die UTCCR 1999 folglich nicht in einem Konkurrenzverhältnis. Die von den Gerichten entwickelten speziellen Unwirksamkeitsgründe sind mithin auch auf Rechtsgeschäfte anwendbar, die keine Verbraucherverträge darstellen. Demnach steht die Gesetzgebung der Rechtsprechung in dieser Hinsicht nicht entgegen.

---

[426] v. Bernstorff S. 87; Chitty/Beale Rn 15-056; Zimmermann/Whittaker S. 646, 651.

[427] Treitel S. 252, 929; Macdonald/Furmston S. 211 f; OFT Unfair Contract Terms Guidance S. 21.

[428] Sims S. 108; v. Bernstorff S. 51.

[429] Chitty/Beale Rn 15-054; Treitel S. 251 f.

III. Ergebnis zur Bedeutung der Rechtsprechung

Zusammenfassend lässt sich jedoch sagen, dass die Gesetzgebung zur offenen inhaltlichen Bewertung von Vertragsklauseln das „Case Law" in den entscheidenden Punkten verdrängt hat.

Durch die UTCCR 1999 und den UCTA 1977 wurde der Rechtsprechung die Möglichkeit genommen, Vertragsinhalte eigenständig anhand eines allgemeinen Maßstabs direkt zu überprüfen[430]. Die Gerichte sind daher auf indirekte Kontrollen hinsichtlich der Einbeziehung und Auslegung von Vertragsabreden beschränkt[431].

Eine unmittelbare Überprüfung findet einzig bei Vorliegen konkreter Unwirksamkeitsgründe statt[432]. Diese beziehen sich ausschließlich auf die spezielle Vereinbarung von Strafklauseln oder einseitigen Verpflichtungen. Sie sind also nicht auf ein generelles Kontrollprinzip gestützt, das auf andere Bedingungsinhalte anwendbar wäre. Allgemeine wertungsbedürftige Prüfungsmaßstäbe, welche durch unbestimmte Rechtsbegriffe gekennzeichnet sind, finden sich lediglich in den UTCCR 1999 und dem UCTA 1977. Aus diesem Grund kommt der richterlichen Inhaltskontrolle im Vergleich zur Gesetzgebung nur eine vollkommen untergeordnete Bedeutung zu. Stattdessen erfolgt die Überprüfung von Vertragsbedingung fast ausschließlich anhand der UTCCR 1999 und des UCTA 1977.

E) Die UTCCR 1999 im Verhältnis zum UCTA 1977

Wie bereits festgestellt, sind sowohl die UTCCR 1999 als auch der UCTA 1977 durch eine offene Inhaltskontrolle von Vertragsklauseln gekennzeichnet. Wegen dieser identischen Grundausrichtung treten Überschneidungen beider Gesetze auf. Allerdings bestehen auch zahlreiche Unterschiede, welche im Folgenden neben den Gemeinsamkeiten erläutert werden sollen.

I. Sachlicher Anwendungsbereich

Hinsichtlich des sachlichen Anwendungsbereichs ist zunächst festzuhalten, dass der UCTA 1977 lediglich die Überprüfung von „exemption clauses" vorsieht. Demgegenüber können mit Hilfe der UTCCR 1999 jegliche Vertragsbedingungen kontrolliert werden, also insbesondere solche, welche Rechte begründen oder übertragen. Unter diesem Gesichtspunkt haben die Regeln also eine größere Reichweite als der UCTA 1977[433].

Jedoch beziehen sich die UTCCR 1999 ausschließlich auf vertragliche Vereinbarungen, während vom UCTA 1977 auch einseitige Erklärungen zum Ausschluss deliktischer Haftung kontrolliert werden können. Außerdem setzt die

---

[430] Siehe 2. Teil, D) II. 1.), 2.).

[431] Siehe 2. Teil, D) I.

[432] Siehe 2. Teil, D) II. 3.).

[433] Lockett/Egan Rn 5.3; Gold NLJ 94, 1273 (1273); Collins OJLS 94, 229 (241); Macdonald/Furmston S. 163.

Anwendung der Regeln voraus, dass die fragliche Abrede vorformuliert wurde (Reg. 5 (1, 2) UTCCR 1999). Generell begründet der UCTA 1977 kein derartiges Erfordernis, womit grundsätzlich auch ausgehandelte Individualvereinbarungen in den Geltungsbereich des Gesetzes fallen. Unter den beiden letztgenannten Aspekten ist der UCTA 1977 mithin weiter gefasst als die UTCCR 1999[434].

II. Persönlicher Anwendungsbereich

Bezüglich des persönlichen Anwendungsbereichs besteht ein wesentlicher Unterschied darin, dass die Regeln gem. Reg. 4 (1) UTCCR 1999 auf Verbraucherverträge beschränkt sind. Zwar gilt der UCTA 1977 auch für derartige Rechtsgeschäfte, wobei den Konsumenten ein besonderer Schutz zugesprochen wird. Darüber hinaus ist der UCTA 1977 aber auch dann einschlägig, wenn eine Freizeichnungsklausel nicht gegenüber einem Verbraucher, sondern gegenüber einem Geschäftsmann verwendet wird[435].

In Zusammenhang mit dem persönlichen Geltungsbereich der Regelungswerke ist außerdem anzumerken, dass die Legaldefinitionen der Begriffe „Verbraucher" und „Gewerbetreibender" nicht übereinstimmen.

So kann innerhalb der Regeln lediglich eine natürliche Person Konsument sein (Reg. 3 (1) UTCCR 1999), während es nach s. 12 (1) UCTA 1977 auch möglich ist, eine Gesellschaft als Verbraucher einzustufen[436]. Andererseits stellt der UCTA 1977 zusätzliche Voraussetzungen der Verbrauchereigenschaft auf, welche die UTCCR 1999 nicht enthalten. Zum einen ist es nach s. 12 (1) (c) UCTA 1977 bei einem Warengeschäft notwendig, dass der Vertragsgegenstand üblicherweise für die private Nutzung bestimmt ist. Zum anderen steht der Erwerb einer Sache auf einer Auktion der Konsumenteneigenschaft i.S.d. UCTA 1977 entgegen (s. 12 (2) UCTA 1977)[437].

Im Vergleich zum UCTA 1977 ist der Begriff des Gewerbetreibenden in den UTCCR 1999 ebenfalls weiter gefasst. Nach Reg. 3 (1) UTCCR 1999 reicht es bereits aus, dass der Vertrag geschäftlichen Zwecken dient. Demgegenüber verlangt s. 1 (3) (a) UCTA 1977, dass er innerhalb des üblichen Geschäftsgangs vorgenommen wird. Folglich muss der Abschluss des Vertrags als wesentlicher Bestandteil oder zumindest wiederkehrende Nebentätigkeit des Betriebs anzusehen sein[438].

III. Ausnahmetatbestände

Bei der Gegenüberstellung der UTCCR 1999 und des UCTA 1977 ist ferner zu beachten, dass beide Gesetze Ausnahmevorschriften enthalten, nach denen be-

---

434 Weatherill in: Heusel s. 117 (121); Treitel S. 245; Anson/Beatson S. 196; Wagner/Althen RIW 95, 546 (546, 548).

435 Lawson S. 186; Collins OJLS 94, 229 (239); Lockett/Egan Rn 5.3.

436 Collins S. 237; Elliott/Quinn S. 118; Macdonald JBL 94, 441 (458).

437 Chitty/Beale Rn 15-017; Treitel S. 247.

438 Macdonald JBL 94, 441 (458); Anson/Beatson S. 196.

stimmte Vertragstypen nicht in den jeweiligen Geltungsbereich fallen. Diese Tatbestände weichen allerdings voneinander ab.
Insbesondere bezieht sich der UCTA 1977 gem. Sched. 1 (1) (a) UCTA 1977 nicht auf Versicherungsverträge, welche jedoch prinzipiell im Kontrollbereich der Regeln liegen[439]. Gleiches gilt für Rechtsgeschäfte über Urheber- und gewerbliche Schutzrechte (Sched. 1 (1) (c) UCTA 1977)[440].
Umgekehrt bestehen nach dem 10. Erwägungsgrund der Präambel der Klauselrichtlinie Bereichsausnahmen für die UTCCR 1999, welche nach dem UCTA 1977 nicht vorliegen. In dieser Hinsicht sind zum einen Verträge des Familien- und Erbrechts zu nennen, zum anderen sind arbeitsrechtliche Vereinbarungen dem UCTA 1977 nicht vollständig entzogen[441].
Schließlich besteht ein Unterschied darin, dass Schiedsabreden an den UTCCR 1999 gemessen werden können, während sie durch s. 13 (2) UCTA 1977 vom Anwendungsbereich des UCTA 1977 ausgeschlossen sind.

IV. Schutzvorschriften

1.) Allgemeine Überlegungen

Vergleicht man die Schutzvorschriften beider Gesetze, wird deutlich, dass die Inhaltskontrolle jeweils unterschiedlich konzipiert ist.
So stellt Reg. 5 (1) UTCCR 1999 als Generalklausel die zentrale Vorschrift der Regeln dar. Sofern eine Abrede kontrollfähig ist, legt diese Norm der materiellen Überprüfung von Vertragsbedingungen stets den Fairnessmaßstab zu Grunde. Um ihn zu konkretisieren, werden im Anhang der UTCCR 1999 Vereinbarungen aufgezählt, welche für unwirksam gehalten werden können. Dadurch, dass diese Beispielsklauseln nicht zwangsläufig unzulässig sind, wird der Annex auch als „grey list“ bezeichnet.
Im Gegensatz dazu vollzieht sich die Inhaltskontrolle anhand des UCTA 1977 nicht einheitlich. Vielmehr sind zwei Methoden zu unterscheiden. Zum einen werden bestimmte Haftungsausschlüsse schlechthin für unwirksam erklärt. Wegen der absoluten Verbote bilden diese Vorschriften eine so genannte „black list“. Zum anderen unterliegen einige Freizeichnungsklauseln einem „reasonableness-test“ nach s. 11 UCTA 1977[442]. Inwiefern diese Angemessenheitsprüfung mit dem Fairnesstest der UTCCR 1999 übereinstimmt, wird noch zu erörtern sein.
Hinsichtlich der Beweislast kann jedoch bereits festgehalten werden, dass sie in den Gesetzen nicht identisch ausgestaltet ist. So bestimmt s. 11 (5) UCTA 1977, dass derjenige, der sich auf die „reasonableness“ einer Abrede beruft, diese auch

---

[439] Miller/Harvey/Parry S. 387 f; Zimmermann/Whittaker S. 604; Ervine SLT 99, issue 29, 253 (254); Wagner/Althen RIW 95, 546 (548).
[440] Chitty/Beale Rn 15-022; Lawson S. 190.
[441] Lawson S. 191 f.
[442] Anson/Beatson S. 196 f; Weatherill in: Heusel S. 117 (122); Macdonald/Furmston S. 163 f; Beatson ZEuP 98, 956 (956); OFT Unfair Standard Terms Briefing S. 3.

darzulegen hat. In den UTCCR 1999 fehlt demgegenüber eine vergleichbare Norm. Stattdessen muss der Verbraucher die Unfairness einer Bedingung beweisen[443].

Neben den bereits aufgezählten Unterschieden ist ferner zu beachten, dass Reg. 7 (1) UTCCR 1999 das Transparenzgebot als eigenen Kontrollmaßstab festschreibt. Demgegenüber ist das Gebot der Verständlichkeit nach dem UCTA 1977 ausschließlich im Rahmen des Angemessenheitstests zu berücksichtigen[444]. Allerdings fließt ein Verstoß gegen das Transparenzgebot auch negativ in die Fairnessprüfung der UTCCR 1999 ein. Somit begründet die in den Regeln zunächst unabhängige Verankerung des Prinzips sprachlicher Klarheit keine materiellen Abweichungen der beiden Kontrollmaßstäbe.

Darüber hinaus wirkt sich die Frage der Verständlichkeit auf den Prüfungsumfang der UTCCR 1999 aus. Insofern kommt dem Transparenzgebot eine eigenständige Bedeutung zu, als dass die Regeln die „core terms" von der Inhaltskontrolle ausschließen, sofern sie klar und deutlich verfasst sind (Reg. 6 (2) UTCCR 1999). Eine derartige Beschränkung der Kontrollen liegt dem UCTA 1977 nicht zu Grunde. Wie sich aus s. 3 (2) (b) UCTA 1977 ergibt, können im Rahmen dieses Gesetzes gerade auch die wesentlichen Vertragsbestandteile ohne weiteres überprüft werden. Folglich deckt sich die Reichweite der Inhaltskontrolle nach den Regeln nicht mit dem Prüfungsumfang des UCTA 1977[445].

Schließlich ist auf die andersartigen verfahrensrechtlichen Bestimmungen einzugehen. Während die Unwirksamkeit einer Klausel nach dem UCTA 1977 lediglich durch einen Individualprozess erreicht werden kann, begründen die Reg. 10-15 UTCCR 1999 darüber hinaus eine abstrakte Klagebefugnis des Director General of Fair Trading und anderer qualifizierter Einrichtungen. Auf diese Weise werden die Rechte der Verbraucher effektiver wahrgenommen und eine größere Breitenwirkung der Regeln sichergestellt[446].

2.) Die Kontrollmaßstäbe der „fairness" und der „reasonableness"

Um das Verhältnis von UTCCR 1999 und UCTA 1977 zu klären, ist es endlich von entscheidender Bedeutung, die Kontrollmaßstäbe beider Gesetze inhaltlich gegenüberzustellen.

Dem kann der gemeinsame Ausgangspunkt zu Grunde gelegt werden, dass das Fairness- und das Angemessenheitskriterium unbestimmte Rechtsbegriffe darstellen. Dadurch ermöglichen sie einerseits eine Flexibilität der Inhaltskontrolle, was der Einzelfallgerechtigkeit dient. Anderseits begründet die Verwendung solch vager Merkmale die Notwendigkeit ihrer Konkretisierung. Die erforderli-

---

443 Macdonald/Furmston S. 164; Lawson S. 186; Wagner/Althen RIW 95, 546 (548).

444 Lawson S. 187.

445 Elliott/Quinn S. 118; Anson/Beatson S. 197 f, 292 f; Willett in: Brownsword/Hird/Howells S. 67 (71).

446 Davidson SQL 2001, Vol. 6, No. 1, 1 (20 f); Beatson ZEuP 98, 957 (958); Miller/Harvey/Parry S. 375 f; Elliott/Quinn S. 118.

che Ausfüllung beider Prüfungsmaßstäbe ist folglich durch eine umfassende Bewertung der fraglichen Klausel gekennzeichnet[447].

a) Maßgeblicher Beurteilungszeitpunkt

Bei dieser Abwägung entscheidet sowohl nach den UTCCR 1999 als auch dem UCTA 1977 der Zeitpunkt des Vertragsabschlusses (Reg. 6 (1) UTCCR 1999, s. 11 (1) UCTA 1977). Somit bleiben konkrete Vertragsverletzungen außer Betracht. Vielmehr ist eine Abrede lediglich auf ihre potentielle Unfairness bzw. „unreasonableness" zu untersuchen[448].

Dabei kommt es insbesondere darauf an, ob eine Freizeichnung eine etwaige Fahrlässigkeit umfassen soll. Strebt der Gewerbetreibende den Ausschluss jeglicher Haftung an, also gerade auch für ein Verschulden seinerseits, legt dies nach beiden Gesetzen die Unzulässigkeit der Bedingung nahe.

b) Prinzip der konkret-individuellen Betrachtung

Außerdem stimmen der Fairness- und der Angemessenheitstest insofern überein, als dass nach Reg. 6 (1) UTCCR 1999 und s. 11 (1) UCTA 1977 jeweils die Begleitumstände des Vertrags zu berücksichtigen sind. Eine Ausnahme besteht lediglich für ein abstraktes Kontrollverfahren anhand der Regeln. Grundsätzlich ist die Bewertung einer Klausel durch die UTCCR 1999 oder des UCTA 1977 somit durch die individuelle Situation der konkreten Vereinbarung geprägt.

c) Möglichkeit der Kompensation

Allerdings bestimmt Reg. 6 (1) UTCCR 1999 darüber hinaus, dass die anderen Klauseln des Vertrags ebenfalls in den Fairnesstest einzubeziehen sind. Eine Abrede, die isoliert betrachtet unzulässig erscheint, kann also durch eine für den Verbraucher günstige Bedingung ausgeglichen werden. Eine derartige Form der Kompensation ist innerhalb des „reasonableness-test" des UCTA 1977 nicht ausdrücklich vorgesehen[449]. Gem. Sched. 2 (b) UCTA 1977 ist jedoch zu bedenken, ob für den Kunden ein Anreiz bestand, der Freizeichnungsklausel zuzustimmen. Ein solches Motiv des Verwendungsgegners kann gerade auch darin liegen, dass ihn begünstigende Abreden in den Vertrag eingeführt wurden. Folglich ist der Kompensationsgedanke auch in der Angemessenheitsprüfung enthalten. Unter diesem Aspekt weisen die UTCCR 1999 und der UCTA 1977 mithin keine grundlegenden Differenzen auf.

d) Der 16. Erwägungsgrund/ Präambel und Sched. 2 UCTA 1977

Weitere Übereinstimmungen der Prüfungsmaßstäbe ergeben sich aus einem Vergleich zwischen Sched. 2 UCTA 1977 und dem 16. Erwägungsgrund der Präambel der Klauselrichtlinie. Dort sind jeweils Faktoren aufgelistet, um die Begriffe „reasonableness" bzw. „good-faith" als Bestandteil der Fairness zu konkretisieren. Danach ist unter anderem relevant, ob für den Kunden ein Anreiz bestand, die Bedingung zu akzeptieren. Gleiches gilt für die Frage, ob der

---

[447] Chitty/Beale Rn 15-050; Collins S. 239.

[448] Koffman/Macdonald S. 214; Treitel S. 248.

[449] Anson/Beatson S. 198.

Vertragsgegenstand auf einer Sonderbestellung des Kunden beruht. Ferner ist sowohl innerhalb der Angemessenheits- als auch der Fairnessprüfung auf die Verhandlungsstärke der Parteien einzugehen[450].

Gerade die Beurteilung der Verhandlungspositionen stellt eine bedeutende Interpretationshilfe beider Kontrollmaßstäbe dar. So indiziert ein Ungleichgewicht der Verhandlungsmacht jeweils die Unzulässigkeit der Klausel. Ein Missbrauch überlegner Verhandlungsmacht ist sodann dadurch gekennzeichnet, dass dem Kunden keine andere Wahl bleibt, als die angebotenen Konditionen anzunehmen. Das ist zum einen dann gegeben, wenn dem Verwendungsgegner auf Grund der Marktstellung des Gewerbetreibenden keine Ausweichmöglichkeit bleibt. Zum anderen kann der Kunde nicht über die Vertragsbedingung bestimmen, wenn der Unternehmer sie bereits vorformuliert hat und nicht mehr zur Disposition stellt. Die Situationen der „lack of choice" führen also sowohl nach dem UCTA 1977 als auch den UTCCR 1999 zur Unzulässigkeit der Bedingung. Folglich sind die Begriff der Angemessenheit und der Fairness in dieser Hinsicht identisch[451].

Allerdings sind Sched. 2 UCTA 1977 und der 16. Erwägungsgrund der Präambel der Richtlinie nicht vollkommen deckungsgleich. Neben den erwähnten Kriterien ist nach dem 16. Erwägungsgrund zudem das Verhalten des Gewerbetreibenden maßgeblich. So muss sich der Klauselverwender seinem Vertragspartner gegenüber fair und billig verhalten, um dem Gebot von Treu und Glauben gerecht zu werden. Dabei hat er die berechtigten Interessen des Verbrauchers zu berücksichtigen. Dieser Teil des 16. Erwägungsgrundes legt dem Gewerbetreibenden also positive Pflichten zur Kooperation auf. Im Gegensatz dazu begründet der UCTA 1977 ausdrücklich keine derartigen Gebote. Unter dem Aspekt der Interessenwahrungspflicht sind die Anforderungen an die Fairness demzufolge höher als die Voraussetzungen der Angemessenheit. Mithin reicht die Inhaltskontrolle der UTCCR 1999 in diesem Punkt weiter als der „reasonablenesstest" des UCTA 1977[452].

e) Transparenzgebot

Im Gegensatz zu diesem Unterschied lassen sich jedoch wiederum Überlegungen anführen, welche beiden Prüfungsmaßstäben zu Grunde liegen.

Gem. Sched. 2 (c) UCTA 1977 ist bei der Bewertung der Angemessenheit einer Klausel zu berücksichtigen, ob der Kunde die Existenz der Abrede kannte oder kennen musste. Dem entspricht auf Seiten der Regeln der 20. Erwägungsgrund der Präambel der Richtlinie. Danach muss der Verbraucher die tatsächliche Möglichkeit haben, von allen Vereinbarungen Kenntnis zu nehmen. Außerdem

---

450 Koffman/Macdonald S. 217; Collins OJLS 94, 229 (251); Miller/Harvey/Parry S. 342; Uff in: Lonbay: S. 163 (169); Gold NLJ 94, 1273 (1273); Weatherill in: Heusel S. 117 (123).

451 Anson/Beatson S. 293; Beale in: Beatson/Friedmann S. 231 (236).

452 Dean MLR 93, 581 (584); Macdonald JBL 94, 441 (457); Anson/Beatson S. 198, 291 f; Chitty/Beale Rn 15-044.

wird dieses Erfordernis in Sched. 2 (1) (i) UTCCR 1999 zum Ausdruck gebracht. Folglich treten sowohl der UCTA 1977 als auch die UTCCR 1999 der künstlichen Einbeziehung von Vertragsbedingungen entgegen.
Ferner ist nach Sched. 2 (c) UCTA 1977 zu klären, ob der Verwendungsgegner die Bedeutung der Freizeichnungsklausel richtig beurteilt hat. Um somit das nötige Verständnis des Kunden zu gewährleisten, sind die Abreden klar und deutlich zu verfassen, was dem Transparenzgebot der Regeln gleichkommt. Dieses ist zunächst zwar eigenständig in Reg. 7 (1) UTCCR 1999 festgeschrieben, fließt aber auch in den Fairnesstest ein.
Beiden Gesetzen ist also gemeinsam, dass die fehlende Kenntnis und das mangelnde Verständnis des Verwendungsgegners für die Unzulässigkeit der Bedingung sprechen. Der UCTA 1977 und die UTCCR 1999 verfolgen mithin denselben Zweck, den Kunde vor einer "unfair" bzw. „unreasonable surprise" zu bewahren[453].

f) Die „grey list" der Regeln und die Tatbestände des UCTA 1977

Die dargestellten weitreichenden Übereinstimmungen bezüglich der Kriterien, anhand derer die umfassende Bewertung einer Klausel erfolgt, spiegeln sich zudem in einem Vergleich des Anhangs der Regeln mit den Kontrolltatbeständen des UCTA 1977 wider.

aa) Haftungsausschlüsse und Klauseln ähnlicher Wirkung

Zunächst können anhand des Beispielkatalogs der UTCCR 1977 „exemption clauses" für missbräuchlich erklärt werden, welche zugleich in den Anwendungsbereich des UCTA 1977 fallen.
Diesbezüglich ist zum einen Sched. 2 (1) (a) UTCCR 1999 zu nennen, welche mit s. 2 (1) UCTA 1977 korrespondiert. Dazu ist anzumerken, dass die Verantwortlichkeit für eine Beeinträchtigung der körperlichen Integrität nach s. 2 (1) UCTA 1977 überhaupt nicht ausgeschlossen werden kann, während nach den Regeln zunächst lediglich der Verdacht der Unfairness besteht[454]. Jedoch wurde bereits festgestellt, dass ein Gewerbetreibender, welcher eine derartige Freizeichnung anstrebt, die berechtigten Interessen seines Vertragspartners missachtet. Er verstößt damit gegen das Gebot von Treu und Glauben, so dass die Klausel auch nach den Regeln unwirksam ist, sofern eine „significant imbalance" gegeben ist. Demnach führen die UTCCR 1999 und der UCTA 1977 unter diesem Gesichtspunkt nicht zu unterschiedlichen Ergebnissen.
Zum anderen enthält Sched. 2 (1) (b) UTCCR 1999 Beispiele ausdrücklicher Haftungsbeschränkungen. Abhängig von einer etwaigen Fahrlässigkeit und der Vertragsart können in diesen Fällen die ss. 2 (2), 3 (2) (a), 6, 7 UCTA 1977 ebenfalls einschlägig sein.

[453] Anson/Beatson S. 293; Beale in: Beatson/Friedmann S. 231 (236).
[454] McKendrick S. 364; Lawson S. 169, 187; Davidson SQL 2001 Vol. 6, No. 1, 1 (9).

Des Weiteren können gem. Sched. 2 (1) (m), (n) UTCCR 1999 Klauseln als unfair eingestuft werden, mit denen der Gewerbetreibende letztlich bezweckt, eigene Verbindlichkeiten erst gar nicht anzuerkennen („liability preventing clauses"). Gem. s. 13 (1) 2. HS UCTA 1977 können derartige Klauseln zudem von ss. 2, 5-7 UCTA 1977 erfasst werden.
Schließlich steht eine Bedingung nach Sched. 2 (1) (q) UTCCR 1999 unter dem Verdacht der Missbräuchlichkeit, falls sie dem Verbraucher die Einlegung von Rechtsmitteln unmöglich macht oder erschwert („remedy restricting clauses"). Dadurch, dass derartige Abreden in ihren Wirkungen mit Freizeichnungsklauseln verglichen werden können, sind sie auch nach dem UCTA 1977 kontrollfähig (s. 13 (1) (a-c)UCTA 1977)[455].

bb) Änderungsbefugnisse

Darüber hinaus sind Vereinbarungen wahrscheinlich unfair, die es dem Gewerbetreibenden gestatten, die Vertragsbedingungen oder die Merkmale des Vertragsgegenstandes ohne triftigen Grund zu ändern („variation clauses" i.S.v. Sched. 2 (1) (j), (k) UTCCR 1999). Zwar enthalten diese Klauseln keine Freizeichnungen i.e.S. Trotzdem ist es denkbar, dass sie anhand von s. 3 (2) (b) (i) UCTA 1977 oder ss. 6 (2) (a), 7 (2) UCTA 1977 überprüft werden[456].

cc) Ausstiegsklauseln

Schließlich sind nach den UTCCR 1999 Bedingungen regelmäßig unzulässig, welche es ihrem Verwender ermöglichen, sich einseitig vom Vertrag zu lösen (Sched. 2 (1) (c), (f), (g), (o) UTCCR 1999). Je nachdem, ob ein Vertragsbruch gegeben ist oder nicht, können derartige „unequal opt out clauses" auf Grund von s. 3 (2) (a) UCTA 1977 oder s. 3 (2) (b) (ii) UCTA 1977 ebenfalls der Angemessenheitsprüfung unterliegen.

V. Ergebnis zum Verhältnis von UTCCR 1999 und UCTA 1977

Es ist also zu resümieren, dass sich die UTCCR 1999 und der UCTA 1977 trotz der aufgezeigten Unterschiede in weiten Teilen überschneiden[457].
Auf Grund der vorhandenen Differenzen sind beide Gesetze aber nebeneinander anwendbar. Um zur Wirksamkeit zu gelangen, muss eine Vertragsbedingungen folglich sowohl den Kontrollen durch die UTCCR 1999 als auch denen anhand des UCTA 1977 standhalten[458].
Bezüglich der Unterschiede ist insbesondere der voneinander abweichende Prüfungsumfang hervorzuheben. So schließen die Regeln die „core terms" von einer Bewertung aus, sofern sie transparent verfasst sind. Demgegenüber können

---

[455] Treitel S. 250 f; Koffman/Macdonald S. 119; Lawson S. 169 f.
[456] Lawson S. 170; Treitel S. 251.
[457] Macdonald/Furmston S. 165; Elliott/Quinn S. 118; Gold NLJ 94, 1273 (1273); Lockett/Egan Rn 5.3.
[458] Miller/Harvey/Parry S. 337; Lawson S. 159; Treitel S. 245; Uff in: Lonbay S. 163 (165 f); Weatherill in: Heusel S. 117 (118, 121, 125).

die wesentlichen Vertragsbestandteile nach dem UCTA 1977 ohne weiteres kontrolliert werden.
Das Zusammenwirken von UTCCR 1999 und UCTA 1977 ist jedoch entscheidend durch die weitreichenden Gemeinsamkeiten beider Regelungswerke geprägt. Das ist darauf zurückzuführen, dass die Überschneidungen nicht lediglich die Anwendungsbereiche der Gesetze betreffen. Darüber hinaus stimmen auch die ausfüllungsbedürftigen Kontrollmaßstäbe der Fairness und der Angemessenheit in vielen Punkten inhaltlich überein. Dies wird zunächst durch diverse Kriterien deutlich, welche sowohl beim Fairness- als auch beim „reasonablenesstest" zu berücksichtigen sind[459]. Des Weiteren unterliegen zahlreiche Beispielsklauseln des Anhangs der UTCCR 1999 ebenfalls der Überprüfung durch den UCTA 1977[460].
Auf Grund dieser Überschneidungen erscheint es folglich naheliegend, dass die Inhaltskontrollen zu gleichen Ergebnissen führen, sofern eine Bedingung in den Geltungsbereich beider Gesetze fällt. Damit ließen sich die Begriffe der Fairness und Angemessenheit nicht scharf voneinander trennen[461].
Dementsprechend wurde kurz nach Erlass der UTCCR 1999 die Möglichkeit erwogen, zur Konkretisierung des Grundsatzes von Treu und Glauben die Bewertungsmaßstäbe der „reasonableness" heranzuziehen[462]. Diese Anregung ist darauf zurückzuführen, dass das „good faith"-Gebot vor Umsetzung der Klauselrichtlinie nicht als allgemeines Prinzip des englischen Vertragsrechts anerkannt war. Seine erstmalige Einführung verursachte mithin erhebliche Unsicherheiten und Interpretationsschwierigkeiten.
Vor dem Hintergrund der Gegenüberstellung der UTCCR 1999 und des UCTA 1977 ist nun also zu klären, ob eine Übertragung des Angemessenheitsbegriffs mit den Unterschieden beider Gesetze vereinbar ist.
So weichen die Kontrollmaßstäbe voneinander ab, weil das „good faith"-Prinzip der Regeln den Gewerbetreibenden anhält, die berechtigten Interessen seines Vertragspartners zu berücksichtigen. Solche positiven Pflichten zur Kooperation legt der UCTA 1977 dem Klauselverwender nicht auf. Unter diesem Aspekt sind die Anforderung an die Fairness einer Bedingung mithin höher als die der „reasonableness"[463]. Ist eine Vereinbarung also bereits unangemessen, ist sie erst recht missbräuchlich i.S.d. UTCCR 1999, vorausgesetzt sie fällt in den Geltungsbereich beider Gesetze.
Dadurch, dass die Fairness einer Klausel somit ihre Angemessenheit umfasst, können Erwägungen zur „reasonableness" ebenfalls dazu dienen, das „good

---

[459] Siehe 2. Teil, E) IV. 2.) a)-e).
[460] Siehe 2. Teil, E) IV. 2.) f).
[461] Dean MLR 93, 581 (584 f); Weatherill in: Heusel S. 117 (123 f); Beatson ZEuP 98, 957 (968); Lockett/Egan Rn 5.3; Chitty/Beale Rn 15-050.
[462] Beatson ZEuP 98, 957 (964); Anson/Beatson S. 292 f.
[463] Chitty/Beale Rn 15-044; Dean MLR 93, 581 (584); Macdonald JBL 94, 441 (457).

faith"-Prinzip auszufüllen. Folglich kann auch bei der Bildung von Fallgruppen unfairer Vertragsbedingungen, welche über die Kategorien der Sched. 2 UTCCR 1999 hinausgehen, auf den UCTA 1977 zuzückgegriffen werden.

F) Schlussfolgerungen und Ergebnis zu den UTCCR 1999

I. Weitere Kategorien missbräuchlicher Klauseln

Auf Grund der Tatsache, dass der Annex der UTCCR 1999 nicht abschließend ist, können also Klauseln, die nicht in den Beispielskatalog aufgenommen wurden, ebenfalls als unfair einzustufen sein[464].

1.) „Indemnity clauses"

In diesem Zusammenhang lässt sich unter Bezugnahme auf s. 4 UCTA 1977 zunächst die Fallgruppe missbräuchlicher Entschädigungsklauseln erarbeiten. So ist der Verbraucher auf Grund von „indemnity clauses"[465] verpflichtet, den Gewerbetreibenden schadlos zu halten, falls im Zuge der Vertragsdurchführung eine Verantwortlichkeit des Unternehmers entsteht, sei es im Verhältnis zu Dritten oder gegenüber dem Konsumenten selbst. Die Unfairness von Entschädigungsklauseln resultiert somit daraus, dass der Verbraucher Einbußen ausgleichen muss, welche ursprünglich den Gewerbetreibenden trafen.

Erneut ist darauf hinzuweisen, dass die zu prüfenden Bedingungen nicht allein anhand ihres Wortlauts zu bewerten sind. Vielmehr müssen zudem ihre Auswirkungen beachtet werden, womit die einzelnen Fallgruppen weit auszulegen sind. Demzufolge können zur Kategorie der „indemnity clauses" jegliche Vertragsabreden gezählt werden, die dem Verbraucher ein Risiko auferlegen, welches ansonsten der Unternehmer zu tragen hätte. Dabei liegt die Unfairness der Klausel insbesondere dann nahe, wenn sich der Gewerbetreibende adäquat gegen die Gefahr versichern könnte[466]. Durch die Berücksichtigung der Versicherungsmöglichkeit wird somit der Einfluss des UCTA 1977 bei der Beurteilung von Entschädigungsklauseln verstärkt.

2.) „Delivery in instalments clauses"

Eine weitere Art unfairer Bedingungen kann unter anderem aus s. 3 (2) (b) (i) UCTA 1977 abgeleitet werden. Danach unterliegt eine Abrede dem Angemessenheitstest, falls sie dem Gewerbetreibenden gestattet, den Vertrag wesentlich anders zu erfüllen als vernünftigerweise erwartet werden kann. Daneben verdeutlicht auch die Fallgruppe der „variation clauses", dass die Vorstellungen des

---

[464] Uff in: Lonbay S. 163 (170 f); Elliott/Quinn S. 117; OFT Unfair Contract Terms Guidance S. 41.

[465] Davidson SQL 2001, Vol. 6, No. 1, 1 (15); OFT Unfair Contract Terms Bulletin Nr. 3 S. 18, Nr. 4 S. 104; OFT Unfair Contract Terms Guidance S. 44, 159.

[466] Macdonald/Furmston S. 200; Davidson SQL 2001, Vol. 6, No. 1, 1 (14); OFT Unfair Contract Terms Bulletin Nr. 5 S. 108, 118 f; OFT Unfair Contract Terms Guidance S. 43 f, 138 ff.

Verbrauchers hinsichtlich der Vertragserfüllung ausreichend zu berücksichtigen sind.
Bei der Durchführung des Vertrages sind folglich nicht nur die Interessen des Unternehmers zu wahren. Vielmehr müssen die berechtigten Erwartungen des Konsumenten ebenfalls beachtet werden. Neben dem Vertragsinhalt selbst sind dabei Zweckmäßigkeitsaspekte heranzuziehen.
Vor diesem Hintergrund können Vereinbarungen als missbräuchlich angesehen werden, die es dem Gewerbetreibenden gestatten, seine Leistung in beliebig vielen Raten zu erbringen. Solche Bedingungen werden „delivery in instalments clauses" bezeichnet. Teilt der Unternehmer seine Vertragserfüllung in zahlreiche Einzelleistungen auf, kann sich der Verbraucher nicht auf die Lieferung einstellen, was für ihn mit Unannehmlichkeiten verbunden ist. Zudem erscheint es möglich, dass die Leistung in Raten den Vertragszweck behindert.
Wird dem Verbraucher kein vergleichbares Ermessen bezüglich der Vertragserfüllung eingeräumt, verursachen die „delivery in instalments clauses" ein erhebliches Missverhältnis der vertraglichen Rechte und Pflichten, woraus ihre Unfairness resultiert[467].

3.) „Unfair enforcement clauses"

Unabhängig vom UCTA 1977 können ferner so genannte „unfair enforcement clauses" als missbräuchlich erklärt werden. Darunter sind Bedingungen zu verstehen, welche dem Gewerbetreibenden ungebührlich weite Rechte zur Durchsetzung seiner vertraglichen Ansprüche einräumen.
Das ist beispielweise bei Klauseln gegeben, welche es dem Unternehmer gestatten, das Grundstück des Verbrauchers ohne dessen Einverständnis zu betreten, um gelieferte Sachen wieder in Besitz zu nehmen, falls der Konsument mit der Zahlung in Verzug ist[468].
Die Unfairness derartiger Vereinbarungen folgt daraus, dass es dem Gewerbetreibenden erspart bleibt, seine Ansprüche vor Gericht geltend zu machen. Demgegenüber ist der Verbraucher auf den Rechtsweg angewiesen, falls der Unternehmer eine Vertragsverletzung begeht. Die „unfair enforcement clauses" begründen mithin ein erhebliches Missverhältnis der vertraglichen Befugnisse[469].
Wie bereits dargestellt, wird eine „significant imbalance" hinsichtlich der Durchsetzung von Ansprüchen auch durch „remedy restricting clauses" ausgelöst. Während Letztere die Rechtsbehelfe des Verbrauchers einschränken, erweitern die „unfair enforcement clauses" die Durchsetzbarkeit der Unternehmerrechte. Damit können sie als Gegenstück zu den „remedy restricting clauses"

---

[467] Macdonald/Furmston S. 201; OFT Unfair Contract Terms Bulletin Nr. 3 S. 19.
[468] Davidson SQL 2001, Vol. 6, No. 1, 1 (15); Chitty/Beale Rn 15-066; OFT Unfair Contract Terms Bulletin Nr. 4 S. 105, Nr. 5 S. 109 f.
[469] Chitty/Beale Rn 15-066; OFT Unfair Contract Terms Bulletin Nr. 3 S. 18 f; OFT Unfair Contract Terms Guidance S. 45, 141 ff.

angesehen werden, was den Verdacht der Missbräuchlichkeit von „unfair enforcement clauses" rechtfertigt.

4.) „Signed statements"

Schließlich ist es denkbar, so genannte „signed statements" als unfair zu betrachten. Derartige Erklärungen liegen vor, wenn der Verbraucher unterschreibt, den Vertrag und zugehörige Dokumente gelesen zu haben.

Die Kategorie der „signed statements" steht demnach in engem Zusammenhang mit den „hidden clauses". So ist die tatsächliche Möglichkeit der Kenntnisnahme unerlässlich, um eine den Konsumenten benachteiligende Abrede als fair zu beurteilen.

Hat der Verbraucher die einzelnen Vereinbarungen jedoch nicht gelesen, kann auch eine gegenteilige Aussage diese Tatsache nicht ändern. Mit Hilfe der „signed statements" strebt der Gewerbetreibende es aber gerade an, die fehlende Kenntnis des Verbrauchers zu ersetzen. Daher sind „signed statements" als missbräuchlich einzustufen.

Hat der Konsument den Vertrag demgegenüber wirklich gelesen, ist eine darauf gerichtete Erklärung für die Inhaltskontrolle überflüssig.

Durch die Aufnahme eines „signed statements" in den Vertrag bezweckt der Gewerbetreibende folglich, die Unwirksamkeit von Bedingungen zu verhindern, welche der Konsument nicht kennt. Im Gegensatz zu dieser unzulässigen Methode ist dem Unternehmer zu raten, den Verbraucher durch eine Warnung anzuhalten, die einzelnen Klauseln tatsächlich zu lesen[470].

II. Endergebnis zu den UTCCR 1999

Insgesamt ist zu den UTCCR 1999 festzuhalten, dass verschiedene Bedingungen in Verbraucherverträgen für missbräuchlich erklärt werden können. Der Fairnessmaßstab, welcher das „good faith"-Prinzip umfasst und der Inhaltskontrolle zu Grund liegt, lässt sich dabei durch verschiedene Fallgruppen missbräuchlicher Klauseln konkretisieren.

Diese können zum einen aus dem Anhang der UTCCR 1999 abgeleitet werden. Zum anderen ist es möglich, weitergehende Kategorien unfairer Bedingungen zu entwickeln, wobei insbesondere auf den UCTA 1977 zurückgegriffen werden kann.

Nochmals zu betonen ist, dass die beschriebenen Fallgruppen nicht abschließend zu verstehen sind. Auch stellen sie keine Tatbestandsmerkmale der Unfairness dar. Somit bleibt eine Einzelfallbeurteilung in Form des „basic test" stets erforderlich.

Unter dem Verdacht der Unfairness stehen zunächst Haftungsausschlüsse bzw. –beschränkungen, welche als „exemption clauses"[471] bezeichnet werden.

---

[470] Macdonald/Furmston S. 201; OFT Unfair Contract Terms Bulletin Nr. 3 S. 19, Nr. 4 S. 107 f.

[471] Siehe 2. Teil, B) VII. 3.) a).

Außerdem können solche Klauseln für missbräuchlich erklärt werden, die in ihren Auswirkungen den Freizeichnungen gleichen. In dieser Hinsicht sind zunächst „liability preventing clauses“[472] zu nennen, welche verhindern, dass Verbindlichkeiten des Gewerbetreibenden überhaupt entstehen.
Des Weiteren sind „remedy restricting clauses“[473] wahrscheinlich unfair, denn dies schränken die Rechtsmittel des Verbrauchers ungebührlich ein, womit sie aus Konsumentensicht einem Haftungsausschluss ähneln.
Werden umgekehrt die Befugnisse des Unternehmers zur Durchsetzung seiner Rechte unzulässig erweitert, führt dies ebenfalls zu einem Ungleichgewicht der vertraglichen Rechte und Pflichten. Somit können auch so genannte „unfair enforcement clauses“[474] als missbräuchlich angesehen werden. Diesbezüglich ist jedoch anzumerken, dass sie nicht mit Haftungsausschlüssen vergleichbar sind.
Im weiten Umfeld der Freizeichnungen bleibt aber die Gruppe der Entschädigungsklauseln anzuführen, welche insbesondere durch einen Verweis auf den UCTA 1977 hergeleitet werden kann. „Indemnity clauses“[475] sind wahrscheinlich unfair, da sie den Konsumenten verpflichten, den Gewerbetreibenden im Falle seiner Haftung schadlos zu halten. Die Unzulässigkeit von Entschädigungsklauseln folgt also daraus, dass sie ein Risiko des Unternehmers auf den Verbraucher übertragen.
Über die dargestellten Fallgruppen hinaus sind solche Vereinbarungen mit Hilfe der Regeln angreifbar, welche dem Gewerbetreibenden Änderungsbefugnisse bezüglich eines abgeschlossenen Vertrags sichern („variation clauses“[476]).
Mit diesen Modifikationsrechten sind zudem „delivery in instalments clauses“[477] vergleichbar“. Derartige Abreden gestatten es dem Unternehmer, seine Leistung in beliebig vielen Raten zu erbringen, unabhängig von den berechtigten Interessen und Erwartungen des Verbrauchers.
Ferner stehen einseitige Ausstiegsrechte unter dem Verdacht der Unfairness. So ermöglichen „unequal opt out clauses“[478] dem Gewerbetreibenden, sich einseitig und ohne Nachteile vom Vertrag zu lösen.
Des Weiteren können Strafklauseln beanstandet werden. Das ist darauf zurückzuführen, dass „penalty clauses“[479] dem Verbraucher für den Fall, dass er seine vertraglichen Pflichten nicht ordnungsgemäß erfüllt, einen unverhältnismäßig hohen Entschädigungsbetrag auferlegen, welcher von konkreten Einbußen unabhängig ist.

---

472 Siehe 2. Teil, B) VII. 3.) b).
473 Siehe 2. Teil, B) VII. 3.) c).
474 Siehe 2. Teil, F) I. 3.).
475 Siehe 2. Teil, F) I. 1.).
476 Siehe 2. Teil, B) VII. 3.) d).
477 Siehe 2. Teil, F) I. 2.).
478 Siehe 2. Teil, B) VII 3.) e).
479 Siehe 2. Teil, B) VII 3.) f).

Endlich ist zu berücksichtigen, dass die reale Möglichkeit der Kenntnisnahme einer Vertragsbedingung notwendig ist, um sie als fair anzusehen. Aus diesem Grund erscheinen „hidden clauses“[480] als missbräuchlich. Zudem kann die fehlende Kenntnis des Verbrauchers nicht durch eine Erklärung ersetzt werden, er habe den Vertrag gelesen („signed statements“[481]).

4. Teil: Vergleich der deutschen und englischen Richtlinienumsetzung

A) Allgemeines

Im Unterschied zu England hat Deutschland zur Umsetzung der „EG-Richtlinie über missbräuchliche Klauseln in Verbraucherverträgen“[482] kein eigenes Gesetz erlassen. Entsprechend der überwiegenden Meinung[483] wurde die Richtlinie lediglich durch Änderungen des damaligen „Gesetz(es) zur Regelung des Rechts der Allgemeinen Geschäftsbedingungen“ (AGBG) in das deutsche Recht transformiert. Diesem „Weg des geringsten Eingriffs“[484] standen nur vereinzelte Forderungen nach einer Parallelgesetzgebung entgegen[485].

Im Zuge der Schuldrechtsreform, welche am 01.01.2002 in Kraft getreten ist, wurde das AGBG jedoch aufgehoben und weitgehend in das Bürgerliche Gesetzbuch (BGB) integriert. Von den verfahrensrechtlichen Vorschriften abgesehen, finden sich die Regelungen des AGBG nun in den §§ 305-310 BGB. Außerdem wurden einzelne Normen inhaltlich modifiziert[486].

In Deutschland erfolgte die Transformation der Klauselrichtlinie also im Wesentlichen durch den Rückgriff auf bestehende Vorschriften. Dieses nationale Recht ist daher, sofern es als Richtlinienumsetzung zur Anwendung gelangt, unter Berücksichtigung der europarechtlichen Bestimmungen, mithin richtlinienkonform auszulegen[487].

I. Schutzzweck der §§ 305-310 BGB

Wie zuvor dem AGBG liegt auch den §§ 305 ff BGB ein allgemeines Schutzkonzept zu Grunde. Das bedeutet, dass ihr Zweck darauf gerichtet ist, jeden Vertragspartner eines Benutzers allgemeiner Geschäftsbedingungen (AGB) vor un-

---

[480] Siehe 2. Teil, B) VII. 3.) g).

[481] Siehe 2. Teil, F) I. 4.).

[482] NJW 93, 1838.

[483] Eckert WM 93, 1070 (1078); Ulmer EuZW 93, 337 (346); Heinrichs NJW 96, 2190 (2190); Damm JZ 94, 161 (177 f); Remien ZEuP 94, 34 (65).

[484] Heinrichs NJW 93, 1817 (1817 f, 1822).

[485] Hommelhoff/Wiedemann ZIP 93, 562 (562, 571).

[486] Dörner/Staudinger S. 89; AK/Hennrichs Vorb. §§ 305 ff Rn 1; Ulmer JZ 2001, 491 (491); Palandt/Heinrichs Einf. v. § 1 AGBG Rn 10.

[487] MK/Basedow Einl. AGBG Rn 42 f; Hennrichs in: Neues SchuldR § 6 Rn 9; Erman/Werner § 24 a AGBG Rn 4; EuGH EuZW 97, 318 (320); BVerfGE 75, 223 (237).

zulässigen Klauseln zu bewahren[488]. Dieses Ziel wird grundsätzlich unabhängig von der Markstellung der Parteien verfolgt. Regelmäßig können sich Unternehmer also ebenfalls auf die §§ 305 ff BGB berufen.
Demgegenüber kommt die Richtlinie nicht allen Verwendungsgegnern zugute, sondern einzig den Verbrauchern. Diese befinden sich im Verhältnis zu Gewerbetreibenden in einer „rollenspezifischen Unterlegenheit" [489], welche es durch eine Inhaltskontrolle zu kompensieren gilt. Die Klauselrichtlinie strebt mithin ausschließlich den Verbraucherschutz als spezielles Ziel an[490].
Diese verschiedenartigen Konzeptionen der jetzigen §§ 305-310 BGB und der Richtlinie begründen aber nicht die Unvereinbarkeit beider Regelungswerke. Vielmehr bewahrt auch der generelle Ansatz der §§ 305 ff BGB einen Konsumenten vor unzulässigen Bedingungen eines Unternehmers. Die allgemeine Grundausrichtung des BGB schließt folglich den von der Richtlinie angestrebten speziellen Verbraucherschutz mit ein. Der Zweck der §§ 305 ff BGB ist demnach nicht ein anderer, sondern lediglich weitreichender als der der Richtlinie[491]. Damit kann festgehalten werden, dass der Verbraucherschutz zwar nicht das einzige, seit der Umsetzung der Klauselrichtlinie aber ein bedeutendes Prinzip der deutschen Regelungen darstellt[492]. Sofern die §§ 305 ff BGB also die Grundlage der Inhaltskontrolle von Verbraucherverträgen bilden, wie sie von der Richtlinie gefordert wird, sind sie ebenso wie die UTCCR 1999 als verbraucherschützende Normen anzusehen.

II. Überblick über die §§ 305 ff BGB

In Übereinstimmung mit der Richtlinie und den UTCCR 1999 erfolgt die Bewertung einer Vertragsbedingung anhand der §§ 305 ff BGB vornehmlich durch eine unmittelbare inhaltliche Überprüfung der Abrede. Diese offene Inhaltskontrolle basiert mit § 307 I 1 BGB ebenfalls auf einer Generalklausel[493], welche mit Reg. 5 (1) UTCCR 1999 vergleichbar ist.
Des Weiteren enthalten die §§ 305 II, III, 305 a, b, c BGB Vorschriften zur Einbeziehung von Abreden in einen Vertrag. Diese Normen sind im Zusammenhang mit einer Inhaltskontrolle jedoch nicht näher zu erörtern. Vielmehr setzt eine direkte inhaltliche Beurteilung bereits begrifflich voraus, dass die fragliche

---

488 Erman/Hefermehl/Werner § 1 AGBG Rn 2 f; Palandt/Heinrichs Einf. v. § 1 AGBG Rn 5; Damm JZ 94, 161 (166f); Micklitz in: Lonbay S. 173 (179); BGHZ 70, 304 (310); BGHZ 126, 326 (332).
489 Borges DZWir 97, 402 (403); Hommelhoff/Wiedemann ZIP 93, 562 (564 f); Heinrichs NJW 95, 153 (153); Kainz in: Heusel S. 63 (64).
490 Micklitz ZEuP 93, 522 (524); Ulmer EuZW 93, 337 (338); Heinrichs NJW 96, 2190 (2194); Erman/Werner § 24 a AGBG Rn 7; Hommelhoff/Wiedemann ZIP 93, 562 (564 f).
491 Ulmer JZ 2001, 491 (495); Eckert WM 93, 1070 (1070 f); Damm JZ 94, 161 (166 f, 170); Heinrichs NJW 93, 1817 (1818).
492 MK/Basedow § 1 AGBG Rn 4; Palandt/Heinrichs Einf. v. § 1 AGBG Rn 6.
493 AK/Hennrichs § 307 Rn 1, 4; Ulmer JZ 2001, 491 (496); Palandt/Heinrichs Einf. v. § 1 AGBG Rn 4.

Bedingung überhaupt wirksam in den Vertrag einbezogen und damit Vertragsinhalt wurde[494].
Bezüglich etwaiger Unterschiede der Schutzvorschriften ist jedoch zu beachten, dass Richtlinie und UTCCR 1999 das Transparenzgebot als eigenen Kontrollmaßstab festschreiben (Art. 5 S. 1 RL, Reg. 7 (1) UTCCR 1999). Im Gegensatz dazu ist das Gebot sprachlicher Klarheit in den §§ 305 ff BGB nicht ausdrücklich als selbständiges Prinzip verankert. Stattdessen wird es durch § 307 I 2 BGB lediglich im Zusammenhang mit der Generalklausel des § 307 I 1 BGB genannt. Somit stellt sich die Frage, ob die §§ 305 ff BGB die Klauselrichtlinie überhaupt vollständig umsetzen. Diesen Bedenken ist allerdings zu entgegnen, dass die Rechtsprechung zum AGBG das Transparenzgebot als allgemeinen Maßstab entwickelt hat[495]. Demzufolge kann bereits festgehalten werden, dass die Maßgabe der Verständlichkeit auch im deutschen Recht insgesamt zu erfüllen ist. Die genaue Bedeutung des Transparenzgebots soll an späterer Stelle erläutert werden.
Im Rahmen allgemeiner Aspekte der §§ 305 ff BGB bleibt auf die Rechtsfolge der Missbräuchlichkeit einzugehen. Hält eine Abrede der Inhaltskontrolle nicht stand, ist sie insgesamt unwirksam. Die Bedingung kann also nicht auf ein zulässiges Maß gekürzt werden, was als „Verbot geltungserhaltender Reduktion" bezeichnet wird[496].
Der Vertrag bleibt im Übrigen gültig, sofern er ohne die missbräuchliche Klausel bestehen kann (§ 306 I, III BGB). Zu denselben Konsequenzen führen in England Reg. 8 (1), (2) UTCCR 1999, so dass in dieser Hinsicht keine Unterschiede zwischen den Rechtsordnungen vorliegen.

B) Persönlicher Anwendungsbereich der §§ 305-310 BGB

Wie bereits dargestellt, bezwecken die §§ 305 ff BGB grundsätzlich den Schutz eines jeden Vertragspartners des Verwenders allgemeiner Geschäftsbedingungen. Im Gegensatz zu den UTCCR 1999 ist der persönliche Anwendungsbereich der §§ 305 ff BGB demzufolge nicht auf Verbraucherverträge beschränkt.
Allerdings wird der Verbraucherschutz von den §§ 305 ff BGB mit erfasst. Insbesondere stellen die §§ 305-310 BGB die Umsetzung der materiellrechtlichen Vorschriften der Klauselrichtlinie dar, welche einzig dem Verbraucherschutz dient. Mithin fallen Verträge zwischen einem Unternehmer und einem Konsumenten ebenfalls in den Anwendungsbereich der §§ 305 ff BGB, was nicht zuletzt durch § 310 III 1. HS BGB verdeutlicht wird.

---

[494] MK/Basedow Einl. AGBG Rn 20, § 2 AGBG Rn 7; Erman/Hefermehl/Werner Vorb. § 8 AGBG Rn 3; Palandt/Heinrichs Einf. v. § 1 AGBG Rn 4, Vorb. v. § 8 AGBG Rn 19.
[495] Micklitz ZEuP 93, 522 (528); Ulmer EuZW 93, 337 (344); Thamm/Pilger § 9 Rn 13; BGHZ 115, 177 (185); BGHZ 104, 82 (92 f).
[496] Hennrichs in: Neues SchuldR § 6 Rn 57; Palandt/Heinrichs Vorb. v. § 8 AGBG Rn 9; BGHZ 114, 338 (342); BGHZ 120, 108 (122).

Es ist also zu klären, inwieweit die Beschreibungen der Vertragsparteien im englischen und deutschen Recht übereinstimmen. Die Legaldefinitionen der Begriffe „Verbraucher“ und „Gewerbetreibender“ i.S.d. UTCCR 1999 wurden bereits erörtert[497]. Im deutschen Recht werden die Bezeichnungen „Verbraucher“ und „Unternehmer“ in den §§ 13, 14 BGB definiert.

I. Unternehmer i.S.d. § 14 BGB

Nach § 14 BGB ist ein Unternehmer eine natürliche oder juristische Person oder eine rechtsfähige Personengesellschaft, die bei Abschluss eines Rechtsgeschäfts in Ausübung ihrer gewerblichen oder selbständigen beruflichen Tätigkeit handelt.

1.) Formulierungsunterschiede zur RL und den UTCCR 1999

Diese Definition weicht in drei Punkten vom Wortlaut des Art. 2 c) RL bzw. der Reg. 3 (1) UTCCR 1999 ab.

a) Erfassung von Personengesellschaften

Zunächst bezieht § 14 BGB neben natürlichen und juristischen Personen ausdrücklich auch rechtsfähige Personengesellschaften in den Unternehmerbegriff ein.

Dies begründet indes keine Ausdehnung der Definition. Das ist darauf zurückzuführen, dass Personengesellschaften in anderen europäischen Ländern stets die Rechtsfähigkeit besitzen. Folglich werden sie als juristische Personen eindeutig von der Richtlinie erfasst[498].

Statt einer Erweiterung des Unternehmerbegriffs ist die deutsche Regelung vielmehr enger gefasst, indem die Rechtsfähigkeit der Gesellschaft notwendig ist. Wörtlich genommen würden mithin Personengesellschaften, welche lediglich teilrechtsfähig sind, vom Anwendungsbereich des § 14 BGB ausgeschlossen. Dem ist jedoch zu entgegnen, dass § 14 BGB insbesondere europäische Vorgaben erfüllen soll. Demnach ist die Norm richtlinienkonform auszulegen, wobei das unterschiedliche Verständnis von Personengesellschaften zu beachten ist. Auf Grund der gemeinschaftsrechtlichen Einstufung derartiger Gesellschaften als juristische Personen zielt die Klauselrichtlinie darauf ab, sämtliche Personengesellschaften von der Unternehmerdefinition zu erfassen. Um diese Absicht ordnungsgemäß umzusetzen, kann das deutsche Recht somit nicht ihre volle Rechtsfähigkeit verlangen. Zumindest im Rahmen der Inhaltskontrolle von Verbraucherverträgen sind demnach auch teilrechtsfähige Personengesellschaften als Unternehmer i.S.d. § 14 BGB anzusehen[499].

Hinsichtlich der Behandlung von Personengesellschaft begründen die variierenden Formulierungen in § 14 BGB und Art. 2 c) RL demzufolge keinen inhaltlichen Unterschied.

---

[497] Siehe 2. Teil, B) II.

[498] MK/Basedow § 24 a AGBG Rn 23; AK/Ring § 14 Rn 27 f.

[499] Wolf/Horn/Lindacher/Wolf Art. 2 Rili Rn 11; Ulmer/Brandner/Hensen/Brandner § 24 Rn 12; MK/Micklitz § 14 BGB Rn 1, 8 f; MK/Basedow § 24 a AGBG Rn 23.

b) Merkmal der „selbständigen“ beruflichen Tätigkeit

Des Weiteren fordert § 14 BGB, abweichend von der Klauselrichtlinie und den UTCCR 1999, eine „selbständige“ berufliche Tätigkeit. Es ist also zu klären, ob die deutsche Regelung durch diese Zusatzvoraussetzung die europäische Bestimmung unzulässig einschränkt.

Dazu ist die Bedeutung des Merkmals der Selbständigkeit innerhalb des § 14 BGB zu berücksichtigen. So bezweckt dieser Verweis die Einbeziehung der Freiberufler und Landwirte in § 14 BGB. Der Unternehmerbegriff des § 14 BGB ist also weit gefasst. Alle natürlichen Personen sollen als Unternehmer agieren können[500]. Dadurch werden die europarechtlichen Vorgaben zur Unternehmerdefinition erfüllt, wonach Freiberufler und Landwirte ebenfalls erfasst werden. So sind die diese Berufe gerade dadurch gekennzeichnet, dass der Handelnde das wirtschaftliche Risiko seiner Tätigkeit trägt, mithin eigenverantwortlich am Rechtsverkehr teilnimmt. Demgegenüber treffen einen unselbständigen Angestellten nicht die Konsequenzen seines Handelns. Er ist insbesondere nicht in der Lage, einen Vertrag im eigenen Namen abzuschließen. Die gemeinschaftsrechtliche Absicht, die Freiberufler und Landwirte vom Unternehmerbegriff zu erfassen, verdeutlicht also auf der anderen Seite, dass unselbständige Arbeiten nicht unter die Definition fallen. Mithin ist das Kriterium der Selbständigkeit der beruflichen Tätigkeit in die europäische Vorschrift des Art. 2 c) RL hineinzulesen[501]. Gleiches gilt für die Vergleichsnorm der Reg. 3 (1) UTCCR 1999. Somit begründet die anderslautende Formulierung des § 14 BGB erneut keine inhaltliche Abweichung der Unternehmerdefinitionen.

c) Einstufung öffentlich-rechtlicher Tätigkeit

Schließlich besteht eine Differenz zwischen § 14 BGB und Art. 2 c) RL bzw. Reg. 3 (1) UTCCR 1999 darin, dass Letztere den Zusatz „auch wenn diese (Tätigkeit) dem öffentlichrechtlichen Bereich zuzurechnen ist“ enthalten. Eine derartige Klarstellung fehlt im deutschen Recht. Es kann aber erneut darauf hingewiesen werden, dass § 14 BGB, sofern er als Richtlinientransformation angewendet wird, richtlinienkonform auszulegen ist. Aus diesem Grund sind in Deutschland Vertragsbedingungen staatlicher Behörden ebenfalls kontrollfähig[502]. Auch in dieser Hinsicht bestehen also keine inhaltlichen Differenzen zwischen dem englischen und deutschen Unternehmerbegriff.

2.) Übereinstimmung mit RL und UTCCR 1999

Insgesamt lässt sich damit feststellen, dass die deutsche Legaldefinition des Unternehmers mit der englischen Beschreibung des Gewerbetreibenden überein-

[500] MK/Micklitz § 14 BGB Rn 5; Palandt/Heinrichs § 14 BGB Rn 1 f.

[501] Wolf/Horn/Lindacher/Horn § 24 a Rn 17; Borges DZWir 97, 402 (404); Ulmer/Brandner/Hensen/Brandner § 24 Rn 13; MK/Micklitz § 14 BGB Rn 25; MK/Basedow § 24 a AGBG Rn 24.

[502] Erman/Werner § 24 a AGBG Rn 12; Micklitz ZEuP 93, 522 (525); Wolf/Horn/Lindacher/Horn § 24 a Rn 18; Wolf/Horn/Lindacher/Wolf Art. 2 Rili Rn 12.

stimmt. Folglich kann auf die Ausführungen zu Reg. 3 (1) UTCCR 1999 verwiesen werden, um Einzelaspekte des Unternehmerbegriffs zu erläutern.
Demnach ist insbesondere eine Gewinnerzielungsabsicht des Handelnden aus dort genannten Gründen nicht erforderlich. Andererseits genügt es jedoch nicht, dass eine Person generell am Markt Leistungen planmäßig und dauerhaft gegen Entgelt anbietet[503]. Vielmehr muss der konkrete Vertrag in Ausübung der gewerblichen oder beruflichen Tätigkeit abgeschlossen werden. Mithin können Rechtsgeschäfte eines Unternehmers zu rein privaten Zwecken keine Verbraucherverträge darstellen[504].

II. Verbraucher i.S.d. § 13 BGB

Im Gegensatz zu einem Unternehmer ist ein Verbraucher gem. § 13 BGB jede natürliche Person, die ein Rechtsgeschäft zu einem Zweck abschließt, der weder ihrer gewerblichen noch ihrer selbständigen beruflichen Tätigkeit zugerechnet werden kann.
Diese Formulierung stimmt im Wesentlichen mit dem Wortlaut des Art. 2 b) RL überein. Ein Unterschied besteht einzig darin, dass die deutsche Regelung erneut auf die Selbständigkeit des Berufs abstellt. Dass dieses Kriterium nicht zu inhaltlichen Differenzen führt, wurde bereits dargelegt.
Auf Grund der Tatsache, dass die UTCCR 1999 die Richtliniedefinition wörtlich übernommen haben, kann bezüglich des Verbraucherbegriffs auf die Darstellung des englischen Rechts verwiesen werden.
Somit entscheidet nicht allein der subjektive Wille des Handelnden. Vielmehr müssen für den Gewerbetreibenden objektive Anhaltspunkte vorliegen, dass sein Vertragspartner als Konsument auftritt. Zudem schließt eine Mischnutzung des Vertragsgegenstandes die Verbrauchereigenschaft nicht aus, sofern die private Verwendung der Sache überwiegt[505].

C) Sachlicher Anwendungsbereich der §§ 305–310 BGB

Im Zusammenhang mit dem sachlichen Geltungsbereich der §§ 305-310 BGB ist erneut die Umsetzungsmethode der Klauselrichtlinie zu bedenken. Wegen des überwiegenden Rückgriffs auf bestehende Normen erfüllen diese nun zwei Funktionen. Sie können einerseits als rein nationales Recht und andererseits als Richtlinientransformation zur Anwendung gelangen.
Der sachliche Geltungsbereich des damaligen AGBG wich allerdings von dem der Klauselrichtlinie ab. Folglich genügte es nicht, die existierenden Vorschrif-

---

[503] AK/Ring § 14 Rn 22; Palandt/Heinrichs § 14 BGB Rn 2; MK/Micklitz § 14 BGB Rn 13, 16 f.
[504] Ulmer/Brandner/Hensen/Brandner § 24 Rn 15; Erman/Werner § 24 a AGBG Rn 10 i.V.m. § 24 AGBG Rn 5 f.
[505] Borges DZWir 97, 402 (404); MK/Basedow § 24 a AGBG Rn 32 f; Palandt/Heinrichs § 13 BGB Rn 3; AK/Ring § 14 Rn 18 f.

ten als Umsetzungsnormen zu deklarieren. Vielmehr bedurften die deutschen Bestimmungen der Ergänzung.
Als Konsequenz dessen richtet sich der positive Anwendungsbereich der Inhaltkontrolle von Verbraucherverträgen nicht ausschließlich nach einer einzigen Norm, dem jetzigen § 305 I BGB. Bei Rechtsgeschäften zwischen einem Unternehmer und einem Konsumenten sind außerdem § 310 III Nr. 1, 2 BGB heranzuziehen[506].

I. Grundsätzliche Beschränkung auf AGB i.S.d. § 305 I BGB

Nach § 305 I BGB gelten die §§ 305-310 regelmäßig nur für Allgemeine Geschäftsbedingungen (AGB). Darunter sind alle für eine Vielzahl von Verträgen vorformulierten Vertragsbedingungen zu verstehen, die eine Vertragspartei (Verwender) der anderen Vertragspartei bei Abschluss des Vertrags stellt (§ 305 I 1 BGB).

1.) Übereinstimmungen mit der Richtlinie und den UTCCR 1999

Damit besteht insofern eine Gemeinsamkeit mit der Richtlinie bzw. den UTCCR 1999, als dass AGB durch eine Vorformulierung geprägt sind.
Dementsprechend bestimmt § 305 I 3 BGB, dass AGB nicht vorliegen, soweit die Vertragsbedingungen zwischen den Vertragsparteien im Einzelnen ausgehandelt sind. Dies ist jedoch gegeben, sofern der Verwender den Inhalt der Klauseln ernsthaft zur Disposition stellt, wodurch sein Vertragspartner die reale Möglichkeit der Einflussnahme erhält[507].
Folglich ist der Begriff des Aushandelns im deutschen Recht und innerhalb der Richtlinie gleichbedeutend (vgl. Art. 3 (2) S. 1 RL). Des Weiteren kennzeichnet das fehlende Aushandeln jeweils die Vorformulierung der Bedingung, was eine Anwendungsvoraussetzung der Verbraucherschutzregelungen darstellt. Dadurch, dass die UTCCR 1999 die Richtlinienvorschriften übernommen haben, ergibt sich diesbezüglich außerdem eine Übereinstimmung mit der englischen Rechtsordnung (vgl. Reg. 5 (2) UTCCR 1999).
Ist demgegenüber ein Aushandeln i.S.d. § 305 I 3 BGB zu bejahen, liegt eine nicht vorformulierte Individualabrede vor. Auf eine solche Aushandlungsvereinbarung finden die §§ 305-310 BGB keine Anwendung[508].
Wurden allerdings bloß einzelne Klauseln individuell ausgehandelt, steht dies der Berufung auf die §§ 305 ff BGB nicht entgegen, sofern es sich nach einer Gesamtwertung dennoch um einen vorformulierten Vertrag handelt. In diesen Fällen gelten die §§ 305-310 BGB für die restlichen Vereinbarungen[509]. Identi-

---

[506] AK/Hennrichs § 305 Rn 1, 4; Hennrichs in: Neues SchuldR § 6 Rn 10, 13.
[507] Wolf/Horn/Lindacher/Wolf § 1 Rn 35; Ulmer/Brandner/Hensen/Hensen § 1 Rn 46 f; BGHZ 85, 305 (308); BGHZ 104, 232 (236).
[508] AK/Hennrichs § 305 Rn 5; MK/Basedow § 1 AGBG Rn 34 f; BGH NJW 00, 1110 (1111).
[509] Ulmer/Brandner/Hensen/Ulmer § 1 Rn 55; Palandt/Heinrichs § 1 AGBG Rn 19; BGHZ 93, 252 (254 f); BGHZ 97, 212 (215).

sche Ergebnisse erzielen die Richtlinie und die UTCCR 1999 (vgl. Art. 3 (2) S. 2 RL, Reg. 5 (3) UTCCR 1999).
Bezüglich des Merkmals der Vorformulierung von AGB ist endlich auf die Frage der Beweislast einzugehen. Dabei kann an die äußere Form des § 305 I 3 BGB angeknüpft werden. So trifft diese Norm im Gegensatz zu § 305 I 1 BGB eine Negativabgrenzung, wann AGB nicht vorliegen. Daraus lässt sich ableiten, dass der Verwender vermeintlicher AGB ihr individuelles Aushandeln zu beweisen hat. Mithin wird im deutschen Recht die Vorformulierung von Standardverträgen vermutet[510], was den Regelungen in Art. 3 (2) S. 3 RL bzw. Reg. 5 (4) UTCCR 1999 entspricht.
Insgesamt sind die beschriebenen Gemeinsamkeiten zwischen der Klauselrichtlinie und § 305 I BGB darauf zurückzuführen, dass der Zweck der Richtlinie insbesondere darin besteht, Standardverträge, also gerade Vereinbarungen auf der Grundlage von AGB, zu kontrollieren.

2.) Unterschiede im Anwendungsbereich

Jedoch erschöpft sich die Konzeption der Richtlinie nicht in dieser Absicht. Vielmehr werden sämtliche vorformulierten Vertragsbedingungen von ihrer Geltung erfasst. Diese Ausrichtung wurde zudem in die UTCCR 1999 übertragen.
Als Folge dessen enthält die Vorschrift des § 305 I 1 BGB auch Abweichungen von den Anwendungsbereichen der Richtlinie und der UTCCR 1999. Diese treten unter zwei Gesichtspunkten in Erscheinung.
Zum einen müssen AGB i.S.d. § 305 I 1 BGB für eine „Vielzahl" von Verträgen vorformuliert sein. Mithin ist es nicht ausreichend, dass Klauseln lediglich für einen bestimmten Vertrag ausgearbeitet worden sind. Demnach werden Individualvereinbarungen prinzipiell nicht von den §§ 305-310 BGB erfasst, selbst wenn sie im Voraus verfasst wurden[511].
Zum anderen hat der Verwender der AGB sie der anderen Partei zu „stellen". Das bedeutet wiederum, dass der Benutzer ihre Einbeziehung verlangen muss, womit ihm die Klauseln zugerechnet werden[512].
Diese beiden Voraussetzungen sind in Art. 3 (1), (2) RL nicht enthalten. Demzufolge ist § 305 I 1 BGB enger gefasst, so dass diese Norm allein den Anforderungen der Klauselrichtlinie nicht genügt.

---

[510] Erman/Hefermehl/Werner § 1 AGBG Rn 21, 30; AK/Hennrichs § 305 Rn 5; MK/Basedow § 24 a AGBG Rn 45; BGH NJW 98, 2600 (2601); BGHZ 83, 54 (58).
[511] Erman/Hefermehl/Werner § 1 AGBG Rn 11 ff; Palandt/Heinrichs § 1 AGBG Rn 6; Wolf/Horn/Lindacher/Wolf § 1 Rn 13; Micklitz in: Lonbay: S. 173 (180); BGH NJW 99, 2180 (2181); BGH BB 88, 12 (14).
[512] Damm JZ 94, 161 (166); Ulmer/Brandner/Hensen/Ulmer § 1 Rn 26 f; Palandt/Heinrichs § 1 AGBG Rn 7; BGHZ 130, 50 (57 f); BGH NJW 85, 2477 (2477).

II. Besonderheiten bei Verbraucherverträgen (§ 310 III BGB)
Um also eine ordnungsgemäße Transformation der Richtlinie zu erreichen, wurde zu seiner Zeit das AGBG modifiziert. Der Regelungsgehalt des eingeführten § 24 a AGBG findet sich auf Grund der Schuldrechtsreform mittlerweile in § 310 III BGB. Diese Vorschrift bewirkt unter anderem, dass Bedingungen eines Verbrauchervertrags in zwei Fällen auch dann der Inhaltskontrolle unterliegen, wenn sie keine AGB i.S.v. § 305 I 1 BGB sind. § 310 III Nr. 1, 2 BGB erweitern somit den sachlichen Anwendungsbereich der §§ 305-310 BGB[513].

1.) Drittklauseln (§ 310 III Nr. 1 BGB)
Nach § 310 III Nr. 1 BGB gelten AGB als vom Unternehmer gestellt, es sei denn, dass sie durch den Verbraucher in den Vertrag eingeführt wurden.

Diese Fiktion bewirkt, dass die §§ 305-310 BGB nicht nur dann Anwendung finden, wenn der Unternehmer die Einbeziehung der AGB verlangt und sie damit i.S.d. § 305 I 1 BGB „stellt“. Darüber hinaus genügt es, dass die Klausel auf Vorschlag eines Dritten, z.B. eines Notars, Vertragsinhalt geworden ist. Die Anwendbarkeit der §§ 305-310 BGB scheidet einzig dann aus, falls die Abrede nachweisbar dem Konsumenten zuzurechnen ist.

Die Regelung des § 310 III Nr. 1 BGB trägt folglich der Tatsache Rechnung, dass die Klauselrichtlinie auf die Voraussetzung des „Stellens“ einer Vertragsbedingung verzichtet[514].

Demnach ist festzuhalten, dass vorformulierte Drittklauseln im deutschen und englischen Recht in gleicher Weise behandelt werden. Als Bestandteil von Verbraucherverträgen fallen sie in beiden Ländern unter die Bestimmungen der Richtlinienumsetzung.

2.) Einzelvertragsklauseln (§ 310 III Nr. 2 BGB)
Gem. § 310 III Nr. 2 BGB sind zudem die wesentlichen Schutzvorschriften auf vorformulierte Vertragbedingungen auch dann anzuwenden, wenn diese nur zur einmaligen Verwendung bestimmt sind. Auf Grund dieser Regelung ist es mithin nicht erforderlich, dass die Klauseln für eine „Vielzahl“ von Verträgen aufgestellt wurden, wie § 305 I 1 BGB es erfordert. Stattdessen reicht es aus, dass die Vorformulierung für einen konkreten Vertrag erfolgte, womit eine nicht ausgehandelte Individualvereinbarung vorliegt[515].

Indes bleibt es auch nach § 310 III BGB unverzichtbar, dass der Verbraucher wegen der Vorformulierung keinen Einfluss auf den Klauselinhalt nehmen konnte. Das bedeutet, dass die §§ 305-310 BGB für individuelle Aushandlungs-

---

[513] Thamm/Pilger § 24 a Rn 1; Erman/Werner § 24 a AGBG Rn 8; MK/Basedow § 24 a AGBG Rn 1 f.

[514] AK/Hennrichs § 305 Rn 4, § 310 Rn 9; Borges DZWir 97, 402 (405); MK/Basedow § 24 a AGBG Rn 38-41; Heinrichs NJW 96, 2190 (2192); Wolf/Horn/Lindacher/Horn § 24 a Rn 27; Thamm/Pilger § 24 a Rn 8; BGH NJW 99, 2180 (2181 f); BGHZ 141, 108 (113).

[515] AK/Hennrichs § 310 Rn 10; Thamm/Pilger § 24 a Rn 5; Ulmer/Brandner/Hensen/Ulmer § 24 a Rn 41 f; Palandt/Heinrichs § 24 a AGBG Rn 11; Borges DZWir 97, 402 (405 f).

vereinbarungen i.S.d. § 305 I 3 BGB selbst bei Verbraucherverträgen nicht gelten[516].
In dieser Hinsicht geht die deutsche Regelung also ebenso wie die UTCCR 1999 nicht über den Mindeststandard der Richtlinie hinaus.

III. Ausnahmetatbestände

Sind die positiven Voraussetzungen der §§ 305 I, 310 III Nr. 1, 2 BGB zwar erfüllt, wird eine vorformulierte Bedingung eines Verbrauchervertrags dennoch nicht anhand der §§ 305-310 BGB überprüft, wenn ein Ausnahmetatbestand eingreift.

1.) Ausgenommene Vertragsbedingungen

Zunächst besagt Art. 1 (2) RL, dass Vertragsklauseln, die auf bindenden Rechtsvorschriften beruhen, nicht der Richtlinie unterliegen. Gleiches gilt für Abreden, welche auf Bestimmungen oder Grundsätzen internationaler Übereinkommen basieren, bei denen die Mitgliedstaaten oder die Gemeinschaft Vertragsparteien sind.
Ein derartiger Ausnahmetatbestand ist in den §§ 305-310 BGB jedoch nicht ausdrücklich festgeschrieben.
Allerdings ist zu bedenken, dass die §§ 305 ff BGB die Kontrolle von „Vertragsbedingungen" ermöglichen. Diese werden von ihrem Verwender oder einem Dritten aufgestellt, wobei diese Personen keine Rechtssetzungsbefugnis besitzen. Demzufolge können die vorformulierten Klauseln nicht als staatlich gesetztes Recht angesehen werden, so dass sie keine Rechtsnormen darstellen[517]. Einer Vertragspartei ist es also lediglich möglich, die Klauseln eines Rechtsgeschäfts im Voraus zu verfassen. Den Inhalt von Gesetzesvorschriften kann sie demgegenüber gerade nicht festlegen. Diese werden vielmehr durch den Gesetzgeber erlassen. Das bedeutet im Umkehrschluss, dass Rechtsnormen nicht als Vertragsbedingungen i.S.v. §§ 305 I, 310 III Nr. 1, Nr. 2 BGB eingeordnet werden können. Folglich sind sie bereits begrifflich von einer unmittelbaren Anwendung der §§ 305-310 BGB ausgeschlossen[518].
Gem. Art. 1 (2) RL i.V.m. dem 13. Erwägungsgrund der Präambel der Richtlinie soll jedoch nicht nur eine direkte, sondern darüber hinaus eine indirekte Kontrolle von Rechtsvorschriften verhindert werden.
In diesem Zusammenhang ist § 307 III 1 BGB zu nennen. Danach unterliegen nur solche Klauseln der Inhaltskontrolle, durch die von Rechtsvorschriften abweichende oder diese ergänzende Regelungen vereinbart werden. Demnach werden insbesondere Bedingungen, welche lediglich Rechtsvorschriften wieder-

---

[516] Kainz in: Heusel S. 63 (65); Wolf/Horn/Lindacher/Horn § 24 a Rn 30, 36; Frey ZIP 93, 572 (576); Heinrichs NJW 96, 2190 (2193).
[517] Erman/Hefermehl/Werner § 1 AGBG Rn 4; Wolf/Horn/Lindacher/Wolf Einl. Rn 13; Ulmer/Brandner/Hensen/Ulmer Einl. Rn 22, 27; BGHZ 17, 1 (2); BGHZ 9, 1 (3).
[518] MK/Basedow § 1 AGBG Rn 5 f; Palandt/Heinrichs § 1 AGBG Rn 1; Wolf/Horn/Lindacher/Wolf § 1 Rn 7; BGHZ 86, 284 (288 ff).

geben, nicht erfasst. Folglich scheidet eine mittelbare Überprüfung von Rechtsnormen anhand der §§ 305 ff BGB ebenfalls aus[519].
An dieser Stelle ist erneut anzumerken, dass die §§ 305 ff BGB im Gegensatz zur Richtlinie nicht ausschließlich die inhaltliche Bewertung von Vertragsbedingungen betreffen. Daneben enthalten sie auch Regelungen zur Einbeziehung von Abreden in ein Rechtsgeschäft. Vor diesem Hintergrund erklärt sich der Unterschied, dass der Ausschluss deklaratorischer Klauseln von der Inhaltskontrolle im deutschen Recht in § 307 III 1 BGB verankert ist, während er sich bei der Klauselrichtlinie aus dem negativen sachlichen Anwendungsbereich ergibt.
Im Ergebnis lässt sich also feststellen, dass die deutsche Rechtslage bezüglich der ausgenommen Vertragsbedingungen mit der englischen Regelung in Reg. 4 (2) UTCCR 1999 identisch ist.

2.) Bereichsausnahmen für bestimmte Vertragsarten (§ 310 IV BGB)

Des Weiteren schließt § 310 IV BGB einzelne Rechtsgebiete vom Anwendungsbereich der §§ 305 ff BGB aus. Es ist daher zu klären, ob diese Vorschrift dem 10. Erwägungsgrund der Präambel der Richtlinie entspricht.
Soweit § 310 IV 1 BGB Verträge auf den Gebieten des Erb-, Familien- und Gesellschaftsrechts vom Geltungsbereich der §§ 305-310 BGB ausgrenzt, besteht eine Übereinstimmung mit der Klauselrichtlinie[520] und demzufolge ebenfalls mit den UTCCR 1999. Wegen der gebotenen restriktiven Auslegung der Ausnahmevorschrift ist es insbesondere auch im deutschen Recht denkbar, dass der Verkauf stiller Gesellschaftsanteile an einen Verbraucher von den §§ 305 ff BGB erfasst wird[521].
Abweichend von der Richtlinie nimmt § 310 IV BGB das Gebiet des Arbeitsrechts indes nicht vollständig vom Anwendungsbereich der §§ 305-310 BGB aus. Stattdessen bezieht sich § 310 IV 1 BGB lediglich auf Tarifverträge, Betriebs- und Dienstvereinbarungen. Somit fallen einzig arbeitsrechtliche Kollektivvereinbarungen nicht unter die §§ 305 ff BGB. Demgegenüber werden Arbeitsverträge grundsätzlich den Schutzvorschriften unterstellt, wobei allerdings die im Arbeitsrecht geltenden Besonderheiten angemessen zu berücksichtigen sind (§ 310 IV 2 BGB)[522].
Diese Diskrepanz zum 10. Erwägungsgrund der Richtlinie bewirkt eine erweiterte Geltung der §§ 305-310 BGB. Die deutsche Regelung geht mithin über die europarechtlichen Vorgaben hinaus, wodurch sie das Schutzniveau zugunsten

---

519 Wolf/Horn/Lindacher/Wolf Art. 1 Rili Rn 33; Frey ZIP 93, 572 (575).
520 Eckert WM 93, 1070 (1073); Heinrichs NJW 93, 1817 (1822); Ulmer EuZW 93, 337 (346).
521 Palandt/Heinrichs § 23 AGBG Rn 3; Wolf/Horn/Lindacher/Horn § 23 Rn 74; Ulmer/Brandner/Hensen/Ulmer § 23 Rn 24 a; Borges DZWir 97, 402 (405); KG WM 99, 323 (325).
522 Hennrichs in: Neues SchuldR § 6 Rn 15; Dörner/Staudinger S. 90; AK/Hennrichs § 310 Rn 17-19.

des Verwendungsgegners verbessert. Dadurch, dass die Richtlinie gem. Art. 8 RL lediglich Mindeststandards vorschreibt, ist § 305 IV BGB insgesamt mit den europäischen Bestimmungen vereinbar.
Im Unterschied dazu enthalten die UTCCR 1999 keine dem § 310 IV 2 BGB entsprechende Regelung. Unter dem Gesichtspunkt der Anwendbarkeit der Richtlinienumsetzungsnormen auf Arbeitsverträge sind die UTCCR 1999 daher enger als die Bestimmungen im deutschen Recht.

D) Vermeidung von Umgehungsversuchen

I. Allgemeines Umgehungsverbot (§ 306 a BGB)

Um eine effektive Wirkung der §§ 305-310 BGB sicherzustellen, legt § 306 a BGB fest, dass die genannten Vorschriften auch dann Anwendung finden, wenn sie durch anderweitige Gestaltungen umgangen werden.
Das ist der Fall, wenn die vertraglichen Vereinbarungen objektiv zu dem Erfolg führen, welchen das Gesetz gerade verbietet. Eine Umgehungsabsicht ist dabei nicht erforderlich[523].
Ein derart allgemein formuliertes Umgehungsverbot enthalten weder die Klauselrichtlinie noch die UTCCR 1999.

II. Verbot der Umgehung durch Rechtswahl (Art. 29 a EGBGB)

Art. 6 (2) RL tritt jedoch speziell der Umgehung der Schutzvorschriften durch Rechtswahl entgegen. Danach darf der Konsument den durch die Richtlinie gewährten Schutz auch dann nicht verlieren, wenn vereinbart wurde, das Recht eines Drittlandes auf den Vertrag anzuwenden. Zur Wahrung der Verbraucherrechte ist allerdings ein enger Zusammenhang des Rechtsgeschäfts mit dem Gebiet der Mitgliedstaaten erforderlich.
Diese Vorgaben werden in England durch Reg. 9 UTCCR 1999 erfüllt[524].
In Deutschland stellt mittlerweile Art. 29 a EGBGB die Umsetzungsnorm dar, womit der frühere § 12 AGBG aufgehoben wurde[525]. Falls ein Vertrag also auf Grund einer Rechtswahl nicht dem Recht eines Mitgliedstaates der Europäischen Gemeinschaft unterliegt, er jedoch einen engen Zusammenhang mit dem Gebiet eines dieser Staaten aufweist, so sind gem. Art. 29 a EGBGB die im Gebiet dieses Staates geltenden Bestimmungen zur Umsetzung der Verbraucherschutzrichtlinien gleichwohl anzuwenden.
Besteht eine enge Verbindung mit Deutschland, sind vorformulierte Klauseln eines Verbrauchervertrags folglich anhand der §§ 305-310 BGB zu überprüfen.

---

[523] AK/Hennrichs § 306 a Rn 1; Erman/Hefermehl/Werner § 7 AGBG Rn 2; BGHZ 51, 255 (262).
[524] Siehe 2. Teil, B) IV.
[525] Palandt/Heldrich Art. 29 a EGBGB Rn 1; Ulmer/Brandner/Hensen/Schmidt § 12 a.F. Rn 1, 10.

E) Kontrollfreie Vereinbarungen (§ 307 III BGB)

Fällt eine Bedingung in den persönlichen und sachlichen Anwendungsbereich der §§ 305-310 BGB und wurde sie zudem wirksam in den Vertrag einbezogen, so unterliegt sie regelmäßig einer inhaltlichen Überprüfung. Diesen Grundsatz schränkt § 307 III BGB jedoch ein[526].

Danach gelten die Vorschriften zur Inhaltskontrolle nur für solche Abreden, durch die von Rechtsvorschriften abweichende oder diese ergänzende Regelungen vereinbart werden (§ 307 III 1 BGB).

Als Rechtsvorschrift ist dabei jedes materielle Gesetz anzusehen, womit auch Verordnungen und Satzungen von § 307 III 1 BGB erfasst werden[527].

Einschränkend setzt § 307 III 1 BGB jedoch voraus , dass die gesetzlichen Bestimmungen überhaupt abdingbar sind. Demnach dürfen die Rechtsnormen, von denen abgewichen wird, nicht zwingend sein. Prüfungsmaßstab der Inhaltskontrolle ist demnach das dispositive Recht[528].

I. Deklaratorische Klauseln

Wie bereits erörtert, führt § 307 III 1 BGB dazu, dass deklaratorische Klauseln nicht kontrollfähig sind. Derartige Bedingungen wiederholen lediglich einen Gesetzestext, weshalb sie keine Differenz zu der Rechtsvorschrift aufweisen.

Durch den Ausschluss der deklaratorischen Klauseln wird eine mittelbare Überprüfung und damit eine Modifikation der dispositiven Rechtsnormen verhindert[529]. Eine Kontrolle liefe in diesen Fällen ohnehin leer, da gem. § 306 II BGB an die Stelle der unwirksamen Vertragsbedingungen die identische gesetzliche Regelung treten würde[530].

II. Leistungsbeschreibungen und Preisvereinbarungen

1.) Besonderheiten bezüglich des Vertragskerns

Nach § 307 III 1 BGB sind Leistungsbeschreibungen und Preisvereinbarungen grundsätzlich der inhaltlichen Überprüfung entzogen. Dadurch, dass die Rechtsordnung den Parteien gerade die Festlegung der Hauptbestandteile eines Vertrags überlässt, können derartige Vereinbarungen nicht von Rechtsvorschriften abweichen bzw. diese ergänzen.

Die Inhaltskontrolle anhand der §§ 305 ff BGB soll die marktwirtschaftlichen Prinzipien von Angebot und Nachfrage mithin nicht unterlaufen. Bezüglich der

---

526 Hennrichs in: Neues SchuldR § 6 Rn 29; Wolf/Horn/Lindacher/Wolf § 8 Rn 2 f; Ulmer/Brandner/Hensen/Brandner § 8 Rn 1.

527 AK/Hennrichs § 307 Rn 19; Palandt/Heinrichs § 8 AGBG Rn 7; Thamm/Pilger § 8 Rn 2; BGHZ 121, 13 (18).

528 Hennrichs in: Neues SchuldR § 6 Rn 28; Erman/Hefermehl/Werner § 8 AGBG Rn 1; Palandt/Heinrichs § 9 AGBG Rn 19.

529 MK/Basedow § 8 AGBG Rn 1 f; Wolf/Horn/Lindacher/Wolf § 8 Rn 1; BGH NJW 85, 3013 (3013).

530 Erman/Hefermehl/Werner § 8 AGBG Rn 13; Hennrichs in: Neues SchuldR § 6 Rn 29; BGHZ 91, 55 (57); BGH VersR 2001, 841 (843).

Hauptbestandteile eines Rechtsgeschäfts wird der Grundsatz der Vertragsfreiheit folglich gewahrt[531].
§ 307 III 1 BGB schließt also ebenso wie Art. 4 (2) RL und Reg. 6 (2) UTCCR 1999 den Vertragskern prinzipiell von einer inhaltlichen Bewertung aus.
Der Grundsatz der Kontrollfreiheit steht gem. Art. 4 (2) RL indes unter dem Vorbehalt, dass die Klauseln klar und deutlich formuliert sind. Sind Leistungsbeschreibung und Preisvereinbarung unverständlich verfasst, unterliegen sie nach Art. 4 (2) RL ausnahmsweise der Inhaltskontrolle (vgl. Reg. 6 (2) UTCCR 1999)[532].
Diese Einschränkung hatte das AGBG zwar nicht ausdrücklich genannt. Jedoch hatten die Gerichte das Transparenzgebot entwickelt, woraufhin es insgesamt als ein tragendes Prinzip des AGBG anerkannt wurde. Auf Grund der bei Verbraucherverträgen gebotenen richtlinienkonformen Auslegung wurde die Maßgabe der Verständlichkeit somit unter anderem in den damaligen § 8 AGBG hineingelesen[533].
Die Schuldrechtsreform nahm das Transparenzgebot dann explizit in § 307 BGB auf. So bestimmt § 307 I 2 BGB, dass sich eine unangemessene Benachteiligung i.S.v. § 307 I 1 BGB auch daraus ergeben kann, dass die Bestimmung nicht klar und verständlich ist. Darauf wiederum nimmt § 307 III 2 BGB Bezug, welcher in Übereinstimmung mit der Klauselrichtlinie eine Gegenausnahme zu § 307 III 1 BGB enthält. Danach können andere Bedingungen als solche i.S.v. § 307 III 1 BGB gem. § 307 I 2 i.V.m. § 307 I 1 BGB unwirksam sein. Wie dargestellt, werden Leistungsbeschreibungen und Preisvereinbarungen gerade nicht von § 307 III 1 BGB erfasst. Nach § 307 III 2 BGB unterliegen die Hauptbestandteile eines Vertrags jedoch dem Transparenzgebot. Wird dieser Maßgabe sprachlicher Klarheit nicht entsprochen, werden Leistungsbeschreibungen und Preisvereinbarungen folglich anhand des § 307 BGB inhaltlich überprüft[534].
Insgesamt kann damit festgehalten werden, dass § 307 III BGB hinsichtlich der Behandlung des Vertragskerns mit Art. 4 (2) RL und Reg. 6 (2) UTCCR 1999 konform ist.

2.) Abgrenzung zu Nebenabreden

§ 307 III 1 BGB macht also eine Abgrenzung von Hauptbestandteilen und Nebenabreden erforderlich. Diesbezüglich gilt ein dem englischen Recht[535] ver-

---

[531] AK/Hennrichs § 307 Rn 18; Kainz in: Heusel S. 63 (65); MK/Basedow § 8 AGBG Rn 1; Palandt/Heinrichs § 8 AGBG Rn 1; Ulmer/Brandner/Hensen/Brandner § 8 Rn 10.
[532] Siehe 2. Teil, B) V. 1.).
[533] Damm JZ 94, 161 (170); Ulmer EuZW 93, 337 (337, 340); Eckert WM 93, 1070 (1076); Micklitz ZEuP 93, 522 (528); Palandt/Heinrichs § 8 AGBG Rn 1a; OLG Stuttgart VersR 99, 832 (833); OLG Köln ZIP 00, 1836 (1837 f).
[534] AK/Hennrichs § 307 Rn 9; Hennrichs in: Neues SchuldR § 6 Rn 27, 30; Ulmer/Brandner/Hensen/Brandner § 8 Rn 8a.
[535] Siehe 2. Teil, B) V. 2.).

gleichbarer Ansatz. Um die Effektivität der Inhaltskontrolle sicherzustellen, ist § 307 III 1 BGB als Ausnahmevorschrift restriktiv auszulegen. Demzufolge zählen nicht alle Klauseln, welche in irgendeiner Weise den Vertragsgegenstand oder den Preis betreffen, zum Kern des Rechtsgeschäfts.
Als Leistungsbeschreibung werden vielmehr nur solche Abreden eingestuft, welche Art, Güte und Umfang der Hauptleistung unmittelbar festlegen. Derartige Vereinbarungen sind gerade dadurch gekennzeichnet, dass sie die gesetzlichen Vorschriften zur Leistungserbringung unberührt lassen[536], was den Ausschlussvoraussetzungen des § 307 III 1 BGB entspricht.
Ein ähnlich enges Verständnis liegt dem Begriff der Preisvereinbarungen zu Grunde. Diese sind ausschließlich dann gegeben, wenn sie Art und Umfang der Vergütung unmittelbar regeln[537]. Klauseln, die sich lediglich indirekt auf die Gegenleistung auswirken und durch dispositives Recht ersetzt werden könnten, stellen demgegenüber kontrollfähige Preisnebenabreden dar[538].
Zusammenfassend lässt sich demnach sagen, dass nach § 307 III 1 BGB die direkte Ausgestaltung des Äquivalenzverhältnisses grundsätzlich den Vertragsparteien vorbehalten bleibt. Ebenso wie im englischen Recht stellt das Merkmal der unmittelbaren Auswirkung auf den Vertragskern das entscheidende Kriterium dar, um Haupt- und Nebenabreden voneinander abzugrenzen.

F) Transparenzgebot

I. Systematik innerhalb der §§ 305-310 BGB

In der Klauselrichtlinie und in den UTCCR 1999 ist das Transparenzgebot grundsätzlich als eigenständiges Kontrollprinzip verankert. So verpflichten Art. 5 S. 1 RL und Reg. 7 (1) UTCCR 1999 den Gewerbetreibenden ausdrücklich dazu, die Vertragsbedingungen klar und verständlich zu verfassen[539].
Wie bereits angedeutet, findet sich im deutschen Recht keine Vorschrift, welche diesen Normen entspricht. Das ist darauf zurückzuführen, dass das Erfordernis sprachlicher Klarheit im damaligen AGBG nicht niedergeschrieben war. Vielmehr wurde es von den Gerichten entwickelt, was jedoch auf breite Zustimmung gestoßen ist. Mithin war das Gebot der Verständlichkeit als allgemeines Prinzip des AGBG anerkannt. Demzufolge fand es nicht nur im Rahmen der Inhalts-,

---

[536] Wolf/Horn/Lindacher/Wolf § 8 Rn 10; Palandt/Heinrichs § 8 AGBG Rn 2; MK/Basedow § 8 AGBG Rn 12; BGHZ 100, 157 (173); BGHZ 123, 83 (84); BGHZ 130, 150 (156).
[537] Palandt/Heinrichs § 8 AGBG Rn 4; Erman/Hefermehl/Werner § 8 AGBG Rn 10; Ulmer/Brandner/Hensen/Brandner § 8 Rn 14; BGHZ 106, 42 (46); BGHZ 116, 117 (119).
[538] MK/Basedow § 8 AGBG Rn 14; Wolf/Horn/Lindacher/Wolf § 8 Rn 17; Erman/Hefermehl/Werner § 8 AGBG Rn 11; BGHZ 106, 42 (46); BGHZ 114, 330 (333); BGHZ 124, 254 (256).
[539] Siehe 2. Teil, B), VI.

sondern auch bei der Einbeziehungskontrolle Berücksichtigung[540]. Dieses zwar ungeschriebene, trotzdem aber bestehende, breit angelegte Transparenzgebot erfüllte also bereits die europarechtlichen Vorgaben des Art. 5 S. 1 RL[541].

Im Zuge der Schuldrechtsreform wurde die Maßgabe sprachlicher Klarheit dennoch in § 307 I 2 BGB aufgenommen. Auf diese Weise soll die Bedeutung der Verständlichkeit für die Inhaltskontrolle anhand der Generalklausel des § 307 I 1 BGB zum Ausdruck gebracht werden. § 307 I 2 stellt damit lediglich die Übereinstimmung des deutschen Rechts mit der Richtlinie klar. Darüber hinausgehende sachliche Änderungen sind dadurch nicht bezweckt[542]. Somit ist das Gebot der Verständlichkeit weiterhin insgesamt, also auch bei der Einbeziehungskontrolle, zu beachten.

Es kann demnach festgehalten werden, dass das Transparenzgebot trotz unterschiedlicher systematischer Verankerung im deutschen und englischen Recht anerkannt ist. Die Maßgabe klarer und deutlicher Sprache liegt in beiden Ländern insbesondere der Überprüfung von Verbraucherverträgen zu Grunde. Wie beschrieben, gilt das Gebot in Deutschland ebenfalls für sämtliche Vertragsbedingungen, womit gerade auch Leistungsbeschreibungen und Preisvereinbarungen erfasst werden[543].

II. Inhaltliche Voraussetzungen

Des Weiteren ist zu klären, ob das deutsche Recht bezüglich der inhaltlichen Ausgestaltung des Transparenzgebots mit den UTCCR 1999 übereinstimmt.

In dieser Hinsicht ist zunächst zu betonen, dass es nicht auf das Verständnis eines bloß flüchtigen Betrachters einer Klausel ankommt. Stattdessen ist auf einen sorgfältigen Teilnehmer am Wirtschaftsverkehr abzustellen[544].

Das steht jedoch nicht der Annahme entgegen, dass die Frage sprachlicher Klarheit im deutschen Recht ebenfalls am Maßstab eines Durchschnittskunden zu bewerten ist. Ein rechtsunkundiger Verbraucher muss die Bedingung daher ohne Einholung von Rechtsrat verstehen können[545].

Um dies zu gewährleisten, hat der Gewerbetreibende die äußere Form des Vertrags übersichtlich zu gestalten. Dazu ist es unerlässlich, dass die fraglichen

---

[540] Ulmer EuZW 93, 337 (344); MK/Basedow § 2 AGBG Rn 22, § 9 AGBG Rn 28 f, 31; BGHZ 106, 42 (49 ff); BGHZ 106, 259 (264 f); KG NJW-RR 99, 1659 (1660 f).

[541] Kainz in: Heusel S. 63 (65); Eckert WM 93, 1070 (1076); Heinrichs NJW 96, 2190 (2197); Ulmer/Brandner/Hensen/Brandner § 9 Rn 87.

[542] Hennrichs in: Neues SchuldR § 6 Rn 31; Dörner/ Staudinger S. 90; Pick ZIP 2001, 1173 (1177).

[543] MK/Basedow § 8 AGBG Rn 20; Palandt/Heinrichs § 8 AGBG Rn 1a.

[544] Heinrichs NJW 96, 2190 (2197); Hennrichs in: Neues SchuldR § 6 Rn 31.

[545] Wolf/Horn/Lindacher/Wolf § 9 Rn 145, 148; Thamm/Pilger § 9 Rn 13; MK/Basedow § 2 AGBG Rn 22; Ulmer/Brandner/Hensen/Brandner § 9 Rn 106; BGHZ 106, 42 (46); BGHZ 112, 115 (118 f); OLG Köln NJW 89, 1266 (1268).

Klauseln nicht an unvermuteter oder schwer auffindbarer Stelle aufgeführt werden[546].

Ferner sind jegliche Irreführungen zu vermeiden. Es darf mithin weder der Anschein vermeintlicher Rechte erweckt, noch dürfen tatsächlich bestehende Befugnisse verschleiert werden[547].

Es bleibt anzumerken, dass dem Verwendungsgegner auch nach deutschem Recht die tatsächliche Möglichkeit eingeräumt werden muss, von der Klausel Kenntnis zu nehmen. Diesem Erfordernis tragen die §§ 305 ff BGB jedoch bereits mittels der Einbeziehungskontrolle Rechnung[548].

Hinsichtlich der inhaltlichen Voraussetzungen des Transparenzgebots, welches innerhalb der §§ 305-310 BGB zu berücksichtigen ist, bestehen demnach keine Unterschiede zu den UTCCR 1999.

III. Rechtsfolgen der Unverständlichkeit

Schließlich sind die Konsequenzen der Missachtung des Transparenzgebots in beiden Ländern zu vergleichen.

1.) Unklarheitenregel (§ 305 c II BGB)

Zunächst enthält § 305 c BGB eine Rechtsfolge, welche Art. 5 S. 2 RL und Reg. 7 (2) UTCCR 1999 entspricht. So bestimmt § 305 c II BGB, dass Zweifel bei der Auslegung zu Lasten des Verwenders gehen[549].

Diesbezüglich ist jedoch erneut anzumerken, dass die Vorschrift nicht ausschließlich bei Verstößen gegen das Transparenzgebot Anwendung findet. Vielmehr erfasst § 305 c II BGB vornehmlich die Fälle mehrdeutiger Vertragsbedingungen.

Darüber hinaus enthält § 305 c II BGB eine ungeschriebene Ausnahme, die mit Art. 5 S. 3 RL und Reg. 7 (2) UTCCR 1999 übereinstimmt. Danach gilt § 305 c II BGB lediglich im Individualprozess. In einem Verbandsklageverfahren ist stattdessen eine kundenfeindliche Auslegung vorzunehmen. Das ist darauf zurückzuführen, dass ein kundenfreundliches Verständnis die Wahrscheinlichkeit für die Klausel erhöht, der Inhaltskontrolle standzuhalten. Dies widerspricht jedoch dem Ziel abstrakter Verbandsprozesse, unangemessene Abreden präventiv und flächendeckend zu beseitigen[550].

Bezüglich § 305 c II BGB ist endlich zu bedenken, dass die Auslegung einer direkten inhaltlichen Überprüfung vorgelagert ist. § 305 c II BGB ist mithin nicht als ein Bestandteil der Inhaltskontrolle von Verbraucherverträgen anzuse-

---

546 Ulmer/Brandner/Hensen/Brandner § 9 Rn 91; MK/Basedow § 2 AGBG Rn 22; BGH NJW 96, 455 (455).

547 Thamm/Pilger § 9 Rn 13; AK/Hennrichs § 307 Rn 8; Wolf/Horn/Lindacher/Wolf § 9 Rn 153; BGH NJW 89, 2750 (2751); BGHZ 104, 82 (92 f).

548 Ulmer EuZW 93, 337 (344); Ulmer/Brandner/Hensen/Brandner § 9 Rn 88.

549 Ulmer EuZW 93, 337 (344); MK/Basedow § 9 AGBG Rn 31; Thamm/Pilger § 9 Rn 13.

550 Micklitz in: Lonbay S. 173 (178 f); Palandt/Heinrichs § 5 AGBG Rn 9; BHGZ 95, 350 (353); BGHZ 139, 190 (199).

hen. Folglich begründet die Norm nicht die entscheidende Rechtsfolge einer Missachtung des Transparenzgebots. Vielmehr ist § 305 c II BGB lediglich ergänzend heranzuziehen[551].

2.) Veränderung der Reichweite der Inhaltskontrolle

Demgegenüber stellt § 307 III 2 BGB eine für die unmittelbare Inhaltskontrolle bedeutende Vorschrift dar. Wie bereits erörtert, beeinflusst ein Verstoß gegen das Gebot der Verständlichkeit die Reichweite der Inhaltskontrolle. Gem. § 307 III 2 BGB sind die Hauptbestandteile eines Vertrags ausnahmsweise überprüfbar, wenn sie nicht deutlich verfasst sind[552].

Diese Rechtsfolge entspricht dem Regelungsgehalt von Reg. 6 (2) UTCCR 1999.

3.) Auswirkungen auf das Ergebnis der Inhaltskontrolle

Außerdem wurde bereits angesprochen, dass sich nach § 307 I 2 BGB eine unangemessene Benachteiligung auch daraus ergeben kann, dass die Bedingung nicht klar und verständlich ist. Sofern es sich nicht um eine kundenfreundliche Abrede handelt, führt die Intransparenz also zur Missbräuchlichkeit der Klausel[553].

Dasselbe Ergebnis wird im englischen Recht erzielt, indem die Unverständlichkeit einer Vereinbarung einen Verstoß gegen das „good faith"-Prinzip darstellt[554]. Verursacht die Abrede zudem eine „significant imbalance", also einen erheblichen Nachteil für den Konsumenten, so ist die Bedingung unfair.

Die Missachtung des Gebots sprachlicher Klarheit fließt demnach sowohl in England als auch in Deutschland negativ in die Inhaltskontrolle ein. Dabei führt die Intransparenz verbraucherbelastender Klauseln jeweils zu deren Unwirksamkeit.

G) Die Inhaltskontrolle anhand der §§ 307 ff BGB

I. Allgemeine Erläuterungen

Wie bereits erwähnt, kommt den Vorschriften zur direkten Inhaltskontrolle die maßgebliche Bedeutung innerhalb der §§ 305-310 BGB zu.

1.) Die Generalklausel als zentrale Norm der Inhaltskontrolle

Kernstück und praxisrelevanter Prüfungsschwerpunkt der §§ 307 ff BGB ist wiederum die Generalklausel in § 307 I 1 BGB[555]. Danach sind Bestimmungen

---

551 AK/Hennrichs § 305 c Rn 3 f, § 307 Rn 7; Erman/Hefermehl/Werner § 9 AGBG Rn 19.

552 Hennrichs in: Neues SchuldR § 6 Rn 30; Ulmer/Brandner/Hensen/Brandner § 9 Rn 104 i.V.m. § 8 Rn 8a, 45; Frey ZIP 93, 572 (577 f).

553 AK/Hennrichs § 307 Rn 9; Ulmer/Brandner/Hensen/Brandner § 9 Rn 89, 175; Wolf/Horn/Lindacher/Wolf § 9 Rn 143, 146; Eckert WM 93, 1070 (1076); BGHZ 106, 259 (264); BGHZ 136, 394 (401).

554 Siehe 2. Teil, B) VII. 2.) b) bb) (4) (a).

555 Ulmer JZ 2001, 491 (496); Palandt/Heinrichs § 9 AGBG Rn 1; Erman/Hefermehl/Werner § 9 AGBG Rn 1, 3.

in AGB unwirksam, wenn sie den Vertragspartner des Verwenders entgegen den Geboten von Treu und Glauben unangemessen benachteiligen.
Mithin wird sowohl im deutschen Recht als auch innerhalb der Richtlinie bzw. den UTCCR 1999 die Inhaltskontrolle von Vertragsbedingungen anhand einer Generalklausel vorgenommen (vgl. Art. 3 (1) RL, Reg. 5 (1) UTCCR 1999). Des Weiteren liegt den allgemein gefassten Normen jeweils der unbestimmte Rechtsbegriff von Treu und Glauben zu Grunde[556].
Außerdem weist § 307 I 1 BGB ebenso wie Art. 3 (1) RL und Reg. 5 (1) UTCCR 1999 ein vages Tatbestandsmerkmal auf. Dies ist in der unangemessenen Benachteiligung des Verwendungsgegners zu sehen.
Ein genauer Vergleich zwischen § 307 I 1 BGB und Art. 3 (1) RL bzw. Reg. 5 (1) UTCCR 1999 wird noch anzustellen sein.

2.) Konkretisierung der Generalklausel

Es kann jedoch bereits festgehalten werden, dass auch § 307 I 1 BGB als Generalklausel in hohem Maße ausfüllungsbedürftig ist. Diesen Zweck verfolgen insbesondere die §§ 307 II, 308, 309 BGB.
So nennt § 307 II BGB zwei Unwirksamkeitsvermutungen, um das Kriterium der „unangemessene(n) Benachteiligung" zu konkretisieren. § 307 II Nr. 1, 2 BGB begründen damit Regelbeispiele des § 307 I 1 BGB[557].
Ferner listen die §§ 308, 309 BGB unzulässige Vertragsabreden auf. Die Normen unterscheiden sich dadurch, dass § 308 BGB auf Tatbestandsseite unbestimmte Rechtsbegriffe enthält, wie z.B. „unangemessen" oder „nicht gerechtfertigt". Um die Unwirksamkeit einer Bedingung nach § 308 BGB zu erreichen, muss folglich eine Abwägung ergeben, dass ein Verbotstatbestand erfüllt ist. Aus diesem Grund stellt § 308 BGB einen Klauselkatalog mit Wertungsmöglichkeiten dar. Demgegenüber finden sich in § 309 BGB grundsätzlich keine ausfüllungsbedürftigen Begriffe. Daher kann § 309 BGB als Klauselkatalog ohne Wertungsmöglichkeiten angesehen werden[558].
Bezüglich ihrer rechtlichen Qualität ist hervorzuheben, dass die §§ 308, 309 BGB bedeutend vom Anhang der Richtlinie und dem der UTCCR 1999 abweichen. Wie beschrieben, zählt Sched. 2 UTCCR 1999 in Übereinstimmung mit der Richtlinie Vereinbarungen auf, welche lediglich als unfair betrachtet werden können. Das bedeutet, dass dem Annex der Richtlinie und der Sched. 2 UTCCR 1999 ein bloßer Hinweischarakter zukommt (vgl. Art. 3 (3) RL, Reg. 5 (5)

---

[556] Heinrichs NJW 93, 1817 (1819); Damm JZ 94, 161 (171); MK/Basedow § 9 AGBG Rn 4.
[557] Thamm/Pilger § 9 Rn 1; Wolf/Horn/Lindacher/Wolf § 9 Rn 57; MK/Basedow § 9 AGBG Rn 34.
[558] MK/Basedow Vor § 8 AGBG Rn 5, § 11 AGBG Rn 1; Micklitz in: Lonbay S. 173 (177); Palandt/Heinrichs § 10 AGBG Rn 1, § 11 AGBG Rn 1; Erman/Hefermehl/Werner Vor § 10 AGBG Rn 2 f.

UTCCR 1999)[559]. Im Gegensatz zu diesen „grauen Listen" enthalten die §§ 308, 309 BGB zwingende Verbote, weshalb sie als „schwarze Listen" bezeichnet werden[560]. Im Rahmen der §§ 308, 309 BGB ist auf der Rechtsfolgenseite also keine weitere Einzelfallbeurteilung vorzunehmen. Stattdessen ist eine Abrede unwiderlegbar missbräuchlich, sofern ein Tatbestand der §§ 308, 309 BGB erfüllt ist.

Dadurch, dass der Beispielskatalog der Richtlinie lediglich als Hinweis auf eine Unfairness dient, ist die Rechtsfolge der Missbräuchlichkeit für die Mitgliedstaaten nicht verbindlich. Somit ist es unschädlich, dass §§ 308, 309 BGB und der Richtlinienanhang nicht vollkommen deckungsgleich sind[561]. Trotzdem sind die europarechtlichen Vorgaben im Wege der richtlinienkonformen Auslegung des nationalen Rechts zu berücksichtigen[562].

3.) Prüfungsreihenfolge im deutschen Recht

Ist eine Abrede anhand der §§ 307 ff BGB inhaltlich zu beurteilen, sind die speziellen Kontrollnormen vor den allgemeinen anzuwenden.

Dementsprechend ist zunächst zu klären, ob die Bedingung in den Klauselkatalogen aufgeführt wird und damit zwingend nichtig ist. Dabei ist § 309 BGB wegen fehlender Wertungsmöglichkeiten vorrangig zu prüfen. Wird die Vereinbarung nicht von § 309 BGB erfasst, ist sie an § 308 BGB zu messen. Ist diese Norm ebenfalls nicht einschlägig, sind die Unwirksamkeitsvermutungen der Regelbeispiele heranzuziehen (§ 307 II Nr. 1, 2 BGB). Erst wenn eine Vereinbarung nach keiner der genannten Vorschriften unzulässig ist, kommt schließlich die Generalklausel des § 307 I 1 BGB zur Geltung.

Demgegenüber ist für den Auffangtatbetsand des § 307 I 1 BGB kein Raum, wenn eine Bedingung bereits nach einer speziellen Vorschrift missbräuchlich ist[563].

Dieser Prüfungsvorgang unterscheidet sich deutlich von der Anwendung der UTCCR 1999. Danach ist der „basic test" gem. Reg. 5 (1) UTCCR 1999 vor dem Hintergrund der Wertungen der „grey list" in Sched. 2 (1) UTCCR 1999 durchzuführen. Im Gegensatz zum deutschen Recht liegt die englische Generalklausel somit jeder Inhaltskontrolle zu Grunde.

---

559 Siehe 2. Teil B) VII. 3.).

560 Damm JZ 94, 161 (175); Wolf/Horn/Lindacher/Wolf Art. 3 Rili Rn 31; Micklitz ZEuP 93, 522 (529).

561 Remien ZEuP 94, 34 (60); Ulmer EuZW 93, 337 (344 f); Heinrichs NJW 93, 1817 (1821).

562 Heinrichs NJW 96, 2190 (2197); Eckert WM 93, 1070 (1076); Ulmer/Brandner/Hensen/Brandner § 9 Rn 172.

563 AK/Hennrichs § 307 Rn 2, § 309 Rn 3; MK/Basedow § 9 AGBG Rn 3; Erman/Hefermehl/Werner § 9 AGBG Rn 3, Vor § 10 AGBG Rn 1; Palandt/Heinrichs Vorb. v. § 8 AGBG Rn 1, § 9 AGBG Rn 1; Micklitz in: Lonbay S. 173 (178).

4.) Beweislastverteilung

Im Rahmen allgemeiner Überlegungen zur Inhaltskontrolle anhand der §§ 307 ff BGB bleibt auf die Beweislastverteilung einzugehen.

Ähnlich wie im englischen Recht mangelt es den deutschen Bestimmungen an einer ausdrücklichen generellen Regelung. Entsprechend der allgemeinen Grundsätze hat folglich derjenige, welcher sich auf die Unwirksamkeit einer Bedingung beruft, ihre Missbräuchlichkeit darzulegen[564]. Wird mithin ein Verbrauchervertrag überprüft, hat der Konsument regelmäßig die Unfairness einer Vereinbarung nachzuweisen.

Dieses Prinzip wird im deutschen Recht jedoch in zweifacher Hinsicht durchbrochen.

Zum einen ergibt sich aus der Formulierung einzelner Klauselverbote eine Beweislastumkehr (vgl. § 308 Nr. 4, 5 BGB)[565].

Zum anderen verpflichten die Unwirksamkeitsvermutungen des § 307 II BGB den Verwender, die Angemessenheit der Abrede im konkreten Fall darzulegen[566].

Derartige Ausnahmen sind in den UTCCR 1999 nicht enthalten. Allerdings ist zu bedenken, dass die Frage der Beweislast häufig keine prozessentscheidende Rolle spielt. So sind regelmäßig nicht die Tatsachen in Form der Klauseltexte, sondern deren rechtliche Bewertung umstritten[567]. Im Vergleich zu England führt die vereinzelte Beweislastumkehr in Deutschland demnach nicht zu einer bedeutenden Verbesserung der Rechtsstellung eines Konsumenten.

II. Klauselverbote ohne Wertungsmöglichkeiten (§ 309 BGB)

Unterliegt eine Vertragsbedingung der Inhaltskontrolle, ist ihre Wirksamkeit zunächst anhand des Klauselkatalogs ohne Wertungsmöglichkeiten zu überprüfen.

§ 309 BGB listet mehrere zwingende Verbote auf, welche größtenteils den Beispielen des Richtlinienanhangs entsprechen. Demzufolge lassen sich die Unwirksamkeitsgründe des § 309 BGB weitgehend in die Fallgruppen der UTCCR 1999 einordnen. Diesbezüglich sind die Kategorien der Freizeichnungen, des Ausschlusses von Rechtsmitteln, der Änderungsbefugnisse, der einseitigen Ausstiegsklauseln, der Strafklauseln und der nicht erkennbaren Bedingungen zu nennen.

Darüber hinaus begründet § 309 BGB indes auch weitergehende Verbote, die mit keinem Beispiel im Annex der Richtlinie korrespondieren.

---

564 Erman/Hefermehl/Werner § 9 AGBG Rn 32; BGH NJW 96, 388 (389).

565 MK/Basedow § 10 AGBG Rn 4; Wolf/Horn/Lindacher/Wolf Vor §§ 10, 11 Rn 13.

566 Ulmer/Brandner/Hensen/Brandner § 9 Rn 129, 162; Palandt/Heinrichs § 9 AGBG Rn 5; Erman/Hefermehl/Werner § 9 AGBG Rn 20.

567 Palandt/Heinrichs § 9 AGBG Rn 5; Ulmer/Brandner/Hensen/Brandner § 9 Rn 162.

1.) Haftungsausschlüsse und Haftungsbeschränkungen

Nach § 309 Nr. 7, Nr. 8 BGB sind vorformulierte Vereinbarungen insbesondere dann unwirksam, wenn sie eine Haftung ihres Verwenders ausdrücklich ausschließen oder einschränken. Zudem erfasst § 309 Nr. 3 BGB Abreden, welche in ihren Auswirkungen mit Freizeichnungen vergleichbar sein können.

a) Aufrechnungsverbot (§ 309 Nr. 3 BGB)

Gem. § 309 Nr. 3 BGB ist eine Klausel unzulässig, durch welche dem Vertragspartner des Verwenders die Befugnis genommen wird, mit einer unbestrittenen oder rechtskräftig festgestellten Forderung aufzurechnen.

Wie sich aus 1.b) RL-Anhang ergibt, ähneln die Folgen eines Aufrechnungsverbots einer Haftungsbeschränkung des Gewerbetreibenden. So kann eine Bedingung nach 1.b) RL-Anhang für missbräuchlich erklärt werden, welche die Ansprüche des Verbrauchers gegenüber dem Unternehmer oder einer anderen Partei, einschließlich der Möglichkeit, eine Verbindlichkeit gegenüber dem Gewerbetreibenden durch eine etwaige Forderung gegen ihn auszugleichen, ausgeschlossen oder ungebührlich beschränkt wird, wenn der Unternehmer eine der vertraglichen Pflichten ganz oder teilweise nicht erfüllt oder mangelhaft erfüllt (vgl. Sched. 2 (1) (b) UTCCR 1999)[568]. Mithin bestehen Überschneidungen zwischen den Anwendungsbereichen von § 309 Nr. 3 BGB und 1.b) RL-Anhang[569]. Allerdings ist nach der deutschen Bestimmung nicht jedes Aufrechnungsverbot missbräuchlich. Vielmehr setzt § 309 Nr. 3 BGB einen unbestrittenen oder rechtskräftig festgestellten Anspruch voraus[570].

Eine derartige Einschränkung ist in 1.b) RL-Anhang nicht enthalten. Trotzdem ist § 309 Nr. 3 BGB mit den europarechtlichen Vorgaben vereinbar. Dies lässt sich unter zwei Gesichtspunkten rechtfertigen. Zum einen wird durch die Begrenzung des § 309 Nr. 3 BGB der sachgerechte Zweck angestrebt, einen Missbrauch von Aufrechnungen zu verhindern. Zum anderen ist eine Bedingung, welche nicht unter § 309 Nr. 3 BGB fällt, nicht zwangsläufig wirksam. Vielmehr bleibt sie anhand der Generalklausel überprüfbar[571].

Es kann damit festgehalten werden, dass sowohl im deutschen als auch im englischen Recht Aufrechnungsverbote als problematisch betrachtet werden. Sofern sie unbestrittene oder rechtskräftig festgestellte Forderungen betreffen, sind sie gem. § 309 Nr. 3 BGB absolut unwirksam. Sched. 2 (1) (b) UTCCR 1999 ist demgegenüber weiter gefasst. Indes begründet die Vorschrift kein striktes Verbot, so dass eine Einschränkung der Unzulässigkeit auf Rechtsfolgenseite vorgenommen werden kann.

---

568 Siehe 2. Teil, B) VII. 3.) a) bb).

569 Micklitz ZEuP 93, 522 (530); Frey ZIP 93, 572 (579); Thamm/Pilger § 11 Nr.3 Rn 9.

570 Erman/Hefermehl/Werner § 11 Nr.3 AGBG Rn 1; Palandt/Heinrichs § 11 AGBG Rn 15; BGHZ 48, 264 (269 f); BGHZ 62, 323 (327 f).

571 Wolf/Horn/Lindacher/Wolf § 11 Nr.3 Rn 2, Anh Nr.1b Rili Rn 31; MK/Basedow § 11 Nr.3 AGBG Rn 4.

b) Haftungsausschlüsse gem. § 309 Nr. 7 BGB

Im Gegensatz zu § 309 Nr. 3 BGB bezieht sich § 309 Nr. 7 BGB auf explizite Freizeichnungen des Klauselverwenders, wobei die Vorschrift nach der Art eingetretener Schäden differenziert.

aa) Verletzung von Leben, Körper, Gesundheit (§ 309 Nr. 7 a) BGB)

Zunächst ist es gem. § 309 Nr. 7 a) BGB missbräuchlich, die Haftung für Schäden aus der Verletzung des Lebens, des Körpers oder der Gesundheit, welche auf einer fahrlässigen Pflichtverletzung des Verwenders oder einer vorsätzlichen oder fahrlässigen Pflichtverletzung eines gesetzlichen Vertreters oder Erfüllungsgehilfen des Verwenders beruhen, auszuschließen oder einzuschränken.

Aus dieser Formulierung darf allerdings nicht abgeleitet werden, dass sich der Klauselverwender von der Einstandspflicht für vorsätzlich verursachte Schäden befreien kann. Stattdessen ist ein darauf gerichteter Haftungsausschluss bereits nach § 276 III BGB unwirksam[572].

§ 309 Nr. 7 a) BGB bringt folglich zum Ausdruck, dass bei Vorliegen jeglichen Verschuldens die Verantwortlichkeit für die genannten Schadensarten in keiner Weise ausgeschlossen oder beschränkt werden darf.

Der neu eingeführte § 309 Nr. 7 a) BGB knüpft somit an das Beispiel in 1.a) RL-Anhang an, das im früheren AGBG keine ausdrückliche Entsprechung gefunden hatte[573]. Danach ist eine Klausel regelmäßig unzulässig, wenn die gesetzliche Haftung des Unternehmers für den Fall ausgeschlossen oder eingeschränkt wird, dass der Verbraucher auf Grund einer Handlung oder Unterlassung des Gewerbetreibenden sein Leben verliert oder einen Körperschaden erleidet.

Wie bereits dargelegt, enthält Sched. 2 (1) (a) UTCCR 1999 eine mit 1.a) RL-Anhang übereinstimmende Formulierung. Jedoch wird die englische Missbräuchlichkeitsvermutung dahingehend ausgelegt, dass verschuldete Schäden an der körperlichen Integrität des Konsumenten immer auszugleichen sind[574]. Gegenüber Sched. 2 (1) (a) UTCCR 1999 bewirkt das zwingende Verbot des § 309 Nr. 7 a) BGB demzufolge keinen weiterreichenden Verbraucherschutz. Vielmehr stimmen die deutsche und englische Rechtsordnung in dieser Hinsicht überein.

Insbesondere wird der Begriff der Freizeichnung auch im Rahmen des § 309 Nr. 7 a) BGB extensiv ausgelegt, um die Kundenrechte effektiv zu sichern. Danach

---

[572] AK/Henrrichs § 309 Rn 10; Ulmer/Brandner/Hensen/Hensen § 11 Nr.7 Rn 3; MK/Basedow § 11 Nr.7 AGBG Rn 1.

[573] Pick ZIP 2001, 1173 (1177); Henrichs in: Neues SchuldR § 6 Rn 37; Eckert WM 93, 1070 (1077); Damm JZ 94, 161 (175).

[574] Siehe 2. Teil, B) VII. 3.) a) aa).

ist eine Haftungsbeschränkung beispielsweise dann gegeben, wenn die Verjährungsfristen der Ansprüche des Verwendungsgegners verkürzt werden[575].

bb) Sonstige Schäden infolge groben Verschuldens (§ 309 Nr. 7 b) BGB)

Des Weiteren ist eine Bedingung gem. § 309 Nr. 7 b) BGB unwirksam, welche die Haftung für sonstige Schäden, die auf einer grob fahrlässigen Pflichtverletzung des Verwenders oder auf einer vorsätzlichen oder grob fahrlässigen Pflichtverletzung eines gesetzlichen Vertreters oder Erfüllungsgehilfen des Verwenders beruhen, ausschließt oder begrenzt.

In diesem Zusammenhang ist erneut auf § 276 III BGB zu verweisen, womit auch dem Schuldner die Haftung für Vorsatz nicht erlassen werden kann[576].

Folglich ist nach § 309 Nr. 7 b) BGB eine Verantwortlichkeit für sonstige Schäden nicht einschränkbar, sofern sich die Freizeichnung auf Einbußen bezieht, welche grob fahrlässig oder vorsätzlich herbeigeführt werden[577]. Ist das Rechtsgut der körperlichen Integrität nicht beeinträchtigt, kann der Schuldner somit in Abgrenzung zu § 309 Nr. 7 a) BGB seine Haftung für leichte Fahrlässigkeit ausschließen.

Eine Gemeinsamkeit mit § 309 Nr. 7 a) BGB besteht jedoch darin, dass das Kriterium der Haftungsbeschränkung i.S.d. § 309 Nr. 7 b) BGB ebenfalls weit zu verstehen ist. Aus diesem Grund ist es dem Schuldner insbesondere verwehrt, seine Einstandspflicht auf bestimmte Schadensarten zu reduzieren. Vielmehr hat er sämtliche Einbußen, mithin auch mittelbare Schäden zu ersetzen[578]. Die Einstufung von Verjährungsklauseln als Haftungsbegrenzung wurde bereits im Rahmen des § 309 Nr. 7 a) BGB angeführt.

Durch die Bezugnahme auf sonstige Schäden überschneidet sich der Anwendungsbereich von § 309 Nr. 7 b) BGB mit den umfassend ausgestalteten Beispielen in 1.b) RL-Anhang und Sched. 2 (1) (b) UTCCR 1999[579]. In Anlehnung an die Richtlinie begründet Sched. 2 (1) (b) UTCCR 1999 kein Verschuldenserfordernis. Erfasst eine „exemption clause" jedoch schuldhaft herbeigeführte Schäden, wird im englischen Recht ebenfalls von der Unfairness der Freizeichnung ausgegangen[580]. Demnach führt die bei Sched. 2 (1) (b) UTCCR 1999 vorzunehmende Einzelfallabwägung regelmäßig zu Ergebnissen, welche nicht von § 309 Nr. 7 b) BGB abweichen.

---

575 Palandt/Heinrichs § 11 AGBG Rn 37; Wolf/Horn/Lindacher/Wolf § 11 Nr.7 Rn 23; Erman/Hefermehl/Werner § 11 Nr.7 AGBG Rn 9; OLG Düsseldorf NJW-RR 95, 440 (441); BGH NJW 87, 1252 (1253).

576 Palandt/Heinrichs § 11 AGBG Rn 36; Erman/Hefermehl/Werner § 11 Nr.7 AGBG Rn 7.

577 AK/Hennrichs § 309 Rn 13; Ulmer/Brandner/Hensen/Hensen § 11 Nr.7 Rn 8; MK/Basedow § 11 Nr.7 AGBG Rn 13.

578 Wolf/Horn/Lindacher/Wolf § 11 Nr.7 Rn 24; MK/Basedow § 11 Nr.7 AGBG Rn 16; OLG Stuttgart NJW-RR, 88 1082 (1083).

579 Ulmer/Brandner/Hensen/Hensen § 11 Nr. 7 Rn 44.

580 Siehe 2. Teil, B) VII 3.) a) bb).

In Bezug auf § 309 Nr. 7 BGB bleibt festzuhalten, dass die Klauselverbote nicht ausnahmslos anwendbar sind.

Zum einen gelten § 309 Nr.7 a), b) BGB grundsätzlich nicht für die Beförderungsbedingungen und Tarifvorschriften des Linienverkehrs (§ 309 Nr. 7, 2. HS BGB). Das ist darauf zurückzuführen, dass die genannten Abreden auf bindenden Rechtsvorschriften beruhen. Sie unterliegen damit auch nicht der Klauselrichtlinie, so dass die beschriebene Ausnahme richtlinienkonform ist.

Zum anderen ist § 309 Nr. 7 b) BGB nicht auf staatlich genehmigte Lotterie- und Ausspielverträge anzuwenden (§ 309 Nr. 7, 3. HS BGB). Dadurch, dass die körperliche Integrität uneingeschränkt geschützt wird, ist § 309 Nr. 7, 3. HS BGB ebenfalls mit der Richtlinie vereinbar[581].

Die Ausnahmen in § 309 Nr. 7, 2. u. 3. HS BGB bewirken demzufolge keine Differenzen zur Inhaltskontrolle anhand der UTCCR 1999.

c) Sonstige Haftungsausschlüsse bei Pflichtverletzung (§ 309 Nr. 8 BGB)

Ebenso wie § 309 Nr. 7 BGB betrifft schließlich § 309 Nr. 8 BGB ausdrückliche Freizeichnungen zugunsten des Verwenders vorformulierter Vertragsbedingungen. Im Gegensatz zu § 309 Nr. 7 BGB knüpft § 309 Nr. 8 BGB jedoch nicht an etwaige Schäden an. Vielmehr bezieht sich das Verbot auf die Einschränkung bestimmter Rechte eines Kunden.

aa) Lösungsrechte vom Vertrag (§ 309 Nr. 8 a) BGB)

Gem. § 309 Nr. 8 a) BGB ist eine Vereinbarung unwirksam, die bei einer vom Verwender zu vertretenden, nicht in einem Mangel der Kaufsache oder des Werks bestehenden Pflichtverletzung das Recht des anderen Vertragsteils, sich vom Vertrag zu lösen, ausschließt oder einschränkt.

Letzteres ist insbesondere dann gegeben, wenn die Ausübung des Rechts fristgebunden ist[582].

§ 309 Nr. 8 a) BGB sichert dem Verwendungsgegner mithin sämtliche Lösungsrechte vom Vertrag, unabhängig von der Art der Pflichtverletzung. Ausgenommen ist lediglich die Mängelhaftung, welche von § 309 Nr. 8 b) BGB erfasst wird[583].

Wegen der umfassenden Ausgestaltung von 1.b) RL-Anhang fällt auch der Regelungsgehalt des § 309 Nr. 8 a) BGB unter dieses Listenbeispiel der Richtlinie[584]. Außerdem verfolgen 1.o) RL-Anhang und Sched. 2 (1) (o) UTCCR 1999 den Zweck, dass ein Konsument einen Vertrag aufkündigen kann, falls der Gewerbetreibende seine Pflichten nicht ordnungsgemäß erfüllt[585]. Diesen Vor-

---

581 AK/Hennrichs § 309 Rn 14.

582 Erman/Hefermehl/Werner § 11 Nr.8 Rn 6; MK/Basedow § 11 Nr. 8 Rn 6; BGH NJW-RR 89, 625 (625); BGH WM 89, 538 (539).

583 AK/Hennrichs § 309 Rn 18.

584 Ulmer/Brandner/Hensen/Hensen § 11 Nr.8 Rn 20 i.V.m. § 11 Nr.7 Rn 42, 44; Hennrichs in: Neues SchuldR § 6 Rn 38.

585 MK/Basedow § 11 Nr.8 AGBG Rn 2.

schriften entsprechend ist eine Bedingung wahrscheinlich missbräuchlich, nach denen der Verbraucher all seinen Verpflichtungen nachkommen muss, obwohl der Gewerbetreibende seine Pflichten nicht erfüllt.
Es lässt sich damit feststellen, dass sich ein Unternehmer sowohl im englischen als auch im deutschen Recht der Haftung infolge einer Pflichtverletzung nicht entziehen kann, indem er dem Verbraucher in vorformulierten Bedingungen untersagt, sich vom Vertrag zu lösen.
Hinsichtlich des § 309 Nr. 8 a) BGB ist endlich zu beachten, dass die Norm auf Beförderungsbedingungen des Linienverkehrs ebenfalls keine Anwendung findet (§ 309 Nr. 8 a) 2. HS BGB i.V.m. § 309 Nr. 7, 2. HS BGB).

bb) Rechte bei Vorliegen von Mängeln (§ 309 Nr. 8 b) BGB)

Wie bereits angedeutet, sollen mit Hilfe des § 309 Nr. 8 b) BGB die Rechte des Kunden für den Fall gesichert werden, dass der Vertragsgegenstand einen Mangel aufweist.
Die Vorschrift bezieht sich allerdings nicht auf sämtliche Rechtsgeschäfte, sondern lediglich auf Verträge über Lieferungen neu hergestellter Sachen und über Werkleistungen (§ 309 Nr. 8, 1. HS BGB).
Ferner ist in Bezug auf § 309 Nr. 8 b) BGB nochmals zu betonen, dass eine Vereinbarung nur dann kontrollfähig ist, wenn sie von dispositiven Rechtsnormen abweicht. Im Zuge der Schuldrechtsreform wurde den Gewährleistungsregelungen zu Verbrauchsgüterkäufen jedoch zwingender Charakter verliehen (§§ 474 I, 475 I BGB). Ein Abweichen von den gesetzlichen Bestimmungen ist in diesen Fällen also von vornherein unzulässig. Folglich scheidet eine inhaltliche Überprüfung anhand von § 309 Nr. 8 b) BGB bei Gewährleistungsklauseln in Kaufverträgen zwischen einem Gewerbetreibenden und einem Konsumenten aus[586].
Hat ein Verbrauchervertrag demgegenüber die Herstellung eines Werkes zum Gegenstand, kommt § 309 Nr. 8 b) BGB zur Anwendung.

(1) Ausschluss und Verweisung auf Dritte (§ 309 Nr. 8 b) aa) BGB)

Nach § 309 Nr. 8 b) aa) BGB ist eine Bedingung unwirksam, durch welche die Ansprüche gegen den Verwender wegen eines Mangels insgesamt oder bezüglich einzelner Teile ausgeschlossen, auf die Einräumung von Ansprüchen gegen Dritte beschränkt oder von der vorherigen gerichtlichen Inanspruchnahme Dritter abhängig gemacht werden.
Bezüglich der ersten Verbotsvariante ist anzumerken, dass sie - ihrem Wortlaut entsprechend - lediglich den völligen Ausschluss von Gewährleistungsrechten verhindert. Die Frage einer Reduzierung dieser Ansprüche wird sodann in § 309 Nr. 8 b) bb) BGB behandelt[587].
Die weiteren Klauselverbote in § 309 Nr. 8 b) aa) 2., 3. Var. BGB führen zwar nicht zu einer generellen Versagung der Gewährleistungsrechte. Sie lassen sich

---

[586] Dörner/Staudinger S. 80; Hennrichs in: Neues SchuldR § 6 Rn 28, 40.
[587] Ulmer/Brandner/Hensen/Hensen § 11 Nr.10 a Rn 13; MK/Basedow § 11 Nr.10 Rn 18.

aber damit begründen, dass der Kunde in keiner vertraglichen Beziehung zu dem Dritten steht. Somit ist es ihm regelmäßig nicht zuzumuten, Mängel der dritten Person gegenüber geltend zu machen. Ersetzende Verweise eines Kunden auf einen Dritten (2. Variante) oder solche, welche sich i.S.d. 3. Variante verzögernd auswirken, sind daher unzulässig[588].

§ 309 Nr. 8 b) aa) BGB sichert einem Kunden mithin den Bestand der gesetzlichen Gewährleistungsansprüche gegenüber seinem Vertragspartner.

(2) Beschränkung auf Nacherfüllung (§ 309 Nr. 8 b) bb) BGB)

Diese Rechte müssen grundsätzlich auch uneingeschränkt bestehen. Unter welchen Voraussetzungen eine Begrenzung der Ansprüche jedoch ausnahmsweise zulässig ist, ergibt sich aus § 309 Nr. 8 b) bb) BGB.

Danach ist eine Abrede missbräuchlich, welche die Ansprüche gegen den Verwender insgesamt oder bezüglich einzelner Teile auf ein Recht auf Nacherfüllung beschränkt, sofern dem anderen Vertragsteil nicht ausdrücklich das Recht vorbehalten wird, bei Fehlschlagen der Nacherfüllung zu mindern oder, wenn nicht eine Bauleistung Gegenstand der Mängelhaftung ist, nach seiner Wahl vom Vertrag zurückzutreten.

Rücktritt und Minderung können demnach bloß vorrangig, nicht aber gänzlich ausgeschlossen werden. Subsidiär kann der Verwendungsgegner also stets auf sie zurückgreifen. Das bedeutet, dass das Rücktritts- und Minderungsrecht wieder aufleben, wenn ein Mangel trotz Nachbesserung oder Nachlieferung noch vorhanden ist[589].

(3) Aufwendungen bei Nacherfüllung (§ 309 Nr. 8 b) cc) BGB)

Darüber hinaus ist eine Vereinbarung unzulässig, welche die Verpflichtung des Verwenders ausschließt oder beschränkt, die zum Zweck der Nacherfüllung erforderlichen Aufwendungen, insbesondere Transport-, Wege-, Arbeits- und Materialkosten, zu tragen (§ 309 Nr. 8 b) cc) BGB).

Diese Vorschrift zielt darauf ab, dem Kunden die tatsächliche Wahrnehmung seines Rechts auf Nacherfüllung zu ermöglichen. Dazu darf der Gewährleistungsanspruch nicht von anfallenden Kosten belastet und somit in seinem Wert geschmälert sein. Die Haftung des Klauselverwenders soll folglich nicht allein deshalb entfallen, weil mögliche Kosten den Kunden abhalten, seinen Nacherfüllungsanspruch geltend zu machen[590].

(4) Vorenthalten der Nacherfüllung (§ 309 Nr. 8 b) dd) BGB)

Nach § 309 Nr. 8 b) dd) ist eine Abrede zudem unwirksam, nach der ihr Verwender die Nacherfüllung von der vorherigen Zahlung des vollständigen Ent-

---

588 Wolf/Horn/Lindacher/Wolf § 11 Nr.10 a Rn 20, 24; Erman/Hefermehl/Werner § 11 Nr.10 AGBG Rn 12; MK/Basedow § 11 Nr.10 AGBG Rn 21 f.

589 Thamm/Pilger § 11 Nr.10 b Rn 6; Wolf/Horn/Lindacher/Wolf § 11 Nr.10 b Rn 1, 12 f; MK/Basedow § 11 Nr.10 AGBG Rn 27, 40.

590 Erman/Hefermehl/Werner § 11 Nr.10 AGBG Rn 28, 31; Ulmer/Brandner/Hensen/Hensen § 11 Nr.10 c Rn 59 f.

gelts oder eines unter Berücksichtigung des Mangels unverhältnismäßig hohen Teils des Entgelts abhängig macht.
§ 309 Nr. 8 b) dd) BGB betrifft somit ein Leistungsverweigerungsrecht des Verwenders vorformulierter Bedingungen, wobei sich die Vorleistungspflicht des Kunden gerade auf die Nacherfüllung beziehen muss[591].
Gem. § 309 Nr. 8 b) dd) BGB ist es allerdings nicht generell verboten, dem Verwendungsgegner eine Vorleistungspflicht aufzuerlegen.
Vielmehr ist die darauf gerichtete Klausel erst dann missbräuchlich, wenn der zu zahlende Betrag den Wert des Vertragsgegenstandes übersteigt[592].

(5) Ausschlussfrist für die Mängelanzeige (§ 309 Nr. 8 b) ee) BGB)

Ferner ist eine Vereinbarung unwirksam, durch die ihr Verwender dem anderen Vertragsteil für die Anzeige nicht offensichtlicher Mängel eine Ausschlussfrist setzt, die kürzer ist als die nach dem Doppelbuchstaben ff) zulässige Frist (§ 309 Nr. 8 b) ee) BGB).
Demnach sind Ausschlussfristen zur Mängelanzeige nicht schlechthin verboten. Stattdessen bezieht sich § 309 Nr. 8 b) ee) BGB einzig auf versteckte Mängel, welche dadurch gekennzeichnet sind, dass sie für einen Verbraucher ohne besondere Aufmerksamkeit nicht auffällig sind. Bei derartigen Mängeln ist es einem Klauselverwender untersagt, dem Konsumenten eine Anzeigefrist aufzuerlegen, welche kürzer ist als die gesetzliche Verjährungsfrist der Gewährleistungsansprüche[593].

(6) Erleichterung der Verjährung (§ 309 Nr. 8 b) ff) BGB)

Schließlich ist eine Bedingung gem. § 309 Nr. 8 b) ff) BGB missbräuchlich, durch welche die Verjährung von Ansprüchen gegen den Verwender wegen eines Mangels in den Fällen des § 438 I Nr. 2 BGB und des § 634 a I Nr. 2 BGB erleichtert oder in den sonstigen Fällen eine weniger als ein Jahr betragende Verjährungsfrist ab dem gesetzlichen Verjährungsbeginn erreicht wird. Dies gilt allerdings nicht für Verträge, in die Teil B der Verdingungsordnung für Bauleistungen insgesamt einbezogen ist.
Auch eine vorformulierte Verkürzung der Verjährung von Gewährleistungsrechten ist folglich nicht gänzlich unzulässig.
Vielmehr kann die Verjährung lediglich bei Ansprüchen wegen eines Mangels eines Bauwerks oder eines Baustoffs, der die Mangelhaftigkeit des Bauwerks verursacht hat, grundsätzlich nicht vorverlagert werden.
In den übrigen Fällen ist es zwar möglich, die Verjährungsfrist abzukürzen. Dies darf jedoch nicht dazu führen, dass sie ein Jahr unterschreitet[594].

---

[591] Palandt/Heinrichs § 11 AGBG Rn 63; Thamm/Pilger § 11 Nr.10 d; Wolf/Horn/Lindacher/Wolf § 11 Nr. 10 d Rn 3 f.
[592] AK/Hennrichs § 309 Rn 29; Palandt/Heinrichs § 11 AGBG Rn 64.
[593] Thamm/Pilger § 11 Nr.10 e Rn 1; MK/Basedow § 11 Nr.10 AGBG Rn 58, 62; Erman/Hefermehl/Werner § 11 Nr.10 AGBG Rn 37, 40.
[594] Hennrichs in: Neues SchuldR § 6 Rn 42.

Es bleibt anzumerken, dass § 309 Nr. 8 b) ff) BGB auf jede „Erleichterung“ der Verjährung Bezug nimmt. Mithin werden nicht allein ausdrückliche, sondern auch mittelbare Verkürzungen der Verjährung erfasst. Letztere können sich insbesondere aus einer Vorverlegung des Fristbeginns oder einem Abweichen von den gesetzlichen Hemmungsbestimmungen ergeben[595].

d) Verhältnis der Freizeichnungsverbote zur Klauselrichtlinie

Bezüglich der Zulässigkeit von Haftungsausschlüssen kann also festgestellt werden, dass § 309 Nr. 3, Nr. 7, Nr. 8 BGB verschiedene Freizeichnungen des Verwenders für unwirksam erklären. Die Regelungsinhalte dieser Verbote finden sich zudem in der Liste unfairer Vertragsbedingungen, welche im Annex der Richtlinie aufgeführt wird. So knüpft § 309 Nr. 7 a) BGB an die Vorgaben aus 1.a) RL-Anhang an. Darüber hinaus nennen § 309 Nr. 3, Nr. 7 b), Nr. 8 BGB zahlreiche Abreden, die unter den als Auffangtatbestand ausgestalteten Buchstaben b) des Richtlinienanhangs fallen. Folglich wird das Beispiel 1.b) des Anhangs insbesondere durch die konkreten Klauselverbote des § 309 Nr. 8 b) BGB präzisiert, womit die deutschen Bestimmungen als richtlinienkonform anzusehen sind[596].

Dadurch, dass England die europäischen Regelungen übernommen hat, können Vereinbarungen i.S.v. § 309 Nr. 3, Nr. 7 b), Nr. 8 BGB dort gem. Sched. 2 (1) (b) UTCCR 1999 für unfair erklärt werden. Demnach bestehen hinsichtlich der Bewertung von „exemption clauses“ im Ergebnis keine Unterschiede zum deutschen Recht der Haftungsbeschränkungen.

2.) Ausschluss von Rechtsmitteln i.S.v. § 309 Nr. 12 BGB

Weitere Fallgruppen unzulässiger Vertragsbedingungen lassen sich aus § 309 Nr. 12 BGB entwickeln. Danach ist eine Vereinbarung unwirksam, durch die ihr Verwender die Beweislast zum Nachteil des anderen Vertragsteils ändert.

Das ist insbesondere dann gegeben, wenn der Klauselverwender seinem Vertragspartner die Beweislast für Umstände auferlegt, die in seinem eigenen Verantwortungsbereich liegen (§ 309 Nr. 12 a) BGB).

Gleiches gilt, falls er den anderen Vertragsteil bestimmte Tatsachen bestätigen lässt (§ 309 Nr. 12 b) 1. HS BGB).

§ 309 Nr. 12 BGB steht somit einer Modifikation der Beweislast zu Lasten des Kunden entgegen. Dieses Verbot umfasst auch die Erschwerung der Beweisführung und das Abweichen von den Grundsätzen über den Beweis des ersten Anscheins[597]. Aus § 309 Nr. 12 b) 1. HS BGB ergibt sich zudem, dass eine fakti-

---

[595] AK/Hennrichs § 309 Rn 34; Thamm/Pilger § 11 Nr.10 f Rn 4; Ulmer/Brandner/Hensen/Hensen § 11 Nr.10 f Rn 79; BGH NJW-RR 87, 144 (145 f); BGH BB 92, 805 (806); BGHZ 122, 241 (241, 245).

[596] Wolf/Horn/Lindacher/Wolf Anh. Nr.1b Rili Rn 28 ff; MK/Basedow § 11 Nr.10 AGBG Rn 3; Micklitz ZEuP 93, 522 (530).

[597] Erman/Hefermehl/Werner § 11 Nr.15 AGBG Rn 3, 7; Palandt/Heinrichs § 11 AGBG Rn 91; Thamm/Pilger § 11 Nr.15 Rn 2; BGHZ 99, 374 (380); BGH NJW 88, 258 (258).

sche Verschiebung der Beweislast durch Tatsachenbestätigungen ebenfalls unzulässig ist[598]. Damit sind insbesondere solche Vertragsklauseln nichtig, in denen ein Verbraucher erklärt, die vorformulierten Bedingungen erhalten[599] oder gelesen[600] zu haben. § 309 Nr. 12 b) 1. HS BGB gilt allerdings nicht für Empfangsbekenntnisse, die gesondert unterschrieben oder mit einer gesonderten qualifizierten elektronischen Signatur versehen sind (§ 309 Nr. 12 b) 2. HS BGB). Bezüglich des § 309 Nr. 12 BGB bleibt zu klären, inwiefern das Verbot mit Unwirksamkeitsgründen der Klauselrichtlinie bzw. der UTCCR 1999 verglichen werden kann.

Im Rahmen der UTCCR 1999 wurde bereits erörtert, dass eine Änderung der Beweislast zum Nachteil des Verbrauchers einen besonderen Fall der Einschränkung von Rechtsbehelfen darstellt. Dementsprechend sind nach Sched. 2 (1) (q) UTCCR 1999 solche Vertragsbedingungen prinzipiell unfair, welche dem Verbraucher die Möglichkeit, Rechtsbehelfe bei Gericht einzulegen oder sonstige Beschwerdemittel zu ergreifen, nehmen oder erschweren. Dies geschieht insbesondere dadurch, dass er auf ein nicht unter die rechtlichen Bestimmungen fallendes Schiedsgerichtsverfahren verwiesen wird, die ihm zur Verfügung stehenden Beweismittel ungebührlich eingeschränkt werden oder ihm die Beweislast auferlegt wird, die nach dem geltenden Recht einer anderen Vertragspartei obläge.

Unter dem Aspekt der Beweislast ist § 309 Nr. 12 BGB folglich als Umsetzungsnorm von 1.q) RL-Anhang anzusehen[601]. Das wiederum bedeutet, dass auf Grund des § 309 Nr. 12 BGB die englische Kategorie unfairer Abreden, die „remedy restricting clauses“[602] bezeichnet wird, auch in Deutschland anerkannt ist, und zwar unter dem Schlagwort „Ausschluss von Rechtsmitteln“.

Darüber hinaus erfasst § 309 Nr. 12 BGB diejenigen Vereinbarungen, welche in England als „signed statements“[603] für unfair erklärt werden. Unter diesen so genannten „Kenntnisbestätigungsklauseln“ sind Erklärungen von Verbrauchern zu verstehen, den Vertrag und zugehörige Dokumente gelesen zu haben. In Übereinstimmung damit erklärt § 309 Nr. 12 b) BGB speziell solche Bedingungen für nichtig, nach denen ein Konsument wahrheitswidrig die Tatsache bestätigt, er habe sämtliche Vertragsklauseln gelesen.

---

[598] Palandt/Heinrichs § 11 AGBG Rn 92; Ulmer/Brandner/Hensen/Hensen § 11 Nr.15 Rn 17; BGHZ 99, 374 (379 f).

[599] MK/Basedow § 11 Nr.15 Rn 17; Wolf/Horn/Lindacher/Wolf § 11 Nr.15 Rn 21; BGH NJW 88, 2106 (2108); BGHZ 100, 373 (381).

[600] Ulmer/Brandner/Hensen/Hensen § 11 Nr.15 Rn 18; MK/Basedow § 11 Nr.15 Rn 17; BGH NJW 96, 1819 (1819).

[601] Frey ZIP 93, 572 (580); Micklitz ZEuP 93, 522 (531); Wolf/Horn/Lindacher/Wolf Anh. Nr. 1q Rili Rn 217.

[602] Siehe 2. Teil, B) VII. 3.) c).

[603] Siehe 2. Teil, F) I. 4).

In der Gegenüberstellung mit den UTCCR 1999 kann damit insgesamt festgehalten werden, dass sich § 309 Nr. 12 BGB sowohl mit den „remedy restricting clauses“ als auch den „signed statements“ überschneidet.

3.) Änderungsbefugnisse

Darüber hinaus betreffen § 309 Nr. 1, Nr. 10 BGB Vereinbarungen, welche dem Verwender Änderungsbefugnisse hinsichtlich eines abgeschlossenen Vertrags einräumen. Die Verbote sind daher mit einzelnen „variation clauses“ i.S.d. UTCCR 1999[604] vergleichbar.

a) Kurzfristige Preiserhöhungen (§ 309 Nr. 1 BGB)

So ist gem. § 309 Nr. 1 S. 1 BGB eine Bestimmung unwirksam, welche die Erhöhung des Entgelts für Waren oder Leistungen vorsieht, die innerhalb von vier Monaten nach Vertragsschluss geliefert oder erbracht werden sollen. Dies gilt indes nicht bei Waren oder Leistungen, die im Rahmen von Dauerschuldverhältnissen geliefert oder erbracht werden (§ 309 Nr. 1 S. 2 BGB).

Bei kurzfristig abzuwickelnden Verträgen sind jegliche Preisänderungen zum Nachteil des Kunden also prinzipiell untersagt. Darunter fallen auch so genannte Tagepreisklauseln, nach denen sich das zu zahlende Entgelt nach dem am Liefertag gültigen Preis richten soll[605].

Im deutschen Recht hat somit der Unternehmer das Risiko zwischenzeitlicher Preissteigerungen zu tragen. Dies entspricht der Regelungsabsicht von 1.l) RL-Anhang bzw. Sched. 2 (1) (l) UTCCR 1999[606]. Nach beiden Vorschriften können Abreden als unzulässig angesehen werden, welche es dem Verkäufer einer Ware oder dem Erbringer einer Dienstleistung gestatten, den Preis zum Zeitpunkt der Lieferung festzusetzen oder zu erhöhen, ohne dass der Verbraucher ein entsprechendes Recht hat, vom Vertrag zurückzutreten, falls der Endpreis im Verhältnis zu dem Preis, der bei Vertragsabschluss vereinbart wurde, zu hoch ist.

Allerdings sind 1.l) RL-Anhang und Sched. 2 (1) (l) UTCCR 1999 nicht auf Rechtsgeschäfte beschränkt, die innerhalb von vier Monaten erfüllt werden. Ferner stufen sie eine Preisänderungsklausel als wahrscheinlich fair ein, sofern dem Verbraucher ein Rücktrittsrecht eingeräumt wird, falls der Endpreis im Verhältnis zum ursprünglichen Preis zu hoch ist. Schließlich sind Dauerschuldverhältnisse nicht ausdrücklich von ihrem Anwendungsbereich ausgenommen[607].

Hinsichtlich dieser Unterschiede ist jedoch zu bedenken, dass Bedingungen, welche nicht von den Verbotskatalogen der §§ 309, 308 BGB erfasst werden,

---

604 Siehe 2. Teil, B) VII. 3.) d).

605 Thamm/Pilger § 11 Nr.1 Rn 2; Palandt/Heinrichs § 11 AGBG Rn 1, 3; Erman/Hefermehl/Werner § 11 Nr.1 Rn 1, 3; BGH WM 84, 309 (309); BGH WM 84, 1644 (1644).

606 Siehe 2. Teil, B) VII. 3.) d) cc).

607 Ulmer/Brandner/Hensen/Hensen § 11 Nr.1 Rn 25; Wolf/Horn/Lindacher/Wolf Anh. Nr.1 l Rili Rn 151, 153.

nicht zwangsläufig wirksam sind. Stattdessen verbleibt die Inhaltskontrolle anhand der Generalklausel des § 307 I 1 BGB, bei der insbesondere ein etwaiges Rücktrittsrecht des Konsumenten berücksichtigt wird. Obwohl § 309 Nr. 1 BGB also teilweise enger gefasst ist als 1.l) RL-Anhang, ist die Norm trotzdem mit der Klauselrichtlinie vereinbar[608].

Im Vergleich zum englischen Recht kann demnach festgehalten werden, dass § 309 Nr. 1 BGB in Übereinstimmung mit Sched. 2 (1) (l) UTCCR 1999 die Absicht zum Ausdruck bringt, einen Kunden vor nachträglichen Preiserhöhungen durch den Unternehmer zu schützen.

b) Wechsel des Vertragspartners (§ 309 Nr. 10 BGB)

Außerdem ist eine Bedingung nach § 309 Nr. 10 BGB missbräuchlich, wonach bei Kauf-, Dienst- oder Werkverträgen ein Dritter anstelle des Verwenders in die sich aus dem Vertrag ergebenden Rechte und Pflichten eintritt oder eintreten kann, sofern nicht eine in § 309 Nr. 10 BGB enthaltene Ausnahme eingreift. Danach ist eine Klausel beschriebener Art zulässig, wenn sie den Dritten namentlich bezeichnet (§ 309 Nr. 10 a) BGB). Gleiches gilt für den Fall, dass sie dem anderen Vertragsteil das Recht einräumt, sich vom Vertrag zu lösen (§ 309 Nr. 10 b) BGB).

§ 309 Nr. 10 BGB soll demnach verhindern, dass dem Verwendungsgegner ein neuer Vertragspartner aufgezwungen wird. Folglich kann die Bestimmung mit 1.p) RL-Anhang verglichen werden[609]. Danach ist eine Klausel regelmäßig unwirksam, falls sie die Möglichkeit vorsieht, dass der Vertrag ohne Zustimmung des Verbrauchers vom Gewerbetreibenden abgetreten wird, wenn dies unter Umständen eine Verringerung der Sicherheiten für den Konsumenten bewirkt.

§ 309 Nr. 10 BGB und 1.p) RL-Anhang sind allerdings nicht deckungsgleich.

Zunächst ergibt sich aus der Aufzählung der einzelnen Vertragsarten in § 309 Nr. 10 BGB, dass das Klauselverbot nicht auf Rechtsgeschäfte anwendbar ist, welche eine Gebrauchsüberlassung zum Gegenstand haben[610]. Eine derartige Beschränkung sieht 1.p) RL-Anhang demgegenüber nicht vor.

Des Weiteren schreibt 1.p) RL-Anhang keine den § 309 Nr. 10 a), b) BGB entsprechenden Ausnahmen fest.

Außerdem betrifft § 309 Nr. 10 BGB lediglich die Vertrags- und Schuldübernahme, während die Abtretung nicht erfasst wird[611]. Im Gegensatz dazu schließt der Wortlaut von 1.p) RL-Anhang die Abtretung gerade mit ein.

---

608 MK/Basedow § 11 Nr.1 AGBG Rn 6; Palandt/Heinrichs § 11 AGBG Rn 7; Wolf/Horn/Lindacher/Wolf Anh. Nr.1 l Rili Rn 159.

609 Eckert WM 93, 1070 (1076); Micklitz ZEuP 93, 522 (531); Thamm/Pilger § 11 Nr.13 Rn 1; MK/Basedow § 11 Nr.13 AGBG Rn 2.

610 Ulmer/Brandner/Hensen/Hensen § 11 Nr.13 Rn 4; Palandt/Heinrichs § 11 AGBG Rn 84; Thamm/Pilger § 11 Nr.13 Rn 1.

611 Erman/Hefermehl/Werner § 11 Nr.13 AGBG Rn 3; Palandt/Heinrichs § 11 AGBG Rn 85.

Der letztgenannte Unterschied lässt sich jedoch im Wege der Auslegung beseitigen. So ist der Ausschluss der Abtretung von § 309 Nr. 10 BGB darauf zurückzuführen, dass die Zession im deutschen Recht nicht von der Zustimmung des Schuldners abhängt. Die Inhaltskontrolle vorformulierter Vertragsbedingungen soll die Rechtsstellung des Verwendungsgegners im Vergleich zum dispositiven Recht aber nicht verbessern, sondern die ihm verliehenen Befugnisse lediglich erhalten. Die teleologische Auslegung des § 309 Nr. 10 BGB verdeutlicht somit die Notwendigkeit, dass sich der Verwendungsgegner gegen einen neuen Vertragspartner wehren kann. Dadurch, dass dies bei der Abtretung zu verneinen ist, wird selbige von § 309 Nr. 10 BGB ausgegrenzt.
In Übereinstimmung dazu verlangt 1.p) RL-Anhang für die Missbräuchlichkeit der Bedingung ebenfalls die fehlende Zustimmung des Verbrauchers. Mithin besteht in dieser Hinsicht keine Abweichung zum deutschen Recht. Vielmehr resultiert die Formulierung des Richtlinienbeispiels lediglich aus variierenden nationalen Rechtsauffassungen, wonach das Einverständnis des Vertragspartners teilweise eine Voraussetzung der Abtretung ist[612].
Bezüglich der übrigen Differenzen ist erneut auf das Erfordernis der richtlinienkonformen Auslegung der Generalklausel zu verweisen, um eine Vereinbarkeit der §§ 307 ff BGB mit 1.p) RL-Anhang zu erreichen[613]. Nicht zuletzt daraus ergeben sich wiederum Übereinstimmungen des deutschen Rechts mit Sched. 2 (1) (p) UTCCR 1999.

4.) Einseitige Ausstiegsklauseln durch den Ausschluss von Leistungsverweigerungsrechten (§ 309 Nr. 2 BGB)

Neben den bislang beschriebenen Kategorien missbräuchlicher Vertragsbedingungen verdeutlicht § 309 Nr. 2 BGB, dass ein weiterer Unwirksamkeitsgrund dann gegeben ist, wenn eine Abrede ihrem Verwender einseitig den Ausstieg aus dem Vertrag erlaubt. Wie bereits dargestellt, liegt eine „unequal opt out clause“[614] insbesondere bei einem Ungleichgewicht der Verpflichtungen vor.
Einer solchen Unausgewogenheit steht § 309 Nr. 2 BGB entgegen, indem das Klauselverbot die Leistungsverweigerungsrechte des Verwendungsgegners erhält.
So ist eine Vereinbarung gem. § 309 Nr. 2 a) BGB unwirksam, durch die das Leistungsverweigerungsrecht, das dem Vertragspartner des Verwenders nach § 320 BGB zusteht, ausgeschlossen oder eingeschränkt wird.
Zudem kann ein dem Vertragspartner des Verwenders zustehendes Zurückbehaltungsrecht, soweit es auf demselben Vertragsverhältnis beruht, nicht ausgeschlossen oder eingeschränkt, insbesondere nicht von der Anerkennung von Mängeln durch den Verwender abhängig gemacht werden (§ 309 Nr. 2 b) BGB).

---

[612] Ulmer/Brandner/Hensen/Hensen § 11 Nr.13 Rn 13; MK/Basedow § 11 Nr. 13 Rn 2.
[613] Thamm/Pilger § 11 Nr.13 Rn 4; Wolf/Horn/Lindacher/Wolf § 11 Nr.13 Rn 1, Anh. Nr. 1p Rili Rn 205; Palandt/Heinrichs § 11 AGBG Rn 84.
[614] Siehe 2. Teil, B) VII. 3.) e).

Die Bestimmung des § 309 Nr. 2 BGB ist vor dem Hintergrund zu sehen, dass Leistungsverweigerungsrechte darauf gerichtet sind, den Vertragspartner zur Erbringung seiner Leistung anzuhalten. § 309 Nr. 2 BGB stellt also die Erfüllung des Vertrags Zug um Zug sicher, sofern der Verwendungsgegner nicht vorzuleisten hat[615].

Um die Vertragsgerechtigkeit zu erreichen, steht einem Kunden ein Leistungsverweigerungsrecht folglich deshalb zu, weil der Unternehmer seinen vertraglichen Pflichten nicht nachkommt.

§ 309 Nr. 2 BGB konkretisiert mithin das allgemeine Verbot, wonach es unzulässig ist, dass ein Konsument den Vertrag vollständig zu erfüllen hat, während der Gewerbetreibende seine geschuldeten Leistungen nicht erbringt. Aus diesem Grund kann der Regelungsgehalt des § 309 Nr. 2 BGB dem Anwendungsbereich des Beispiels in 1.o) RL-Anhang zugeordnet werden[616], wonach es regelmäßig unfair ist, dass der Verbraucher all seinen Verpflichtungen nachkommen muss, obwohl der Unternehmer seine Pflichten nicht erfüllt[617].

In Bezug auf die speziellen Leistungsverweigerungsrechte begründet § 309 Nr. 2 BGB demzufolge Gemeinsamkeiten mit Sched. 2 (1) (o) UTCCR 1999.

5.) Strafklauseln

Ferner beschreiben § 309 Nr. 5 BGB und § 309 Nr. 6 BGB Unwirksamkeitsgründe, welche in England zur Fallgruppe der „penalty clauses“[618] zählen.

a) Pauschalierung von Schadensersatzansprüchen (§ 309 Nr. 5 BGB)

Gem. § 309 Nr. 5 BGB ist die Vereinbarung eines pauschalierten Anspruchs des Verwenders auf Schadensersatz oder Ersatz einer Wertminderung zum einen nichtig, wenn die Pauschale den in den geregelten Fällen nach dem gewöhnlichen Lauf der Dinge zu erwartenden Schaden oder die gewöhnlich eintretende Wertminderung übersteigt (§ 309 Nr. 5 a) BGB). Zum anderen ist die Festlegung einer Schadenspauschale missbräuchlich, wenn dem anderen Vertragsteil nicht ausdrücklich der Nachweis gestattet wird, ein Schaden oder eine Wertminderung sei überhaupt nicht entstanden oder wesentlich niedriger als die Pauschale (§ 309 Nr. 5 b) BGB).

§ 309 Nr. 5 BGB bringt also zum Ausdruck, dass die Pauschalierung von Schadensersatzansprüchen in Deutschland nicht generell verboten ist. So verfolgen derartige Abreden den legitimen Zweck, die Durchsetzung von Schadensersatzansprüchen zu erleichtern, indem Streitigkeiten über deren Höhe vermieden werden.

---

[615] MK/Basedow § 11 Nr.2 AGBG Rn 1; Erman/Hefermehl/Werner § 11 Nr.2 AGBG Rn 1, 3; Wolf/Horn/Lindacher/Wolf § 11 Nr.1; BGH BB 95, 1054 (1055).

[616] Frey ZIP 93, 572 (580); Micklitz ZEuP 93, 522 (531); Ulmer/Brandner/Hensen/Hensen § 11 Nr.2 Rn 22; Thamm/Pilger § 11 Nr.2 Rn 4.

[617] Siehe 2. Teil, B) VII. 3.) e) aa) (2).

[618] Siehe 2. Teil, B) VII. 3.) f).

Die Zahlung einer Pauschale darf jedoch nicht zu einer übermäßigen Inanspruchnahme des Verwendungsgegners führen. Dieser Gefahr begegnen die einschränkenden Voraussetzungen in § 309 Nr. 5 a), b) BGB unter denen die Vereinbarung einer Schadenspauschalierung lediglich zulässig ist[619].
Dadurch, dass die Pauschale tatsächliche Einbußen nicht übersteigen darf, wird also eine Bestrafung des Kunden verhindert. § 309 Nr. 5 BGB stellt somit eine Umsetzung von 1.e) RL-Anhang dar[620]. Diesem Beispiel zufolge ist es grundsätzlich missbräuchlich, dem Verbraucher, der seinen Verpflichtungen nicht nachkommt, einen unverhältnismäßig hohen Entschädigungsbetrag aufzuerlegen.
Es kann mithin festgehalten werden, dass Schadenspauschalierungen sowohl in England als auch in Deutschland erlaubt sind, sofern sie in Bezug auf tatsächliche Wertminderungen nicht unverhältnismäßig hoch erscheinen (vgl. Sched. 2 (1) (e) UTCCR 1999[621]).

b) Vertragsstrafen (§ 309 Nr. 6 BGB)

Des Weiteren ist eine Bedingung nach § 309 Nr. 6 BGB missbräuchlich, durch die dem Verwender für den Fall der Nichtabnahme oder der verspäteten Abnahme der Leistung, des Zahlungsverzugs oder für den Fall, dass der andere Vertragsteil sich vom Vertrag löst, Zahlung einer Vertragsstrafe versprochen wird.
Strafklauseln, die sich auf die genannten Leistungsstörungen beziehen, sind demnach zwingend nichtig.
Das lässt sich damit rechtfertigen, dass ihrem Verwender in diesen Fällen ein gesetzlicher Schadensersatzanspruch zusteht. Er kann ihn in zulässiger Weise pauschalieren, um seine berechtigten Interessen an einer Schadloshaltung zu wahren. Eine darüber hinausgehende Notwendigkeit einer Strafklausel ist abzulehnen. Insbesondere erscheint es nicht erforderlich, dem Unternehmer ein zusätzliches Druckmittel gegen den Kunden zu verschaffen, damit Letzterer seine vertraglichen Pflichten ordnungsgemäß erfüllt. Außerdem wäre es seitens des Verwenders missbräuchlich, einen ungerechtfertigten Gewinn dadurch zu erzielen, dass die bestrafende Abrede von tatsächlichen Einbußen losgelöst ist[622].
Das Verbot von Strafklauseln nach § 309 Nr. 6 BGB ist folglich ebenfalls als Transformation von 1.e) RL-Anhang anzusehen.

---

619 Dörner/Staudinger S. 90; Erman/Hefermehl/Werner § 11 Nr.5 AGBG Rn 1; Palandt/Heinrichs § 11 AGBG Rn 20, 22, 26; Thamm/Pilger § 11 Nr.5 Rn 1 f, 8; Wolf/Horn/Lindacher/Wolf § 11 Nr.5 Rn 1, 2.
620 MK/Basedow § 11 Nr.5 AGBG Rn 3; Eckert WM 93, 1070 (1076); Ulmer/Brandner/Hensen/Hensen § 11 Nr.5 Rn 32; Palandt/Heinrichs § 11 AGBG Rn 20.
621 Siehe 2. Teil, B) VII. 3.) f) bb).
622 Wolf/Horn/Lindacher/Wolf § 11 Nr.6 Rn 1; Palandt/Heinrichs § 11 AGBG Rn 28; Erman/Hefermehl/Werner § 11 Nr.6 AGBG Rn 1 f; BGHZ 85, 305 (313).

Allerdings ist der Anwendungsbereich des § 309 Nr. 6 BGB durch die Beschränkung auf die genannten Pflichtverletzungen seitens des Verbrauchers einerseits geringer als der von 1.e) RL-Anhang. Es bleibt jedoch zu bedenken, dass die Bedingungen, welche nicht von § 309 Nr. 6 BGB erfasst werden, weiterhin anhand der Generalklausel zu überprüfen sind.
Andererseits ist die deutsche Vorschrift wegen ihres zwingenden Verbots von Strafklauseln strenger als die europarechtlichen Vorgaben[623]. Dies ist auf Grund des Minimalcharakters der Richtlinie jedoch unschädlich. Außerdem ist zu betonen, dass § 309 Nr. 6 BGB keinen Unterschied zum englischen Recht begründet. Wie bereits dargelegt, sind so genannte „penalty clauses" im Common Law ebenfalls absolut unzulässig[624].

6.) Nicht erkennbare Klauseln

Bei Dauerschuldverhältnissen schützt § 309 Nr. 9 BGB den Kunden schließlich vor Überrumpelungen, die überlange vertragliche Bindungen verursachen.
Dabei werden gem. § 309 Nr. 9 b), c) BGB insbesondere solche Bedingungen für unzulässig erklärt, denen der Verwendungsgegner im entscheidenden Moment keine ausreichende Beachtung schenkt. Aus diesem Grund sind die Regelungsinhalte von § 309 Nr. 9 b), c) BGB und die Fallgruppe der „hidden clauses"[625] teilweise miteinander vergleichbar, was im Folgenden näher erläutert wird.

a) Stillschweigende Vertragsverlängerung (§ 309 Nr. 9 b) BGB)

So ist bei einem Vertragsverhältnis, das die regelmäßige Lieferung von Waren oder die regelmäßige Erbringung von Dienst- oder Werkleistungen durch den Verwender zum Gegenstand hat, eine den anderen Vertragsteil bindende stillschweigende Verlängerung des Vertragsverhältnisses um jeweils mehr als ein Jahr nichtig (§ 309 Nr. 9 b) BGB).
Wie sich aus § 309 Nr. 9, 1. HS BGB ergibt, erfasst § 309 Nr. 9 BGB nicht sämtliche Dauerschuldverhältnisse, sondern lediglich Kauf-, Dienst- und Werkverträge. Die typischen Dauerschuldverhältnisse wie Miete, Pacht und Leasing sind damit vom Geltungsbereich der Vorschrift ausgeschlossen[626].
Zudem gilt § 309 Nr. 9 BGB nicht für Verträge über die Lieferung als zusammengehörig verkaufter Sachen, für Versicherungsverträge sowie für Verträge zwischen den Inhabern urheberrechtlicher Rechte und Ansprüche und Verwertungsgesellschaften im Sinne des Gesetzes über die Wahrnehmung von Urheberrechten und verwandten Schutzrechten (§ 309 Nr. 9, 2. HS BGB).

---

623 Ulmer/Brandner/Hensen/Hensen § 11 Nr.6 Rn 24; MK/Basedow § 11 Nr.6 AGBG Rn 3.
624 Siehe 2. Teil, D) II. 3.).
625 Siehe 2. Teil, B) VII. 3.) g).
626 Thamm/Pilger § 11 Nr.12 Rn 1; Wolf/Horn/Lindacher/Wolf § 11 Nr.12 Rn 5; Erman/Hefermehl/Werner § 11 Nr.12 AGBG Rn 2; BGH NJW 85, 2328 (2328); BGH NJW 93, 1133 (1134).

Selbst Verlängerungsklauseln in Verträgen, die im Anwendungsbereich des § 309 Nr. 9 b) BGB liegen, sind nicht schlechthin unzulässig. Vielmehr steht die Vorschrift lediglich der stillschweigenden Fortsetzung eines Vertrags von mindestens einem Jahr entgegen. Diesbezüglich ist zu beachten, dass der Zeitraum von einem Jahr lediglich eine Höchstfrist normiert, bei deren Erreichen eine Verlängerungsklausel stets missbräuchlich ist. Anderslautende Bedingungen sind folglich nicht automatisch zulässig, sondern an § 307 I BGB zu messen[627].
Unter dem Aspekt der konkludenten Vertragsverlängerung überschneiden sich die Reglungen von 1.h) RL-Anhang[628] und § 309 Nr. 9 b) BGB[629]. So kann eine Abrede nach 1.h) RL-Anhang als unwirksam angesehen werden, falls sie einen befristeten Vertrag automatisch verlängert, wenn der Verbraucher sich nicht gegenteilig geäußert hat und als Termin für diese Äußerung des Willens des Konsumenten, den Vertrag nicht zu verlängern, ein vom Ablaufzeitpunkt des Vertrags ungebührlich weit entferntes Datum festgelegt wurde. In den Fällen des § 309 Nr. 9 b) BGB und 1.h) RL-Anhang besteht die Gefahr also darin, dass es dem Verbraucher zum Zeitpunkt der Vertragsfortsetzung nicht hinreichend bewusst ist, dass sein Schweigen als darauf gerichtete Willenserklärungen bewertet wird. Somit findet die englische Fallgruppe der „hidden clauses“ im deutschen Recht ebenfalls eine Ausprägung, wobei die Kategorie als „nicht erkennbare Klauseln“ bezeichnet werden kann.

b) Überlange Kündigungsfristen (§ 309 Nr. 9 c) BGB)

Des Weiteren ist eine Vereinbarung gem. § 309 Nr. 9 c) BGB unwirksam, falls sie zu Lasten des anderen Vertragsteils eine längere Kündigungsfrist als drei Monate vor Ablauf der zunächst vorgesehenen oder stillschweigend verlängerten Vertragsdauer bestimmt.
Im Zusammenhang mit § 309 Nr. 9 c) BGB sind zunächst die Einschränkungen des Anwendungsbereichs durch § 309 Nr. 9, 1. HS, 3. HS BGB zu beachten. Sie wurden bereits im Rahmen von § 309 Nr. 9 b) BGB erläutert.
Ist eine Abrede anhand von § 309 Nr. 9 c) BGB überprüfbar, wird der Kunde davor bewahrt, dass die Frist einer ordentlichen Kündigung drei Monate übersteigt[630]. Ein Grund für dieses Klauselverbot ist darin zu sehen, dass der Verwendungsgegner zu einem früheren Zeitpunkt häufig nicht sachgerecht beurteilen kann, ob eine Vertragsfortsetzung für ihn sinnvoll ist. Außerdem steht zu befürchten, dass er sich lange vor Ablauf der Laufzeit gar nicht mit einer etwaigen Lösung vom Vertrag befasst. § 309 Nr. 9 c) BGB soll den Verwendungs-

---

[627] Ulmer/Brandner/Hensen/Hensen § 11 Nr.12 Rn 11; Erman/Hefermehl/Werner § 11 Nr.12 AGBG Rn 6; Thamm/Pilger § 11 Nr.12 Rn 10.
[628] Siehe 2. Teil B) VII. 3.) g) aa).
[629] Micklitz ZEuP 93, 522 (530); Wolf/Horn/Lindacher/Wolf Anh. Nr.1h Rili Rn 114.
[630] Erman/Hefermehl/Werner § 11 Nr.12 AGBG Rn 7; Palandt/Heinrichs § 11 AGBG Rn 81; Wolf/Horn/Lindacher/Wolf § 11 Nr.12 Rn 19.

gegner mithin vor einer Versäumnis der Kündigung bewahren, welche einzig auf den äußerst frühen Kündigungstermin zurückzuführen ist.
Einen Schutz vor überlangen Kündigungsfristen verfolgt auch 1.h) RL-Anhang. Danach kann eine stillschweigende Vertragsverlängerung unfair sein, wenn als Termin für die Kündigung des Verbrauchers ein ungebührlich frühes Datum festgelegt wird. § 309 Nr. 9 c) BGB stellt folglich die Umsetzung dieser Richtlinienvorschrift dar, wobei sie den unbestimmten Begriff des „ungebührlich" frühen Termins konkretisiert[631].
Zwar legt Sched. 2 (1) (h) UTCCR 1999 ebenso wie 1.h) RL-Anhang keine ausdrückliche Höchstfrist fest. Indes hat das OFT einen Zeitraum, der drei Monate übersteigt, ebenfalls für zu lang erachtet. Somit wird 1.h) RL-Anhang in England und Deutschland in gleicher Weise interpretiert.

7.) Weitere Verbote ohne Wertungsmöglichkeit

Wie bereits angedeutet, lassen sich nicht sämtliche Verbote des § 309 BGB unmittelbar dem Annex der Klauselrichtlinie zuordnen. Der Schutz des § 309 BGB geht demnach über die Anforderungen der Richtlinie hinaus.

a) Überlange Vertragsbindungen (§ 309 Nr. 9 a) BGB)

Um die Ausführungen zu § 309 Nr. 9 BGB zu vervollständigen, soll zunächst auf § 309 Nr. 9 a) BGB eingegangen werden. Dabei ist wiederum auf dessen eingeschränkten Anwendungsbereich hinzuweisen, weshalb das Verbot lediglich für bestimmte Dauerschuldverhältnisse gilt (§ 309 Nr. 9, 1. HS, 3. HS BGB).
Gem. § 309 Nr. 9 a) BGB ist eine den anderen Vertragsteil länger als zwei Jahre bindende Laufzeit des Vertrags unzulässig.
Entscheidend dafür ist die ursprünglich vereinbarte Dauer, welche vom Zeitpunkt des Vertragsschlusses an zu berechnen ist[632]. Diese erste Laufzeit darf zwei Jahre nicht übersteigen, wobei es allerdings nicht untersagt ist, einen Vertrag auf unbestimmte Zeit abzuschließen. In derartigen Fällen muss es dem Kunden jedoch möglich sein, den Vertrag bis zum Ablauf von zwei Jahren ordentlich zu kündigen[633].
§ 309 Nr. 9 a) BGB schützt den Verwendungsgegner mithin vor überlangen vertraglichen Bindungen, deren Konsequenzen er bei Vertragsschluss nicht überblicken kann. Das Verbot ist demnach darauf gerichtet, die Dispositionsfreiheit des Kunden zu erhalten.
Es bleibt zu klären, inwiefern § 309 Nr. 9 a) BGB den Verbraucherschutz in Deutschland im Vergleich zu England verbessert.

---

[631] MK/Basedow § 11 Nr.12 AGBG Rn 3 f; Thamm/Pilger § 11 Nr.12 Rn 12; Palandt/Heinrichs § 11 AGBG Rn 81; Ulmer/Brandner/Hensen/Hensen § 11 Nr.12 Rn 22.
[632] Thamm/Pilger § 11 Nr.12 Rn 3; Palandt/Heinrichs § 11 AGBG Rn 79; BGHZ 122, 63 (67 f).
[633] Erman/Hefermehl/Werner § 11 Nr.12 AGBG Rn 4; MK/Basedow § 11 Nr.12 AGBG Rn 12 f; Wolf/Horn/Lindacher/Wolf § 11 Nr.12 Rn 10.

So enthalten weder die Richtlinie noch die UTCCR 1999 eine Vorschrift, welche exakt dem § 309 Nr. 9 a) BGB entspricht. Allerdings deuten 1.h) RL-Anhang und Sched. 2 (1) (h) UTCCR 1999 die Problematik überlanger Vertragslaufzeiten an. Zwar richten sich die genannten Bestimmungen gegen ungebührlich lange Kündigungsfristen. Um jedoch eine Umgehung dieser Regelungen zu verhindern, muss ein Schutz des Verbrauchers erst recht bestehen, wenn ihm die Möglichkeit einer Abstandnahme vom Vertrag gänzlich genommen wird[634].

Daraus folgt, dass die UTCCR 1999 eine überlange Vertragsdauer nicht ohne weiteres billigen. Insbesondere ist zu beachten, dass die Liste unfairer Bedingungen in Sched. 2 (1) UTCCR 1999 nicht abschließend ist. Dadurch, dass Klauseln i.S.v. § 309 Nr. 9 a) BGB die Kehrseite unzulässiger „unequal opt out clauses" bilden, erscheint es denkbar, dass derartige Abreden in England neben den „einseitige(n) Ausstiegsklauseln" ebenfalls für missbräuchlich erklärt werden. In der Gegenüberstellung mit den UTCCR 1999 begründet § 309 Nr. 9 a) BGB demnach nicht zwangsläufig einen erhöhten Schutzstandard.

b) Befreiung von Mahnung und Fristsetzung (§ 309 Nr. 4 BGB)

Einen weiteren Unwirksamkeitsgrund, der mit keinem Beispiel des Richtlinienanhangs korrespondiert, enthält § 309 Nr. 4 BGB[635].

Danach ist eine Bedingung missbräuchlich, durch die der Verwender von der gesetzlichen Obliegenheit freigestellt wird, den anderen Vertragsteil zu mahnen oder ihm eine Frist für die Leistung oder Nacherfüllung zu setzen.

Das Klauselverbot in § 309 Nr. 4 BGB sichert demzufolge den Grundsatz, dass Verzug erst nach Mahnung eintritt. Außerdem werden die gesetzlichen Fristen für die Leistung oder Nacherfüllung des Kunden klauselfest[636].

Dem Verwender ist es somit nicht möglich, die Situationen, in denen nach dem Gesetz eine Mahnung bzw. Fristsetzung entbehrlich ist, zu erweitern, um die Entstehung eigener Rechte zu erleichtern.

Zum effektiven Erhalt der Anspruchsvoraussetzungen betrifft § 309 Nr. 4 BGB zudem nicht lediglich die Fälle einer ausdrücklichen Freistellung von den Obliegenheiten. Vielmehr ist eine Abrede ebenfalls gem. § 309 Nr. 4 BGB nichtig, durch welche ihr Verwender Befugnisse geltend macht, die ihm erst nach einer Mahnung oder Fristsetzung zustehen[637].

Im Rahmen des § 309 Nr. 4 BGB bleibt zu erörtern, ob dieses Verbot den Verbraucherschutz im Vergleich zu England erweitert.

---

634 MK/Basedow § 11 Nr.12 AGBG Rn 3.

635 Ulmer/Brandner/Hensen/Hensen § 11 Nr.4 Rn 11; MK/Basedow § 11 Nr.4 AGBG Rn 3.

636 AK/Hennrichs § 309 Rn 6; Wolf/Horn/Lindacher/Wolf § 11 Nr.4 Rn 1, 3, 10; BGH NJW 92, 1628 (1629).

637 Palandt/Heinrichs § 11 AGBG Rn 18; Ulmer/Brandner/Hensen/Hensen § 11 Nr.4 Rn 4; BGH NJW 83, 1320 (1322); BGH NJW 85, 320 (324); BGHZ 102, 41 (45).

Dabei ist zunächst zu beachten, dass das Fehlen eines dem § 309 Nr. 4 BGB entsprechenden Nichtigkeitsgrundes im Richtlinienanhang darauf zurückzuführen ist, dass die in § 309 Nr. 4 BGB genannten Obliegenheiten nicht in allen europäischen Länden existieren. Insbesondere im Common Law sind für einen Schadensersatzanspruch wegen Verzugs eine Mahnung des Schuldners zuzüglich einer Nachfristsetzung durch den Gläubiger nicht erforderlich[638].
Verallgemeinernd kann § 309 Nr. 4 BGB jedoch dahingehend verstanden werden, dass es einem Gewerbetreibenden untersagt ist, durch Umgehung der gesetzlichen Voraussetzungen eigene Ansprüche entstehen zu lassen.
Durch die Begründung dieser Fallgruppe bewirkt § 309 Nr. 4 BGB mithin ein höheres Schutzniveau der deutschen gegenüber der englischen Rechtsordnung.

c) Haftung des Abschlussvertreters (§ 309 Nr. 11 BGB)

Ferner ist eine Bestimmung unwirksam, durch die der Verwender einem Vertreter, der den Vertrag für den anderen Vertragsteil abschließt, ohne eine hierauf gerichtete ausdrückliche und gesonderte Erklärung eine eigene Haftung oder Einstandspflicht auferlegt (§ 309 Nr. 11 a) BGB).
§ 309 Nr. 11 a) BGB schützt folglich einen Stellvertreter, der im fremden Namen handelt. Für ihn kann eine Mithaftung neben dem Vertretenen allein unter den aufgeführten Voraussetzungen begründet werden. Diesbezüglich ist zu betonen, dass der Vertrag nicht nur eine explizite Erklärung zur Mithaftung enthalten muss. Über den Wortlaut des § 309 Nr. 11 a) BGB hinaus ist es unerlässlich, dass sich die Unterschrift des Vertreters zudem eindeutig auf die Mithaftungsklausel bezieht[639].
Gem. § 309 Nr. 11 b) BGB ist ferner eine Abrede missbräuchlich, durch welche der Verwender dem Stellvertreter des anderen Teils im Falle vollmachtloser Vertretung eine über § 179 BGB hinausgehende Haftung aufbürdet. Dieses Verbot macht also die Grenzen der Einstandspflicht eines Vertreters ohne Vertretungsmacht nach § 179 BGB klauselfest[640].
Gem. § 309 Nr. 11 BGB können Stellvertreter demnach nicht über die gesetzlichen Möglichkeiten hinaus in Anspruch genommen werden. Folglich lässt sich die Bestimmung in die Kategorie der unzulässigen Herbeiführung eigener Forderungen einordnen.
Auf Grund der Tatsache, dass der Richtlinienanhang kein vergleichbares Beispiel missbräuchlicher Vertragsbedingungen enthält[641], fehlt es ebenfalls in

---

638 MK/Basedow § 11 Nr.4 AGBG Rn 3; Anson/Beatson S. 549; v. Bernstorff S. 77 f.

639 Erman/Hefermehl/Werner § 11 Nr.14 AGBG Rn 2-4; Palandt/Heinrichs § 11 AGBG Rn 88; Thamm/Pilger § 11 Nr.14 Rn 3; OLG Frankfurt NJW 86, 1941 (1943); BGH NJW 01, 3186 (3186 f).

640 Palandt/Heinrichs § 11 AGBG Rn 89; MK/Basedow § 11 Nr.14 AGBG Rn 8; Thamm/Pilger § 11 Nr.14 Rn 5.

641 Ulmer/Brandner/Hensen/Hensen § 11 Nr.14 Rn 14; Wolf/Horn/Lindacher/Wolf § 11 Nr.14 Rn 1; MK/Basedow § 11 Nr.14 AGBG Rn 2.

Sched. 2 (1) UTCCR 1999. Im Hinblick auf die Rechtsstellung von Verbrauchern, die als Vertreter handeln, gewährleisten die deutschen Bestimmungen damit einen weiterreichenden Schutz als die UTCCR 1999. Zudem ist die Fallgruppe der unbilligen Verschaffung eigener Ansprüche in England bislang nicht herausgebildet worden.

d) Begründung von Formerfordernissen (§ 309 Nr. 13 BGB)

Endlich ist eine Vereinbarung gem. § 309 Nr. 13 BGB nichtig, durch die Anzeigen oder Erklärungen, die dem Verwender oder einem Dritten gegenüber abzugeben sind, an eine strengere Form als die Schriftform oder an besondere Zugangserfordernisse gebunden werden.

Eine vorformulierte Bestimmung, welche die Schriftform für notwendig erklärt, hält demnach der Inhaltskontrolle anhand der §§ 307 ff BGB stand[642].

Im Gegensatz dazu ist es aber beispielsweise untersagt, die Wirksamkeit von Erklärungen des Kunden an die Benutzung von Formularen des Verwenders abhängig zu machen[643].

Des Weiteren ist es insbesondere als unzulässiges Zugangserfordernis anzusehen, den Kunden zur Verwendung eines eingeschriebenen Briefes zu verpflichten[644].

Insgesamt bringt § 309 Nr. 13 BGB mithin zum Ausdruck, dass der Verwendungsgegner bei der Ausübung seiner Rechte keine Nachteile durch Festlegung strenger Formalien erleiden darf[645].

Eine dem ähnelnde Regelung ist im Annex der Richtlinie nicht genannt[646].

Dennoch lässt sich auf Grund des allgemeinen Schutzzwecks des § 309 Nr. 13 BGB eine Parallele zum englischen Recht herstellen. So zielt das Verbot darauf ab, Rechte des Kunden zu sichern, indem seine Erklärungen nicht an besondere Formerfordernisse geknüpft werden dürfen. Umgekehrt ist es einem Unternehmer somit verwehrt, die Entstehung gegen ihn gerichteter Ansprüche zu verhindern.

Dieselbe Absicht kommt in England dadurch zum Ausdruck, dass „liability preventing clauses"[647] für unfair erklärt werden. Zwar betreffen das „Nichtanerkennen von Verbindlichkeiten" i.S.v. Sched. 2 (1) (m), (n) UTCCR 1999 einerseits und § 309 Nr. 13 BGB andererseits unterschiedliche Verbraucherrechte. Der

---

642 MK/Basedow § 11 Nr.16 AGBG Rn 4; Thamm/Pilger § 11 Nr.16 Rn 1; OLG Schleswig NJW-RR 01, 818 (818); BGH NJW-RR 89, 625 (626).

643 Erman/Hefermehl/Werner § 11 Nr.16 AGBG Rn 3; Palandt/Heinrichs § 11 AGBG Rn 95; Thamm/Pilger § 11 Nr.16 Rn 1; OLG München NJW-RR 87, 664 (664).

644 Ulmer/Brandner/Hensen/Hensen § 11 Nr.16 Rn 8; MK/Basedow § 11 Nr.16 AGBG Rn 5; BGH NJW 85, 2585 (2587).

645 Wolf/Horn/Lindacher/Wolf § 11 Nr.16 Rn 1; Erman/Hefermehl/Werner § 11 Nr.16 AGBG Rn 1; Palandt/Heinrichs § 11 AGBG Rn 94.

646 MK/Basedow § 11 Nr.16 AGBG Rn 2; Ulmer/Brandner/Hensen/Hensen § 11 Nr.16 Rn 13.

647 Siehe 2. Teil, B) VII. 3.) b).

Kerngedanke der Bestimmungen ist jedoch insofern identisch, als dass auf Seiten des Gewerbetreibenden einer Nichtanerkennung von Verbindlichkeiten begegnet wird.
Mithin findet die in England unbestrittene Fallgruppe der „liability preventing clauses" in Deutschland ebenfalls eine Ausprägung.
Auf der anderen Seite ist es denkbar, eine Bedingung i.S.v. § 309 Nr. 13 BGB über Sched. 2 (1) UTCCR 1999 hinaus zur Kategorie der „liability preventing clauses" zu zählen.
Abschließend kann also festgestellt werden, dass das gesetzlich verankerte Verbot des § 309 Nr. 13 BGB nicht zu Divergenzen der Inhaltskontrolle im deutschen und englischen Recht führt.

III. Klauselverbote mit Wertungsmöglichkeiten (§ 308 BGB)

Ist eine kontrollfähige Vertragsbedingung nicht nach § 309 BGB unwirksam, sind die in § 308 BGB festgeschriebenen Klauselverbote mit Wertungsmöglichkeiten zur weiteren Prüfung heranzuziehen.
Einzelne Tatbestände dieses Katalogs finden sich in der Liste missbräuchlicher Abreden im Richtlinienanhang. Folglich überschneiden sich die Nichtigkeitsgründe des § 308 BGB ebenfalls mit den Kategorien unfairer Klauseln, welche anhand der UTCCR 1999 entwickelt wurden. Diesbezüglich ist zunächst auf die Fallgruppe der Änderungsbefugnisse zu verweisen, welche mit den „delivery in instalments clauses" in Verbindung steht. Des Weiteren sind die Kategorien der einseitigen Ausstiegsklauseln und der Strafklauseln anzuführen.
Daneben nennt § 308 BGB Verbotstatbestände, die weder in der Richtlinie noch in den UTCCR 1999 beschrieben werden.

1.) Änderungsbefugnisse i.S.v. § 308 Nr. 4 BGB

Nach § 308 Nr. 4 BGB ist eine Vertragsbedingung unzulässig, die es dem Verwender gestattet, die versprochene Leistung zu ändern oder von ihr abzuweichen, wenn nicht die Vereinbarung der Änderung oder Abweichung unter Berücksichtigung der Interessen des Verwenders für den anderen Vertragsteil zumutbar ist.
Damit sind Änderungsvorbehalte, welche die Leistung des Klauselverwenders betreffen, regelmäßig unwirksam. Dies lässt sich damit rechtfertigen, dass derartige Vereinbarungen die Erfüllungswirkung selbst dann eintreten ließen, wenn eine andere als die geschuldete Leistung erbracht wird. Der Kunde wäre somit zur Gegenleistung verpflichtet, ohne dass ihm Ansprüche infolge von Nicht- oder Schlechtleistung zustünden[648].
Mit dem grundsätzlichen Verbot von Modifikationsrechten hinsichtlich des Vertragsgegenstandes entspricht § 308 Nr. 4 BGB der Regelung in 1.k) RL-Anhang. Danach ist es einem Unternehmer prinzipiell verwehrt, die Merkmale des zu lie-

[648] Erman/Hefermehl/Werner § 10 Nr.4 AGBG Rn 1; MK/Basedow § 10 Nr.4 AGBG Rn 1; Wolf/Horn/Lindacher/Wolf § 10 Nr.4 Rn 1.

fernden Erzeugnisses oder der zu erbringenden Dienstleistung einseitig ohne triftigen Grund zu ändern[649]. Insbesondere die Interessenabwägung, welche innerhalb des § 308 Nr. 4 BGB vorzunehmen ist, kann mit der Feststellung eines triftigen Grundes i.S.v. 1.k) RL-Anhang verglichen werden[650]. Die Anwendung des § 308 Nr. 4 BGB führt also zu identischen Ergebnissen wie eine Berufung auf Sched. 2 (1) (k) UTCCR 1999.

Eine weitere Parallele zum englischen Recht resultiert aus der extensiven Auslegung des § 308 Nr. 4 BGB. Danach erfasst die Vorschrift auch Abreden, die es dem Verwender freistellen, seine Pflichten durch die Erbringung von Teilleistungen zu erfüllen, obwohl eine Ratenlieferung nicht vereinbart wurde[651]. Diese Ausprägung des § 308 Nr. 4 BGB korrespondiert demnach mit der in England anerkannten Fallgruppe der „delivery in instalments clauses", den so genannten „Ratenlieferungsklauseln"[652]. Zwar wird diese Kategorie unfairer Vertragsbedingungen nicht den Beispielen der Sched. 2 (1) UTCCR 1999 zugeordnet. Nichtsdestotrotz begründet sie im Vergleich zu § 308 Nr. 4 BGB keinen erhöhten Verbraucherschutz.

2.) Einseitige Ausstiegsklauseln i.S.v. § 308 Nr. 3 BGB

Des Weiteren ist eine Bestimmung missbräuchlich, wonach es dem Verwender möglich ist, sich ohne sachlich gerechtfertigten und im Vertrag angegebenen Grund von seiner Leistungspflicht zu lösen (§ 308 Nr. 3 S. 1 BGB). Dies gilt gem. § 308 Nr. 3 S. 2 BGB allerdings nicht für Dauerschuldverhältnisse.

§ 308 Nr. 3 S. 1 BGB verpflichtet somit den Verwender, eingegangene Verbindlichkeiten zu erfüllen. Folglich kann er sich grundsätzlich in keiner anderen Weise von seiner Hauptleistungspflicht befreien. Dementsprechend schließt § 308 Nr. 3 S. 1 BGB sämtliche Klauseln ein, welche dem Verwender ein uneingeschränktes Lösungsrecht zusprechen. So bezieht sich das Verbot unter anderem auf Kündigungs-, Rücktritts-, Widerrufs- und Anfechtungsvorbehalte. Ferner ist es dem Verwender untersagt, die Erbringung seiner Leistung an eine auflösende Bedingung zu knüpfen[653].

Eine Abstandnahme vom Vertrag ist also lediglich ausnahmsweise zulässig, nämlich bei Vorliegen eines sachlich gerechtfertigten Grundes. Selbiger muss

---

[649] Siehe 2. Teil, B) VII. 3.) d) bb).

[650] Ulmer/Brandner/Hensen/Schmidt § 10 Nr.4 Rn 15; Frey ZIP 93, 572 (580); Micklitz ZEuP 93, 522 (531); Eckert WM 93, 1070 (1076); Wolf/Horn/Lindacher/Wolf Anh. Nr.1k Rili Rn 145.

[651] MK/Basedow § 10 Nr.4 AGBG Rn 5; Erman/Hefermehl/Werner § 10 Nr.4 AGBG Rn 2; OLG Stuttgart NJW-RR 95, 116 (117); OLG Frankfurt VersR 90, 526 (527).

[652] Siehe 2. Teil, F) I. 2.).

[653] Palandt/Heinrichs § 10 AGBG Rn 13; Ulmer/Brandner/Hensen/Schmidt § 10 Nr.3 Rn 1, 3; Erman/Hefermehl/Werner § 10 Nr.3 AGBG Rn 1.

zudem im Vertrag bezeichnet werden, wobei das Bestimmtheitsgebot zu wahren ist[654].

Dadurch, dass sich der Verwender nicht nach freiem Ermessen seiner Pflichten entledigen kann, setzt § 308 Nr. 3 S. 1 BGB sowohl 1.c) RL-Anhang[655] als auch 1.f) 1. Alt. RL-Anhang[656] und 1.g) RL-Anhang[657] um. So kann eine Klausel gem. 1.c) RL-Anhang für missbräuchlich erklärt werden, durch die der Konsument eine verbindliche Verpflichtung eingeht, während der Gewerbetreibende die Erbringung der Leistungen an eine Bedingung knüpft, deren Eintritt nur von ihm abhängt. Ferner steht eine Abrede unter dem Verdacht der Unzulässigkeit, falls es dem Unternehmer gestattet wird, nach freiem Ermessen den Vertrag zu kündigen, wenn das gleiche Recht nicht auch dem Verbraucher eingeräumt wird (1.f) 1. Alt. RL-Anhang). Darüber hinaus ist es gem. 1.g) RL-Anhang regelmäßig unfair, dem Gewerbetreibenden - außer bei Vorliegen schwerwiegender Gründe - zu erlauben, einen unbefristeten Vertrag ohne angemessene Frist zu kündigen.

Trotz der bestehenden Überschneidungen zeigt ein direkter Vergleich des § 308 Nr. 3 BGB mit den europäischen Regelungen allerdings auch Unterschiede auf. Da es nach § 308 Nr. 3 S. 1 BGB notwendig ist, den rechtfertigenden Grund im Vertrag anzugeben, ist die deutsche Bestimmung einerseits strenger als 1.f) 1.Alt RL-Anhang. Andererseits gilt das Verbot nicht für Dauerschuldverhältnisse (§ 308 Nr. 3 S. 2 BGB), welche demgegenüber den Richtlinienvorschriften unterliegen. Indes sind derartige Verträge im deutschen Recht ebenfalls nicht kontrollfrei. Vielmehr gelangt die Generalklausel zur Anwendung, um Dauerschuldverhältnisse auf einseitige Ausstiegsklauseln zu überprüfen[658].

Folglich ist zu resümieren, dass die „unequal opt out clauses“ i.S.v. Sched. 2 (1) (c), (f) 1.Alt., (g) UTCCR 1999 auch in Deutschland für missbräuchlich erklärt werden, was vornehmlich unter Rückgriff auf § 308 Nr. 3 S. 1 BGB geschieht.

3.) Strafklauseln i.S.v. § 308 Nr. 7 BGB

Darüber hinaus ist eine Vereinbarung unwirksam, nach welcher der Verwender für den Fall, dass eine Partei vom Vertrag zurücktritt oder den Vertrag kündigt, eine unangemessen hohe Vergütung für die Nutzung oder den Gebrauch einer Sache oder eines Rechts oder für erbrachte Leistungen verlangen kann (§ 308 Nr. 7 a) BGB).

---

654 MK/Basedow § 10 Nr.3 AGBG Rn 5; Palandt/Heinrichs § 10 AGBG Rn 14 Thamm/ Pilger § 10 Nr.3 Rn 4; BGH NJW 83, 1320 (1321).

655 Siehe 2. Teil, B) VII. 3.) e) aa) (1).

656 Siehe 2. Teil, B) VII. 3.) e) bb) (1).

657 Siehe 2. Teil, B) VII. 3.) e) bb) (2).

658 Wolf/Horn/Lindacher/Wolf § 10 Nr.3 Rn 1, Anh. Nr.1c Rili Rn 44, Anh. Nr.1f Rili Rn 89; Ulmer/Brandner/Hensen/Schmidt § 10 Nr.3 Rn 21; MK/ Basedow § 10 Nr.3 AGBG Rn 2 f.

Nach § 308 Nr. 7 b) BGB ist eine Abrede zudem nichtig, wenn sie den Verwender in den beschriebenen Situationen berechtigt, einen unangemessen hohen Ersatz von Aufwendungen zu fordern.
Wird ein Vertrag vorzeitig beendet, steht § 308 Nr. 7 BGB demnach unangemessenen Entgeltansprüchen des Klauselverwenders entgegen. Das Verbot soll mithin verhindern, dass der Unternehmer in den Fällen des Rücktritts oder der Kündigung zusätzliche Gewinne erlangt, welche ihn im Vergleich zur vollständigen Vertragsdurchführung besser stellen würden. Gleichzeitig darf der Kunde durch etwaige Nachteile nicht davon abgehalten werden, sein Rücktritts- oder Kündigungsrecht tatsächlich auszuüben[659].
Wie der Wortlaut des § 308 Nr. 7 zum Ausdruck bringt, ist die Vorschrift lediglich auf Vergütungs- und Aufwendungsersatzansprüche anwendbar. Für Schadensersatzforderungen und Vertragsstrafen gelten hingegen § 309 Nr. 5, Nr. 6 BGB.
Diese theoretische Abgrenzung ist in der Praxis allerdings mit Schwierigkeiten behaftet. So ist es denkbar, dass einem pauschalierten Vergütungs- oder Aufwendungsanspruch zugleich Schadensersatzcharakter zukommt und umgekehrt. Für das Ergebnis der Inhaltskontrolle ist die Unterscheidung jedoch nicht relevant, da eine „unangemessen" hohe Forderung i.S.d. § 308 Nr. 7 BGB zugleich den Wert übersteigt, den die Nutzungen oder Leistungen „nach dem gewöhnlichen Lauf der Dinge" i.S.v. § 309 Nr. 5 a) BGB haben[660].
Es kann also festgehalten werden, dass Überschneidungen zwischen § 308 Nr. 7 BGB und § 309 Nr. 5 BGB bestehen. Insbesondere zielen beide Verbote darauf ab, dem Klauselverwender einen ungerechtfertigten Gewinn zu versagen. Um dies insgesamt sicherzustellen, ist der Rechtsgedanke des § 309 Nr. 5 b) BGB innerhalb des § 308 Nr. 7 BGB analog anzuwenden. Somit muss dem Kunden stets der Nachweis gestattet sein, dass ein angemessener Vergütungs- oder Aufwendungsersatzanspruch im konkreten Fall wesentlich niedriger ausfällt als die vereinbarte Pauschale[661].
Bezüglich der Bewertung der Angemessenheit i.S.d. § 308 Nr. 7 BGB bleibt anzumerken, dass als Prüfungsmaßstab der Betrag heranzuziehen ist, welchen das Gesetz dem Klauselverwender im Falle eines Rücktritts oder einer Kündigung zusprechen würde[662].

---

659 Ulmer/Brandner/Hensen/Schmidt § 10 Nr 7 Rn 3; Erman/Hefermehl/Werner § 10 Nr.7 AGBG Rn 1; MK/Basedow § 10 Nr.7 AGBG Rn 1.
660 Wolf/Horn/Lindacher/Wolf § 10 Nr.7 Rn 3; MK/Basedow § 10 Nr.7 AGBG Rn 3; Erman/Hefermehl/Werner § 10 Nr.7 AGBG Rn 3.
661 Palandt/Heinrichs § 10 AGBG Rn 35 a; Thamm/Pilger § 10 Nr.7 Rn 5; BGH NJW 85, 632 (634); BGH NJW 97, 259 (260).
662 Ulmer/Brandner/Hensen/Schmidt § 10 Nr.7 Rn 1, 10; Palandt/Heinrichs § 10 AGBG Rn 35; Erman/Hefermehl/Werner § 10 Nr.7 AGBG Rn 6; BGH NJW 85, 632 (632); BGH NJW 91, 2763 (2763 f).

Im Zusammenhang mit § 308 Nr. 7 BGB ist schließlich zu klären, inwiefern das Verbot als Umsetzung der Klauselrichtlinie angesehen werden kann.
Soweit § 308 Nr. 7 BGB vorzeitige Vertragsbeendigungen betrifft, die ein Verbraucher verursacht, sind Übereinstimmungen mit 1.d) RL-Anhang gegeben. Danach ist es einem Gewerbetreibenden grundsätzlich verwehrt, vom Konsumenten gezahlte Beträge einzubehalten, wenn dieser darauf verzichtet, den Vertrag abzuschließen oder zu erfüllen, ohne dass für den Verbraucher ein Anspruch auf eine Entschädigung in entsprechender Höhe seitens des Unternehmers vorgesehen wird, wenn dieser selbst es unterlässt[663]. § 308 Nr. 7 BGB ist jedoch insofern strenger, als dass einzig die Unangemessenheit der Vergütung zur Missbräuchlichkeit der Bedingung führt. Auf das Fehlen eines Entschädigungsanspruchs des Konsumenten für die Situation, dass sich der Unternehmer vom Vertrag löst, kommt es im Gegensatz zur Richtlinie nicht an[664].
Bezieht sich § 308 Nr. 7 BGB auf den Rücktritt oder die Kündigung eines Gewerbetreibenden, kann die Vorschrift als Umsetzung von 1.f) 2. Alt. RL-Anhang[665] eingeordnet werden[666]. Gem. 1.f) 2. Alt. RL-Anhang kann eine Bedingung missbräuchlich sein, welche es dem Gewerbetreibenden für den Fall, dass er selbst den Vertrag kündigt, gestattet, die Beträge einzubehalten, die für von ihm noch nicht erbrachte Leistungen gezahlt wurden.
Daneben ist zu berücksichtigen, dass ungerechtfertigte Gewinne des Unternehmers aus Verbrauchersicht eine Strafwirkung entfalten, welche es durch § 308 Nr. 7 BGB zu verhindern gilt.
Insgesamt ist damit festzustellen, dass sich die verschiedenen Arten der englischen „penalty clauses“ zwar nicht in gleicher Form im deutschen Recht finden. Die Regelungsgehalte von Sched. 2 (1) (d), (e), (f) 2. Alt. UTCCR 1999 werden jedoch durch § 309 Nr. 5, Nr. 6 BGB und § 308 Nr. 7 BGB abgedeckt. Hinsichtlich der Bewertung von Strafklauseln i.w.S. erzielen die UTCCR 1999 und die §§ 307 ff BGB folglich identische Ergebnisse.

4.) Weitere Verbote mit Wertungsmöglichkeiten

Neben den beschriebenen Klauselverboten erklärt § 308 BGB zudem Vertragsbedingungen für unwirksam, welche nicht im Richtlinienanhang aufgeführt werden.

a) Unangemessene Annahme- oder Leistungsfrist (§ 308 Nr. 1 BGB)

Zunächst ist gem. § 308 Nr. 1 BGB eine Bestimmung nichtig, durch die sich der Verwender unangemessen lange oder nicht hinreichend bestimmte Fristen für die Annahme oder Ablehnung eines Angebots oder die Erbringung einer Leistung vorbehält.

---

663 Siehe 2. Teil, B) VII. 3.) f) aa).
664 Wolf/Horn/Lindacher/Wolf Anh. Nr.1d Rili Rn 56.
665 Siehe 2. Teil, B) VII. 3.) f) cc).
666 MK/Basedow § 10 Nr.7 AGBG Rn 2; Ulmer/Brandner/Hensen/Schmidt § 10 Nr.7 Rn 27.

aa) Vertragsabschlussklauseln (§ 308 Nr. 1, 1. Alt. BGB)

Abreden i.S.v. § 308 Nr. 1, 1. Alt. BGB, welche Fristen zur Annahme oder Ablehnung eines Angebots festlegen, werden Vertragsabschlussklauseln genannt. Sie betreffen demnach Situationen, in denen ein Vertrag noch nicht zustande gekommen ist. Somit erscheint es problematisch, Vertragsabschlussklauseln als Vertragsbedingungen i.S.d. § 305 I 1 BGB einzustufen. Dem ist jedoch zu entgegnen, dass § 305 I 1 BGB weit auszulegen ist und damit sämtliche vorformulierten Vereinbarungen einschließt, die sich auf Anfang, Inhalt oder Ende eines Vertrags beziehen. Folglich können Vertragsabschlussklauseln auf der Grundlage der §§ 305 ff BGB überprüft werden, wobei insbesondere § 308 Nr. 1, 1. Alt. BGB als Kontrollmaßstab dient[667].

Diesbezüglich ist zu beachten, dass die Vorschrift ausschließlich für Angebote eines Kunden gilt, welche der Verwender vorformuliert hat. Das Verbot erfasst also Fälle, in denen ein Verbraucher auf Bestellscheine oder sonstige Formulare eines Gewerbetreibenden zurückgreift[668].

Behält sich der Verwender darin eine unangemessen lange Annahmefrist vor, ist der Konsument ungebührlich lange über den Abschluss des Vertrags im Ungewissen. Während dieses Schwebezustands bleibt der Kunde an sein Angebot gebunden, was ihn hindert, sich die gewünschte Ware oder Dienstleistung anderweitig beschaffen. Diese Einschränkung der Dispositionsfreiheit begründet die Missbräuchlichkeit nach § 308 Nr. 1, 1. Alt. BGB[669].

Ob sich eine Annahmefrist als unangemessen lange erweist, ist im Wege einer Interessenabwägung zu ermitteln. Dabei bildet die gesetzliche Frist des § 147 II BGB den Prüfungsmaßstab. Bestimmt die fragliche Klausel davon abweichend einen bedeutend längeren Zeitraum für die Annahme eines Angebots, ist zur Rechtfertigung ein schutzwürdiges Interesse des Verwenders erforderlich. Dasselbe kann beispielsweise aus der Art des Vertragsgegenstands hergeleitet werden. Darüber hinaus ist es notwendig, dass die Belange des Unternehmers das Interesse des Kunden an Klarheit über das Zustandekommen des Rechtsgeschäfts übersteigen[670].

Wie sich aus § 308 Nr. 1, 1. Alt. BGB ergibt, werden nicht hinreichend bestimmte Fristen den unangemessen langen Fristen gleichgesetzt, womit sie ebenfalls unzulässig sind. So ist es dem Kunden nicht möglich, unbestimmte Fristen zu berechnen. Mithin wäre er auch in diesen Fällen für unübersehbare Zeit über

[667] MK/Basedow § 10 Nr.1 AGBG Rn 3; Wolf/Horn/Lindacher/Wolf § 10 Nr.1 Rn 6; Ulmer/Brandner/Hensen/Schmidt § 10 Nr.1 Rn 2; KG NJW 85, 151 (151).

[668] Erman/Hefermehl/Werner § 10 Nr.1 AGBG Rn 1; Palandt § 10 AGBG Rn 3; Wolf/Horn/Lindacher/Wolf § 10 Nr.1 Rn 2.

[669] MK/Basedow § 10 Nr.1 AGBG Rn 1; Erman/Hefermehl/Werner § 10 Nr.1 AGBG Rn 1.

[670] Ulmer/Brandner/Hensen/Schmidt § 10 Nr.1 Rn 5; Erman/Hefermehl/Werner § 10 Nr.1 AGBG Rn 3 f; MK/Basedow § 10 Nr.1 AGBG Rn 5-7.

den Vertragsschluss im Ungewissen. Einer derartigen Einschränkung der Dispositionsfreiheit soll § 308 Nr. 1, 1. Alt. BGB aber gerade entgegentreten[671].
Es bleibt anzumerken, dass kein Beispiel des Richtlinienanhangs mit § 308 Nr. 1, 1. Alt. BGB vergleichbar ist[672]. Das Verbot in § 308 Nr. 1, 1. Alt. BGB stellt demnach eine effektive Kontrolle von Vertragsabschlussklauseln sicher, welche durch die UTCCR 1999 nicht in gleichem Maße gewährleistet wird.

bb) Leistungsfristen (§ 308 Nr. 1, 2. Alt BGB)

Legt eine Vertragsbedingung eine unangemessen lange Frist für die Erbringung einer Leistung fest, ist § 308 Nr. 1, 2. Alt. BGB einschlägig.
Dem Klauselverwender ist es folglich verwehrt, den Zeitpunkt der Fälligkeit seiner Schuld ungebührlich hinauszuschieben. Auf diese Weise wird eine Umgehung der Verzugsvoraussetzungen verhindert. Dem Kunden verbleibt demnach die Möglichkeit, seinen Vertragspartner bei verspäteter Leistung verzugsbegründend zu mahnen, um die Erfüllung der Verbindlichkeiten zu erzwingen. § 308 Nr. 1, 2. Alt. BGB erhält dem Kunden mithin diejenigen Rechte, welche aus dem Verzug des Klauselverwenders resultieren[673].
Zur Frage der Angemessenheit der Leistungsfrist ist erneut eine Abwägung der Unternehmer- und Verbraucherinteressen durchzuführen. Dabei ist insbesondere die Art des geschuldeten Vertragsgegenstandes zu berücksichtigen[674].
Eine weitere Übereinstimmung mit § 308 Nr. 1, 1. Alt. BGB besteht in der Behandlung nicht hinreichend bestimmter Fristen. So ist eine Bedingung im Rahmen des § 308 Nr. 1, 2. Alt. BGB ebenfalls missbräuchlich, wenn sie eine unbestimmte Leistungsfrist enthält. Die Frist muss für den Konsumenten also berechenbar sein, damit er seine Ansprüche erkennen und tatsächlich geltend machen kann[675].
Abweichend von § 308 Nr. 1, 1. Alt. BGB bleibt im Rahmen des § 308 Nr. 1, 2. Alt. BGB die Ausnahme des § 308 Nr. 1, 2. HS BGB zu berücksichtigen. Selbige wurde durch das Fernabsatzgesetz eingeführt und betrifft lediglich die Zulässigkeit von Leistungsfristen. Danach ist der Vorbehalt, erst nach Ablauf der Widerrufs- oder Rückgabefrist gem. § 355 Abs. 1, 2 BGB und § 356 BGB zu leisten, vom Verbot des § 308 Nr. 1, 1. HS BGB ausgenommen. § 308 Nr. 1, 2. HS BGB verdeutlicht somit, dass das Abwarten der Widerrufsfrist keinen unzulässigen Leistungsvorbehalt darstellt. Diese gesetzgeberische Wertung lässt sich mit der Vermeidung von Kosten rechtfertigen, die dem Unternehmer durch

---

671 Thamm/Pilger § 10 Nr.1 Rn 1, 3; Wolf/Horn/Lindacher/Wolf § 10 Nr.1 Rn 17 f.

672 MK/Basedow § 10 Nr.1 AGBG Rn 2; Ulmer/Brandner/Hensen/Schmidt § 10 Nr.1 Rn 27; Wolf/Horn/Lindacher/Wolf § 10 Nr.1 Rn 1.

673 Erman/Hefermehl/Werner § 10 Nr.1 AGBG Rn 1, 7; Ulmer/Brandner/Hensen/Schmidt § 10 Nr.1 Rn 12; Wolf/Horn/Lindacher/Wolf § 10 Nr.1 Rn 25; BGH NJW 84, 2468 (2469).

674 Palandt/Heinrichs § 10 AGBG Rn 7; MK/Basedow § 10 Nr.1 AGBG Rn 17; Ulmer/Brandner/Hensen/Schmidt § 10 Nr.1 Rn 16.

675 MK/Basedow § 10 Nr.1 AGBG Rn 20; Erman/Hefermehl/Werner § 10 Nr.1 AGBG Rn 9; BGH NJW 85, 855 (856); BGH NJW 89, 1602 (1603).

mit der Vermeidung von Kosten rechtfertigen, die dem Unternehmer durch die unnötige Lieferung und die spätere Rücknahme der gebrauchten Sache entstünden[676].

Hinsichtlich des § 308 Nr. 1, 2. Alt. BGB ist schließlich auf dessen Verhältnis zur Klauselrichtlinie bzw. zu den UTCCR 1999 einzugehen.

Wie bereits angesprochen, findet sich in beiden Regelungswerken keine Vorschrift, die dem § 308 Nr. 1, 2. Alt. BGB entspricht. Insbesondere kann nicht auf 1.b) RL-Anhang abgestellt werden, da dieses Beispiel die Einschränkung sekundärer Ansprüche des Verbrauchers erfasst. Demgegenüber betrifft § 308 Nr. 1, 2. Alt. BGB die primäre Leistungspflicht des Klauselverwenders[677].

Auf Grund des Schutzzwecks des § 308 Nr. 1, 2. Alt. BGB lässt sich aber erneut eine Parallele zum englischen Recht herstellen. So zielt § 308 Nr. 1, 2. Alt. BGB darauf ab, die Verzugsrechte des Verwendungsgegners zu erhalten, indem die Voraussetzungen dieser Pflichtverletzung nicht unterlaufen werden können. Das Verbot soll es einem Gewerbetreibenden somit unmöglich machen, die Entstehung gegen ihn gerichteter Ansprüche zu vereiteln.

Demzufolge stellt § 308 Nr. 1, 2. Alt. BGB ebenfalls eine Ausprägung der „liability preventing clauses" dar. In dieser Hinsicht kann also auf die Ausführungen zu § 309 Nr. 13 BGB verwiesen werden[678].

Abschließend lässt sich damit sagen, dass die Vorschrift des § 308 Nr. 1, 2. Alt. BGB keine Unterschiede der Inhaltskontrolle im deutschen und englischen Recht begründet.

b) Unangemessene Nachfrist (§ 308 Nr. 2 BGB)

Gem. § 308 Nr. 2 BGB ist eine Vertragsbedingung außerdem unwirksam, durch die sich der Verwender für die von ihm zu bewirkende Leistung abweichend von Rechtsvorschriften eine unangemessen lange oder nicht hinreichend bestimmte Nachfrist vorbehält.

Dieses Klauselverbot ist als Ergänzung zu § 308 Nr. 1, 2. Alt. BGB zu verstehen.

So ist das Verstreichen der Nachfrist notwendige Voraussetzung, damit die aus dem Verzug resultierenden Schadensersatz- und Rücktrittsrechte überhaupt entstehen. Die Einräumung einer ungebührlich langen Nachfrist macht es dem Kunden daher unmöglich, die ihm zustehenden Ansprüche geltend zu machen. Mit dem Erhalt der Verzugsrechte verfolgt § 308 Nr. 2 BGB somit denselben Zweck wie § 308 Nr. 1, 2. Alt. BGB.

Um dieses Ziel zu erreichen, setzen beide Vorschriften an unterschiedlicher Stelle an. Im Gegensatz zu § 308 Nr. 1, 2. Alt. BGB verzögert die Vereinbarung einer Nachfrist nicht den Verzugseintritt. Vielmehr sind Klauseln i.S.v. § 308 Nr. 2 BGB darauf gerichtet, mit der Nachfrist eine nachfolgende Anspruchsvor-

---

676 Palandt/Heinrichs § 10 AGBG Rn 8a; MK/Basedow § 10 Nr.1 AGBG Rn 22.

677 MK/Basedow § 10 Nr.1 AGBG Rn 14.

678 Siehe 3. Teil, A) VII. 2.) g) dd).

aussetzung zu unterlaufen. § 308 Nr. 2 BGB dient folglich der Vermeidung von Umgehungen des § 308 Nr. 1, 2. Alt. BGB[679].
Wann eine Nachfrist als angemessen gilt, ist anhand des Vertragsgegenstandes und des allgemeinen Zwecks einer Nachfristsetzung zu beurteilen. Dieser besteht darin, dem Schuldner eine letzte Gelegenheit zur Vertragserfüllung einzuräumen. Eine Nachfrist ist demnach nicht als Ersatzlieferfrist aufzufassen, weshalb sie regelmäßig kürzer ist als die ursprüngliche Leistungszeit[680]. Speziell bei Verbraucherverträgen ergibt die Interessenabwägung, dass eine Nachfrist, welche länger als zwei Wochen beträgt, grundsätzlich unangemessen ist[681].
Ferner sei angemerkt, dass § 308 Nr. 2 BGB nicht hinreichend bestimmte Fristen aus den zu § 308 Nr. 1, 2. Alt. BGB genannten Gründen ebenfalls für missbräuchlich erklärt[682].
Endlich ist ein Vergleich des § 308 Nr. 2 BGB mit den Ergebnissen anzustellen, welche in England durch die UTCCR 1999 erzielt werden.
Zwar nennt Sched. 2 (1) UTCCR 1999 erneut kein Beispiel, welches mit § 308 Nr. 2 BGB korrespondiert. Dabei ist jedoch zu bedenken, dass das Institut der Nachfristsetzung als Voraussetzung der Entstehung von Verzugsrechten im Common Law nicht verankert ist[683].
Ansonsten kann auf den identischen Schutzzweck von § 308 Nr. 1, 2. Alt. BGB und § 308 Nr. 2 BGB verwiesen werden. So ließen sich Bedingungen i.S.v. § 308 Nr. 2 BGB ebenfalls der englischen Fallgruppe der „liability preventing clauses“ zuordnen.
Hinsichtlich der Inhaltskontrolle von Verbraucherverträgen begründet § 308 Nr. 2 BGB im Vergleich zu England folglich keinen höheren Schutzstandard.

c) Fingierte Erklärungen (§ 308 Nr. 5 BGB)

Des Weiteren ist eine Bestimmung gem. § 308 Nr. 5 BGB prinzipiell missbräuchlich, wonach eine Erklärung des Vertragspartners des Verwenders bei Vornahme oder Unterlassung einer bestimmten Handlung als von ihm abgegeben oder nicht abgegeben gilt.
Das Verbot in § 308 Nr. 5 BGB bewahrt somit den privatrechtlichen Grundsatz, dass ein Schweigen nicht als Willenserklärung zu bewerten ist[684].

---

[679] Ulmer/Brandner/Hensen/Schmidt § 10 Nr.2 Rn 1; Erman/Hefermehl/Werner § 10 Nr.2 AGBG Rn 1; Wolf/Horn/Lindacher/Wolf § 10 Rn 1, 6.
[680] Wolf/Horn/Lindacher/Wolf § 10 Nr.2 Rn 9; Ulmer/Brandner/Hensen/Schmidt § 10 Nr.2 Rn 6; BGH NJW 82, 1279 (1280); BGH NJW 85, 320 (323).
[681] Palandt/Heinrichs § 10 AGBG Rn 11; Thamm/Pilger § 10 Nr.2 Rn 4; Erman/Hefermehl/ Werner § 10 Nr.2 Rn 3.
[682] MK/Basedow § 10 Nr.2 AGBG Rn 6; Wolf/Horn/Lindacher/Wolf § 10 Nr.2 Rn 12 f.
[683] MK/Basedow § 11 Nr.4 AGBG Rn 3; Anson/Beatson S. 549; v. Bernstorff S. 77 f.
[684] AK/Hennrichs § 308 Rn 6; Thamm/Pilger § 10 Nr.5 Rn 1; Palandt/Heinrichs § 10 AGBG Rn 26; Erman/Hefermehl/Werner § 10 Nr.5 AGBG Rn 1.

Dabei bezieht sich die Vorschrift ausschließlich auf ein Schweigen des Verwendungsgegners im Rahmen der Vertragsdurchführung. Vertragsabschlussklauseln fallen demnach nicht unter § 308 Nr. 5 BGB. Gleiches gilt für Tatsachenfiktionen, welche von § 309 Nr. 12 b) BGB erfasst werden können[685].
Zu beachten ist allerdings, dass es einem Gewerbetreibenden durch § 308 Nr. 5 BGB nicht schlechthin untersagt wird, Erklärungen eines Kunden zu fingieren. Vielmehr ist die zwingende Rechtsfolge der Unwirksamkeit nach § 308 Nr. 5 BGB bei Vorliegen zweier Mindestvoraussetzungen vermeidbar.
Zum einen muss dem Verwendungsgegner gem. § 308 Nr. 5 a) BGB eine angemessene Frist zur Abgabe einer ausdrücklichen Erklärung eingeräumt werden. Auf diese Weise erhält der Kunde Gelegenheit, eine Entscheidung über die Abgabe der Willenserklärung zu treffen und seinen wirklichen Willen zu äußern. Er ist sodann vorrangig zu berücksichtigen. Um diesen Zweck tatsächlich zu erreichen, ist die Frist großzügig zu veranschlagen, wobei es auf die Art des Rechtsgeschäfts ankommt. Als Untergrenze ist jedoch ein Zeitraum von ein bis zwei Wochen anerkannt[686].
Zum anderen muss sich der Klauselverwender verpflichten, seinen Vertragspartner bei Beginn der Frist auf die vorgesehene Bedeutung seines Verhaltens besonders hinzuweisen (§ 308 Nr. 5 b) BGB). Diese Hinweispflicht ist in die vorformulierten Bedingungen aufzunehmen, damit sich der Kunde bereits bei Vertragsabschluss der möglichen Erklärungsfiktion bewusst wird. Darüber hinaus ist es unerlässlich, dass die Anzeige des Unternehmers bei Fristbeginn auch tatsächlich erfolgt[687].
Liegen die Mindestvoraussetzungen von § 308 Nr. 5 a), b) BGB vor, ist die Bedingung nicht nach § 308 Nr. 5 BGB unzulässig. Dies stellt indes nicht die automatische Wirksamkeit der Vereinbarung sicher. Vielmehr ergibt sich aus § 307 BGB die zusätzliche Notwendigkeit eines berechtigten Interesses des Verwenders an der Erklärungsfiktion[688].
Innerhalb des § 308 Nr. 5 BGB ist ferner die Ausnahme des § 308 Nr. 5, 2. HS BGB zu beachten. Danach gilt das Verbot nicht für Verträge, in die Teil B der Verdingungsordnung für Bauleistungen insgesamt einbezogen ist. Findet VOB/B also „ohne ins Gewicht fallende Einschränkungen" Anwendung, wird auf diese Weise ein angemessener Interessenausgleich zwischen den Beteiligten

---

[685] Ulmer/Brandner/Hensen/Schmidt § 10 Nr.5 Rn 8, 11; Wolf/Horn/Lindacher/Wolf § 10 Nr.5 Rn 17 f; Palandt/Heinrichs § 10 AGBG Rn 26; Thamm/Pilger § 10 Nr.5 Rn 1, 3.
[686] Wolf/Horn/Lindacher/Wolf § 10 Nr.5 Rn 22 f; Palandt/Heinrichs § 10 AGBG Rn 27; Erman/Hefermehl/Werner § 10 Nr.5 AGBG Rn 7; Thamm/Pilger § 10 Nr.5 Rn 3.
[687] AK/Hennrichs § 308 Rn 7; MK/Basedow § 10 Nr. 5 AGBG Rn 12; Ulmer/Brandner/Hensen/Schmidt § 10 Nr.5 Rn 14.
[688] Palandt/Heinrichs § 10 AGBG Rn 28; Wolf/Horn/Lindacher/Wolf § 10 Nr.5 Rn 1, 20; Thamm/Pilger § 10 Nr.5 Rn 5; Erman/Hefermehl/Werner § 10 Nr.5 AGBG Rn 9; OLG Düsseldorf NJW-RR 88, 884 (886); BGH NJW 90, 761 (763).

geschaffen. Demzufolge entfällt die Notwendigkeit der Inhaltkontrolle nach § 308 Nr. 5 BGB[689].

Schließlich bleibt festzuhalten, dass der Regelungsgehalt von § 308 Nr. 5 BGB zumindest teilweise über den Annex der Klauselrichtlinie hinausgeht. Insbesondere ist die Bestimmung nicht mit 1.h), i) RL-Anhang deckungsgleich[690]. So erfasst 1.h) RL-Anhang lediglich den speziellen Fall der Kündigungserklärung, während 1.i) RL-Anhang die Zustimmungsfiktion zur Einbeziehung unbekannter vorformulierter Bedingungen betrifft.

Zwar kann eine Fiktion der Abgabe bzw. Nichtabgabe einer Willenserklärung darauf gerichtet sein, die Entstehung von Kundenrechten zu verhindern. Unter diesem Gesichtspunkt ließe sich § 308 Nr. 5 BGB demnach den so genannten „liability preventing clauses“ zuordnen.

Daneben ist es aber auch denkbar, dass sich ein Gewerbetreibender durch eine Erklärungsfiktion zusätzliche Ansprüche verschaffen möchte. In dieser Hinsicht verschärft § 308 Nr. 5 BGB somit den Maßstab der Missbräuchlichkeit gegenüber den europarechtlichen Vorgaben.

Das wiederum bedeutet, dass die letztgenannten Aspekte zu § 308 Nr. 5 BGB im Vergleich zu den UTCCR 1999 ebenfalls eine strengere Überprüfung von Erklärungsfiktionen gewährleisten.

d) Fiktion des Zugangs (§ 308 Nr. 6 BGB)

Nach § 308 Nr. 6 BGB ist eine Klausel außerdem unwirksam, falls sie vorsieht, dass eine Erklärung des Verwenders von besonderer Bedeutung dem anderen Vertragsteil als zugegangen gilt.

Einem Gewerbetreibenden ist es gem. § 308 Nr. 6 BGB mithin untersagt, den Zugang wichtiger Erklärungen zu fingieren.

Ihrem Wortlaut entsprechend, ist die Norm auf die gesamte Fiktion von Äußerungen folglich nicht anwendbar.

Andererseits ist zu beachten, dass der Begriff der Fiktion i.S.v. § 308 Nr. 6 BGB weit auszulegen ist. Aus diesem Grund schließt die Vorschrift Vereinbarungen mit ein, welche den Zugang widerlegbar oder unwiderlegbar vermuten[691].

Liegt eine Zugangsfiktion i.S.d. § 308 Nr. 6 BGB vor, ist zu beurteilen, ob sie eine Erklärung von besonderer Bedeutung betrifft. Unter derartigen Äußerungen werden sämtliche Erklärungen verstanden, die für ihren Empfänger mit nachteiligen Folgen verbunden sind[692].

---

[689] AK/Hennrichs § 308 Rn 8.

[690] MK/Basedow § 10 Nr.5 AGBG Rn 2; Wolf/Horn/Lindacher/Wolf § 10 Nr.5 Rn 1.

[691] MK/Basedow § 10 Nr.6 AGBG Rn 3; Ulmer/Brandner/Hensen/Schmidt § 10 Nr.6 Rn 5; Erman/Hefermehl/Werner § 10 Nr.6 AGBG Rn 3.

[692] Ulmer/Brandner/Hensen/Schmidt § 10 Nr.6 Rn 7; Palandt/Heinrichs § 10 AGBG Rn 33; Erman/Hefermehl/Werner § 10 Nr.6 AGBG Rn 2; OLG Oldenburg NJW 92, 1839 (1840).

Davon sind solche Kundgaben zu differenzieren, welche für den anderen Vertragsteil rechtlich neutral oder vorteilhaft sind. Selbige werden vom Verbot des § 308 Nr. 6 BGB nicht erfasst, womit die Fiktion ihres Zugangs gestattet ist.
Zwar kommt diesem Erlaubnistatbestand in der Praxis lediglich eine geringe Bedeutung zu. Dennoch ist im Rahmen des § 308 Nr. 6 BGB eine Abgrenzung zwischen bedeutsamen und weniger bedeutsamen Äußerungen vorzunehmen. Deren unterschiedliche Behandlung bewirkt wiederum, dass § 308 Nr. 6 BGB als Spezialvorschrift zu § 309 Nr. 12 BGB anzusehen ist. So liegt die Beweislast des Zugangs einer Erklärung beim Absender, was gem. § 309 Nr. 12 BGB prinzipiell nicht zu Lasten des Vertragspartners geändert werden kann. Damit begründet § 308 Nr. 6 BGB insofern eine Ausnahme zu § 309 Nr. 12 BGB, weil es zulässig ist, den Zugang weniger bedeutender Erklärungen zu fingieren[693].
Zum Verhältnis von § 308 Nr. 6 BGB und § 309 Nr. 12 BGB lässt sich also resümieren, dass § 308 Nr. 6 BGB einzig auf Zugangs- und § 309 Nr. 12 b) BGB auf sonstige Tatsachenfiktionen Anwendung findet.
Im Gegensatz zu § 309 Nr. 12 BGB beschreibt § 308 Nr. 6 BGB ferner kein generelles Verbot. Stattdessen bezieht sich die Unwirksamkeitsfolge ausschließlich auf Fiktionen des Zugangs von besonders bedeutenden Äußerungen.
Im Rahmen des § 308 Nr. 6 BGB bleibt ein Vergleich mit der englischen Rechtsordnung anzustellen. So enthalten weder die Richtlinie noch die UTCCR 1999 eine Bestimmung, welche dem § 308 Nr. 6 BGB ähnelt.
Zwar stellt eine Zugangsfiktion einen Sonderfall zu § 309 Nr. 12 BGB dar. Eine den Verwendungsgegner benachteiligende Änderung der Beweislast schränkt diesen wiederum in der Wahrnehmung seiner Rechte ein[694]. Folglich lässt sich § 308 Nr. 6 BGB der Kategorie des Ausschlusses von Rechtsmitteln zuordnen. Diese Fallgruppe wird in England „remedy restricting clauses“[695] bezeichnet. Somit können Bedingungen i.S.v. § 308 Nr. 6 BGB nach Sched. 2 (1) (q) UTCCR 1999 ebenfalls für unfair erklärt werden.
Darüber hinaus bringt § 308 Nr. 6 BGB jedoch erneut zum Ausdruck, dass es einem Unternehmer nicht möglich ist, sich nach freiem Belieben Rechte gegen einen Konsumenten einzuräumen. Wie bereits dargelegt, wurde diese Kategorie missbräuchlicher Abreden in England bislang nicht entwickelt.

e) Nichtverfügbarkeit der Leistung (§ 308 Nr. 8 BGB)

Schließlich ist eine nach § 308 Nr.3 BGB zulässige Vereinbarung eines Vorbehalts des Verwenders, sich von der Verpflichtung zur Erfüllung des Vertrags bei Nichtverfügbarkeit der Leistung zu lösen, gem. § 308 Nr. 8 BGB unwirksam, wenn sich der Verwender nicht zu zwei Dingen verpflichtet: Erstens hat er den Vertragspartner nach § 308 Nr. 8 a) BGB unverzüglich über die Nichtverfügbar-

---

[693] Wolf/Horn/Lindacher/Wolf § 10 Nr.6 Rn 4; Thamm/Pilger § 10 Nr.6 Rn 1; Palandt/Heinrichs § 10 AGBG Rn 32; Ulmer/Brandner/Hensen/Schmidt § 10 Nr.6 Rn 1.
[694] Siehe 3. Teil, A) VII. 2.) b).
[695] Siehe 2. Teil, B) VII. 3.) c).

keit zu informieren. Zweitens muss der Verwender Gegenleistungen der anderen Partei unverzüglich erstatten (§ 308 Nr. 8 b) BGB).

§ 308 Nr. 8 BGB ist damit als systematische Ergänzung des § 308 Nr. 3 BGB[696] anzusehen. Danach kann ein Unternehmer bei Vorliegen eines sachlich gerechtfertigten Grundes ausnahmsweise vom Vertrag Abstand nehmen. Soll die Lösung vom Rechtsgeschäft jedoch mit der Nichtverfügbarkeit der Leistung begründet werden, müssen neben den Voraussetzungen des § 308 Nr. 3 BGB außerdem die Vorgaben der § 308 Nr. 8 a), b) BGB erfüllt sein[697].

Diese speziellen Zusatzerfordernisse resultieren aus Art. 7 Abs. 2 der Fernabsatzrichtlinie, welchen § 308 Nr. 8 BGB in das deutsche Recht transformiert, womit das Verbot nicht der Umsetzung der hier erörterten Klauselrichtlinie dient[698].

Dennoch sei angemerkt, dass die Ziele der Fernabsatzrichtlinie für alle Gemeinschaftsmitglieder verbindlich sind. Folglich steht der englische Verbraucherschutz nicht hinter § 308 Nr. 8 BGB zurück, auch wenn eine dem § 308 Nr. 8 BGB entsprechende Vorschrift nicht in den UTCCR 1999 enthalten ist.

IV. Die Generalklausel des § 307 BGB

Ist eine Vertragsbedingung weder nach § 309 BGB noch nach § 308 BGB unwirksam, ist sie schließlich anhand der Generalklausel des § 307 BGB zu überprüfen.

Gem. § 307 I 1 BGB ist eine Abrede nichtig, wenn sie den Vertragspartner des Verwenders entgegen den Geboten von Treu und Glauben unangemessen benachteiligt.

1.) § 307 II BGB

Bevor jedoch der Auffangtatbestand des § 307 I 1 BGB allein herangezogen wird, ist eine Vereinbarung zunächst an § 307 II BGB zu messen. Diese Vorschrift konkretisiert mit Hilfe zweier Unwirksamkeitsvermutungen eine „unangemessene Benachteiligung“ i.S.v. § 307 I 1 BGB. Liegt eines der Regelbeispiele vor, kann dies zudem als Indiz für einen Verstoß gegen Treu und Glauben gewertet werden[699].

§ 307 II BGB steht damit in engem Zusammenhang mit § 307 I 1 BGB. Insbesondere sind im Rahmen beider Vorschriften dieselben allgemeinen Beurteilungskriterien heranzuziehen (vgl. u.a. § 310 III Nr. 3 BGB). Diese Faktoren sollen allerdings erst innerhalb des § 307 I 1 BGB erläutert werden.

---

[696] Siehe 3. Teil A) VII. 3.) b).

[697] MK/Basedow § 10 Nr.8 AGBG Rn 3; Ulmer/Brandner/Hensen/Schmidt § 10 Nr.8 Rn 1, 3; Palandt/Heinrichs § 10 AGBG Rn 18.

[698] Ulmer/Brandner/Hensen/Schmidt § 10 Nr.8 Rn 1 f; MK/Basedow § 10 Nr.8 AGBG Rn 2.

[699] Erman/Hefermehl/Werner § 9 AGBG Rn 20; Thamm/Pilger § 9 Rn 9.

In Abgrenzung zu §§ 309, 308 BGB bleibt festzuhalten, dass die Missbräuchlichkeit einer Klausel gem. § 307 II BGB nicht zwingend, sondern die dahingehende bloße Vermutung widerlegbar ist[700].

a) Unvereinbarkeit mit wesentlichen gesetzlichen Grundgedanken (§ 307 II Nr. 1 BGB)

Zunächst ist nach § 307 II Nr. 1 BGB eine unangemessene Benachteiligung im Zweifel anzunehmen, wenn eine Bestimmung mit wesentlichen Grundgedanken der gesetzlichen Regelung, von der abgewichen wird, nicht zu vereinbaren ist. Damit wird an den von der Rechtsprechung entwickelten Grundsatz angeknüpft, dass den Vorschriften des dispositiven Rechts eine Richtlinien- und Leitbildfunktion zukommt. Es wird mithin davon ausgegangen, dass die gesetzlichen Regelungen zu den einzelnen Vertragsarten jeweils einen gerechten Interessenausgleich schaffen[701].

Im Rahmen des § 307 II Nr. 1 BGB ist der Vertrag also gesetzlichen Vorschriften zuzuordnen, deren wesentlicher Grundgedanke sodann zu ermitteln ist. Enthält das dispositive Recht nicht bloß Zweckmäßigkeitsaspekte, sondern auch Gerechtigkeits- und Schutzgebote, ist der Grad der Abweichung durch die vorformulierte Bedingung zu bewerten[702].

Innerhalb dieser Abwägung sind neben der eigentlichen Gesetzesbestimmung auch die aus ihr abgeleiteten allgemeinen Rechtsgrundsätze zu berücksichtigen[703].

Die Missbräuchlichkeit einer Bedingung nach § 307 II Nr. 1 BGB kann sodann zum einen aus der Größe der Diskrepanz zur abbedungenen Norm folgen. Zum anderen liegt die Unzulässigkeit einer Klausel umso näher, je stärker das Gerechtigkeitsgebot der gesetzlichen Regelung ausgeprägt ist. Allgemein gesagt ist eine Unvereinbarkeit mit den wesentlichen Grundgedanken des Gesetzes dann zu bejahen, wenn durch die Abweichung nicht unerheblich in die rechtlich geschützten Interessen des Verwendungsgegners eingegriffen wird[704].

---

[700] AK/Hennrichs § 307 Rn 10; Palandt/Heinrichs § 9 AGBG Rn 18; Erman/Hefermehl/Werner § 9 AGBG Rn 20; Wolf/Horn/Lindacher/Wolf § 9 Rn 57.

[701] Erman/Hefermehl/Werner § 9 AGBG Rn 21; MK/Basedow § 9 AGBG Rn 35; Ulmer/Brandner/Hensen/Brandner § 9 Rn 132, 42; BGHZ 54, 106 (109 f); BGHZ 63, 238 (239); BGHZ 89, 206 (211).

[702] Hennrichs in: Neues SchuldR § 6 Rn 46; Thamm/Pilger § 9 Rn 10; Wolf/Horn/Lindacher/Wolf § 9 Rn 65, 72; Palandt § 9 AGBG Rn 20; BGHZ 60, 377 (380); BGHZ 89, 206 (211); BGHZ 115, 38 (42).

[703] MK/Basedow § 9 AGBG Rn 37; Ulmer/Brandner/Hensen/Brandner § 9 Rn 137; Thamm/Pilger § 9 Rn 10; BGH NJW 73, 1190 (1191); BGH NJW 83, 1671 (1172).

[704] Ulmer/Brandner/Hensen/Brandner § 9 Rn 141; Palandt/Heinrichs § 9 AGBG Rn 21; MK/Basedow § 9 AGBG Rn 36; Erman/Hefermehl/Werner § 9 Rn 24; BGHZ 60, 377 (380); BGHZ 102, 41 (48 ff).

Eine dem § 307 II Nr. 1 BGB vergleichbare Unwirksamkeitsvermutung ist in der Klauselrichtlinie nicht genannt[705]. Das ist darauf zurückzuführen, dass das dispositive Recht in den einzelnen Mitgliedsstaaten unterschiedlich ausgestaltet ist. Somit fehlt es an einem einheitlichen Kontrollmaßstab, um Vertragsbedingungen dem § 307 II Nr. 1 BGB entsprechend überprüfen zu können.
Mangels einer europarechtlichen Vorgabe enthalten die UTCCR 1999 ebenfalls keine mit § 307 II Nr. 1 BGB korrespondierende Bestimmung. Jedoch begründet § 307 II Nr. 1 BGB im Vergleich zu England keinen weiterreichenden Verbraucherschutz. So lässt sich aus dieser Vorschrift eine selbständige Fallgruppe unfairer Vereinbarungen nicht ableiten. Vielmehr knüpft § 307 II Nr. 1 BGB allgemein an die Beeinträchtigung rechtlich geschützter Interessen an, welche aus der Abbedingung dispositiver Normen folgt. Diesem Gedanken trägt die Generalklausel der Richtlinie bzw. der UTCCR 1999 unter dem Aspekt des erheblichen Missverhältnisses der vertraglichen Rechte und Pflichten Rechnung[706].

b) Gefährdung des Vertragszwecks (§ 307 II Nr. 2 BGB)

Des Weiteren ist gem. § 307 II Nr. 2 BGB eine unangemessene Benachteiligung im Zweifel anzunehmen, wenn eine Bestimmung wesentliche Rechte oder Pflichten, die sich aus der Natur des Vertrages ergeben, so einschränkt, dass die Erreichung des Vertragszwecks gefährdet ist.
Im Rahmen dieses Regelbeispiels ist also nicht das dispositive Recht, sondern die Natur des Vertrags der Prüfungsmaßstab. Demnach sind zunächst Eigenart, Inhalt und spezifischer Zweck des Rechtsgeschäfts herauszuarbeiten.
Wegen dieser Anknüpfung an die Natur des Vertrags erfasst § 307 II Nr. 2 BGB insbesondere solche Vertragstypen, für die eine gesetzliche Regelung nicht besteht[707].
Darüber hinaus wird jedoch auch die Rechtsprechung aufgegriffen, welche bereits vor Geltung des AGBG die formularmäßige Aushöhlung von Kardinalpflichten unabhängig von der Vertragsart für unzulässig erklärte[708].
Dabei ist allerdings zu beachten, dass nicht ausschließlich die Kardinal-, also die Hauptpflichten, zu den wesentlichen Rechten und Pflichten eines Vertrags zählen. Vielmehr können auch Nebenpflichten und Gestaltungsrechte derart einzustufen sein. Gleiches gilt für Pflichten, deren Erfüllung für die Vertragsdurchführung unerlässlich ist[709].

---

[705] MK/Basedow § 9 AGBG Rn 4; Ulmer/Brandner/Hensen/Brandner § 9 Rn 5b.
[706] Wolf/Horn/Lindacher/Wolf § 9 Rn 57, 65.
[707] Palandt/Heinrichs § 9 AGBG Rn 25 f; Thamm/Pilger § 9 Rn 12; Ulmer/Brandner/Hensen § 9 Rn 142 f; Erman/Hefermehl/Werner § 9 AGBG Rn 25 f; BGH NJW 93, 2369 (2370).
[708] Wolf/Horn/Lindacher/Wolf § 9 Rn 82; MK/Basedow § 9 AGBG Rn 41; Thamm/Pilger § 9 Rn 12; BGHZ 50, 200 (206 f); BGHZ 72, 200 (208); BGHZ 113, 316 (322).
[709] AK/Hennrichs § 307 Rn 15; Erman/Hefermehl/Werner § 9 AGBG Rn 28; Wolf/Horn/Lindacher/Wolf § 9 Rn 88f; Palandt/Heinrichs § 9 AGBG Rn 27; BGH NJW 85, 3017 (3018); BGHZ 103, 316 (324 f).

Innerhalb des § 307 II Nr. 2 BGB ist also allein entscheidend, ob die Einschränkung von Rechten bzw. Pflichten den Vertragszweck gefährdet. Eine solche Gefährdung ist dann gegeben, wenn infolge der fraglichen Bedingung das wirtschaftliche Ergebnis des Vertrags nur mit Einschränkungen erreicht wird. Dem steht der Fall gleich, dass durch eine Risikoverlagerung auf den Verwendungsgegner die Verwirklichung des wirtschaftlichen Ziels mit Unsicherheiten behaftet ist. Eine vollständige Vereitelung des Vertragszwecks ist demgegenüber nicht erforderlich[710].

Dadurch, dass § 307 II Nr. 2 BGB insbesondere auf die Einschränkung von Pflichten des Klauselverwenders abstellt, kommt der Kontrolle von Freizeichnungen eine besondere Bedeutung zu, sofern derartige Abreden nicht bereits nach § 309 BGB unwirksam sind. Ein Haftungsausschluss ist sodann vertragszweckgefährdend, wenn er genau die Risiken des Verwendungsgegners betrifft, welche der Kunde mit dem Vertragsschluss gerade von sich abzuwenden beabsichtigte. Auch kann eine Freizeichnung nicht für vorhersehbare, vertragstypische Schäden erfolgen. In dieser Hinsicht gilt jeweils der Grundsatz, dass jede Haftungsbeschränkung, mithin auch diejenige für leichte Fahrlässigkeit, unwirksam ist[711].

Schließlich ist § 307 II Nr. 2 BGB den englischen Bestimmungen gegenüberzustellen. Dabei ist davon auszugehen, dass weder die Richtlinie noch die UTCCR 1999 eine Vermutung beschreiben, welche der Missbräuchlichkeit gem. § 307 II Nr. 2 BGB entspricht[712].

Wie jedoch dargestellt, betrifft § 307 II Nr. 2 BGB insbesondere die Beurteilung von Freizeichnungsklauseln. Derartige Abreden stellen ebenfalls eine Kategorie unfairer Bedingungen innerhalb der Sched. 2 UTCCR 1999 dar. Zudem ist der Anhang der UTCCR 1999 nicht abschließend, womit weitere Haftungsausschlüsse nach Reg. 5 (1) UTCCR 1999 für unzulässig erklärt werden können.

Ferner besteht die Regelungsabsicht des § 307 II Nr. 2 BGB allgemein darin, eine Vertragszweckgefährdung zu verhindern, welche aus einer ungebührlichen Risikoverlagerung zu Lasten des Verwendungsgegners resultiert. Ein identisches Ergebnis wird in England dadurch erreicht, dass neben den „exemption clauses" so genannte „indemnity clauses"[713] als missbräuchlich angesehen werden. Diese

---

[710] Ulmer/Brandner/Hensen/Brandner § 9 Rn 145; Wolf/Horn/Lindacher/Wolf § 9 Rn 92; Palandt/Heinrichs § 9 AGBG Rn 28; Erman/Hefermehl/Werner § 9 AGBG Rn 29; BGHZ 111, 278 (280 f); BGHZ 124, 351 (356).

[711] Thamm/Pilger § 9 Rn 12; Palandt/Heinrichs § 9 AGBG Rn 29; Erman/Hefermehl/Werner § 9 AGBG Rn 26; AK/Hennrichs § 307 Rn 16; BGHZ 93, 29 (48); BGHZ 123, 83 (88 ff); BGH NJW 01, 292 (302).

[712] Wolf/Horn/Lindacher/Wolf § 9 Rn 57, 82; MK/Basedow § 9 AGBG Rn 4; Ulmer/Brandner/Hensen/Brandner § 9 Rn 5b.

[713] Siehe 2. Teil, F) I. 1.).

Fallgruppe der „Entschädigungsklauseln" wurde über den Annex der UTCCR 1999 hinaus entwickelt.

Unter dem Gesichtspunkt der „indemnity clauses" ergibt sich zudem eine weitere Parallele zwischen dem englischen und dem deutschen Recht. So sind derartige Bedingungen regelmäßig nach Reg. 5 (1) UTCCR 1999 unfair, wenn sich der Gewerbetreibende adäquat gegen die Gefahr versichern könnte. Bei der Beurteilung von Freizeichnungsklauseln nach deutschem Recht gilt ein vergleichbarer Ansatz. Innerhalb des § 307 BGB ist der Aspekt der Risikobeherrschung, insbesondere also eine etwaige Versicherungsmöglichkeit, ebenfalls zu beachten. Könnte sich der Unternehmer mithin gegen die Gefahr absichern, spricht dies für die Unangemessenheit der Freizeichnung und umgekehrt[714].

Insgesamt kann zu § 307 II Nr. 2 BGB damit festgestellt werden, dass auch diese Vorschrift den deutschen Verbraucherschutz im Vergleich zum englischen nicht erhöht.

2.) § 307 I 1 BGB

Liegen die Voraussetzungen keines der beiden Regelbeispiele des § 307 II BGB vor, kann die Unwirksamkeit einer Klausel noch aus § 307 I 1 BGB hergeleitet werden. Danach ist eine Bestimmung nichtig, wenn sie den Vertragspartner des Verwenders entgegen den Geboten von Treu und Glauben unangemessen benachteiligt.

Wie bereits angedeutet[715], ist dieser deutsche Auffangtatbestand mit der Generalklausel des Art. 3 (1) RL, welche in England durch Reg. 5 (1) UTCCR 1999 übernommen wurde, vergleichbar. Gem. Art. 3 (1) RL bzw. Reg. 5 (1) UTCCR 1999 ist eine Vertragsbedingung als unfair zu betrachten, wenn sie entgegen dem Gebot von Treu und Glauben zum Nachteil des Verbrauchers ein erhebliches Missverhältnis der vertraglichen Rechte und Pflichten der Vertragspartner verursacht. Damit liegt sowohl dem § 307 I 1 BGB als auch dem Art. 3 (1) RL der Prüfungsmaßstab von Treu und Glauben zu Grunde. Darüber hinaus enthalten beide Vorschriften mit der „unangemessenen Benachteiligung" i.S.v. § 307 I 1 BGB und dem „erheblichen Missverhältnis der vertraglichen Rechte und Pflichten" i.S.v. Art. 3 (1) RL ein ausfüllungsbedürftiges Tatbestandsmerkmal, welches auf ein Ungleichgewicht der inhaltlichen Vertragsgestaltung Bezug nimmt.

---

[714] MK/Basedow § 9 AGBG Rn 21, 24; Palandt/Heinrichs § 9 AGBG Rn 14; Erman/Hefermehl/Werner § 9 AGBG Rn 17; Ulmer/Brandner/Hensen/Brandner § 9 Rn 114; BGHZ 33, 216 (219 f); BGHZ 103, 316 (326 f); BGHZ 114, 238 (246); BGHZ 135, 116 (122).

[715] Siehe 3. Teil, A) VII. 1.) a).

Diese Tatsachen geben bereits den Hinweis darauf, dass sich § 307 I 1 BGB und Art. 3 (1) RL zwar in ihrer Formulierung unterscheiden, die Bestimmungen der Sache nach jedoch weitgehend deckungsgleich sind[716].
Insbesondere erfordert auch die Beurteilung einer Klausel nach § 307 I 1 BGB eine umfassende Würdigung der Verwender- und Kundeninteressen[717].
Außerdem ist zu beachten, dass nationale Transformationsgesetze richtlinienkonform auszulegen sind. Demnach sind innerhalb der Interessenabwägung des § 307 I 1 BGB die Konkretisierungshilfen des Art. 4 (1) RL und des 16. Erwägungsgrundes der Präambel der Richtlinie ebenfalls heranzuziehen. Die daraus resultierenden Gemeinsamkeiten mit den UTCCR 1999 sollen im Folgenden neben etwaigen Abweichungen dargelegt werden.

a) Bedeutung der Ausfüllungskriterien des Art. 4 (1) RL

aa) Berücksichtigung innerhalb des § 307 I 1 BGB

Die in Art. 4 (1) RL genannten Faktoren können grundsätzlich im Wege richtlinienkonformer Auslegung in § 307 I 1 BGB einfließen, um das Merkmal der unangemessenen Benachteiligung zu konkretisieren.

(1) Zeitpunkt des Vertragsschlusses

So kommt es auch nach deutschem Recht für die Beurteilung einer Vertragsbedingung grundsätzlich auf den Zeitpunkt des Vertragsschlusses an[718]. Ebenso wie im Rahmen der Klauselrichtlinie und der UTCCR 1999[719] bleiben nachträgliche Umstandsänderungen und Geschehnisse während der Vertragsdurchführung außer Betracht.
Das gilt allerdings nur im Individualprozess, während im abstrakten Verfahren der Zeitpunkt der letzten mündlichen Verhandlung entscheidet[720]. Dies entspricht jedoch den europarechtlichen Vorgaben, welche von England übernommen wurden. Danach gelangt Art. 4 (1) RL „unbeschadet des Art. 7 RL", mithin nicht im Verbandsprozess zur Anwendung (vgl. Reg. 6 (1) UTCCR 1999[721]).

(2) Art der Güter oder Dienstleistungen

In Übereinstimmung mit der Klauselrichtlinie bzw. den UTCCR 1999[722] kommt im Rahmen des § 307 I 1 BGB ferner der Art des Rechtsgeschäfts Bedeutung zu. Demzufolge sind insbesondere die Eigenarten des Vertragsgegenstandes zu

---

716 Bunte DB 96, 1389 (1389 f); Ulmer/Brandner/Hensen/Brandner § 9 Rn 170; Heinrichs NJW 93, 1817 (1819); Eckert WM 93, 1070 (1074 f); Frey ZIP 93, 572 (575); Ulmer EuZW 93, 337 (345); Remien ZEuP 94, 34 (57); Borges DZWiR 97, 402 (406).

717 Hennrichs in: Neues SchuldR § 6 Rn 45; MK/Basedow § 9 AGBG Rn 11; Thamm/Pilger § 9 Rn 7; Erman/Hefermehl/Werner § 9 AGBG Rn 5, 10; Wolf/Horn/Lindacher/Wolf § 9 Rn 50, 100.

718 Palandt/Heinrichs § 9 AGBG Rn 2; Ulmer EuZW 93, 337 (345); Erman/Hefermehl/Werner § 9 AGBG Rn 5; AK/Hennrichs § 307 Rn 5.

719 Siehe 2. Teil, B) VII. 2.) a) bb) (4).

720 Ulmer/Brandner/Hensen/Brandner § 9 Rn 74 a, b; Wolf/Horn/Lindacher/Wolf § 9 Rn 55.

721 Siehe 2. Teil, B) VII. 2.) a) cc).

722 Siehe 2. Teil, B) VII. 2.) a) bb) (1).

berücksichtigen. Aus diesem Grund kann die Unterscheidung zwischen neuen und gebrauchten Sachen die Fairnessprüfung beeinflussen[723].

(3) Andere Klauseln

Des Weiteren ist es innerhalb des § 307 I 1 BGB, ebenso wie bei der Richtlinie und den UTCCR 1999[724], anerkannt, den gesamten Vertragsinhalt in die Inhaltskontrolle einzubeziehen[725].

Dazu zählen neben den sonstigen vorformulierten Bedingungen auch die Individualvereinbarungen[726]. Darunter wiederum fallen regelmäßig die Hauptbestandteile eines Vertrags. Diese sind zwar grundsätzlich einer Überprüfung durch die Richtlinie entzogen, jedoch besagt der 19. Erwägungsgrund der Präambel, dass sie bei der Bewertung anderer Bedingungen berücksichtigt werden können. Wie bereits dargelegt, darf dies aber keine Umgehung des Art. 4 (2) RL bzw. des § 307 III BGB verursachen. Ohnehin erscheint es kaum möglich, einen angemessenen Preis zu ermitteln und sodann einen etwaigen Preisvorteil infolge ungünstiger Klauseln zu bestimmen. Aus diesen Gründen gilt im deutschen Recht insgesamt das Prinzip, dass ein niedriger Preis eine unangemessene Bedingung nicht rechtfertigen kann[727]. Zu gleichen Ergebnissen führt in England die Anwendung der UTCCR 1999[728]. In diesem Zusammenhang sei allerdings nochmals auf den neben den UTCCR 1999 geltenden UCTA 1977 verwiesen, auch wenn die Rechtslage außerhalb der Richtlinienumsetzung nicht Gegenstand des hier vorgenommenen Rechtsvergleichs ist. So enthält der UCTA 1977 in völligem Gegensatz zu den deutschen und europäischen Regelungen keine dahingehende Beschränkung, das Preis-Leistungsverhältnis eines Vertrags von der inhaltlichen Überprüfung auszunehmen[729].

Neben den dargestellten Übereinstimmungen des § 307 I 1 BGB mit der Richtlinie und den UTCCR 1999 kann sich die Heranziehung der übrigen Abreden im deutschen und englischen Recht allerdings auch unterschiedlich auswirken.

So ist es zunächst denkbar, dass zwei ungünstige Bedingungen, welche jede für sich betrachtet noch akzeptabel erscheinen, zusammentreffen. Durch eine solche Kumulation von Nachteilen kann eine insgesamt nicht mehr hinnehmbare Belastung des Vertragspartners entstehen. In Deutschland führt deshalb das Zusam-

---

[723] AK/Hennrichs § 307 Rn 5; Erman/Hefermehl/Werner § 9 AGBG Rn 7; Palandt/Heinrichs § 9 AGBG Rn 8; BGH WM 86, 495 (496); BGHZ 101, 253 (259 f).

[724] Siehe 2. Teil, B) VII. 2.) a) bb) (3).

[725] Thamm/Pilger § 9 Rn 7; Erman/Hefermehl/Werner § 9 AGBG Rn 6; MK/Basedow § 9 AGBG Rn 12.

[726] Palandt/Heinrichs § 9 AGBG Rn 10; Ulmer/Brandner/Hensen/Brandner § 9 Rn 85; Wolf/Horn/Lindacher/Wolf § 9 Rn 132; BGH NJW 93, 532 (532); BGHZ 116, 1 (4).

[727] MK/Basedow § 9 AGBG Rn 19 f; Erman/Hefermehl/Werner § 9 AGBG Rn 16; Ulmer/Brandner/Hensen/Brandner § 9 Rn 110; BGHZ 22, 90 (98); BGHZ 77, 126 (131); BGH NJW 93, 2442 (2444).

[728] Siehe 2. Teil, B) VII. 2.) a) bb) (3).

[729] Siehe 2. Teil, C) IV. 2.) a) bb); 2.Teil, E) IV. 1.), V.

mentreffen zweier ungünstiger Klauseln zur Unwirksamkeit beider Vereinbarungen nach § 307 I 1 BGB, sofern sie gemeinsam die Grenze der Unangemessenheit überschreiten[730]. Dabei lässt sich die Nichtigkeit beider Bedingungen mit dem Gedanken des Verbots einer geltungserhaltenden Reduktion rechtfertigen[731]. Da Art. 4 (1) RL die Unzulässigkeit der beschriebenen Kumulation jedoch nicht zwingend vorgibt, wurde in England ein vergleichbares Verständnis zu Reg. 6 (1) UTCCR 1999 bislang nicht entwickelt. Vielmehr wird innerhalb von Reg. 6 (1) UTCCR 1999 lediglich unter dem Aspekt einer möglichen Kompensation nachteiliger Abreden auf das Kriterium der „anderen Klauseln" zurückgegriffen. Eine derartige Interpretation wirkt sich für den Verbraucher indes ausnahmslos negativ aus.

Eine weitere Differenz zwischen der englischen und deutschen Richtlinienumsetzung resultiert daraus, dass Art. 4 (1) RL und Reg. 6 (1) UTCCR 1999 eine uneingeschränkte Kompensation nachteiliger Klauseln erlauben. Demgegenüber wird im deutschen Recht für ein gegenseitiges Aufwiegen grundsätzlich ein sachlicher Zusammenhang der Regelungen gefordert. Durch diese Zusatzvoraussetzung wird sichergestellt, dass eine Hinzuziehung anderer Vereinbarungen, welche zu Lasten des Kunden geht, lediglich in restriktiver Weise erfolgt[732]. Eine Ausnahme von der Notwendigkeit eines sachlichen Zusammenhangs besteht einzig bei kollektiv ausgehandelten Geschäftsbedingungen. Das lässt sich damit begründen, dass derartige Abreden von den beteiligten Verkehrskreisen insgesamt als ausgewogen betrachtet werden[733].

Mit Hilfe der Kumulation und der bloß eingeschränkten Kompensation belastender Klauseln wird in Deutschland also eine Inhaltskontrolle vollzogen, welche über die Anforderungen der Richtlinie hinausgeht. Dies ist jedoch unproblematisch, da die europarechtlichen Bestimmungen gem. Art. 8 RL lediglich Mindeststandards vorgeben.

Unter den beiden beschriebenen Gesichtspunkten stellt § 307 I 1 BGB im Vergleich zum englischen Recht jedoch ein höheres Schutzniveau sicher. Denn trotz der Verbraucherfreundlichkeit dieser Auslegungen hat sich in England bislang kein vergleichbares Verständnis zu Reg. 6 (1) UTCCR 1999 herausgebildet.

---

[730] Eckert WM 93, 1070 (1075); Damm JZ 94, 161 (172); Heinrichs NJW 93, 1817 (1820); Thamm/Pilger § 9 Rn 7; BGH NJW 83, 159 (160); BGH BB 95, 15 (16); BGHZ 108, 52 (55, 59).

[731] Wolf/Horn/Lindacher/Wolf § 9 Rn 133; BGH NJW 83, 159 (162); BGH BB 95, 15 (16).

[732] AK/Hennrichs § 307 Rn 5; Erman/Hefermehl/Werner § 9 AGBG Rn 14; Damm JZ 94, 161 (172); Thamm/Pilger § 9 Rn 7; Eckert WM 93, 1070 (1075); BGH NJW 82, 644 (645 f); BGHZ 101, 357 (366); BGHZ 114, 238 (246).

[733] Palandt/Heinrichs § 9 AGBG Rn 11; Ulmer/Brandner/Hensen/Brandner § 9 Rn 86; BGHZ 86, 135 (141); BGHZ 113, 315 (322).

Allerdings ist es wegen des Minimalcharakters der Richtlinie auch in England weiterhin möglich, der Berücksichtigung anderer Klauseln strengere Maßstäbe zu Grunde zu legen.
Es bleibt festzuhalten, dass gem. Art. 4 (1) RL nicht bloß die Bedingungen desselben, sondern auch die eines anderen Vertrags zu untersuchen sind, sofern die zu prüfende Abrede davon abhängt. Dieser Aspekt findet im Wege der richtlinienkonformen Auslegung Eingang in § 307 I 1 BGB. Es kann mithin auf die Ausführungen zu den UTCCR 1999 verwiesen werden. Danach kann insbesondere ein Rahmenvertrag, der die Rechtsbeziehungen zwischen den Parteien für eine Vielzahl von Geschäften regelt, die Bewertung von Vereinbarungen eines anderen Vertrags beeinflussen. Gleiches gilt in Bezug auf Finanzierungsverträge für einen Verbraucherkauf[734].

bb) Umständekontrolle gem. § 310 III Nr. 3 BGB

Neben den bereits dargestellten Faktoren bestimmt Art. 4 (1) RL zudem, dass bei der Beurteilung der Missbräuchlichkeit einer Vertragsklausel alle den Vertragsabschluss begleitenden Umstände zu berücksichtigen sind. Damit enthält der Prüfungsmaßstab der Klauselrichtlinie zumindest auch konkret-individuelle Elemente.
Im Gegensatz dazu wurde die Generalklausel des damaligen AGBG vor der Richtlinienumsetzung ausschließlich in generalisierender-überindividueller Weise angewandt. Das bedeutete, dass der Interessenabwägung einzig die typischen Anschauungen der beteiligten Verkehrskreise zu Grunde gelegt wurden. Umstände, die sich lediglich bei einem konkreten Vertrag auswirkten, blieben demgegenüber völlig außer Betracht[735].
In Bezug auf die Verbandsklage ergibt sich ein solches Vorgehen bereits aus der Natur der Sache. So wird in einem abstrakten Kontrollverfahren nicht der Schutz des Einzelnen angestrebt. Vielmehr sollen gerade überindividuelle Interessen wahrgenommen werden.
Darüber hinaus ist der generelle Maßstab, welcher durch § 307 BGB übernommen wurde, grundsätzlich aber auch im Individualprozess gerechtfertigt. Zum einen erfasst die Inhaltskontrolle anhand der §§ 305 ff BGB vornehmlich Bedingungen i.S.d. § 305 I 1 BGB. Derartige Abreden zeichnen sich gerade dadurch aus, für eine Vielzahl von Verträgen vorformuliert zu sein[736]. Zum anderen sind die abbedungenen dispositiven Gesetzesvorschriften, welche nach § 307

[734] Siehe 2. Teil, B) VII. 2.) a) bb) (3).
[735] Borges S. 18 f, 22 f; Börner JZ 97, 595 (596); Michalski DB 99, 677 (677 f); Bunte DB 96, 1389 (1390); Remien ZEuP 94, 34 (52); Heinrichs NJW 93, 1817 (1820); BGHZ 105, 24 (31); BGHZ 110, 241 (244); BGH NJW 96, 2155 (2156).
[736] Borges DZWir 97, 402 (406); Michalski DB 99, 677 (678); Ulmer/Brandner/Hensen/Brandner § 9 Rn 178.

II Nr. 1 BGB die Prüfungsgrundlage bilden können, ebenfalls abstrakt-generell gefasst[737].

Da vor der Umsetzung der Klauselrichtlinie Einzelfallaspekte im deutschen Recht stets unberücksichtigt blieben, machte die in Art. 4 (1) RL angeordnete Umständekontrolle eine Ergänzung der nationalen Bestimmungen erforderlich.

Um also den europäischen Vorgaben insgesamt zu genügen, wurde zu seiner Zeit § 24 a Nr. 3 AGBG in das AGBG eingeführt. Dessen Regelung findet sich mittlerweile in § 310 III Nr. 3 BGB. Danach sind bei Verbraucherverträgen bei der Beurteilung einer unangemessenen Benachteiligung nach § 307 I, II BGB auch die den Vertragsschluss begleitenden Umstände zu berücksichtigen.

Das bedeutet allerdings nicht, dass der generalisierende Prüfungsmaßstab für Verbraucherverträge entfällt. Stattdessen bringen das Wort „auch" und der Verweis auf § 307 BGB zum Ausdruck, dass die konkreten Begleitumstände lediglich ergänzend heranzuziehen sind. Demnach ist auch bei Verbraucherverträgen weiterhin von der typisierenden Betrachtung einer Bedingung auszugehen. In einem zweiten Schritt sind sodann die Umstände des einzelnen Vertrags zusätzlich zu untersuchen[738].

Diese so genannte Kombinationslösung ist mit der Richtlinie vereinbar, da der dortige Prüfungsmaßstab nicht ausschließlich als konkret-individuell anzusehen ist. Vielmehr enthält die Richtlinie ebenfalls abstrakt-generelle Komponenten. In dieser Hinsicht sind zum einen die im Anhang aufgeführten Beispielsklauseln zu nennen, welche von den Begleitumständen des Vertragsschlusses prinzipiell unabhängig sind. Zum anderen besagt der 16. Erwägungsgrund der Präambel, dass der Grundsatz von Treu und Glauben eine globale Bewertung der Interessenlagen ermöglichen soll. Darüber hinaus sieht die Richtlinie in Art. 7 (2) RL ein abstraktes Verfahren vor, das einer Einzelfallprüfung nicht zugänglich ist[739].

Aus dem letzten Gesichtspunkt folgt wiederum, dass § 310 III Nr. 3 BGB im Rahmen einer Verbandsklage keine Anwendung findet[740]. Diese Einschränkung ist bereist in Art. 4 (1) RL verankert, wonach die Kriterien „unbeschadet des Art. 7 RL" zu beachten sind.

Im Gegensatz zu dieser Reduktion ist die Geltung des § 310 III Nr. 3 BGB jedoch nicht auf vorformulierte Individualvereinbarungen begrenzt. Ein dahingehendes Verständnis lässt sich weder aus dem Wortlaut der Richtlinie noch aus dem des § 310 III Nr. 3 BGB ableiten. Stattdessen ist die Bestimmung bei der

737 Wolf/Horn/Lindacher/Wolf § 9 Rn 51; Palandt/Heinrichs § 9 AGBG Rn 4.

738 Brandner MDR 97, 312 (313 f); Michalski DB 99, 677 (677 f); Bunte DB 96, 1389 (1390); Hennrichs in: Neues SchuldR § 6 Rn 54; Thamm/Pilger § 24 a Rn 6; Borges S. 36 f.

739 AK/Hennrichs § 310 Rn 14; Michalski DB 99, 677 (678); Borges S. 28; Erman/Werner § 24 a AGBG Rn 50; Palandt/Heinrichs § 24 a AGBG Rn 15; Wolf/Horn/Lindacher/Horn § 24 a Rn 43.

740 Ulmer/Brandner/Hensen/Brandner § 9 Rn 176; Damm JZ 94, 161 (173 f); Michalski DB 99, 677 (680); Heinrichs NJW 93, 1817 (1820).

Überprüfung aller im Voraus verfassten Klauseln in Verbraucherverträgen heranzuziehen[741].

Es bleibt zu klären, inwiefern sich die Berücksichtigung der Begleitumstände auf das Ergebnis der Inhaltskontrolle auswirken kann.

So ließe sich zu Gunsten des Verbraucherschutzes argumentieren, dass § 310 III Nr. 3 BGB einem Konsumenten nicht zum Nachteil gereichen dürfe[742].

Dem ist indes der Wortlaut des Art. 4 (1) RL entgegenzuhalten. Danach sind „alle" den Vertragsschluss begleitenden Umstände zu berücksichtigen. Außerdem soll es nach dem 16. Erwägungsgrund der Präambel relevant sein, ob die Güter oder Dienstleistungen auf einer Sonderbestellung des Konsumenten beruhen. Eine Spezialanfertigung kann aber gerade gegen die Missbräuchlichkeit einer Vereinbarung sprechen. Diese Aspekte verdeutlichen, dass die Umständekontrolle auch zu Lasten des Konsumenten ausfallen kann. Demzufolge wird allgemein vertreten, dass § 310 III Nr. 3 BGB die Fairnessprüfung in beide Richtungen beeinflusst[743].

Es ist somit denkbar, dass eine an sich unangemessene Klausel im Einzelfall noch Wirksamkeit erlangt. Umgekehrt können sich Bedenken gegen eine Bedingung derart verstärken, dass die Abrede als missbräuchlich einzustufen ist. Dabei ist jedoch klarzustellen, dass die Nichtigkeit der Klausel stets ihre Kundenfeindlichkeit voraussetzt. So verursacht eine für den Verbraucher vorteilhafte Regelung niemals eine unangemessene Benachteiligung. Eine derartige Vereinbarung kann also nicht auf Grund ihrer Begleitumstände für unwirksam erklärt werden[744].

Da die Umstandsprüfung des § 310 III Nr. 3 BGB einen Konsumenten sowohl begünstigen als auch belasten kann, besteht insoweit kein Unterschied zur englischen Rechtsordnung. Es kann demnach auf die Ausführungen zu den UTCCR 1999 Bezug genommen werden[745].

Insbesondere wird auch im deutschen Recht die Missbräuchlichkeit einer Bedingung durch die Ausübung von Druck auf den Verbraucher indiziert. Gleiches gilt für das Ausnutzen einer Überrumpelungssituation oder der geschäftlichen Unerfahrenheit des Vertragspartners. Andererseits können Spezialkenntnisse des Konsumenten zu Gunsten des Unternehmers wirken[746].

---

741 Borges S. 47 f; Damm JZ 95, 161 (173); Brandner MDR 97, 312 (314); Erman/Werner § 24 a AGBG Rn 51.

742 Michalski DB 99, 677 (679); Borges DZWir 97, 402 (408).

743 Börner JZ 97, 595 (595, 599); Brandner MDR 97, 312 (314); Bunte DB 96, 1389 (1390); Heinrichs NJW 96, 2190 (2194); Thamm/Pilger § 24 a Rn 6; Hennrichs in: Neues SchuldR § 6 Rn 55; Wolf/Horn/Lindacher/Horn § 24 a Rn 53 f.

744 Wolf/Horn/Lindacher § 24 a Rn 52; Borges DZWir 97, 402 (408 f).

745 Siehe 2. Teil, B) VII. 2.) a) bb) (2).

746 Ulmer/Brandner/Hensen/Brandner § 9 Rn 179; Palandt/Heinrichs § 24 a AGBG Rn 17; AK/Hennrichs § 310 Rn 14; Wolf/Horn/Lindacher/Horn § 24 a Rn 48 f.

Daneben werden die im 16. Erwägungsgrund der Präambel der Richtlinie aufgeführten Kriterien als Begleitumstände eingestuft, welche im Rahmen des § 310 III Nr. 3 BGB zu berücksichtigen sind[747]. Die Bedeutung dieser Faktoren für die §§ 307 I 1, 310 III Nr. 3 BGB soll nachfolgend erörtert werden.

b) Berücksichtigung des 16. Erwägungsgrund der Präambel

Führt eine Vertragsbedingung zu einer unangemessenen Benachteiligung des Verbrauchers, ist innerhalb des § 307 I 1 BGB weiter zu klären, ob sie zugleich dem Gebot von Treu und Glauben widerspricht[748].

Dazu ist der 16. Erwägungsgrund der Präambel im Wege richtlinienkonformer Auslegung heranzuziehen. Er besagt, dass das Prinzip von Treu und Glauben eine globale Bewertung der Interessenlagen der Parteien ermöglichen soll. Außerdem werden diverse Faktoren bezeichnet, um den Rechtsgrundsatz von Treu und Glauben zu konkretisieren. Dementsprechend ist bei der Bewertung einer Abrede besonders zu beachten, welches Kräfteverhältnis zwischen den Verhandlungspositionen bestand, ob auf den Verbraucher in irgendeiner Weise eingewirkt wurde, seine Zustimmung zur Klausel zu geben, und ob die Güter oder Dienstleistungen auf eine Sonderbestellung des Verbrauchers hin verkauft bzw. erbracht wurden.

Hinsichtlich der Einzelheiten dieser Beurteilungskriterien kann weitgehend auf die Erörterungen zu den UTCCR 1999 verwiesen werden.

So besteht bezüglich des Kräfteverhältnisses der Parteien[749] auch in Deutschland Einvernehmen darüber, dass in diesem Zusammenhang die Position des Gewerbetreibenden am Markt sowie etwaige Wahlmöglichkeiten des Verbrauchers relevant sind[750]. Je geringer die Auswahl für den Kunden ist, desto größer ist seine Abhängigkeit vom Unternehmer, was wiederum für die Missbräuchlichkeit einer Klausel spricht.

Ferner kann das Vorliegen einer Sonderbestellung des Konsumenten[751] zu Gunsten des Unternehmers angeführt werden[752].

Neben diesen Gemeinsamkeiten ist jedoch ein Unterschied zwischen der deutschen und der englischen Richtlinienfassung zu beachten.

Der deutschen Formulierung zufolge ist zu klären, ob auf den Verbraucher in irgendeiner Weise eingewirkt wurde, seine Zustimmung zur Bedingung zu ge-

---

[747] Brandner MDR 97, 312 (312 f); Heinrichs NJW 96, 2190 (2194); Bunte DB 96, 1389 (1390); Borges DZWir 97, 402 (408); Erman/Werner § 24 a AGBG Rn 52.

[748] Ulmer/Brandner/Hensen/Brandner § 9 Rn 73; MK/Basedow § 9 AGBG Rn 5; Erman/Hefermehl/Werner § 9 AGBG Rn 5.

[749] Siehe 2. Teil, B) VII. 2.) b) bb) (1).

[750] Erman/Werner § 24 a AGBG Rn 53; Wolf/Horn/Lindacher § 24 a Rn 50; Bunte DB 96, 1389 (1390); Borges S. 61 f.

[751] Siehe 2. Teil, B) VII. 2.) b) bb) (3).

[752] Thamm/Pilger § 24 a Rn 6; Ulmer/Brandner/Hensen/Brandner § 9 Rn 179; Erman/Werner § 24 a Rn 55.

ben. Mithin können sowohl positive als auch negative Einflüsse berücksichtigt werden. Letztere sind insbesondere bei einer Irreführung, der Ausübung von Zwang oder dem Ausnutzen einer Überrumpelungssituation gegeben[753].
Demgegenüber stellt der englische Richtlinientext lediglich auf einen etwaigen Anreiz für den Verbraucher ab. Diese Formulierung ist also insofern enger, als dass sie ausschließlich positive Einwirkungen auf einen Konsumenten erfasst[754].
Die variierenden Übersetzungen der Richtlinie führen aber nicht zu unterschiedlichen Ergebnissen der Inhaltskontrolle in England und Deutschland. Vielmehr beziehen auch die UTCCR 1999 negative Einflüsse in die Bewertung einer Klausel ein. Dies erfolgt im Wege der Überprüfung der Begleitumstände nach Reg. 6 (1) UTCCR 1999.
Über die beschriebenen Konkretisierungshilfen hinaus besagt der 16. Erwägungsgrund, dass der Gewerbetreibende dem Gebot von Treu und Glauben gerecht werden kann, indem er sich der anderen Partei gegenüber, deren berechtigten Interessen er Rechnung tragen muss, loyal und billig verhält.
Diese umfassende Bewertung der Interessenlagen wurde in Deutschland bereits vor der Umsetzung der Klauselrichtlinie vorgenommen. So ist in Übereinstimmung mit den europäischen Vorgaben anerkannt, dass eine Bedingung unangemessen ist, falls ihr Verwender ausschließlich eigene Interessen zur Geltung bringt, ohne die Belange seines Vertragspartners hinreichend zu berücksichtigen und ihm einen Ausgleich zuzugestehen[755].
Wie bereits dargestellt, begründet die Maßgabe der Interessenwahrung verschiedene Kooperationspflichten des Unternehmers. Dazu wird auf die Ausführungen zu den UTCCR 1999 verwiesen. Danach ist der Gewerbetreibende dazu angehalten, seine Vertragsbedingungen offen zu legen, wobei sich diese Pflicht insbesondere im Transparenzgebot widerspiegelt[756]. Zudem darf der Unternehmer seine überlegene Verhandlungsstärke nicht missbrauchen[757]. Schließlich kann er Schutzvorschriften zur Wahrung der körperlichen Integrität des Verbrauchers nicht umgehen[758].
Dass die Faktoren des 16. Erwägungsgrundes in Deutschland auch als Begleitumstände i.S.v. § 310 III Nr. 3 BGB angesehen werden, verdeutlicht die weitreichenden Überschneidungen, welche zwischen dem unbestimmten Tatbestands-

---

[753] Bunte DB 96, 1389 (1390); Erman/Werner § 24 a AGBG Rn 54; Ulmer/Brandner/Hensen/Brandner § 9 Rn 179; Wolf/Horn/Lindacher/Horn § 24 a Rn 51.
[754] Siehe 2. Teil, B) VII. 2.) b) bb) (2).
[755] Palandt/Heinrichs § 9 AGBG Rn 8; Erman/Hefermehl/Werner § 9 AGBG Rn 11; Wolf/Horn/Lindacher/Wolf § 9 Rn 100; Ulmer/Brandner/Hensen/Brandner § 9 Rn 1, 70, 171; BGH NJW 85, 53 (55); BGH NJW 86, 424 (426); BGHZ 90, 280 (284); BGHZ 120, 108 (118); BGHZ 136, 27 (31).
[756] Siehe 2. Teil, B) VII. 2.) b) bb) (4) (a).
[757] Siehe 2. Teil, B) VII. 2.) b) bb) (4) (b).
[758] Siehe 2. Teil, B) VII. 2.) b) bb) (4) (c).

merkmal der unangemessenen Benachteiligung und dem allgemeinen Rechtsprinzip von Treu und Glauben bestehen.
Wie bereist dargelegt, begründet ein erhebliches Missverhältnis der vertraglichen Rechte und Pflichten i.S.v. Art. 3 (1) RL bzw. Reg. 5 (1) UTCCR 1999 zugleich einen Verstoß gegen Treu und Glauben. So bringt eine „significant imbalance" das Ausnutzen überlegener Verhandlungsmacht durch den Gewerbetreibenden zum Ausdruck. Ein solches Verhalten ist wiederum als Verletzung der Interessenwahrungspflicht zu werten[759].
Wegen ihrer identischen Beurteilungsgrundlagen ist eine unangemessene Benachteiligung i.S.v. § 307 I 1 BGB zudem mit einer „significant imbalance" i.S.d. Reg. 6 (1) UTCCR 1999 vergleichbar. Folglich können die Erläuterungen zu Reg. 6 (1) UTCCR 1999, die das Verhältnis der beiden Elemente des Fairnesstests betreffen, auf § 307 I 1 BGB übertragen werden. Demnach zieht eine Bedingung, welche dem Kunden Belastungen von erheblichem Gewicht auferlegt und ihn damit unangemessen benachteiligt, auch in Deutschland die Verletzung des Grundsatzes von Treu und Glauben nach sich.
Insgesamt kann damit festgehalten werden, dass die Konkretisierungshilfen des 16. Erwägungsgrundes der Präambel der Klauselrichtlinie sicherstellen, dass der Grundsatz von Treu und Glauben in England und Deutschland gleichbedeutend verstanden wird.

c) Hinzuziehung des Richtlinienanhangs

Schließlich ist bei der Interpretation des § 307 I 1 BGB der Annex der Klauselrichtlinie zu beachten. Dort sind Vertragsbedingungen aufgezählt, welche unter dem Verdacht der Unfairness stehen. Wegen des bloßen Hinweischarakters dieser Liste bestand keine Notwendigkeit, sie wörtlich in das deutsche Recht zu transformieren[760].
Ohnehin sind die meisten Beispiele des Richtlinienanhangs in den zwingenden Klauselverboten der §§ 308, 309 BGB enthalten.
Sofern die europäischen und die nationalen Bestimmungen jedoch nicht deckungsgleich sind, ist der Annex der Richtlinie innerhalb der Auslegung des § 307 I 1 BGB zu berücksichtigen.
Gleiches gilt für die Beispielsklauseln, deren Regelungen sich überhaupt nicht in den §§ 308, 309 BGB finden.
Dabei ist zunächst 1.j) RL-Anhang zu nennen. Danach können Bedingungen für missbräuchlich erklärt werden, auf Grund derer der Gewerbetreibende die Vertragsabreden einseitig ohne triftigen und im Vertrag aufgeführten Grund ändern kann[761]. Zwar betreffen §§ 309 Nr. 1, 309 Nr. 10, 308 Nr. 4 BGB ebenfalls Än-

---

[759] Siehe 2. Teil, B) VII. 2.) b) cc).
[760] Eckert WM 93, 1070 (1076); Remien ZEuP 94, 34 (60); Damm JZ 94, 161 (175); Ulmer EuZW 93, 337 (344 f).
[761] Siehe 2. Teil, B) VII. 3.) d) aa).

derungsbefugnisse des Unternehmers[762]. Diese sind jedoch spezieller ausgestaltet und beziehen sich nicht generell auf die Modifikation jeglicher Vereinbarungen.

Des Weiteren verbieten die §§ 308, 309 keine Klauseln i.S.v. 1.m), n) RL-Anhang. Gem. 1.m) RL-Anhang sind Abreden wahrscheinlich unzulässig, falls sie dem Gewerbetreibenden das Recht einräumen, zu bestimmen, ob die gelieferte Ware oder erbrachte Dienstleistung den Vertragsbestimmungen entspricht, oder ihm das ausschließliche Recht zugestehen, die Auslegung einer Klausel vorzunehmen. Außerdem kann eine Bedingung nach 1.n) RL-Anhang als unfair eingeordnet werden, durch welche die Verpflichtung des Gewerbetreibenden zur Einhaltung der von seinen Vertretern eingegangenen Verbindlichkeiten eingeschränkt wird oder diese Verpflichtung von der Beachtung einer besonderen Formvorschrift abhängig gemacht wird. Diese Richtlinienbeispiele begründen in England die Fallgruppe der „liability preventing clauses“[763]. Wie bereits dargelegt, wenden sich §§ 308 Nr. 1, 2. Alt., 308 Nr. 2 BGB ebenfalls gegen den Versuch des Unternehmers, die Entstehung von Ansprüchen des Verbrauchers zu verhindern[764]. Durch die Berücksichtigung von 1.m), n) RL-Anhang wird also keine neue Kategorie missbräuchlicher Vereinbarungen i.S.v. § 307 I 1 BGB geschaffen. Vielmehr wird die Fallgruppe des Nichtanerkennens von Verbindlichkeiten durch weitere Aspekte konkretisiert.

Ferner enthalten die §§ 308, 309 BGB keine dem Buchstaben 1.q) RL-Anhang entsprechende Vorschrift. Danach stehen solche Abreden unter dem Verdacht der Missbräuchlichkeit, welche es einem Konsumenten erschweren, Rechtsbehelfe bei Gericht einzulegen oder sonstige Beschwerdemittel zu ergreifen[765]. Zwar kann eine Einschränkung von Rechtsmitteln insbesondere in einer Änderung der Beweislast zum Nachteil des Verbrauchers liegen. Dem allein trägt § 309 Nr. 12 BGB Rechnung[766]. Eine dem Beispiel 1.q) RL-Anhang vergleichbar ausgestaltete Bestimmung, die sich umfassend gegen den Ausschluss von Rechtsmitteln des Konsumenten richtet, findet sich in den deutschen Klauselkatalogen jedoch nicht.

Schließlich nennen die §§ 308, 309 BGB keine Regelung, welche 1.i) RL-Anhang entspricht. Gem. 1.i) RL-Anhang ist es regelmäßig unzulässig, die Zustimmung des Verbrauchers zu Bedingungen unwiderlegbar festzustellen, von denen er vor Vertragsabschluss nicht tatsächlich Kenntnis nehmen konnte[767]. Das Fehlen eines korrespondierenden Verbots innerhalb der §§ 308, 309 BGB ist allerdings darauf zurückzuführen, dass der Inhaltskontrolle anhand der

---

[762] Siehe 3. Teil, A) VII. 2.) c) aa), bb); 3.Teil, A) VII. 3.) a).
[763] Siehe 2. Teil, B) VII. 3.) b).
[764] Siehe 3. Teil, A) VII. 3.) d) aa) (2), bb).
[765] Siehe 2. Teil, B) VII. 3.) c).
[766] Siehe 3. Teil, A) VII. 2.) b).
[767] Siehe 2. Teil, B) VII. 3.) g) bb).

§§ 307 ff BGB eine Einbeziehungskontrolle vorgeschaltet ist. So kann eine vorformulierte Klausel gem. § 305 II Nr. 2 BGB nur dann Vertragsbestandteil werden, falls der Verwendungsgegner die Möglichkeit der Kenntnisnahme besaß. Folglich ist es innerhalb des § 307 I 1 BGB nicht mehr erforderlich, die Vorschrift des 1.i) RL-Anhang heranzuziehen.
Insgesamt kann zum Annex der Richtlinie somit festgehalten werden, dass dessen Berücksichtigung innerhalb des § 307 I 1 BGB zwar weitere Anhaltspunkte zur Auslegung der Generalklausel bietet. Eine zusätzliche Fallgruppe unangemessener Bedingungen lässt sich dadurch jedoch nicht herleiten.

V. Ergebnis zu den §§ 307 ff BGB

Die beschriebenen Arten unzulässiger Vereinbarungen können sodann folgendermaßen eingeteilt werden.

1.) Haftungsausschlüsse und Haftungsbeschränkungen

Zum einen erklären § 309 Nr. 3, Nr. 7, Nr. 8 BGB[768] bestimmte Freizeichnungen durch den Gewerbetreibenden für nichtig.
In diesem Zusammenhang ist außerdem zu beachten, dass auch § 307 II Nr. 2 BGB vornehmlich der Überprüfung von Haftungsbeschränkungen dient. Danach werden insbesondere „Entschädigungsklauseln" als unangemessen eingestuft, falls sie ein Risiko des Verwenders auf den Kunden übertragen und damit den Vertragszweck gefährden[769].

2.) Ausschluss von Rechtsmitteln

Zum anderen können Klauseln nach § 309 Nr. 12 BGB[770] und § 308 Nr. 6 BGB[771] unwirksam sein, falls sie die Beweislast zum Nachteil des Verbrauchers verändern.
Dies ist unter anderem dann gegeben, wenn der Konsument erklärt, den vorformulierten Vertrag gelesen zu haben. Folglich stellen „Kenntnisbestätigungsklauseln" eine Form der Tatsachenbestätigung i.S.v. § 309 Nr. 12 b) BGB dar[772].
Es bleibt hervorzuheben, dass § 309 Nr. 12 BGB und § 308 Nr. 6 BGB nicht sämtliche Einschränkungen von Rechtsmitteln erfassen. Somit setzen sie den Buchstaben 1.q) RL-Anhang nicht vollständig um. Demnach ist das Richtlinienbeispiel bei der Interpretation des § 307 I 1 BGB weiterhin zu beachten[773].

3.) Änderungsbefugnisse

Darüber hinaus können Änderungsbefugnisse des Unternehmers nach § 309 Nr. 1, Nr. 10 BGB[774] oder § 308 Nr. 4 BGB[775] missbräuchlich sein.

---

[768] Siehe 3. Teil, G) II. 1.).
[769] Siehe 3. Teil, G) IV. 1.) b).
[770] Siehe 3. Teil, G) II. 2.).
[771] Siehe 3. Teil, G) III. 4.) d).
[772] Siehe 3. Teil, G) II. 2.).
[773] Siehe 3. Teil, G) IV. 2.) c).
[774] Siehe 3. Teil, G) II. 3.).
[775] Siehe 3. Teil, G) III. 1.).

Dabei ist zu betonen, dass gem. § 308 Nr. 4 BGB speziell eine „Ratenlieferungsklausel" gegen Treu und Glauben verstößt.

Sofern es dem Gewerbetreibenden gestattet ist, jegliche Vertragsbedingungen ohne triftigen Grund zu modifizieren, ist innerhalb des § 307 I 1 BGB außerdem auf 1.j) RL-Anhang abzustellen[776].

4.) Einseitige Ausstiegsklauseln

Ferner ist es dem Unternehmer gem. § 309 Nr. 2, Nr. 8 a) BGB[777] und § 308 Nr. 3 BGB[778] verwehrt, sich einseitig von seinen Verpflichtungen zu lösen.

5.) Strafklauseln

Außerdem bestimmen § 309 Nr. 5, Nr. 6 BGB[779] und § 308 Nr. 7 BGB[780], dass Strafklauseln eine unangemessene Benachteiligung des Verwendungsgegners verursachen.

6.) Nicht erkennbare Klauseln

Des Weiteren richten sich § 309 Nr. 9 b), c) BGB gegen nachteilige Abreden, welche als nicht erkennbare Klauseln eingestuft werden können[781]. Allerdings sei nochmals darauf hingewiesen, dass die Möglichkeit der Kenntnisnahme der Vertragsbedingungen im deutschen Recht grundsätzlich keine Frage der Inhaltskontrolle darstellt. Vielmehr ist sie Gegenstand der Einbeziehungskontrolle nach § 305 II BGB, welche der Inhaltskontrolle vorgeschaltet ist. Aus diesem Grund findet die Fallgruppe der nicht erkennbaren Klauseln innerhalb der Inhaltskontrolle anhand der §§ 307 ff BGB nur eine geringe Ausprägung.

7.) Nichtanerkennen von Verbindlichkeiten

Zudem ist es dem Gewerbetreibenden nach § 309 Nr. 13 BGB[782] und § 308 Nr. 1, 2. Alt, Nr. 2, Nr. 5 BGB[783] untersagt, die Entstehung von Ansprüchen gegen ihn zu verhindern.

Neben diesen Verboten sind im Rahmen des § 307 I 1 BGB die in 1.m), n) RL-Anhang genannten Beispiele relevant[784].

8.) Verschaffung eigener Ansprüche

Als Kehrseite zur letztgenannten Fallgruppe kann es seitens des Unternehmers ferner missbräuchlich sein, unter Umgehung gesetzlicher Wertungen die Entstehung eigener Ansprüche gegen den Verbraucher herbeizuführen. Dieser Schutz-

---

[776] Siehe 3. Teil, G) IV. 2.) c).

[777] Siehe 3. Teil, G) II. 1.) c) aa) 4.).

[778] Siehe 3. Teil, G) III. 2.).

[779] Siehe 3. Teil, G) II. 5.).

[780] Siehe 3. Teil, G) III. 3.).

[781] Siehe 3. Teil, G) II. 6.).

[782] Siehe 3. Teil, G) II. 7.) d).

[783] Siehe 3. Teil, G) III. 4.) a) bb), b), c).

[784] Siehe 3. Teil, G) IV. 2.) c).

zweck wird von § 309 Nr. 4, Nr. 11 BGB[785] und § 308 Nr. 5, Nr. 6 BGB[786] verfolgt.

9.) Einschränkung der Dispositionsfreiheit

Endlich bilden § 309 Nr. 9 a) BGB[787] und § 308 Nr. 1, 1. Alt. BGB[788] eine Kategorie unangemessener Vertragsbedingungen. Beiden Vorschriften ist gemeinsam, dass sie einer unzulässigen Einschränkung der Dispositionsfreiheit des Kunden entgegentreten.

VI. Gegenüberstellung der englischen und deutschen Fallgruppen

Abschließend sollen die Kategorien unfairer Klauseln, welche aus den englischen UTCCR 1999 folgen, den in Deutschland anerkannten Fallgruppen gegenübergestellt werden.

1.) Kategorien auf der Basis des Richtlinienanhangs

Zunächst sind die Arten missbräuchlicher Vereinbarungen zu nennen, die unmittelbar anhand von Sched. 2 (1) UTCCR 1999 gebildet wurden.

Insofern ergeben sich keine Unterschiede zum deutschen Recht. Vielmehr lassen sich die entsprechenden Kategorien bereits aus den Verbotskatalogen der §§ 309, 308 BGB ableiten. Ansonsten ist der Annex der Klauselrichtlinie, den Sched. 2 UTCCR 1999 übernommen hat, im Wege richtlinienkonformer Auslegung des § 307 I 1 BGB zu berücksichtigen.

In beiden Ländern existieren mithin folgende Fallgruppen missbräuchlicher Bedingungen vorformulierter Verbraucherverträge:

a) Haftungsausschlüsse /-beschränkungen („exemption clauses")

Zum einen sind im englischen Recht so genannte „exemption clauses"[789] regelmäßig unfair. Derartige Abreden werden in Deutschland „Haftungsausschluss-" bzw. „Haftungsbeschränkungsklauseln"[790] genannt. Dazu sei nochmals angemerkt, dass die deutschen Bestimmungen den umfassend ausgestalteten Buchstaben 1.b) RL-Anhang im Gegensatz zu Sched. 2 (1) (b) UTCCR 1999 stärker präzisieren. Eine strengere Inhaltskontrolle wird dadurch jedoch nicht erreicht.

b) Nichtanerkennen von Verbindlichkeiten („liability preventing clauses")

Zum anderen stehen „liability preventing clauses"[791] in England unter dem Verdacht der Missbräuchlichkeit. In Übereinstimmung dazu ist das „Nichtanerkennen von Verbindlichkeiten"[792] in Deutschland ebenfalls unzulässig. Dabei bieten einzelne Klauselverbote erneut zusätzliche Anhaltspunkte, um diese Fallgruppe auszugestalten.

---

[785] Siehe 3. Teil, G) II. 7.) b), c).
[786] Siehe 3. Teil, G) III. 4.) c), d).
[787] Siehe 3. Teil, G) II. 7.) a).
[788] Siehe 3. Teil, G) III. 4.) a) aa).
[789] Siehe 2. Teil, B) VII. 3.) a).
[790] Siehe 3. Teil, G) II. 1.).
[791] Siehe 2. Teil, B) VII. 3.) b).
[792] Siehe 3. Teil, G) II. 7.) d), III. 4.) a) bb) b) u. c), IV. 2.) c).

c) Ausschluss von Rechtsmitteln („remedy restricting clauses")
Darüber hinaus können „remedy restricting clauses"[793] auf der Grundlage der UTCCR 1999 für unwirksam erklärt werden. Dasselbe Ergebnis wird in Deutschland bei der Beurteilung eines „Ausschluss(es) von Rechtsmitteln"[794] erzielt.
d) Änderungsbefugnisse („variation clauses")
Ebenfalls vergleichbar ist die Rechtslage im Hinblick auf „variation clauses"[795], worunter „Änderungsbefugnisse"[796] des Gewerbetreibenden zu verstehen sind. Derartige Vereinbarungen sind sowohl nach englischem als auch nach deutschem Recht prinzipiell nichtig.
e) Einseitige Ausstiegsklauseln („unequal opt out clauses")
Ferner ist es einem Unternehmer in beiden Ländern nicht gestattet, sich einseitig von den vertraglichen Verpflichtungen zu lösen. Während die englische Bezeichnung dieser Fallgruppe „unequal opt out clauses"[797] lautet, wird sie in Deutschland „einseitige Ausstiegsklauseln"[798] genannt.
f) Strafklauseln („penalty clauses")
Eine identische Beurteilung erfolgt außerdem in Bezug auf „penalty clauses"[799]. So werden „Strafklauseln"[800] in Deutschland ebenfalls als unangemessen angesehen.
g) Nicht erkennbare Klauseln („hidden clauses")
Schließlich ist es für einen Konsumenten unerlässlich, bei Vertragsschluss die einzelnen Abreden überblicken zu können. Aus diesem Grund werden „hidden clauses"[801] in England als missbräuchlich eingestuft. Gleiches gilt im deutschen Recht für einzelne „nicht erkennbare Klauseln"[802]. Im Rahmen der Inhaltskontrolle anhand der §§ 307 ff BGB ist die Fallgruppe der „nicht erkennbaren Klauseln" aber nicht so stark ausgeprägt wie die Kategorie der „hidden clauses" im englischen Recht. Dies hat allerdings keinen geringeren Schutzstandard des deutschen Rechts zur Folge. Vielmehr ist nochmals hervorzuheben, dass der Inhaltskontrolle nach §§ 307 ff BGB die Einbeziehungskontrolle gem. § 305 II BGB vorgeschaltet ist. Diese Einbeziehungskontrolle betrifft gerade die Möglichkeit der Kenntnisnahme der Vertragsbedingungen durch den Verwendungsgegner. Eine solche Einbeziehungskontrolle findet sich jedoch weder in der

---

[793] Siehe 2. Teil, B) VII. 3.) c).
[794] Siehe 3. Teil, G) II. 2.), III. 4.) d), IV. 2.) c).
[795] Siehe 2. Teil, B) VII. 3.) d).
[796] Siehe 3. Teil, G) II. 3.), III. 1.), IV. 2.) c).
[797] Siehe 2. Teil, B) VII. 3.) e).
[798] Siehe 3. Teil, G) II. 1.) c) aa) u. 4.), III. 2.).
[799] Siehe 2. Teil, B) VII. 3.) f).
[800] Siehe 3. Teil, G) II. 5.), III. 3.).
[801] Siehe 2. Teil, B) VII. 3.) g).
[802] Siehe 3. Teil, G) II. 6.).

Klauselrichtlinie noch in den englischen Transformationsvorschriften. Stattdessen wird die Frage der Erkennbarkeit der Vertragsbedingungen sowohl in der Richtlinie als auch im englischen Recht im Rahmen der Inhaltskontrolle behandelt. Im Ergebnis besteht jedoch kein Unterschied zum deutschen Recht. Vielmehr sind nicht erkennbare Klauseln sowohl im englischen als auch im deutschen Recht unzulässig. So bleibt insbesondere festzuhalten, dass ein Verstoß gegen das Transparenzgebot in beiden Ländern die Unwirksamkeit der Klausel bewirkt.

2.) Weiterreichende englische Fallgruppen

Über die Kategorien hinaus, welche sich aus Sched. 2 (1) UTCCR 1999 ergeben, sind in England weitere Arten unfairer Bedingungen entwickelt worden.

a) Entschädigungsklauseln („indemnity clauses")

Dabei sind zunächst die „indemnity clauses"[803] anzuführen. Wie jedoch dargelegt, erfasst insbesondere § 307 II Nr. 2 BGB derartige Vereinbarungen. Somit stimmen die englische und deutsche Rechtsordnung bei der Kontrolle von „Entschädigungsklauseln"[804] überein.

b) Ratenlieferungsklauseln („delivery in instalments clauses")

Ferner bilden „delivery in instalments clauses"[805] nach den UTCCR 1999 eine eigene Fallgruppe unzulässiger Vereinbarungen. Allerdings resultiert auch daraus kein höheres Schutzniveau im Vergleich zum deutschen Recht. So fallen „Ratenlieferungsklauseln"[806] unter den Nichtigkeitsgrund des § 308 Nr. 4 BGB.

c) Kenntnisbestätigungsklauseln („signed statements")

Des Weiteren werden in England so genannte „signed statements"[807] als missbräuchlich eingestuft. Solche „Kenntnisbestätigungsklauseln"[808] stellen jedoch eine besondere Form der Tatsachenbestätigung dar. Mithin sind sie im deutschen Recht unter Berufung auf § 309 Nr. 12 b) BGB ebenfalls unzulässig.

d) Rechtsdurchsetzungsklauseln („unfair enforcement clauses")

Außerdem werden auf der Grundlage der UTCCR 1999 „unfair enforcement clauses"[809] für nichtig erklärt. Eine korrespondierende deutsche Fallgruppe lässt sich indes weder aus §§ 309, 308 BGB ableiten, noch wurde sie bislang durch einen Rückgriff auf § 307 I 1 BGB ausdrücklich erarbeitet.

Das kann allerdings nicht heißen, dass vergleichbare Bedingungen in Deutschland Bestand hätten. Vielmehr ist zu bedenken, dass „Rechtsdurchsetzungsklauseln" es ihrem Verwender ersparen würden, seine Ansprüche gerichtlich geltend zu machen. Eine derartige Selbstjustiz verstößt jedoch gegen fundamentale

---

[803] Siehe 2. Teil, F) I. 1.).
[804] Siehe 3. Teil, G) IV. 1.) b).
[805] Siehe 2. Teil, F) I. 2.).
[806] Siehe 3. Teil, G) III. 1.).
[807] Siehe 2. Teil, F) I. 4.).
[808] Siehe 3. Teil, G) II. 2.).
[809] Siehe 2. Teil, F) I. 3.).

Rechtsprinzipien. So zeichnet sich ein Rechtsstaat gerade dadurch aus, dass die zwangsweise Durchsetzung von Forderungen einzig auf dem Rechtsweg erfolgen kann. Eine Abrede, welche demgegenüber die eigenmächtige Rechtsverfolgung gestattet, missachtet also einen bedeutenden Grundsatz, auf dem jeder Rechtsstaat basiert. Demzufolge verstößt die Fallgruppe der „unfair enforcement clauses“ auch in Deutschland gegen das Prinzip von Treu und Glauben.

Ferner ist daran zu erinnern, dass im deutschen Recht bereits vor Geltung des AGBG eine richterliche Überprüfung von allgemeinen Geschäftsbedingungen stattgefunden hat. Es kann also auf eine lange Tradition der Inhaltskontrolle vorformulierter Abreden verwiesen werden. Diese spiegelt sich wiederum im Verhalten der Klauselverwender selbst wider. Da in ständiger Rechtsprechung bereits weniger belastende Vereinbarungen als unzulässig deklariert werden, erweisen sich „unfair enforcement clauses“ erst recht als missbräuchlich. Aus diesem Grund scheint seitens der Gewerbetreibenden erst gar nicht der Versuch unternommen worden zu sein, sich auf Rechtsdurchsetzungsklauseln zu berufen. Dass innerhalb der §§ 307 ff BGB die Unangemessenheit dieser Bedingungen bislang nicht ausdrücklich festgestellt wurde, kann somit auf die Evidenz der Unzulässigkeit zurückgeführt werden.

Mithin verursacht die in England explizit benannte Fallgruppe der „unfair enforcement clauses“ ebenfalls keine Divergenz zur Inhaltskontrolle nach deutschem Recht.

3.) Zusätzliche deutsche Missbräuchlichkeitskriterien

Anders verhält es sich demgegenüber mit den deutschen Kategorien unangemessener Vereinbarungen, welche über die Richtlinienvorgaben hinausgehen.

a) Strengere Auslegung der Generalklausel

Zunächst ist nochmals festzuhalten, dass bei der Überprüfung einer Vertragsbedingung anhand der Generalklausel im deutschen Recht teilweise ein strengerer Maßstab angelegt wird als innerhalb der UTCCR 1999. Das ist im Hinblick auf die Berücksichtigung der übrigen Vereinbarungen eines Vertrags der Fall.

Zum einen ist es im Rahmen des § 307 I 1 BGB anerkannt, dass zwei Klauseln, welche isoliert betrachtet noch akzeptabel erscheinen, auf Grund ihrer Kumulationswirkung beide für nichtig erklärt werden können.

Zum anderen ist eine Kompensation nachteiliger Bedingungen nur möglich, sofern die Regelungen in einem sachlichen Zusammenhang stehen[810].

Sofern die Hinzuziehung der anderen Klauseln den Kunden also begünstigt, wird sie im deutschen Recht extensiv betrieben. Falls sie den Verbraucher belastet, erfolgt demgegenüber eine restriktive Auslegung, welche sich ebenfalls nicht zwingend aus den Richtlinienbestimmungen ergibt.

Auf diese Weise wird zwar keine eigenständige Fallgruppe missbräuchlicher Klauseln begründet. Dennoch ist es dadurch generell möglich, dass Abreden der

[810] Siehe 3. Teil, G) IV. 2.) a) aa) (3).

englischen Inhaltskontrolle standhalten, während sie gem. § 307 I 1 BGB unwirksam sind.

b) Verschaffung eigener Ansprüche

Neben dieser unterschiedlichen Auslegung der jeweiligen Generalklausel, bestehen im deutschen Recht zudem Kategorien unfairer Bedingungen, welche in England bislang nicht entwickelt worden sind.

So hat sich innerhalb der §§ 307 ff BGB die Fallgruppe der unzulässigen „Verschaffung eigener Ansprüche“[811] herausgebildet. Einem Klauselverwender ist es also untersagt, unter Missachtung von Gesetzesbestimmungen die Entstehung eigener Forderungen zu begünstigen.

Eine vergleichbare Kategorie unfairer Abreden lässt sich der bisherigen Anwendung der UTCCR 1999 nicht entnehmen. In dieser Hinsicht bietet das deutsche Recht demnach einen weiterreichenden Schutz des Verwendungsgegners.

c) Einschränkung der Dispositionsfreiheit

Zudem sind die §§ 307 ff BGB unter anderem darauf gerichtet, eine „Einschränkung der Dispositionsfreiheit“[812] des Kunden zu unterbinden.

Zwar wendet sich Sched. 2 (1) (h) UTCCR 1999 indirekt gegen überlange Kündigungsfristen und damit zugleich gegen einen Eingriff in die Dispositionsfreiheit des Verbrauchers. Im Vordergrund dieser Regelung steht aber die unzureichende Beachtung der Klausel durch den Konsumenten.

Eine selbständige Fallgruppe, welche den Erhalt der Dispositionsfreiheit des Verbrauchers anstrebt, wurde in England bislang also ebenfalls nicht entwickelt.

Abschließend ist jedoch nochmals zu betonen, dass sowohl die englischen als auch die deutschen Kategorien unfairer Bedingungen nicht abschließend sind. Stattdessen beschreiben die Generalklauseln der Reg. 5 (1) UTCCR 1999 und des § 307 I 1 BGB durch den Prüfungsmaßstab von Treu und Glauben so genannte offene Tatbestände, welche gerade nur durch ihre konkrete Anwendung ausgefüllt werden können.

Demzufolge ist es für die Zukunft nicht auszuschließen, dass die deutschen Fallgruppen der „Verschaffung eigener Ansprüche“ und der „Einschränkung der Dispositionsfreiheit“ auch im englischen Recht anerkannt werden.

5. Teil: Zusammenfassung und Schlussbetrachtungen

A) Grundkonzeption der Klauselrichtlinie

Neben einer Rechtsangleichung in den Gemeinschaftsstaaten verfolgt die „EG-Richtlinie über missbräuchliche Klauseln in Verbraucherverträgen“ den Zweck, unfaire Bedingungen in Verbraucherverträgen zu beseitigen. Damit ermöglicht die Klauselrichtlinie eine Inhaltskontrolle, um Vertragsgerechtigkeit zu erreichen. So ist die Vertragsgerechtigkeit gefährdet, falls sich die Vertragspartner

---

[811] Siehe 3. Teil, G) II. 7.) b) u. c), III. 4.) c) u. d).

[812] Siehe 3. Teil, G) II. 7.) a), III. 4.) a) aa).

nicht auf einer Ebene der Gleichordnung befinden. Das ist zum einen dann anzunehmen, wenn eine Partei den Inhalt des Vertrags allein gestaltet, indem sie dessen Abreden im Voraus formuliert. Zum anderen besteht ein strukturelles Ungleichgewicht, falls ein rechtsunkundiger Verbraucher einem geschäftserfahrenen Unternehmer gegenübersteht. Aus diesen beiden Gründen unterwirft die Klauselrichtlinie vorformulierte Bedingungen in Verbraucherverträgen einer inhaltlichen Überprüfung[813].

B) Umsetzungsmethoden in England und Deutschland

Die Transformation der Klauselrichtlinie in das englische und deutsche Recht erfolgte auf unterschiedliche Weise.
In England wurde zur Umsetzung der europarechtlichen Bestimmungen eine Verordnung erlassen, die „Unfair Terms in Consumer Contracts Regulations 1999“ (UTCCR 1999). Diese Regeln geben weitgehend den Wortlaut der Richtlinie wieder, womit sie eine Minimalumsetzung der europäischen Vorgaben darstellen[814].
Demgegenüber wurde in Deutschland kein selbständiges Gesetz geschaffen. Vielmehr konnte auf das damalige „Gesetz zur Regelung des Rechts der Allgemeinen Geschäftsbedingungen“ (AGBG) zurückgegriffen werden, dessen materielle Vorschriften mittlerweile in das Bürgerliche Gesetzbuch (BGB) integriert worden sind. Um den Anforderungen der Klauselrichtlinie vollends zu genügen, wurde das AGBG lediglich in einigen Punkten ergänzt[815].

C) Anwendungsbereich von Richtlinie und Umsetzungsnormen

I. Persönlich

Zur Rechtfertigung einer Inhaltskontrolle knüpft die Klauselrichtlinie u.a. an die persönliche Stellung der Parteien an. So kann eine fehlende Vertragsgerechtigkeit aus einem strukturellen Ungleichgewicht der Parteien, eben aus der persönlichen Überlegenheit eines Teils resultieren. Das ist insbesondere der Fall, wenn ein geschäftserfahrener Gewerbetreibender einen Vertrag mit einem rechtsunkundigen Konsumenten abschließt. Aus diesem Grund macht die Klauselrichtlinie Verbraucherverträge zu ihrem Prüfungsgegenstand. Es werden somit lediglich Vereinbarungen zwischen einem Gewerbetreibenden auf der einen Seite und einem Verbraucher auf der anderen Seite erfasst. Die Richtlinie gilt demnach weder für Rechtsgeschäfte zwischen Unternehmern noch für solche unter Privatleuten. Diesen persönlichen Anwendungsbereich der Klauselrichtlinie haben die englischen UTCCR 1999 exakt übernommen (Reg. 4 (1) UTCCR 1999)[816].

---

[813] Siehe 1. Teil, A).
[814] Siehe 2. Teil, B) I.
[815] Siehe 3. Teil, A).
[816] Siehe 2. Teil, B) II.

Demgegenüber gelten die deutschen Transformationsvorschriften, die jetzigen §§ 305 ff BGB, nicht ausschließlich für Verbraucherverträge. Vielmehr bezwecken sie grundsätzlich den Schutz eines jeden Kunden, welcher mit allgemeinen Geschäftsbedingungen konfrontiert wird, unabhängig von seiner Marktposition. Wegen dieses generellen Ansatzes umfassen die §§ 305 ff BGB jedoch ebenfalls das spezielle Ziel des Verbraucherschutzes. Damit schließen sie Verbraucherverträge in ihren Anwendungsbereich ein, so dass die europarechtlichen Vorgaben erfüllt sind[817].

II. Sachlich

Entsprechend dem Geltungsbereich der Richtlinie ist die sachliche Anwendung der UTCCR 1999 auf vorformulierte Vertragsbedingungen beschränkt (Reg. 5 (1) UTCCR 1999). Diese liegen dann vor, wenn die Klauseln nicht im Einzelnen ausgehandelt wurden. Der Unternehmer hat sie also nicht ernsthaft zur Disposition gestellt, weshalb der Verbraucher keinen Einfluss auf ihren Inhalt nehmen konnte.

Wegen dieser einseitigen Vertragsgestaltung besteht die Gefahr, dass sich die Abreden ausschließlich an den Interessen des Gewerbetreibenden orientieren. Folglich ist es geboten, im Voraus abgefasste Vertragsbedingungen inhaltlich zu überprüfen.

Dabei ist es für das Merkmal der Vorformulierung unerheblich, ob die Abreden für eine Vielzahl von Rechtsgeschäften oder lediglich für einen bestimmten Vertrag verfasst wurden. Zudem ist es nicht zwingend notwendig, dass der Gewerbetreibende die Vereinbarungen selbst formuliert hat. Vielmehr werden ihm auch die von einem Dritten angefertigten Klauseln zugerechnet, es sei denn, der Konsument hat sie nachweisbar in den Vertrag eingeführt[818].

Bezüglich des sachlichen Anwendungsbereichs der deutschen Transformationsvorschriften ist erneut zu berücksichtigen, dass zur Umsetzung der Klauselrichtlinie auf das AGBG zurückgegriffen wurde. Das AGBG war indes ausschließlich auf die Kontrolle von Standardverträgen gerichtet. Es konnten also lediglich Vertragsbedingungen überprüft werden, welche für eine Vielzahl von Verträgen vorformuliert worden waren und dem Kunden vom Verwender gestellt wurden. Daher fielen die von der Richtlinie erfassten Dritt- und Einzelvertragsklauseln nicht unter das AGBG[819].

Um die Klauselrichtlinie vollständig umzusetzen, war eine entsprechende Erweiterung des sachlichen Anwendungsbereichs des AGBG erforderlich. Diese Ergänzung findet sich mittlerweile in § 310 III Nr. 1, 2 BGB. Da die Modifikation einzig der Richtlinienumsetzung diente, gilt sie auch nur für den Anwendungsbereich der europäischen Bestimmungen. Das bedeutet, dass Dritt- und Einzelvertragsklauseln lediglich dann anhand der §§ 305 ff BGB kontrolliert

---

[817] Siehe 3. Teil, A) I., B).

[818] Siehe 2. Teil, B) III. 1.).

[819] Siehe 3. Teil, C) I.

werden können, wenn sie Bestandteil eines Verbrauchervertrags sind (§ 310 III Nr. 1, 2 BGB)[820].

D) Kontrollmaßstäbe der Klauselrichtlinie

In der Klauselrichtlinie sind zwei Kontrollmaßstäbe verankert, das Transparenzgebot und der Fairnesstest.

I. Transparenzgebot

Das Transparenzgebot verpflichtet den Unternehmer, die Vertragsbedingungen klar und verständlich zu verfassen, so dass ein Konsument die Klauseln ohne Einholung von Rechtsrat verstehen kann. Das Gebot sprachlicher Klarheit knüpft folglich an das äußere Erscheinungsbild einer Vereinbarung, mithin an formale Aspekte an.

Bestehen Zweifel über die Bedeutung einer Abrede, gilt die für den Verbraucher günstige Auslegung.

Auch wenn die Richtlinie das Transparenzgebot zunächst selbständig festschreibt, steht es dennoch in engem Zusammenhang mit der Fairnessprüfung. So fließt ein Verstoß gegen die Maßgabe der Verständlichkeit negativ in die Bewertung der Fairness einer Abrede ein.

Da die UTCCR 1999 die Klauselrichtlinie im Wesentlichen übernommen haben, wird das Gebot sprachlicher Klarheit dort ebenfalls ausdrücklich begründet (Reg. 7 (1) UTCCR 1999). Insgesamt ergeben sich daher keine Besonderheiten im Vergleich zu den Richtlinienbestimmungen[821].

Anders verhält es sich im deutschen Recht. Entgegen der Ausgestaltung der Klauselrichtlinie ist das Transparenzgebot in den §§ 305 ff BGB nicht explizit als selbständiges Prinzip enthalten. Vielmehr folgt aus § 307 I 2 BGB lediglich, dass die Unverständlichkeit einer Bedingung im Rahmen der Fairnessprüfung zu berücksichtigen ist. Trotzdem stellen die §§ 305 ff BGB eine ausreichende Umsetzung der Klauselrichtlinie dar. Das ist darauf zurückzuführen, dass die deutschen Gerichte bei der Anwendung des AGBG das Transparenzgebot als allgemeines Prinzip entwickelt haben. Demzufolge ist der Maßgabe der Verständlichkeit auch im deutschen Recht umfassend Rechnung zu tragen[822].

II. Fairnesstest

Auf der Grundlage der Klauselrichtlinie ist nicht nur die Transparenz einer Vertragsbedingung, sondern auch ihre Fairness zu beurteilen. Im Gegensatz zum Transparenzgebot bezieht sich der Fairnesstest nicht lediglich auf formale Aspekte. Stattdessen ermöglicht er eine direkte Bewertung von Vertragsinhalten, weshalb er als das Kernstück der Klauselrichtlinie anzusehen ist. Die zentrale Norm des Fairnesstests ist wiederum die Generalklausel des Art. 3 (1) RL. Danach ist eine Vertragsbedingung als unfair zu betrachten, wenn sie entgegen dem

---

[820] Siehe 3. Teil, C) II.
[821] Siehe 2. Teil, B) VI.
[822] Siehe 3. Teil, A) II., F).

Gebot von Treu und Glauben zum Nachteil des Verbrauchers ein erhebliches Missverhältnis der vertraglichen Rechte und Pflichten der Vertragspartner verursacht.
Die Unfairness einer Abrede setzt sich demnach aus zwei Komponenten zusammen. Zum einen muss die Bedingung ein erhebliches Missverhältnis der vertraglichen Rechte und Pflichten bewirken. Zum anderen ist es erforderlich, dass die Vereinbarung gegen das Prinzip von Treu und Glauben verstößt.
Da die Generalklausel unbestimmte Rechtsbegriffe zum Gegenstand hat, ist sie in hohem Maße ausfüllungsbedürftig. Aus diesem Grund zählt Art. 4 (1) RL verschiedene Faktoren auf, welche bei der Ermittlung eines erheblichen Missverhältnisses heranzuziehen sind. Des Weiteren nennt der 16. Erwägungsgrund der Präambel der Richtlinie diverse Kriterien, um den Grundsatz von Treu und Glauben zu konkretisieren. Schließlich sind im Anhang der Richtlinie Vertragsbedingungen aufgelistet, welche für missbräuchlich erklärt werden können.

E) Reichweite der Inhaltskontrolle

I. Umfang des Fairnesstests der UTCCR 1999 und der §§ 307 ff BGB

Bevor auf die Umsetzung des Fairnesstests in England und Deutschland eingegangen werden kann, ist zu erläutern, welche Bedingungen einer Fairnesskontrolle unterliegen. Dazu sind die Hauptbestandteile eines Vertrags, also Leistungsbeschreibung und Preisvereinbarung, von dessen Nebenabreden zu unterscheiden.
Sollen vertragliche Nebenvereinbarungen überprüft werden, ergeben sich für die Reichweite der Inhaltskontrolle keine Besonderheiten. Dementsprechend werden sämtliche Nebenabreden, die in den Anwendungsbereich der Richtlinie bzw. ihrer Umsetzungsnormen fallen, dem Fairnesstest unterworfen.
Abweichungen zum sachlichen Geltungsbereich bestehen jedoch hinsichtlich des Vertragskerns. So bestimmt Art. 4 (2) RL, dass die Beurteilung der Missbräuchlichkeit einer Klausel prinzipiell weder den Hauptgegenstand des Vertrags noch die Angemessenheit des Preis-Leistungsverhältnisses betrifft. Stattdessen soll dieses Verhältnis durch den Marktmechanismus festgelegt werden. Bezüglich des Vertragskerns wahrt die Richtlinie demzufolge den Grundsatz der Vertragsfreiheit.
Das gilt gem. Art. 4 (2) RL allerdings nur insofern, als dass die Hauptbestandteile des Vertrags in klarer und einfach verständlicher Sprache abgefasst sind. Ein Verstoß gegen das Transparenzgebot führt also zu einer Ausdehnung der inhaltlichen Überprüfung. Auf diese Weise sollen Klauseln, die für einen Verbraucher überraschend sind, gänzlich beseitigt werden.
Diese Richtlinienvorgaben haben die englischen Regeln in Reg. 6 (2) UTCCR 1999 übernommen[823].

---

[823] Siehe 2. Teil, B) V. 1.).

In Übereinstimmung dazu sind Leistungsbeschreibungen und Preisvereinbarungen auch in Deutschland prinzipiell von der inhaltlichen Überprüfung ausgeschlossen (§ 307 III 1 BGB). Dass diese Kontrollfreiheit unter dem Vorbehalt der Wahrung des Transparenzgebots steht, ergibt sich zudem aus § 307 III 2 BGB i.V.m. § 307 I BGB[824].
Die Reichweite der Inhaltskontrolle nach englischem und deutschem Recht unterscheidet sich folglich nicht, solange lediglich die Transformationsvorschriften der Klauselrichtlinie gegenübergestellt werden.

II. Besonderheiten außerhalb der Richtlinienumsetzung

Auch wenn sich der hier vorgenommene Rechtsvergleich auf die Umsetzung der Klauselrichtlinie beschränkt, sei dennoch auf eine bedeutende Differenz zwischen dem englischen und deutschen Recht hingewiesen.
Diesbezüglich ist zunächst festzuhalten, dass in England neben den UTCCR 1999 ein weiteres Gesetz existiert, welches eine direkte Inhaltskontrolle von Vertragsbedingungen ermöglicht. Das ist der „Unfair Contract Terms Act 1977" (UCTA 1977), der die Zulässigkeit von Freizeichnungsklauseln regelt. Zwar enthält der UCTA 1977 keine Generalklausel, auf Grund derer die Fairness von Vereinbarungen bewertet wird. Jedoch unterwirft der UCTA 1977 diverse Abreden einem so genannten Angemessenheitstest. Dieser Angemessenheitstest ist insbesondere bei solchen Klauseln heranzuziehen, durch die sich eine Partei vorbehält, den Vertrag gar nicht zu erfüllen oder zumindest wesentlich anders als vernünftigerweise erwartet werden kann (s. 3 (2) (b) UCTA 1977). Folglich kann mit Hilfe des UCTA 1977 eine Bedingung, welche unmittelbar den Hauptgegenstand des Vertrags betrifft, ohne weiteres inhaltlich überprüft werden[825].
Diese Tatsache begründet eine starke Diskrepanz zum Regelungsgehalt der Klauselrichtlinie und damit auch zu den jeweiligen Umsetzungsnormen im englischen und deutschen Recht.
Aber auch unabhängig von der Richtlinientransformation ist dem deutschen Recht die inhaltliche Bewertung des Vertragskerns wesensfremd. Eine Ausnahme von der Kontrollfreiheit besteht einzig dann, wenn die Hauptbestandteile eines vorformulierten Vertrags nicht verständlich verfasst sind (§ 307 III 2 i.V.m. § 307 I BGB). Weitere Möglichkeiten, Leistungsbeschreibungen oder Preisvereinbarungen direkt zu überprüfen, existieren nicht.
Außerhalb der Transformation der Klauselrichtlinie bestehen zwischen dem englischen und deutschen Recht somit Abweichungen bezüglich der Reichweite einer Inhaltskontrolle. Diese Unterschiede sind jedoch nicht Gegenstand der vorliegenden Arbeit.

---

[824] Siehe 3. Teil, E) II.
[825] Siehe 2. Teil, C) IV. 2.) a) bb), E) IV. 1.).

F) Durchführung des Richtlinien-Fairnesstests

Die konkrete Anwendung des in der Richtlinie verankerten Fairnesstests erfolgt in England und Deutschland auf unterschiedliche Weise. Das ist auf die variierenden Methoden der Richtlinienumsetzung in beiden Ländern zurückzuführen.

I. Englisches Recht

1.) Rückgriff auf die Richtlinienvorgaben

Da die UTCCR 1999 die Klauselrichtlinie lediglich übernommen haben, orientiert sich die Durchführung des Fairnesstests in England primär an den Vorgaben der Richtlinie.

Die Generalklausel, welche gem. Art. 3 (1) RL der Inhaltskontrolle zu Grunde liegt, findet sich in Reg. 5 (1) UTCCR 1999. Danach ist eine Vertragsbedingung als unfair zu betrachten, wenn sie entgegen dem Gebot von Treu und Glauben zum Nachteil des Verbrauchers ein erhebliches Missverhältnis der vertraglichen Rechte und Pflichten der Vertragspartner verursacht.

Demzufolge sind in England zwei Elemente der Unfairness zu prüfen. Zunächst muss die fragliche Bedingung ein erhebliches Missverhältnis der vertraglichen Rechte und Pflichten begründen, was als „significant imbalance“ bezeichnet wird. Des Weiteren ist es erforderlich, dass ein Verstoß gegen den Grundsatz von Treu und Glauben, also gegen das „good-faith“-Prinzip vorliegt. Die Beurteilung dieser Bestandteile der Unfairness wird „basic test“ genannt. Sind hinsichtlich einer Vereinbarung beide Komponenten gegeben, ist die Abrede missbräuchlich[826].

Zur notwendigen Interpretation der Generalklausel bedienen sich die UTCCR 1999 ebenfalls der Konkretisierungshilfen der Richtlinie.

a) Reg. 6 (1) UTCCR 1999

Um das Kriterium der „significant imbalance“ auszufüllen, zählt Reg. 6 (1) UTCCR 1999 die Faktoren auf, welche bereits in Art. 4 (1) RL enthalten sind. Danach sind neben der Art der Güter oder Dienstleistung auch die Begleitumstände des Vertrags zu berücksichtigen. Gleiches gilt für die restlichen Klauseln desselben Vertrags oder eines anderen Vertrags, von dem die zu bewertende Bedingung abhängt. Schließlich ist zu beachten, dass bei der Fairnessprüfung auf den Zeitpunkt des Vertragsschlusses abzustellen ist[827].

b) 16. Erwägungsgrund der Präambel der Richtlinie

Darüber hinaus ist innerhalb des „basic test“ auch der 16. Erwägungsgrund der Präambel der Richtlinie heranzuziehen. Dort werden Anhaltspunkte geliefert, welche den Maßstab von Treu und Glauben näher bestimmen. So ist zum einen das Kräfteverhältnis der Verhandlungsposition der Parteien zu bewerten. Zum anderen ist zu klären, ob für den Verbraucher ein Anreiz bestand, der fraglichen Klausel zuzustimmen. Außerdem ist zu erörtern, ob die Güter bzw. Dienstleis-

---

[826] Siehe 2. Teil, B) VII. 1.).

[827] Siehe 2. Teil, B) VII. 2.) a) bb).

tungen auf eine Sonderbestellung des Konsumenten hin verkauft bzw. erbracht wurden. Schließlich wird der Gewerbetreibende verpflichtet, sich gegenüber der anderen Partei, deren berechtigten Interessen er Rechnung tragen muss, fair und billig zu verhalten. Tut er dies nicht, missachtet er das Prinzip von Treu und Glauben[828].

Hinsichtlich der beiden Bestandteile des „basic test" bleibt festzuhalten, wie sie zusammenwirken. Obwohl das erhebliche Missverhältnis der vertraglichen Rechte und Pflichten und der Verstoß gegen Treu und Glauben zunächst selbständige Elemente der Unfairness darstellen, bestehen zwischen ihnen auch weitreichende Überschneidungen. So wird aus einer „significant imbalance" zugleich ein Missbrauch der Verhandlungsmacht seitens des Gewerbetreibenden abgeleitet. Darin ist wiederum ein unfaires und unbilliges Verhalten i.S.d. 16. Erwägungsgrundes der Präambel der Richtlinie zu sehen. Ein erhebliches Ungleichgewicht der vertraglichen Verpflichtungen hat demnach stets einen Verstoß gegen das „good faith"-Prinzip zur Folge.

Der Umkehrschluss kann hingegen nicht gezogen werden[829].

c) Sched. 2 UTCCR 1999

Weitere Hilfen zur Konkretisierung der Generalklausel der Reg. 5 (1) UTCCR 1999 finden sich in Sched. 2 UTCCR 1999. Ebenso wie im Annex der Klauselrichtlinie sind dort Vertragsbedingungen aufgelistet, die als unfair betrachtet werden können. Sched. 2 UTCCR 1999 nennt also beispielhaft solche Vereinbarungen, welche unter dem Verdacht der Missbräuchlichkeit stehen. Wegen der bloßen Wahrscheinlichkeit der Unfairness kommt dem Klauselanhang aber lediglich ein Hinweischarakter zu. Somit bleibt eine Einzelfallbetrachtung, mithin die Durchführung des „basic test", unerlässlich. Der „basic test" ist jedoch vor dem Hintergrund von Sched. 2 UTCCR 1999 vorzunehmen[830].

Unter Hinzuziehung dieses Beispielkatalogs wurden in England sodann folgende Kategorien von Vertragsabreden entwickelt, welche regelmäßig als unfair eingestuft werden: Das ist zum einen die Fallgruppe der Freizeichnungen („exemption clauses"[831]), zum anderen sind es solche Klauseln, die das Entstehen von Verbindlichkeiten des Gewerbetreibenden verhindern („liability preventing clauses"[832]). Des Weiteren sind „remedy restricting clauses"[833], welche Rechtsmittel des Verbrauchers einschränken, wahrscheinlich missbräuchlich. Gleiches gilt für so genannte „variation clauses"[834], da sie dem Unternehmer Änderungsbefugnisse hinsichtlich eines bereits abgeschlossenen Vertrags einräumen. Ferner stehen

---

[828] Siehe 2. Teil, B) VII. 2.) b) bb).
[829] Siehe 2. Teil, B) VII. 2.) b) cc).
[830] Siehe 2. Teil, B) VII. 3.).
[831] Siehe 2. Teil, B) VII. 3.) a).
[832] Siehe 2. Teil, B) VII. 3.) b).
[833] Siehe 2. Teil, B) VII. 3.) c).
[834] Siehe 2. Teil, B) VII. 3.) d).

die Fallgruppen der einseitigen Ausstiegsklauseln („unequal opt out clauses“[835]) und der Strafklauseln („penalty clauses“[836]) unter dem Verdacht der Unfairness. Schließlich sind solche Bedingungen zu nennen, welche für den Verbraucher nicht ausreichend erkennbar sind („hidden clauses“[837]).

2.) Entwicklung weitergehender Fallgruppen der Unfairness

Da Sched. 2 UTCCR 1999 keine abschließende Liste missbräuchlicher Bedingungen darstellt, konnten über den Beispielskatalog hinaus weitere Kategorien der Unfairness entwickelt werden.

Dazu wurde insbesondere auf den bereits angesprochenen UCTA 1977 zurückgegriffen. Dieser enthält zwar keine Generalklausel, welche eine auf dem Grundsatz von Treu und Glauben basierende Fairnessprüfung anordnet. Jedoch unterwirft der UCTA 1977 verschiedene Abreden einem Angemessenheitstest, womit er ebenfalls einen unbestimmten Rechtsbegriff verwendet. Zudem bestehen auch hinsichtlich der Anwendungsbereiche der UTCCR 1999 und des UCTA 1977 erhebliche Gemeinsamkeiten[838].

Aus diesem Grund konnte der UCTA 1977, der bereits lange vor der Klauselrichtlinie in Kraft getreten ist, die Auslegung der UTCCR 1999 beeinflussen. Dabei lässt sich der teilweise erfolgte Rückgriff auf den UCTA 1977 damit erklären, dass durch die Transformation der Richtlinie der allgemeine Maßstab von Treu und Glauben in das englische Recht eingeführt wurde. Folglich war das „good faith“-Prinzip erstmals zu konkretisieren, was zunächst Interpretationsschwierigkeiten verursachte. Um diese Unsicherheiten zu überwinden, wurde der UCTA 1977 zur Auslegung der UTCCR 1999 herangezogen. Im Hinblick auf die umfangreichen Überschneidungen beider Gesetze war ein derartiges Vorgehen möglich.

Aus der Berücksichtigung des UCTA 1977 resultiert zum einen die Fallgruppe der „indemnity clauses“[839], welche im Rahmen der UTCCR 1999 mittlerweile anerkannt ist. Unter derartigen Vertragsbedingungen werden Entschädigungsklauseln verstanden, die ein Risiko des Gewerbetreibenden auf den Verbraucher abwälzen, weshalb sie unter dem Verdacht der Missbräuchlichkeit stehen.

Unter Hinzuziehung des UCTA 1977 wurden ferner die „delivery in instalments clauses“[840] als Kategorie der Unfairness entwickelt. Danach soll es einem Unternehmer nicht gestattet sein, seine Leistung in beliebig vielen Raten zu erbringen. Ansonsten könnte sich ein Verbraucher nicht auf die Lieferung einstellen, womit seine berechtigten Interessen missachtet würden.

---

[835] Siehe 2. Teil, B) VII. 3.) e).
[836] Siehe 2. Teil, B) VII. 3.) f).
[837] Siehe 2. Teil, B) VII. 3.) g).
[838] Siehe 2. Teil, E)
[839] Siehe 2. Teil, F) I. 1.).
[840] Siehe 2. Teil, F) I. 2.).

Unabhängig vom UCTA 1977 sind zudem noch die Fallgruppen der Rechtsdurchsetzungsklauseln („unfair enforcement clauses“[841]) und der Kenntnisbestätigungsklauseln („signed statements“[842]) herausgearbeitet worden. Dabei räumen Rechtsdurchsetzungsklauseln dem Gewerbetreibenden ungebührlich weite Befugnisse zur außergerichtlichen Geltendmachung seiner Ansprüche ein. Eine Kenntnisbestätigungsklausel liegt schließlich vor, wenn ein Konsument wahrheitswidrig unterschreibt, den Vertrag und zugehörige Dokumente gelesen zu haben.

II. Deutsches Recht

Die Durchführung des Fairnesstests anhand der §§ 307 ff BGB weicht von der Vorgehensweise in England ab. Das beruht auf der Tatsache, dass Deutschland die Klauselrichtlinie durch bloße Modifikationen des damaligen AGBG umgesetzt hat. Dem AGBG lag jedoch ein Kontrollsystem zu Grunde, welches Differenzen zu dem der Richtlinie aufwies. Diese Systematik haben die jetzigen §§ 307 ff BGB übernommen.

1.) Die Generalklausel als Kernstück der Inhaltskontrolle

Zentrale Norm der §§ 307 ff BGB ist die Generalklausel des § 307 I 1 BGB. Danach sind Bestimmungen unwirksam, wenn sie den Vertragspartner des Verwenders entgegen den Geboten von Treu und Glauben unangemessen benachteiligen.

Folglich besteht insoweit eine Gemeinsamkeit mit der Richtlinie bzw. den UTCCR 1999, als dass jeweils eine Generalklausel das Kernstück des Fairnesstests bildet. Zudem liegt sowohl dem § 307 I 1 BGB als auch dem Art. 3 (1) RL der unbestimmte Rechtsbegriff von Treu und Glauben zu Grunde. Darüber hinaus kann eine unangemessene Benachteiligung i.S.v. §307 I 1 BGB mit einem erheblichen Missverhältnis der vertraglichen Rechte und Pflichten i.S.v. Art. 3 (1) RL verglichen werden. Somit sind die Generalklauseln des § 307 I 1 BGB und des Art. 3 (1) RL bzw. der Reg. 5 (1) UTCCR 1999 weitgehend deckungsgleich[843].

2.) Die Konkretisierung der Generalklausel

Abweichungen bezüglich des Fairnesstests ergeben sich jedoch aus der Art und Weise wie die Generalklausel im deutschen Recht konkretisiert wird. Diesen Zweck verfolgen die §§ 307 II, 308, 309 BGB.

Zunächst nennt § 307 II BGB zwei Unwirksamkeitsvermutungen, um das Merkmal der „unangemessenen Benachteiligung“ näher zu bestimmen. § 307 II Nr. 1, Nr. 2 BGB begründen demnach Regelbeispiele des § 307 I 1 BGB.

Ferner listen die §§ 308, 309 BGB unzulässige Vertragsabreden auf, wobei § 308 BGB einen Klauselkatalog mit Wertungsmöglichkeiten und § 309 BGB eine Verbotsliste ohne Auslegungsspielräume darstellt. Der entscheidende Un-

---

[841] Siehe 2. Teil, F) I. 3.).
[842] Siehe 2. Teil, F) I. 4.).
[843] Siehe 3. Teil, G) I. 1.), IV. 2.).

terschied dieser Vorschriften zum Annex der Richtlinie bzw. UTCCR 1999 besteht nun darin, dass eine Klausel, die einen Tatbestand des § 308 BGB oder § 309 BGB erfüllt, unwiderlegbar unfair ist. Im Rahmen der §§ 308, 309 BGB ist auf Rechtsfolgenseite also keine weitere Einzelfallbeurteilung erforderlich. Im Gegensatz dazu kommt den Beispielskatalogen von Richtlinie und UTCCR 1999 bloßer Hinweischarakter zu. Deshalb ist im englischen Recht die Durchführung des „basic test" stets unerlässlich. Die Verbotskataloge der §§ 308, 309 BGB sind wegen ihrer zwingenden Unwirksamkeitsfolge mithin strenger als Sched. 2 UTCCR 1999[844].

Aus der Ausgestaltung der Konkretisierungsvorschriften folgt im deutschen Recht zudem eine andere Prüfungsreihenfolge als in England. Dem allgemeinen Grundsatz entsprechend, spezielle Kontrollnormen vor den generellen anzuwenden, beginnt die Inhaltskontrolle im deutschen Recht mit den Klauselkatalogen der §§ 308, 309 BGB. Da § 309 BGB keine Wertungsmöglichkeiten enthält, ist er wiederum spezieller als § 308 BGB, so dass eine Vertragsbedingung zunächst an § 309 BGB zu messen ist. Greift kein dort aufgeführter Tatbestand ein, ist § 308 BGB heranzuziehen. Sind dessen Verbote ebenfalls nicht einschlägig, kommen die Unwirksamkeitsvermutungen der § 307 II Nr. 1, Nr. 2 BGB zur Geltung. Erst wenn eine Vereinbarung nach keiner der genannten Normen missbräuchlich ist, fällt sie in den Anwendungsbereich der Generalklausel des § 307 I 1 BGB[845].

Demgegenüber ist die englische Generalklausel jedem Fairnesstest zu Grunde zu legen.

3.) Die Verbotskataloge der §§ 308, 309 BGB

Wie bereits dargelegt, kommt dem Beispielskatalog der Richtlinie bloßer Hinweischarakter zu. Somit ist die Rechtsfolge der Unwirksamkeit der aufgeführten Klauseln für die Mitgliedstaaten nicht verbindlich. Aus diesem Grund ist es unschädlich, dass die §§ 308, 309 BGB und der Richtlinienanhang nicht vollkommen deckungsgleich sind.

Trotz bestehender Unterschiede können die Richtlinienbeispiele aber weitgehend den Tatbeständen der §§ 308, 309 BGB zugeordnet werden.

Dementsprechend lassen sich anhand der §§ 308, 309 BGB insbesondere diejenigen Fallgruppen bilden, welche in England aus Sched. 2 UTCCR 1999 abgeleitet wurden, um den Begriff der Missbräuchlichkeit auszufüllen:

Dabei ist zunächst die Fallgruppe der Haftungsausschlüsse und Haftungsbeschränkungen zu nennen.

Des Weiteren verstößt ein Ausschluss von Rechtsmitteln des Verbrauchers gegen das Gebot der Fairness. Dabei ist zu betonen, dass diese Kategorie in Deutschland auch so genannte Kenntnisbestätigungsklauseln erfasst, welche in

---

[844] Siehe 3. Teil, G) I. 2.).

[845] Siehe 3. Teil, G) I. 3.).

England unabhängig von Sched. 2 UTCCR 1999 als „signed statements“ für unfair erklärt werden.
Ferner existiert in Deutschland ebenfalls die Fallgruppe der Änderungsbefugnisse. Diese schließt mit den Ratenlieferungsklauseln erneut Bedingungen ein, die in England eine unabhängige Gruppe missbräuchlicher Klauseln bilden („delivery in instalments clauses“).
Außerdem ist es im deutschen Recht anerkannt, dass einseitige Ausstiegsklauseln, Strafklauseln, nicht erkennbare Bedingungen und das Nichtanerkennen von Verbindlichkeiten Kategorien unfairer Vereinbarungen darstellen.
Über die genannten Fallgruppen hinaus begründen die §§ 308, 309 BGB jedoch auch weitergehende Verbote, die mit keinem Beispiel im Annex der Richtlinie korrespondieren. Diese Vertragsbedingungen lassen sich wiederum in zwei Kategorien einteilen: Zum einen in die unzulässige Verschaffung eigener Ansprüche durch den Gewerbetreibenden, zum anderen in die Einschränkung der Dispositionsfreiheit des Verbrauchers[846].

4.) Die Unwirksamkeitsvermutungen gem. § 307 II BGB

Ist eine Klausel nicht gem. §§ 309, 308 BGB unwirksam, fällt sie in den Anwendungsbereich des § 307 II BGB. Dort sind Regelbeispiele für eine unangemessene Benachteiligung i.S.d. § 307 I 1 BGB verankert.
So ist gem. § 307 II Nr. 1 BGB eine unangemessene Benachteiligung im Zweifel anzunehmen, wenn eine Bestimmung mit wesentlichen Grundgedanken der gesetzlichen Regelung, von der abgewichen wird, nicht zu vereinbaren ist. Diese Vermutung knüpft an den Grundsatz an, dass dem dispositiven Recht eine Richtlinien- und Leitbildfunktion zukommt. Daher soll es als Prüfungsmaßstab der Inhaltskontrolle dienen[847].
Des Weiteren ist eine unangemessene Benachteiligung im Zweifel anzunehmen, wenn eine Bestimmung wesentliche Rechte oder Pflichten, die sich aus der Natur des Vertrags ergeben, so einschränkt, dass die Erreichung des Vertragszwecks gefährdet ist (§ 307 II Nr. 2 BGB). Im Rahmen dieses Regelbeispiels ist also nicht das dispositive Recht, sondern die Natur des Vertrags der Kontrollmaßstab. Dabei kann sich eine Vertragszweckgefährdung beispielsweise daraus ergeben, dass Risiken des Unternehmers auf den Kunden abgewälzt werden. Folglich schließt § 307 II Nr. 2 BGB insbesondere Entschädigungsklauseln ein, die in England als „indemnity clauses“ bezeichnet werden und eine selbständige Fallgruppe der Unfairness bilden[848].
Auch wenn weder die Richtlinie noch die UTCCR 1999 Vorschriften enthalten, die mit § 307 II BGB vergleichbar sind, gewährleisten die Unwirksamkeitsvermutungen jedoch keinen höheren Schutzstandard. So lassen sich aus § 307 II

[846] Siehe 3. Teil, G) II., III., V.
[847] Siehe 3. Teil, G) IV. 1.) a).
[848] Siehe 3. Teil, G) IV. 1.) b).

BGB keine weiteren Kategorien missbräuchlicher Vertragsbedingungen entwickeln.

5.) Die Generalklausel des § 307 I 1 BGB

Kann die Unfairness einer Vereinbarung nicht aus den Regelbeispielen des § 307 II BGB abgeleitet werden, ist sie schließlich an der Generalklausel des § 307 I 1 BGB zu messen.

Danach ist eine Bestimmung nichtig, wenn sie den Vertragspartner des Verwenders entgegen den Geboten von Treu und Glauben unangemessen benachteiligt.

Wie bereits festgestellt, ist diese Formulierung weitgehend mit Art. 3 (1) RL identisch.

Ohnehin ist zu bedenken, dass die §§ 305 ff BGB richtlinienkonform auszulegen sind, falls sie als Umsetzungsnormen der Klauselrichtlinie zur Anwendung gelangen.

Demzufolge sind innerhalb des § 307 I 1 BGB insbesondere die Kriterien zu berücksichtigen, welche die Richtlinie zur Konkretisierung der Fairness nennt. Insofern kann weitgehend auf die Ausführungen zu Reg. 6 (1) UTCCR 1999 und dem 16. Erwägungsgrund der Präambel verwiesen werden.

So ist auch im deutschen Recht der Zeitpunkt des Vertragsschlusses für die Frage entscheidend, ob eine Abrede missbräuchlich ist oder nicht[849].

Zudem ist bei der Bewertung einer Vereinbarung die Art der Güter oder Dienstleistung zu berücksichtigen[850].

Ferner sind die restlichen Klauseln desselben Vertrags oder eines anderen Rechtsgeschäfts, von dem die zu prüfende Bedingung abhängt, ebenfalls in die Inhaltskontrolle einzubeziehen. Allerdings wird dieses Kriterium in England und Deutschland unterschiedlich ausgelegt. Zum einen ist es im deutschen Recht anerkannt, dass zwei ungünstige Bedingungen, die jede für sich betrachtet noch akzeptabel erscheinen, zusammen eine nicht mehr hinnehmbare Belastung des Vertragspartners verursachen können. In derartigen Fällen sind beide Bedingungen, die gemeinsam die Grenze der Unangemessenheit überschreiten, unwirksam. Zum anderen ist die Kompensation nachteiliger Vereinbarungen in Deutschland nicht uneingeschränkt möglich. Vielmehr wird für ein gegenseitiges Aufwiegen ein sachlicher Zusammenhang der Regelungen gefordert. Ein vergleichbares Verständnis zu Reg. 6 (1) UTCCR 1999 hat sich in England bislang nicht durchgesetzt. Unter diesen Gesichtspunkten wird § 307 I 1 BGB folglich kundenfreundlicher interpretiert, was im Vergleich zur Richtlinie und den UTCCR 1999 einen höheren Verbraucherschutz sichert[851].

Des Weiteren sind bei der Überprüfung einer Klausel auch die Begleitumstände des Vertrags zu berücksichtigen (Art. 4 (1) RL). Eine solche Umständekontrolle sah das deutsche Recht vor der Umsetzung der Richtlinie allerdings nicht vor.

---

[849] Siehe 3. Teil, G) IV. 2.) a) aa) (1).
[850] Siehe 3. Teil, G) IV. 2.) a) aa) (2).
[851] Siehe 3. Teil, G) IV. 2.) a) aa) (3).

Somit war eine Modifikation des damaligen AGBG erforderlich. Mittlerweile bestimmt § 310 III Nr. 3 i.V.m. § 307 I 1 BGB, dass bei der Prüfung von Verbraucherverträgen die Begleitumstände ergänzend heranzuziehen sind[852]. Entsprechend dem 16. Erwägungsgrund der Präambel der Richtlinie sind im Rahmen des § 307 I 1 BGB außerdem bestimmte Kriterien zu berücksichtigen, um das Gebot von Treu und Glauben zu konkretisieren. So ist zu klären, welches Kräfteverhältnis zwischen den Verhandlungspositionen bestand, ob auf den Verbraucher in irgendeiner Weise eingewirkt wurde, seine Zustimmung zur Klausel zu geben, und ob die Güter oder Dienstleistung auf eine Sonderbestellung des Verbrauchers hin verkauft bzw. erbracht wurden. Ferner ist zu erörtern, ob der Gewerbetreibende seiner Pflicht nachgekommen ist, den berechtigten Interessen seines Vertragspartners Rechnung zu tragen und sich ihm gegenüber loyal und billig zu verhalten. Bezüglich dieser Auslegungshilfen ergeben sich im deutschen Recht keine Besonderheiten zur Klauselrichtlinie bzw. den UTCCR 1999[853].

Im Rahmen des § 307 I 1 BGB ist darüber hinaus zu beachten, dass die Beispiele des Anhangs der Richtlinie, die mit keinem Verbot der §§ 309, 308 BGB korrespondieren, in die Auslegung der Generalklausel einfließen[854].

Endlich bleibt festzuhalten, dass die in England entwickelte Fallgruppe der „unfair enforcement clauses" von § 307 I 1 BGB erfasst wird. Mithin sind Rechtsdurchsetzungsklauseln auch nach deutschem Recht missbräuchlich[855].

III. Gegenüberstellung der Ergebnisse

Abschließend sollen die Kategorien unfairer Vertragsbedingungen, die aus den UTCCR 1999 entwickelt wurden, den in Deutschland anerkannten Fallgruppen gegenübergestellt werden.

Zunächst bestehen Gemeinsamkeiten, sofern sich die Kategorien aus dem Annex der Richtlinie ergeben. Demnach existieren sowohl in England als auch in Deutschland folgende Gruppen missbräuchlicher Abreden: Haftungsausschlüsse und Haftungsbeschränkungen, das Nichtanerkennen von Verbindlichkeiten, der Ausschluss von Rechtsmitteln, Änderungsbefugnisse, einseitige Ausstiegsklauseln, Strafklauseln und nicht erkennbare Klauseln[856].

Über Sched. 2 UTCCR 1999 hinaus wurden in England aber noch weitere Kategorien unfairer Bedingungen entwickelt. Indes begründen sie im Vergleich zu Deutschland keinen weiterreichenden Verbraucherschutz. Vielmehr sind „indemnity clauses", „delivery in instalments clauses", „signed statements" und „unfair enforcement clauses" auch nach deutschem Recht missbräuchlich[857].

---

[852] Siehe 3. Teil, G) IV. 2.) a) bb).
[853] Siehe 3. Teil, G) IV. 2.) b).
[854] Siehe 3. Teil, G) IV. 2.) c).
[855] Siehe 3. Teil, G) VI. 2.) d).
[856] Siehe 3. Teil, G) VI. 1.).
[857] Siehe 3. Teil, G) VI. 2.).

Im Gegensatz dazu lassen sich anhand der §§ 307 ff BGB zwei Fallgruppen unfairer Klauseln bilden, welche im englischen Recht bislang nicht erarbeitet worden sind. Das sind die Kategorien der Verschaffung eigener Ansprüche und der Einschränkung der Dispositionsfreiheit[858].
Des Weiteren ist festzustellen, dass die Generalklausel des § 307 I 1 BGB strenger ausgelegt wird als Reg. 5 (1) UTCCR 1999, sobald die anderen Vereinbarungen des Vertrags in die Inhaltskontrolle einbezogen werden[859].

G) Schlussbemerkung

Insgesamt ist jedoch zu resümieren, dass die Umsetzung der „EG-Richtlinie über missbräuchliche Klauseln in Verbraucherverträgen" in England und Deutschland zu weitgehend identischen Ergebnissen bei der Inhaltskontrolle von Verbraucherverträgen führt. So sind sämtliche Fallgruppen unfairer Vertragsbedingungen, welche in England anhand der UTCCR 1999 entwickelten wurden, im deutschen Recht ebenfalls anerkannt.
Daneben existieren in Deutschland allerdings zwei Kategorien, welche im englischen Recht bislang nicht erarbeitet worden sind. Das sind die Fallgruppen der „Verschaffung eigener Ansprüche" und der „Einschränkung der Dispositionsfreiheit". Außerdem wird die Generalklausel des Fairnesstests im deutschen Recht strenger ausgelegt, sofern bei der Bewertung einer Vertragsbedingung die übrigen Vereinbarungen berücksichtigt werden. Auf Grund der genannten Unterschiede zum englischen Recht besteht in Deutschland bei der Überprüfung von Verbraucherverträgen bislang also ein erhöhtes Schutzniveau.
Trotz der aufgezeigten Differenzen ist jedoch zu betonen, dass die englischen und deutschen Gemeinsamkeiten bei der Kontrolle von Verbraucherverträgen stark überwiegen. Dies verdeutlicht, dass der Sinn und Zweck der Richtlinie, unter den Gemeinschaftsmitgliedern eine Rechtsangleichung herbeizuführen, erreicht wurde. Das ist insbesondere vor dem Hintergrund bemerkenswert, dass der zentrale Kontrollmaßstab der Richtlinie, das Prinzip von Treu und Glauben, im englischen Recht vor Erlass der UTCCR 1999 nicht verankert war.
Abschließend bleibt allerdings darauf hinzuweisen, dass die Klauselrichtlinie lediglich die Überprüfung von Verbraucherverträgen betrifft. Sowohl in England als auch in Deutschland bestehen daneben aber weitere Rechtsgrundlagen für eine Inhaltskontrolle. Selbige waren jedoch nicht Gegenstand des durchgeführten Rechtsvergleichs. Damit muss die Frage offen bleiben, inwieweit die inhaltliche Überprüfung von Vertragsklauseln außerhalb der Umsetzung der Klauselrichtlinie unterschiedlich ausfällt.

---

[858] Siehe 3. Teil, G) VI. 3.) b), c).
[859] Siehe 3. Teil, G) VI. 3.) a).

STUDIEN ZUM VERGLEICHENDEN UND INTERNATIONALEN RECHT

Herausgeber: Bernd von Hoffmann, Erik Jayme und Heinz-Peter Mansel

Band 1 Ferdinand Henke: Die Datenschutzkonvention des Europarates. 1986.

Band 2 Peter Czermak: Der express trust im internationalen Privatrecht. 1986.

Band 3 Peter Kindler: Der Ausgleichsanspruch des Handelsvertreters im deutsch-italienischen Warenverkehr. Eine rechtsvergleichende und kollisionsrechtliche Untersuchung. 1987.

Band 4 Wilhelm Denzer: Stellung und Bedeutung des Engineers in den FIDIC-Bauvertragsbedingungen. 1988.

Band 5 Marijan-Maximilian Lederer: Die internationale Enteignung von Mitgliedschaftsrechten unter besonderer Berücksichtigung der französischen Enteignungen 1982. 1989.

Band 6 Rainer Esser: Klagen gegen ausländische Staaten. 1990.

Band 7 Chang Jae-Ok: Auf dem Weg zu einer Materialisierung des Immateriellen ? Personen-, Persönlichkeitsschutz und Geldersatz des immateriellen Schadens in rechtsvergleichender Hinsicht am Beispiel des koreanischen und japanischen Zivilrechts unter besonderer Berücksichtigung des deutschen Rechts. 1990.

Band 8 Paul-Frank Weise: Lex mercatoria. Materielles Recht vor der internationalen Handelsschiedsgerichtbarkeit.1990.

Band 9 Werner Born: Der Auftrittsvertrag für Musikgruppen im Bereich der Rock- und Popmusik. 1990.

Band 10 Ralf Erich Jürgens: IPR und Verfassung in Italien und in der Bundesrepublik Deutschland. 1990.

Band 11 Rainer Gildeggen: Internationale Schieds- und Schiedsverfahrensvereinbarungen in Allgemeinen Geschäftsbedingungen vor deutschen Gerichten. 1991.

Band 12 Klaus Grabinski: Die kollisionsrechtliche Behandlung des Durchgriffs bei rechtlich verselbständigten Unternehmen in privater oder öffentlicher Hand. 1991.

Band 13 Dieter Stummel: Konkurs und Integration. Konventionsrechtliche Wege zur Bewältigung grenzüberschreitender Insolvenzverfahren. 1991.

Band 14 Joachim Güntzer: Die Rechtsstellung des Geschäftsführers im spanischen Aktienrecht. Die Neuregelung des spanischen Aktienrechts nach dem Beitritt Spaniens zur EG. 1991.

Band 15 Sabine Isenburg-Epple: Die Berücksichtigung ausländischer Rechtshängigkeit nach dem Europäischen Gerichtsstands- und Vollstreckungsübereinkommen vom 27.9.1968. Untersuchungen zum Anwendungsbereich von Art. 21 EuGVÜ unter schwerpunktmäßiger Behandlung der Frage nach der Bestimmung eines europäischen Streitgegenstandsbegriffs. 1992.

Band 16 Ulrich Nickl: Die Qualifikation der culpa in contrahendo im Internationalen Privatrecht. 1992.

Band 17 Theo Rauh: Leistungserschwerungen im Schuldvertrag. Eine rechtsvergleichende Untersuchung des englischen, US-amerikanischen, französischen und deutschen Rechts unter besonderer Berücksichtigung der gerichtlichen Praxis. 1992.

Band 18 Bernadette Chaussade-Klein: Vorvertragliche "obligation de renseignements" im französichen Recht. 1992.

Band 19 Josef Sievers: Verbraucherschutz gegen unlautere Vertragsbedingungen im französischen Recht. Vom Code civil zum "Code de la consommation" – die Entstehung eines Sonderprivatrechts für Verbraucher. 1993.

Band 20 Achim Schäfer: Grenzüberschreitende Kreditsicherung an Grundstücken, unter besonderer Berücksichtigung des deutschen und italienischen Rechts. 1993.

Band 21 Eugenio Hernández-Breton: Internationale Gerichtsstandsklauseln in Allgemeinen Geschäftsbedingungen. Unter besonderer Berücksichtigung des deutsch-südamerikanischen Rechtsverkehrs (dargestellt am Beispiel Argentinien, Brasilien und Venezuela). 1993.

Band 22 Ingo Reng: Unterhaltsansprüche aufgrund nichtehelicher Lebensgemeinschaft – Internationales Privatrecht und ausländisches materielles Recht. 1994.

Band 23 Stefanie Roloff: Die Geltendmachung ausländischer öffentlicher Ansprüche im Inland. 1994.

Band 24 Katharina Ludwig: Der Vertragsschluß nach UN-Kaufrecht im Spannungsverhältnis von Common Law und Civil Law. Dargestellt auf der Grundlage der Rechtsordnungen Englands und Deutschlands. 1994.

Band 25 Malte Diesselhorst: Mehrparteienschiedsverfahren. Internationale Schiedsverfahren unter Beteiligung von mehr als zwei Parteien. 1994.

Band 26 Manfred Kost: Konsensprobleme im internationalen Schuldvertragsrecht. 1995.

Band 27 Wolff-Heinrich Fleischer: Das italienische Wettbewerbsrecht und die Probleme des selektiven Parfümvertriebs unter Berücksichtigung der Rechtslage in Frankreich und Deutschland. 1995.

Band 28 Angelika Fuchs: Lateinamerikanische Devisenkontrollen in der internationalen Schuldenkrise und Art. VIII Abschn. 2 b) IWF-Abkommen. 1995.

Band 29 Jacques Matthias Aull: Der Geltungsanspruch des EuGVÜ: "Binnensachverhalte" und Internationales Zivilverfahrensrecht in der Europäischen Union. Zur Auslegung von Art. 17 Abs. 1 S. 1 EuGVÜ. 1996.

Band 30 Hartmut Ost: EVÜ und fact doctrine. Konflikte zwischen europäischer IPR-Vereinheitlichung und der Stellung ausländischen Rechts im angelsächsischen Zivilprozeß. 1996.

Band 31 Stefan Wagner: Die Testierfähigkeit im Internationalen Privatrecht. 1996.

Band 32 Wolfgang Jakob Hau: Positive Kompetenzkonflikte im Internationalen Zivilprozeßrecht. Überlegungen zur Bewältigung von *multi-fora disputes*. 1996.

Band 33 Markus Schütz: UN-Kaufrecht und *Culpa in contrahendo*. 1996.

Band 34 Volker Geyrhalter: Das Lösungsrecht des gutgläubigen Erwerbers. Ein "vergessener" Kompromiß und die Auswirkungen auf das heutige deutsche Recht unter besonderer Berücksichtigung des internationalen Sachenrechts. 1996.

Band 35 Andreas Kramer: Abwicklungsstörungen bei Kaufverträgen. Die Lieferung vertragswidriger Sachen im deutschen und italienischen Recht. 1996.

Band 36 Petra Krings: Erfüllungsmodalitäten im internationalen Schuldvertragsrecht. 1997.

Band 37 Tonja Gaibler: Der rechtsgeschäftliche Irrtum im französischen Recht. 1997.

Band 38 Dirk Otto: Rechtsspaltung im indischen Erbrecht. Bedeutung und Auswirkungen auf deutsch-indische Nachlaßfälle. 1997.

Band 39 Gregor W. Decku: Zwischen Vertrag und Delikt. Grenzfälle vertraglicher und deliktischer Haftung dargestellt am Beispiel der Berufs- und Expertenhaftung zum Schutze des Vermögens Dritter im deutschen und englischen Recht. 1997.

Band 40 Ulrike Höpping: Auswirkungen der Warenverkehrsfreiheit auf das IPR unter besonderer Berücksichtigung des Internationalen Produkthaftungsrechts und des Internationalen Vertragsrechts. 1997.

Band 41 Andreas Bartosch: Die vermögensrechtlichen Beziehungen der Ehegatten bei bestehender Ehe im englischen Recht – Eigentum, Besitz, Schuldvertrag. 1997.

Band 42 Helene Boriths Müller: Die Umsetzung der europäischen Übereinkommen von Rom und Brüssel in das Recht der Mitgliedstaaten. Dargestellt am Beispiel Deutschlands und Dänemarks. 1997.

Band 43 Bernd von Hoffmann / Myong-Chang Hwang (eds.): The Public Concept of Land Ownership. Reports and Discussions of a German-Korean Symposium held in Seoul on October 7-9, 1996. 1997.

Band 44 Oliver Heeder: Fraus legis. Eine rechtsvergleichende Untersuchung über den Vorbehalt der Gesetzesumgehung in Deutschland, Österreich, der Schweiz, Frankreich und Belgien unter besonderer Berücksichtigung des Internationalen Privatrechts. 1998.

Band 45 Heinrich Schütt: Deliktstyp und Internationales Privatrecht. Dargestellt an grenzüberschreitenden Problemen der Arzthaftung. 1998.

Band 46 Axel Steiner: Die stillschweigende Rechtswahl im Prozeß im System der subjektiven Anknüpfungen im deutschen Internationalen Privatrecht. 1998.

Band 47 Martina Schulz: Der Eigentumsvorbehalt in europäischen Rechtsordnungen. Rechtsvergleichende Untersuchung des deutschen, englischen und französischen Rechts unter besonderer Berücksichtigung von Erweiterungen und Verlängerungen. 1998.

Band 48 Karin Dreher: Die Rechtswahl im internationalen Erbrecht. Unter besonderer Berücksichtigung des italienischen IPR-Reformgesetzes N. 218 vom 31. Mai 1995. 1999.

Band 49 Giuliano Gabrielli: Das Verhältnis zwischen der Anfechtung wegen Eigenschaftsirrtums und den Gewährleistungsansprüchen im deutschen, österreichischen und italienischen Recht. 1999.

Band 50 Bernd von Hoffmann / Myong-Chan Hwang (eds.): Developments in Land Law. Reports and Discussions of a German-Korean Symposium held in Berlin and Trier on July 21-24, 1997. 1999.

Band 51 Volker Heidbüchel: Das UNCITRAL-Übereinkommen über unabhängige Garantien und Standby Letters of Credit. Vergleiche mit den Richtlinien der Internationalen Handelskammer, dem deutschen, englischen und US-amerikanischen Recht. 1999.

Band 52 Jan Christoph Nordmeyer: Pflichtteilsansprüche und Wiedervereinigung. Eine systematische Analyse der Ausgleichsansprüche nach BGB-Pflichtteilsrecht unter besonderer Berücksichtigung der durch den Wiedervereinigungsprozeß eingetretenen Wertveränderungen. 1999.

Band 53 Bettina Linder: Vertragsabschluß beim grenzüberschreitenden Verbraucherleasing. 1999.

Band 54 Almontasser Fetih: Die zivilrechtliche Haftung bei Vertragsverhandlungen. Eine rechtsvergleichende Studie zum deutschen, französischen, ägyptischen und islamischen Recht. 2000.

Band 55 Sona Rajani: Die Geltung und Anwendung des Gemeinschaftsrechts im Vereinigten Königreich von Großbritannien und Nordirland. Der Grundsatz der Parlamentssouveränität im Wandel. 2000.

Band 56 Joachim Kayser: Gegenmaßnahmen im Außenwirtschaftsrecht und das System des europäischen Kollisionsrechts. Eine Analyse der EU-Abwehrverordnung gegen die Auswirkungen extraterritorialer Rechtserstreckung eines Drittlandes. 2001.

Band 57 Albrecht Conrad: Qualifikationsfragen des Trust im Europäischen Zivilprozeßrecht. 2001.

Band 58 Bernd Borgmann: Die Entsendung von Arbeitnehmern in der Europäischen Gemeinschaft. Wechselwirkungen zwischen Kollisionsrecht, Grundfreiheiten und Spezialgesetzen. 2001.

Band 59 Aleksandar Jaksic: Arbitration and Human Rights. 2002.

Band 60 Islamisches und arabisches Recht als Problem der Rechtsanwendung. Symposium zu Ehren von Professor Emeritus Dr. iur. Omaia Elwan. Veranstaltet vom Institut für ausländisches und internationales Privat- und Wirtschaftsrecht der Universität Heidelberg und der Gesellschaft für Arabisches und Islamisches Recht e.V. Herausgegeben von Herbert Kronke, Gert Reinhart und Nika Witteborg. 2001.

Band 61 Patrick Fiedler: Stabilisierungsklauseln und materielle Verweisung im internationalen Vertragsrecht. 2001.

Band 62 Werner Mangold: Die Abtretung im Europäischen Kollisionsrecht. Unter besonderer Berücksichtigung des spanischen Rechts. 2001.

Band 63 Eike Dirk Eschenfelder: Beweiserhebung im Ausland und ihre Verwertung im inländischen Zivilprozess. Zur Bedeutung des US-amerikanischen discovery-Verfahrens für das deutsche Erkenntnisverfahren. 2002.

Band 64 Bernd Ehle: Wege zu einer Kohärenz der Rechtsquellen im Europäischen Kollisionsrecht der Verbraucherverträge. 2002.

Band 65 Heiko Lehmkuhl: Das Nacherfüllungsrecht des Verkäufers im UN-Kaufrecht. 2002.

Band 66 Jochen Nikolaus Schlotter: Erbrechtliche Probleme in der Société Privée Européenne. IPR-Harmonisierung im einheitlichen Europäischen Rechtsraum. 2002.

Band 67 Konrad Ost: Doppelrelevante Tatsachen im Internationalen Zivilverfahrensrecht. Zur Prüfung der internationalen Zuständigkeit bei den Gerichtsständen des Erfüllungsortes und der unerlaubten Handlung. 2002.

Band 68 Tobias Bosch: Die Durchbrechungen des Gesamtstatuts im internationalen Ehegüterrecht. Unter besonderer Berücksichtigung deutsch-französischer Rechtsfälle. 2002.

Band 69 Ursula Philipp: Form im amerikanischen Erbrecht. Zwischen Formalismus und harmless error. 2002.

Band 70 Christian Stefan Wolf: Der Begriff der wesentlich engeren Verbindung im Internationalen Sachenrecht. 2002.

Band 71 André Fomferek: Der Schutz des Vermögens Minderjähriger. Ein Vergleich des deutschen und des englischen Rechts unter Berücksichtigung des schottischen und irischen Rechts. 2002.

Band 72 nicht erschienen

Band 73 Markus Dreißigacker: Sprachenfreiheit im Verbrauchervertragsrecht. Der Verbraucher im Spannungsfeld zwischen kultureller Identität und Privatautonomie. 2002.

Band 74 Vassiliki Myller-Igknay: Auskunftsansprüche im griechischen Zivilrecht. Auswirkungen im deutsch-griechischen Rechtsverkehr sowie im deutschen internationalen Privat- und Verfahrensrecht. 2003

Band 75 Stefan Bruinier: Der Einfluss der Grundfreiheiten auf das Internationale Privatrecht. 2003.

Band 76 Nika Witteborg: Das gemeinsame Sorgerecht nichtverheirateter Eltern. Eine Untersuchung im soziologischen, rechtsgeschichtlichen, verfassungsrechtlichen, rechtsvergleichenden und internationalen Kontext. 2003.

Band 77 Peter Stankewitsch: Entscheidungsnormen im IPR als Wirksamkeitsvoraussetzungen der Rechtswahl. 2003.

Band 78 Jan Wilhelm Ritter: Euro-Einführung und IPR unter besonderer Berücksichtigung nachehelicher Unterhaltsverträge. Eine Untersuchung mit Blick auf das deutsche, französische und schweizerische Recht. 2003.

Band 79 Wolf Richard Herkner: Die Grenzen der Rechtswahl im internationalen Deliktsrecht. 2003.

Band 80 Ira Ditandy: Internationale Zuständigkeit. Neuregelung durch die LOPJ 1985. Vergleich mit dem europäischen Vorbild und Auswirkungen auf das spanische internationale Zivil- verfahrensrecht. 2003.

Band 81 Andrea Verena Schefold: Werbung im Internet und das deutsche Internationale Privatrecht. 2004.

Band 82 Klaus Herkenrath: Die Umsetzung der Richtlinie 93/13/EWG über missbräuliche Klauseln in Verbraucherverträgen in Deutschland, dem Vereinigten Königreich, Frankreich und Italien. Auswirkungen nationaler Umsetzungstechniken auf dem Harmonisierungserfolg. 2003.

Band 83 Alexander Thünken: Das kollisionsrechtliche Herkunftslandprinzip. 2003.

Band 84 Barbara v. Daumiller: Die Rechtswahl im italienischen internationalen Erbrecht: und ihre Auswirkungen im deutsch-italienischen Rechtsverkehr. 2003.

Band 85 Robert Mödl: Macht, Verantwortlichkeit und Zurechnung im Konzern. Eine rechtsvergleichende Untersuchung auf der Grundlage des deutschen, spanischen und US-amerikanischen Rechts. 2003.

Band 86 Ursula Kerpen: Das Internationale Privatrecht der Persönlichkeitsrechtsverletzungen. Eine Untersuchung auf rechtsvergleichender Grundlage. 2003.

Band 87 Barbara Ploeckl: Umgangsrechtsstreitigkeiten im deutsch-französischen Rechtsverkehr. Bestehende internationale und nationale Regelungen und der geplante *europäische Besuchstitel*. 2003.

Band 88 Katrin Wannemacher: Die Außenkompetenzen der EG im Bereich des Internationalen Zivilverfahrensrechts. Der räumliche Anwendungsbereich des Art. 65 EGV am Beispiel der EuGVO und der EheVO. 2003.

Band 89 Maren B. Eilinghoff: Das Kollisionsrecht der ungerechtfertigten Bereicherung nach dem IPR-Reformgesetz von 1999. 2004.

Band 90 Patrick Niehr: Die zivilprozessuale Dokumentenvorlegung im deutsch-englischen Rechtshilfeverkehr nach der deutschen und der englischen Prozessrechtsreform. 2004.

Band 91 Anna Christina Gördes: Internationale Zuständigkeit, Anerkennung und Vollstreckung von Entscheidungen über die elterliche Verantwortung. Die VO(EG) Nr. 1347/2000, ihre geplanten Änderungen und das Verhältnis beider zum Minderjährigen- und Kinderschutzabkommen. 2004.

Band 92 Martin Rädler: Rechtsbehelfe des Käufers eines Unternehmens oder einer unternehmerischen Beteiligung gegen den Verkäufer im deutschen und französischen Recht. 2004.

Band 93 Marc-Yngve Dietrich: Rechtsstellung und Beteiligung der Gläubiger im französischen Insolvenzverfahren. 2004.

Band 94 Katia Niemann: Die rechtsgeschäftliche und organschaftliche Stellvertretung und deren kollisionsrechtliche Einordnung. Deutschland und England im Vergleich. 2004.

Band 95 Daniel Ludwig: Neuregelungen des deutschen Internationalen Insolvenzverfahrensrechts. Eine Untersuchung unter vergleichender Heranziehung der Europäischen Insolvenzverordnung. 2004.

Band 96 Cordelia Faulenbach: Der gemeinschaftsrechtliche Vorbehalt im europäischen Wettbewerbsrecht. Die Herkunftslandanknüpfung der E-Commerce-Richtlinie unter dem Einfluss der Grundfreiheiten. 2004.

Band 97 Ulf Dörner: Der Vertragsgerichtsstand nach dem Protokoll von Buenos Aires. 2004.

Band 98 Martin Schmidhuber: Verhaltenskodizes im nationalen und grenzüberschreitenden elektronischen Geschäftsverkehr. Zur Frage der Integration der Selbstregulierung durch Private in die staatliche Rechtsordnung. 2004.

Band 99 Florian Kienle: Die fehlerhafte Banküberweisung im internationalen Rechtsverkehr. Unter besonderer Berücksichtigung des Artikels 4A US Uniform Commercial Code. 2004.

Band 100 Thomas Alexander Brandt: Die Adoption durch eingetragene Lebenspartner im internationalen Privat- und Verfahrensrecht. 2004.

Band 101 Florian Pulkowski: Subunternehmer und Internationales Privatrecht. Der Subunternehmer als Quasi-Verbraucher im Europäischen Kollisionsrecht. 2004.

Band 102 Ulrich Becker: Grundrechtsschutz bei der Anerkennung und Vollstreckbarerklärung im europäischen Zivilverfahrensrecht. Bestimmung der Grenzen für die Einführung eines europäischen Vollstreckungstitels. 2004.

Band 103 Thomas Badelt: Aufrechnung und internationale Zuständigkeit unter besonderer Berücksichtigung des deutsch-spanischen Rechtsverkehrs. 2005.

Band 104 Florian D. Wagner: Vorvertragliche Aufklärungspflichten im internationalen Franchising. Zur Harmonisierung von Delikts- und Vertragsstatut im internationalen Privatrecht unter besonderer Berücksichtigung der Franchise-Gesetzgebung des US-Bundesstaates Kalifornien. 2005.

Band 105 Vera Heine: Die Umsetzung der *EG-Richtlinie über missbräuchliche Klauseln in Verbraucherverträgen* im englischen und deutschen Recht. 2005.

Band 106 Alexander Franz: Überregionale Effektentransaktionen und anwendbares Recht. Eine kollisionsrechtliche Untersuchung unter besonderer Berücksichtigung der Vorschrift des § 17 a DepotG. 2005.

www.peterlang.de

FSC
www.fsc.org
MIX
Papier | Fördert gute Waldnutzung
FSC® C083411

Kolibri 360 GmbH
Ferdinand-Jühlke-Straße 7
99095 Erfurt, Deutschland
produktsicherheit@kolibri360.de

Druck:
CPI Druckdienstleistungen GmbH
im Auftrag der
Kolibri 360 GmbH
Ferdinand-Jühlke-Str. 7
99095 Erfurt